KB213019

心 意
심 의

님께

마음의 소원이 이뤄지기를
간절히 기원하면서 겸손한
마음으로 이 책을 드립니다

(贈)

한글만 알면 누구나
한문 성경을 읽을 수 있다

초판 1쇄 2021년 11월30일

지은이 ㅣ 편집부 엮음
펴낸이 : 이규종
펴낸곳 :엘맨출판사

서울 마포구 토정로222 422-3
출판등록 제10-1562(1985. 10. 29)
Tel. 02-323-4060
Fax. 02-323-6416
이메일 elman1985@hanmail.net
홈페이지 www.elman.kr

값 14,000원
isbn 978-89-5515-460-3   03230
저자와 협의하여 인지를 생략함.

이 책의 내용은 무단복제를 금지합니다.
잘못된 책은구입하신 서점에서 바꾸어 드립니다.

"한글만 알면
누구나
漢文聖經을 읽을 수 있다"
한문성경

食 此 糧 者 必 永 生
식 차 량 자 필 영 생

이 떡을 먹는 자는 영원히 살리라 (요6:58)

간 행 사

책이 발행되게 인도하여 주신 주 예수님께 감사를 드립니다.

"한글만 알면 누구나 한문성경을 읽을 수 있다"는 1912년 상해 미주
성경회 발행본, 1919년 영국 성공회 발행본과 한문성경(우당 김경수)
을 참고로 하여서 편차 하였습니다.

현대 중국어 성경 문법과는 차이침이 많이 있습니다.

한글만 알면 누구나 한문성경을 쉽게 읽을 수 있게 한문 한자마다
독음을 달았습니다.

띄어 쓰기는 나중에 혼돈을 없애기 위하여 한문성경(우당 김경수)을
참고로 채택 하였습니다.

이 책을 보시고 틀린 침이 있거나 부족한 부분이 있으면 많은
지도편달을 바랍니다

감사 합니다

- 5 -

"한글만 알면 누구나
한문성경을 읽을 수 있다"의 특징

단체로 교회, 기도원, 구역, 가정에서 정독 하며는 좋은 효과를 얻을
수 있습니다.

한문에 독음을 넣고 한글성경을 넣지 않아서 믿지 않는 분들도 "한글만
알면 누구나 한문성경을 읽을 수 있다"를 쉽게 접근하여서 볼 수 있게
하였습니다. 누구든지 "한글만 알면 누구나 한문성경을 읽을 수 있다"에
호기심을 느끼며 누구나 쉽게 접근하여서 계속 활용하도록 하였습니다.

필사를 하며는 신앙에서, 마음의 평안, 한문증진, 기억력, 증진에도 도움이
될 것입니다.

더 나아가 중국어를 배우는 일에도 큰 도움이 되기도 할 것입니다.

이 책의 독자는 좋은 작품의 편찬자가 될 수도 있습니다.

한글 성경을 넣지 않아서 본인이 보시고 한글성경을 대조하여 보아야
합니다. 이 책을 보시는 독자가 여러가지 성경(개역, 개정, 영어 키타)
중에 본인이 채택 하여서 대조하여서 보시면 자신이 하나의 편찬자가
될 것입니다.

의도된 미완의 형태로 독자가 해석을 완성하면서 성경과 한자에 대한
이해를 높이도록 한 것입니다.

좋은 설교 책도 한세대를 지나면 잊혀 집니다. 그러나 본인이 이 책을
바탕으로 대조성경으로 편찬자가 되시면, 귀한 믿음의 자산을 만드실
수 있습니다.

한글만 알면 누구나 한문성경을 읽을 수 있다의

"활용방법에 대하여"

옛날에 선배 목사님들은 왜 그토록 성경을 암송을 잘 하였을까?
하는 질문은 편처자의 개인의 답입니다. 한문과 한글을 혼용하여서
사용하였기에 한문암송이 되며는 잊혀지지 않는 특징을 지니고 있습니다.
처음에는 1) 독음을 읽는다. 확신이 들 때까지 청독을 합니다.
　　　　　2) 훈음을 배울 때는 쓰기와 자첩(사첩) 만들기를 합니다.
　　　　　3) 뜻풀이를 한다. 이해와 해석이 될 때까지 합니다.
　　　　　※) 해석은 여러 가지 한글 성경으로 해석되어져 있습니다
단체로 기도원, 교회, 구역, 가정에서 청독을 하며는 좋은 효과를 얻을
수 있습니다. 주일학교, 중, 고등부, 청년부에서 교재 활용에 좋습니다.
개인이 혹은 단체로 기도원, 교회, 구역, 가정에서 새벽에 읽기용으로
좋습니다. 개인용으로 자첩(한문사첩)을 만들 수가 있습니다.
좋아하는 성경구절만 인용하여서 자신만의 성경명구를 만들 수 있습니다.
아니 믿는 분들에게 "한글만 알면 누구나 한문성경을 읽을 수 있다"을
책자를 주며는 거칠을 하시거나 버리는 분들을 보지 못하고 다들 좋다고
칭찬을 하셨습니다.
친하신 분들에게, 지식이 많으신 분들에게 귀한 선물용으로 좋습니다.

이 책을 출간할 수 있게 가르침을 주신 김경수 선생님에게 마음 깊은
감사를 드립니다.
끊임없이 기도와 격려를 아끼지 아니하며 많은 봉사로 수고하신
집사님들에게 감사를 드립니다.

목차

新約聖經　瑪太福音
신약성경　마태복음

第 1 章˅1亞伯拉罕裔大衛裔耶穌基督之譜系˅2亞伯拉罕生以撒˅以撒生雅各˅雅各生猶大及猶大兄弟˅3猶大與他瑪氏生法勒斯˅匝拉˅法勒斯生以斯崙˅以斯崙生亞蘭˅4亞蘭生亞米拿達˅亞米拿達生拿順˅拿順生撒們˅5撒們娶拉哈氏生波阿斯˅波阿斯娶路得氏生俄備得˅俄備得生耶西˅6耶西生大衛王˅大衛王娶烏利亞之妻生所羅門˅7所羅門生羅波安˅羅波安生亞比雅˅亞比雅生亞撒˅8亞撒生約沙法˅約沙法生約蘭˅約蘭生烏西雅˅9烏西雅生約坦˅約坦生亞哈斯˅亞哈斯生希西家˅10希西家生瑪拿西˅'瑪拿西生亞們'亞們生約西亞11約西亞生耶哥尼雅及耶哥尼雅兄弟˅時˅民見徙於巴比倫˅12徙巴比倫後˅耶哥尼雅生撒拉鐵˅撒拉鐵生所羅巴伯˅13所羅巴伯生亞比烏得˅亞比烏得生以利雅敬˅以利雅敬生亞所˅14亞所生撒督˅撒督生雅斤˅雅斤生以律˅15以律生以利亞薩˅以利亞薩生瑪坦˅瑪坦生雅各˅16雅各生約瑟˅卽瑪利亞之夫˅瑪利亞生耶穌˅稱基督˅17自亞伯拉罕至大衛˅十四代˅自大衛至徙巴比倫時十四代˅自徙巴比倫時至基督˅十四代˅18耶穌基督之生˅其事如左˅母瑪利亞爲約瑟所聘˅未婚感於聖靈而孕˅19其夫約瑟義人也˅不欲顯辱之˅而欲私休之˅20思念此事之時˅有主之使者˅夢中現於彼曰˅大衛之裔約瑟乎˅可娶爾妻瑪利亞以歸˅毋疑懼˅蓋所孕者˅由聖靈也˅21彼將生子˅當名之曰耶穌˅因將救其民於罪中云˅22凡此得成˅乃爲應主託先知所言曰˅23童女將懷孕生子˅人將稱其名以瑪內利˅譯卽上帝偕我焉˅24約瑟寤˅遵主之使者所命而行˅娶其妻以歸˅25但未與同室˅及生冢子˅乃名之曰耶穌˅

第 2 章˅1當希律王時˅耶穌生於猶太之伯利恒˅有博士數人˅自東方至耶路撒冷˅2曰˅甫生猶太人之王何在˅我儕在東方見其星˅特來拜之˅3希律王聞之而惶恐˅擧耶路撒冷亦然˅4乃召諸祭司長及民間經士˅問曰˅基督

當生於何處ˇ5衆曰ˇ於猶太之伯利恒ˇ因先知如斯載曰ˇ6猶大地伯利恒
乎ˇ爾在猶太郡邑(郡邑原文作諸侯)中ˇ非最小者ˇ因將有君於爾中出ˇ以
牧我以色列民ˇ7於是希律密召博士ˇ詳問星現之時ˇ8遂遣之往伯利恒ˇ
曰ˇ爾往勤訪嬰兒ˇ遇則報我ˇ俾我亦往拜之ˇ9博士聞王命而往ˇ彼於東
方所見之星ˇ忽導於前ˇ至嬰兒所在ˇ則止其上ˇ10博士見星ˇ喜不自勝ˇ
11入室ˇ見嬰兒與其母瑪利亞ˇ乃俯伏拜嬰兒ˇ啓寶盒ˇ以禮物獻之ˇ卽黃
金ˇ乳香ˇ沒藥ˇ12博士於夢中得默示ˇ令勿返見希律ˇ乃由他道歸故土ˇ
13博士旣去ˇ主之使者夢中現於約瑟曰ˇ起ˇ攜嬰兒與其母ˇ奔伊及ˇ寓彼
ˇ待我再示爾ˇ因希律將索嬰兒滅之ˇ14約瑟遂起ˇ夜間攜嬰兒與其母ˇ奔
伊及ˇ15寓彼ˇ至希律卒ˇ是爲應主託先知所言云ˇ我召我子出伊及ˇ16希
律知己爲博士所欺ˇ怒甚ˇ遣人將伯利恒及四境所有男孩ˇ按其詳問博士
之時ˇ凡二歲以下者盡殺之ˇ17於是應先知耶利米之言曰ˇ18在拉瑪聞悲
傷號哭哀痛之聲ˇ拉結氏哭其子ˇ不欲受慰ˇ以子無存故也ˇ19希律卒ˇ主
之使者在伊及夢中現於約瑟曰ˇ20起ˇ攜嬰兒及其母ˇ往以色列地ˇ蓋欲
害嬰兒命者已死ˇ21約瑟遂起ˇ攜嬰兒與其母ˇ往以色列地ˇ22聞亞基老
繼父希律爲猶太王ˇ懼不敢往ˇ但夢中得默示ˇ遂往迦利利境ˇ23至一邑
名拿撒勒居焉ˇ是爲應諸先知之言云ˇ人將稱之爲拿撒勒人矣ˇ

第 3 章ˇ1維時有施洗約翰來ˇ在猶太曠野宣道曰ˇ2爾當悔改ˇ因天國近
矣ˇ3此人乃先知以賽亞所指者曰ˇ野有聲呼云ˇ備主道ˇ直其徑ˇ4約翰衣
駝毛ˇ腰束彼帶ˇ食則蝗蟲野蜜ˇ5斯時耶路撒冷ˇ猶太徧境ˇ及約但一帶
之人ˇ咸出就之ˇ6各認己罪ˇ在約但受洗於約翰ˇ7約翰見法利賽與撒度
該教人ˇ亦多就己受洗ˇ謂之曰ˇ蝮類乎ˇ誰示爾避將來之怒乎ˇ8故當結
果以彰悔改ˇ9毋心中自矜曰ˇ亞伯拉罕吾祖也ˇ我告爾ˇ上帝能使此石爲
亞伯拉罕之子孫焉ˇ10今斧已置樹根ˇ凡樹不結善果者ˇ卽斫之投火ˇ11
夫我以水施洗於爾ˇ使爾悔改ˇ但後我來者更勝於我ˇ卽提其履ˇ我亦不堪

ˇ彼將以聖靈及火ˇ施洗於爾ˇ12其手執箕ˇ簸其禾場之麥ˇ斂麥入倉ˇ而

焚糠以不滅之火ˇ13時耶穌自迦利利至約但ˇ就約翰ˇ欲受其洗ˇ14約翰

辭之曰ˇ我應受洗於爾ˇ爾反就我乎ˇ15耶穌謂之曰ˇ今姑許我ˇ因我儕當

如是以盡諸義ˇ約翰乃許之ˇ16耶穌既受洗ˇ卽由水而上ˇ天爲之開ˇ見上

帝之靈如鴿ˇ降臨其上ˇ17自天有聲云ˇ此乃我愛子ˇ我所喜悅者也ˇ

第4章ˇ1當時耶穌被聖靈引至曠野ˇ見試於魔ˇ2禁食四十晝夜ˇ後乃饑ˇ

3試者就之曰ˇ爾若上帝之子ˇ可令此石爲餅ˇ4耶穌曰ˇ經載云ˇ人得生

不第恃餅ˇ亦恃凡上帝口所出之言ˇ5魔攜之至聖城ˇ使立於殿頂ˇ6曰ˇ爾

若上帝之子ˇ可自投下ˇ蓋經載云ˇ主爲爾命其使者ˇ必以手扶爾ˇ免爾足

觸石ˇ7耶穌曰ˇ經亦載云ˇ毋試主爾之上帝ˇ8魔復攜之至極高之山ˇ以天

下萬國及其榮示之ˇ9曰ˇ爾若俯伏拜我ˇ我以此一切賜爾ˇ10耶穌曰ˇ撒

但退ˇ經載云ˇ當拜主爾之上帝ˇ獨崇事焉ˇ11於是魔離耶穌ˇ天使來而服

事之ˇ12耶穌聞約翰被囚ˇ乃往迦利利ˇ13離拿撒勒ˇ至加伯農居焉ˇ其地

濱海ˇ在西布倫'拿弗他利境內ˇ14爲應先知以賽亞所言云ˇ15西布倫地ˇ

拿弗他利地ˇ濱海ˇ約但外ˇ異邦人之迦利利ˇ16處暗之民ˇ已見大光ˇ居

於死地陰翳者ˇ有光照之ˇ17自是耶穌始宣道曰ˇ爾當悔改ˇ因天國近矣ˇ

18耶穌遊於迦利利海濱ˇ見兄弟二人ˇ卽西門稱彼得ˇ與其弟安得烈ˇ二

人施網於海ˇ蓋漁者也ˇ19耶穌謂之曰ˇ從我ˇ我將使爾爲漁人之漁者ˇ20

遂舍網ˇ從耶穌ˇ21耶穌由此而往ˇ復見兄弟二人ˇ卽西比代子雅各ˇ與其

弟約翰ˇ偕父於舟補網ˇ耶穌召之ˇ22二人卽離舟別父而從焉ˇ23耶穌徧

行迦利利ˇ在其諸會堂敎誨ˇ宣天國之福音ˇ醫民間諸疾諸病ˇ24其名聲

揚於叙利亞遍地ˇ凡身有疾ˇ負各種病痛者ˇ及患魔者ˇ癲癇者ˇ癱瘓者ˇ

人攜之就耶穌ˇ耶穌悉醫愈之ˇ25於是自迦利利ˇ第加波利ˇ耶路撒冷ˇ猶

太ˇ及約但河外ˇ有羣衆從之ˇ

第5章ˇ1耶穌見羣衆ˇ遂登山ˇ既坐ˇ門徒就焉ˇ2乃啓口訓之曰ˇ3虛心

者(虛心者原文作貧於心者)福矣ˇ因天國乃其國也ˇ4哀慟者福矣ˇ因其將
자(허심자원문작빈어심자) 복의 인천국내기국야 애통자복의 인기장

受慰也ˇ5溫良者福矣ˇ因其將得地也ˇ6慕義如饑渴者福矣ˇ因其將得飽
수위야 온량자복의 인기장득지야 모의여기갈자복의 인기장득포

也ˇ7矜恤者福矣ˇ因其將見矜恤也ˇ8清心者福矣ˇ因其將見上帝也ˇ9使
야 긍휼자복의 인기장견긍휼야 청심자복의 인기장견상제야 사

人和睦者福矣ˇ因其將稱爲上帝之子也ˇ10爲義而被窘逐者福矣ˇ因天國
인화목자복의 인기장칭위상제지자야 위의이피군축자복의 인천국

乃其國也ˇ11人爲我而詬詈爾ˇ窘逐爾ˇ造諸惡言ˇ誹謗爾ˇ則爾福矣ˇ12
내기국야 인위아이후리이 군축이 조제악언 비방이 칙이복의

當欣喜歡樂ˇ因在天爾之賞大也ˇ蓋先爾諸先知ˇ人亦曾如是窘逐之也ˇ
당흔희환락 인재천이지상대야 개선이제선지 인역증여시군축지야

13爾乃地之鹽ˇ鹽若失其鹹ˇ何以復之ˇ後必無用ˇ惟棄於外ˇ爲人所踐耳
이내지지염 염약실기함 하이복지 후필무용 유기어외 위인소천이

ˇ14爾乃世之光ˇ城建在山ˇ不能隱藏ˇ15人燃燈ˇ不置斗下ˇ乃置燈臺上
이내세지광 성건재산 부능은장 인연등 부치두하 내치등대상

ˇ則照凡在室之人ˇ16爾光亦當如是照於人前ˇ使其見爾之善行ˇ而歸榮
칙조범재실지인 이광역당여시조어인전 사기견이지선행 이귀영

於爾在天之父ˇ17勿思我來廢律法及先知ˇ我來非欲廢之ˇ乃欲成之ˇ18
어이재천지부 물사아래폐율법급선지 아래비욕폐지 내욕성지

我誠告爾ˇ天地未廢ˇ律法之一點一畫不能廢ˇ皆必成焉ˇ19故毀此誡至
아성고이 천지미폐 율법지일점일화부능폐 개필성언 고훼차계지

微之一ˇ又以是敎人者ˇ在天國必稱爲至微ˇ遵行此誡而以之敎人者ˇ在天
미지일 우이시교인자 재천국필칭위지미 준행차계이이지교인자 재천

國必稱爲大也ˇ20我告爾ˇ爾之義若非勝於經士及法利賽人之義ˇ斷不能
국필칭위대야 아고이 이지의약비승어경사급법리새인지의 단부능

入天國ˇ21爾聞有諭古人之言曰ˇ勿殺人ˇ殺人者當被審判ˇ22惟我告爾ˇ
입천국 이문유유고인지언왈 물살인 살인자당피심판 유아고이

無故而怒兄弟者ˇ當被審判ˇ詈兄弟爲鄙夫者ˇ當解於公堂ˇ詈兄弟爲愚妄
무고이노형제자 당피심판 리형제위비부자 당해어공당 리형제위우망

者ˇ當擲於磯很拿(磯很拿即生前作惡者死後受刑處有譯地獄下同)之火
자 당척어기흔나 기흔나즉생전작악자사후수형처유역지옥하동 지화

23是以爾若獻禮物於祭臺ˇ在彼爾憶獲罪爾兄弟ˇ24則留禮物於臺前ˇ先
시이이약헌예물어제대 재피이억획죄이형제 칙류예물어대전 선

往與兄弟復和ˇ然後可來獻爾禮物ˇ25有訟爾者ˇ猶偕爾於途間ˇ亟當與
왕여형제복화 연후가래헌이예물 유송이자 유해이어도간 극당여

之脩和ˇ恐其解爾於刑官ˇ刑官付爾於吏ˇ而投於獄ˇ26我誠告爾ˇ毫釐未
지수화 공기해이어형관 형관부이어리 이투어옥 아성고이 호리미

償ˇ斷不能出於彼也ˇ27爾聞有諭告人之言曰ˇ勿姦淫ˇ28惟我告爾ˇ凡見
상 단부능출어피야 이문유유고인지언왈 물간음 유아고이 범견

婦而動慾念者ˇ則心已姦淫矣ˇ29若右目陷爾於罪ˇ則抉而棄之ˇ寧失百
부이동욕념자 칙심이간음의 약우목함이어죄 칙결이기지 령실백

體之一ˇ毋使全身投於磯很拿ˇ30若右手陷爾於罪ˇ則斷而棄之ˇ寧失百
체지일 무사전신투어기흔나 약우수함이어죄 칙단이기지 령실백

體之一ˇ毋使全身投於磯很拿ˇ31又有言云ˇ若人出妻ˇ當以離書予之ˇ32
체지일 무사전신투어기흔나 우유언운 약인출처 당이리서여지

惟我告爾ˇ若非爲淫故而出妻ˇ是使之行淫ˇ凡娶被出之婦者ˇ則犯姦也ˇ
유아고이 약비위음고이출처 시사지행음 범취피출지부자 칙범간야

33爾聞有諭古人之言曰ˇ勿妄誓ˇ所誓者ˇ當爲主而守之ˇ34惟我告爾ˇ槪
이문유유고인지언왈 물망서 소서자 당위주이수지 유아고이 개

勿誓ˇ勿指天而誓ˇ因天乃上帝之寶座也ˇ35勿指地而誓ˇ因地乃上帝之
足凳也ˇ勿指耶路撒冷而誓ˇ因耶路撒冷乃大君之京都也ˇ36勿指己首而
誓ˇ因首之一髮ˇ爾不能使之黑白也ˇ37惟爾之言ˇ當是是否否ˇ過此則由
惡而出也ˇ38爾聞有言云ˇ目償目ˇ齒償齒ˇ39惟我告爾ˇ勿禦惡ˇ有人批
爾右頰ˇ則轉左頰向之ˇ40有人訟爾ˇ欲取爾裏衣ˇ則幷外服聽其取之ˇ41
有人强爾行一里ˇ則偕之行二里42求於爾者予之ˇ借於爾者勿卻ˇ43爾聞
有言云ˇ友者愛之ˇ敵者憾之ˇ44惟我語爾ˇ敵爾者愛之ˇ詛爾者祝之ˇ憾
爾者善待之ˇ毀謗爾ˇ窘逐爾者ˇ爲之祈禱ˇ45如此ˇ則可爲爾天父之子ˇ
蓋天父使日照善者惡者ˇ降雨於義者不義者ˇ46若爾衹愛愛爾者ˇ有何賞
耶ˇ稅吏不亦如是行乎ˇ47若爾僅問爾兄弟安ˇ有何過於他人耶ˇ異邦人
(有原文古抄本作稅吏)不亦如是行乎ˇ48故爾當純全ˇ若爾在天父之純全
焉ˇ

第 6 章ˇ

1愼勿於人前施濟ˇ故令人見ˇ若然ˇ則不獲爾天父之賞ˇ2故施
濟時ˇ勿吹角於爾前ˇ似僞善者ˇ於會堂街衢所爲ˇ求譽於人ˇ我誠告爾ˇ
彼已得其賞ˇ3爾施濟時ˇ勿使左手知右手所爲ˇ4如是則爾之施濟隱矣ˇ
爾父鑒觀於隱ˇ將顯以報爾(將顯以報爾有原文古抄本作將以報爾下同)ˇ
5爾祈禱時ˇ勿似僞善者ˇ喜立於會堂及街衢而祈禱ˇ故令人見ˇ我誠告爾
ˇ彼已得其賞ˇ6爾祈禱時ˇ當入密室ˇ閉門祈禱爾在隱之父ˇ爾父鑒觀於
隱ˇ將顯以報爾ˇ7且爾祈禱時ˇ語勿反覆ˇ如異邦人ˇ彼以爲言多ˇ必蒙聽
允ˇ8爾勿效之ˇ蓋未祈之先ˇ爾所需者ˇ爾父已知之ˇ9是以爾祈禱ˇ當如
是云ˇ在天吾父ˇ願爾名聖ˇ10爾國臨格ˇ爾旨得成在地如在天焉ˇ11所需
之糧ˇ今日賜我ˇ12免我之債ˇ如我亦免負我之債者ˇ13勿使我遇試ˇ惟拯
我於惡ˇ蓋國與權與榮ˇ皆爾所有ˇ至於世世ˇ阿們ˇ14爾免人過ˇ爾在天
之父ˇ亦免爾過ˇ15爾不免人過ˇ爾父亦不免爾過ˇ16爾禁食時ˇ毋作憂容
ˇ似僞善者ˇ彼變顔色ˇ爲示人以己之禁食ˇ我誠告爾ˇ彼已得其賞ˇ17爾

禁食時ˇ當膏首洗面ˇ18如是則爾之禁食ˇ不現於人ˇ乃現於爾在隱之父ˇ
爾父鑒觀於隱ˇ將顯以報爾ˇ19勿積財於地ˇ彼有蠹蝕朽壞ˇ有盜穿窬而
竊ˇ20當積財於天ˇ彼無蠹蝕朽壞ˇ亦無盜穿窬而竊ˇ21蓋爾財所在ˇ爾心
亦在焉ˇ22目乃身之燈ˇ目瞭則全身光ˇ23目耗則全身暗ˇ爾內之光若暗
其暗何其大哉ˇ24一人不能事二主ˇ或惡此愛彼ˇ或重此輕彼ˇ爾曹不能
事上帝ˇ又事瑪們ˇ25故我告爾ˇ勿爲生命憂慮何以食ˇ何以飲ˇ勿爲身體
憂慮何以衣ˇ生命不重於糧乎ˇ身體不重於衣乎ˇ26試觀空中之鳥ˇ不稼
不穡ˇ不積於倉ˇ爾在天之父且養之ˇ爾曹不更貴於鳥乎ˇ27爾曹孰能以
思慮延命一刻(延命一刻或作使身長一尺)乎ˇ28爾何爲衣服憂慮乎ˇ試觀
野地之百合花ˇ如何而長ˇ不勞不紡ˇ29我告爾ˇ即所羅門極榮華時ˇ其服
飾不及此花之一ˇ30且夫野草ˇ今日尙存ˇ明日投爐ˇ上帝衣被之若此ˇ況
爾小信者乎ˇ31故勿慮云ˇ何以食ˇ何以飲ˇ何以衣ˇ32此皆異邦人所求ˇ
爾需此諸物ˇ爾在天之父ˇ已知之矣ˇ33爾當先求上帝之國與其義ˇ則此諸
物ˇ必加於爾也ˇ34勿爲明日憂慮ˇ明日之事ˇ俟明日憂慮ˇ一日惟受一日
之勞苦足矣ˇ

第7章 1勿議人ˇ則不見議ˇ2爾議人如何ˇ則見議亦若是ˇ爾以何量量諸
人ˇ人亦以何量量諸爾ˇ3爾兄弟目中有草芥ˇ爾見之ˇ而己目中之梁木不
自覺ˇ何歟ˇ4爾目中有梁木ˇ何以語爾兄弟曰ˇ容我去爾目中之草芥乎ˇ5
僞善者乎ˇ先去己目中之梁木ˇ然後可見以去爾兄弟目中之草芥ˇ6勿以聖
物予犬ˇ勿以珍珠投豕ˇ恐其踐之ˇ轉以噬爾ˇ7求則予爾ˇ尋則遇之ˇ叩門
則爲爾啓之ˇ8蓋凡求者必得ˇ尋者必遇ˇ叩門者必爲之啓ˇ9爾曹中孰有
子求餅而予之石乎ˇ10求魚而予之蛇乎ˇ11爾曹雖不善ˇ尙知以善物予爾
子ˇ況爾在天之父ˇ不以善物賜求之者乎ˇ12是以爾欲人如何施諸己ˇ亦
必如何施諸人ˇ此乃律法及先知之大旨ˇ13爾曹當進窄門ˇ蓋引至淪亡ˇ
其門濶ˇ其路寬ˇ入之者多ˇ14引至永生ˇ其門窄ˇ其路狹ˇ得之者少ˇ15

謹防僞先知ˇ其就爾ˇ外似羊ˇ內實豺狼ˇ16觀其果ˇ卽可識之ˇ荊棘中豈
摘葡萄乎ˇ蒺藜中豈採無花果乎ˇ17凡善樹結善果ˇˇ惡樹結惡果ˇ18善樹
不能結惡果ˇ惡樹不能結善果ˇ19凡樹不結善果ˇ卽斫之投火ˇ20是以因
其果而識之ˇ21凡稱我曰ˇ主也ˇ主也者ˇ未必盡得入天國ˇ惟遵我天父之
旨者ˇ方得入焉ˇ22彼日將有多人語我云ˇ主乎ˇ主乎ˇ我非託爾名傳教
託爾名逐魔ˇ託爾名廣行異能乎ˇ23時我則明告之曰ˇ我未嘗識爾曹ˇ爾
衆作惡者ˇ可離我而去ˇ24故凡聞我此言而行之者ˇ我譬之智人ˇ建屋於
磐上ˇ25雨降ˇ河溢ˇ風吹ˇ撞其屋而不傾頹ˇ因基在磐上也ˇ26凡聞我此
言而不行者ˇ譬之愚人ˇ建屋於沙上ˇ27降雨ˇ河溢ˇ風吹ˇ撞其屋而傾頹ˇ
其傾頹者大矣ˇ28耶穌言竟ˇ衆奇其訓ˇ29因其教人若有權者ˇ不同經士
也ˇ

第 8 章ˇ1耶穌下山ˇ羣衆隨之ˇ2有癩者來拜之曰ˇ主若肯ˇ必能潔我ˇ3
耶穌伸手按之曰ˇ我肯ˇ爾可潔ˇ其癩卽潔ˇ4耶穌謂之曰ˇ愼勿告人ˇ往見
祭司ˇ使彼驗爾身ˇ且獻摩西所命之禮物ˇ以爲證於衆ˇ5耶穌進加伯農時
ˇ有百夫長就之曰ˇ6主ˇ我僕癱瘓ˇ偃臥於室ˇ痛甚ˇ7耶穌曰ˇ我往醫之ˇ
8百夫長對曰ˇ主臨我舍ˇ我不敢當ˇ惟求發一言ˇ我僕必愈ˇ9蓋我屬人轄
ˇ亦有兵屬我轄ˇ命此去則去ˇ命彼來則來ˇ令我僕行是則行是ˇ10耶穌聞
而奇之ˇ謂從者曰ˇ我誠告爾ˇ卽以色列中ˇ我未見如是之信ˇ11我又告爾
ˇ自東自西ˇ有衆將至ˇ與亞伯拉罕ˇ以撒ˇ雅各ˇ席坐於天國ˇ12而國之
諸子ˇ必見逐於外幽暗之地ˇ在彼必有哀哭切齒ˇ13耶穌謂百夫長曰ˇ往
哉ˇ如爾之信ˇ可爲爾成也ˇ其僕卽時愈矣ˇ14耶穌至彼得家ˇ見其妻母偃
臥病熱ˇ15耶穌按其手ˇ熱卽退ˇ婦遂起而供事焉ˇ16旣暮ˇ有人攜衆患魔
者來ˇ就耶穌ˇ耶穌以言逐魔ˇ並醫愈一切患病者ˇ17是爲應先知以賽亞
所言云ˇ彼任我恙ˇ肩我病ˇ18耶穌見羣衆圍己ˇ遂命門徒渡至彼岸ˇ19有
一經士就之曰ˇ師ˇ無論何往ˇ我欲從爾ˇ20耶穌謂之曰ˇ狐狸有穴ˇ空中

之鳥有巢ˇ惟人子無枕首之所也ˇ21又一門徒謂耶穌曰ˇ容我先往葬父
22耶穌曰ˇ爾從我ˇ任死者葬其死者ˇ23耶穌登舟ˇ門徒從之ˇ24海中颶風
忽起ˇ浪湧蔽舟ˇ耶穌適寢ˇ25門徒就而醒之曰ˇ主救我ˇ我儕將亡矣ˇ26
曰ˇ小信者乎ˇ何懼耶ˇ卽起ˇ斥風與海ˇ遂大平息ˇ27眾奇曰ˇ此何人也ˇ
風與海亦順之ˇ28既濟彼岸ˇ至革革沙地ˇ遇患魔者二人自墓出ˇ甚兇猛ˇ
致無人敢經其途ˇ29彼呼曰ˇ上帝子耶穌乎ˇ我與爾何與ˇ時未至ˇ爾來此
苦我乎ˇ30遠有羣豕方食ˇ31魔求之曰ˇ若逐我出ˇ則許我入豕羣ˇ32曰ˇ
往ˇ魔出ˇ遂入豕羣ˇ全羣突落山坡ˇ投海ˇ死於水ˇ33牧者奔入邑ˇ以此事
及患魔者之事告人ˇ34舉邑出迎耶穌ˇ見之ˇ求離其境ˇ

第9章ˇ1耶穌登舟ˇ渡海歸故邑ˇ2有人舁癱瘓臥牀者就耶穌ˇ耶穌見其
信ˇ謂癱瘓者曰ˇ吾子ˇ安心ˇ爾罪赦矣ˇ3有經士數人ˇ其心曰ˇ是人出褻
瀆之言ˇ4耶穌知其意曰ˇ爾心何懷惡乎ˇ5或言爾罪赦矣ˇ或言爾起而行ˇ
此二者孰易ˇ6今特令爾知ˇ人子在世有權赦罪ˇ遂語癱瘓者曰ˇ起ˇ取爾
牀(牀或作臥具)以歸爾家ˇ7彼卽起ˇ歸其家ˇ8眾見而奇之ˇ頌讚上帝ˇ因
上帝以如此之權賜人也ˇ9耶穌由此而往ˇ見一人ˇ名瑪太ˇ坐於稅關ˇ謂
之曰ˇ從我ˇ遂起而從之ˇ10耶穌席坐於瑪太家ˇ有眾稅吏及罪人至ˇ偕耶
穌與門徒席坐ˇ11法利賽人見之ˇ問其門徒曰ˇ爾師何爲與稅吏罪人同食
乎ˇ12耶穌聞之曰ˇ康強者不需醫士ˇ惟患病者需之ˇ13經云ˇ我欲矜恤ˇ
不欲祭祀ˇ此言何意ˇ爾且往學之ˇ蓋我來ˇ非招義人ˇ乃招罪人悔改(有
原文古抄本無悔改二字)ˇ14時約翰之門徒就耶穌曰ˇ我儕與法利賽人ˇ往
往禁食ˇ爾門徒不禁食ˇ何也ˇ15耶穌答曰ˇ新娶者ˇ與賀娶之客同在ˇ賀
娶之客ˇ豈能悲哀乎ˇ惟將來新娶者別之去ˇ彼時則禁食ˇ16未有用新布
補舊衣者ˇ蓋所補之新布ˇ反裂其舊衣ˇ而綻更甚ˇ17未有盛新酒於舊革
囊者ˇ恐囊裂酒漏ˇ並囊亦壞ˇ惟盛新酒於新囊ˇ則二者並全ˇ18耶穌言此
ˇ適有一有司來拜之曰ˇ我女甫死ˇ求爾來ˇ手按之ˇ則必生矣ˇ19耶穌起

而從之〵門徒偕行〵20有婦患血漏十有二年〵從耶穌後〵捫其衣縋〵21意謂

但捫其衣〵則必痊愈〵22耶穌回顧曰〵女〵安心〵爾信已愈爾〵自是婦卽愈

23耶穌入有司之家〵見吹籥者〵及衆號咷〵24謂之曰〵退〵女非死〵乃寢耳

〵衆哂之〵25既遣衆出〵耶穌入〵執女手〵女卽起〵26此事徧傳於斯地〵27

耶穌由是而往〵有二瞽者從其後〵呼曰〵大衛之裔〵憐憫我儕〵28耶穌既入

室〵瞽者就之〵耶穌曰〵爾信我能行斯事乎〵瞽者曰〵主〵我信〵29乃按其

目曰〵如爾之信〵可爲爾成〵30其目卽明〵耶穌嚴戒之曰〵愼勿令人知之〵

31二人出〵遍揚其名於斯地〵32彼既出〵有攜瘖啞而患魔者〵就耶穌〵33

魔被逐〵瘖啞者卽能言〵衆奇曰〵以色列中〵從未見有如是者〵34惟法利賽

人曰〵彼藉魔王而逐魔耳〵35耶穌周游諸邑諸村〵在其會堂訓人〵宣傳天

國福音〵醫民間諸疾諸病〵36見衆則憫之〵其困苦流離〵猶羊無牧者然〵37

語門徒曰〵穡多工少〵38故當求穡主〵遣工以斂其穡焉〵

第 10 章

〵1耶穌召十二門徒〵賜之權以逐邪魔〵且醫諸疾病〵2十二使徒

之名如左〵首西門稱彼得〵與其弟安得烈〵西比代之子雅各〵與其弟約翰〵

3腓立〵巴多羅買〵多瑪〵稅吏瑪太〵亞勒腓之子雅各〵勒拜稱他代〵4加拿

人西門〵及賣耶穌之猶大稱以色加畧〵5耶穌遣此十二者〵命之曰〵毋往異

邦人之路〵毋入撒瑪利亞之邑〵6惟就以色列家之亡羊〵7爾往宣曰〵天國

近矣〵8醫病〵潔癩〵蘇死〵逐魔〵爾以不費受之〵亦當以不費施之〵9金銀

銅〵勿備於爾腰帶〵10行路勿囊〵勿二衣〵勿履〵勿杖〵蓋工得其食〵宜也〵

11無論入何邑何村〵則訪誰爲可者〵而與之居〵直至去時〵12入其家〵當爲

之祈安〵13其家若堪得〵爾所祈之安〵則必臨之〵若不堪得〵爾所祈之安〵

仍歸於爾〵14凡不接爾〵不聽爾言者〵則離其家其邑〵離時拂去爾足之塵〵

15我誠告爾〵當審判日〵所多瑪與俄摩拉之刑〵較此邑之刑〵猶易受也〵16

我遣爾〵似羊入狼中故當巧如蛇〵馴如鴿〵17惟謹防於人〵因將解爾於公

會〵鞭爾於會堂〵18且爾將爲我之故〵被解至侯王前〵向斯人與異邦人作

證˅19解爾之時˅勿慮如何言˅或何以言˅時至˅必賜爾以何言˅20因非爾
自言˅乃爾天父之靈˅由爾衷而言也˅21是時兄將解弟˅父將解子˅以致之
死˅子女起攻父母而弒之˅22且爾將為我名˅見憾於眾˅惟至終恒忍者˅必
得救˅23人窘逐爾於此邑˅則奔彼邑˅我誠告爾˅以色列諸邑˅爾行未遍˅
而人子至矣˅24徒不逾師˅僕不逾主˅25徒如師˅僕如主˅足矣˅人既呼家
主為別西卜˅何況其家人乎˅26故勿懼之˅蓋未有掩而不露者˅隱而不知
者˅27我於暗中告爾者˅當述之於光˅附耳語爾者˅當宣於屋上˅28殺身而
不能殺靈者˅勿懼之˅惟能以身與靈同滅於磯很拿者˅是乃爾所當懼˅29
二雀非一分銀售之乎˅若非爾天父之意˅其一不隕於地˅30爾髮亦且見數
˅31故毋懼˅爾較羣雀貴焉˅32凡認我於人前者˅我亦認之於我在天之父
前˅33不認我於人前者˅我亦不認之於我在天之父前˅34勿思我來使世平
康˅我來非使世平康˅乃使世動兵刃˅35蓋我來則子疏其父˅女疏其母˅媳
疏其姑˅36而人之仇敵˅即其家屬˅37愛父母過於愛我者˅不堪為我徒˅愛
子女過於愛我者˅不堪為我徒˅38不負其十字架而從我者˅不堪為我徒˅
39得生命者˅反喪之˅為我而喪生命者˅反得之˅40接爾者˅即接我˅接我
者˅即接遣我者也˅41有人接先知˅因其為先知˅必得先知之賞˅接義人˅
因其為義人˅必得義人之賞˅42有人第以一杯水˅飲此小子之一˅因其為
門徒˅我誠告爾˅此人必不失其賞矣˅

第 11 章

˅1耶穌命十二門徒畢˅乃離彼˅往其諸邑訓人宣道˅2約翰在獄
˅聞基督所行之事˅乃遣二門徒˅3問耶穌曰˅當來者爾乎˅抑我儕宜望他
人乎˅4耶穌曰˅爾以所見所聞者˅往告約翰˅5如瞽者明˅跛者行˅癩者潔
聾者聰˅死者蘇˅貧者聞福音˅6凡不厭棄我者(原文作凡不為我躓蹶者)˅
福矣˅7約翰門徒去後˅耶穌舉約翰語眾曰˅爾昔出野˅欲何觀耶˅觀葦動
於風乎˅8爾出˅欲何觀耶˅觀人衣美服乎˅夫衣美服者˅在王宮也˅9然則
爾出˅欲何觀耶˅觀先知乎˅我誠告爾˅彼大於先知˅10經載云˅我遣我使

在爾前ˇ以修爾道ˇ是言卽指斯人也ˇ11我誠告爾ˇ凡婦之所生ˇ未有大於施洗約翰ˇ然在天國至小者猶大於彼ˇ12自施洗約翰至今ˇ人皆勉力欲得天國ˇ勉力者得之ˇ13蓋諸先知及律法預言至約翰也ˇ14若爾願承我言ˇ當來之以利亞ˇ卽斯人也ˇ15凡有耳能聽者ˇ當聽焉ˇ16是世我何以譬之ˇ譬諸童子坐於街市ˇ呼其侶ˇ17曰ˇ我向爾吹笛ˇ而爾不踊ˇ我向爾悲歌ˇ而爾不哭ˇ18蓋約翰至ˇ不食不飮ˇ人言其患魔ˇ19人子至亦食亦飮ˇ人言其嗜食好酒ˇ稅吏及罪人之友ˇ惟有道者ˇ必以道爲是(或作惟上智之子必以上智爲是)ˇ20耶穌曾在數邑內施異能ˇ而彼終不悔改ˇ故是時責之曰ˇ21禍哉爾哥拉汛乎ˇ禍哉爾伯賽大乎ˇ蓋在爾中所施之異能ˇ若施於推羅‘西頓ˇ彼早衣麻蒙灰而悔改矣ˇ22吾告爾ˇ當審判日ˇ推羅‘西頓之刑ˇ較爾之刑猶易受也ˇ23加伯農乎ˇ爾曾得升至天ˇ後必墮於哈低(哈低有譯陰府有譯地獄)ˇ蓋在爾中所施之異能ˇ若施於所多瑪ˇ則於今日尙存ˇ24我誠告爾ˇ當審判日ˇ所多瑪之刑ˇ較爾之刑猶易受也ˇ25當時耶穌曰ˇ父歟ˇ天地之主ˇ我讚爾ˇ因爾藏斯道於智者達者ˇ而顯之於赤子ˇ26父歟ˇ是也ˇ因爾之意固如是也ˇ27萬物由父賜我ˇ父之外無人識子ˇ子及子所樂以父示者之外ˇ無人識父ˇ28凡勞苦負重者ˇ當就我ˇ我將賜爾以安ˇ29我心溫良謙遜ˇ爾負我軛而學我ˇ則爾心必獲安ˇ30蓋我軛易ˇ我負輕也ˇ

第 12 章ˇ
1當時耶穌於安息日過麥田ˇ門徒饑ˇ摘穗而食ˇ2法利賽人見之ˇ謂耶穌曰ˇ爾門徒所行ˇ安息日不當行也ˇ3答曰ˇ經載大衛及從者ˇ饑時所行之事ˇ爾未讀之乎ˇ4彼入上帝殿ˇ食陳設之餅ˇ非彼可食ˇ從者亦不可食ˇ惟祭司可食ˇ5又未讀律法所載ˇ祭司於安息日在聖殿中犯安息日之例ˇ而無罪乎ˇ6我告爾ˇ在此有大於聖殿者ˇ7經云ˇ我欲矜恤ˇ不欲祭祀ˇ爾若知此言之意ˇ則不罪無辜者矣ˇ8蓋人子亦安息日之主也ˇ9耶穌遂離彼ˇ入其會堂ˇ10堂內有枯一手者ˇ或問之曰ˇ安息日施醫可否ˇ意欲得故以罪之ˇ11耶穌曰ˇ爾中孰有羊ˇ安息日陷於坑ˇ不援而起之乎ˇ12人不貴

於羊乎ˇ故安息日行善可也ˇ13遂語其人曰ˇ伸爾手ˇ遂伸之ˇ手卽愈ˇ如

他手ˇ14法利賽人出ˇ共謀滅耶穌ˇ15耶穌知之ˇ遂離彼ˇ有羣衆從焉ˇ其

中負病者ˇ耶穌悉醫之ˇ16嚴戒之ˇ勿揚其名ˇ17爲應先知以賽亞所言云ˇ

18視我之僕ˇ我所選擇ˇ我之所愛ˇ我心所悅者ˇ我將以我之靈賦之ˇ彼以

眞法示於異邦人19其不競不喧ˇ無人聞其聲於街衢ˇ20已傷之葦不折ˇ爇

餘之炷不滅ˇ終使眞法獲勝ˇ21異邦人必仰望其名ˇ22時有攜患魔瞽而瘖

者ˇ來就耶穌ˇ耶穌醫之ˇ致瞽而瘖者能見能言ˇ23衆皆駭異曰ˇ此非大衛

之子乎ˇ24法利賽人聞之曰ˇ彼逐魔ˇ無非藉魔王別西卜耳ˇ5耶穌知其意

ˇ謂之曰ˇ凡國自相分爭ˇ必滅ˇ凡邑及家ˇ自相分爭ˇ必不能立ˇ26若撒

但逐撒但ˇ是自相分爭ˇ其國何以立乎ˇ27設我藉別西卜逐魔ˇ則爾之子

弟ˇ逐魔藉誰乎ˇ故彼將議爾矣ˇ28若我藉上帝之靈逐魔ˇ則上帝之國已

臨爾矣ˇ29人何以能入勇士之室ˇ而刼其家具乎ˇ非先縛勇士ˇ而後刼其

室乎ˇ30凡不與我偕者ˇ則敵我ˇ不與我斂者ˇ則散也ˇ31故我告爾ˇ凡罪

惡褻瀆皆可赦ˇ惟褻瀆聖靈不可赦ˇ32以言攻人子者ˇ猶可赦之ˇ惟以言

攻聖靈者ˇ今世來世ˇ永不得赦也ˇ33爾或以樹爲善ˇ其果亦善ˇ或以樹爲

惡ˇ其果亦惡ˇ蓋觀果而知樹矣ˇ34蝮類乎ˇ爾旣爲惡ˇ言豈能善ˇ蓋充諸

心者出諸口也ˇ35善人由心所積之善而發善ˇ惡人由心所積之惡而發惡ˇ

36我告爾ˇ凡人所出之虛言ˇ審判日必被究詰ˇ37蓋據爾之言而稱爾以義

ˇ亦據爾之言而擬爾以罪ˇ38時有經士與法利賽數人謂耶穌曰ˇ師ˇ我願

觀爾行異蹟ˇ39答曰ˇ姦惡之世求異蹟ˇ先知約拿異蹟而外ˇ不以異蹟示

之ˇ40約拿三日三夜在巨魚腹內ˇ如是人子亦將三日三夜在地中ˇ41尼尼

微人當審判時ˇ將起而罪此世ˇ因尼尼微人聽約拿所宣而悔改ˇ而在此有

大於約拿者ˇ42南方女王當審判時ˇ將起而罪此世ˇ因女王來自地極ˇ欲

聽所羅門之哲言ˇ而在此有大於所羅門者ˇ43邪魔離人ˇ游行旱地ˇ求安

而不得ˇ44乃曰ˇ不如我仍歸所出之室ˇ旣至ˇ則見其室空虛ˇ掃除修飾ˇ

45遂往ˇ又攜七魔ˇ惡於己者ˇ偕入而居之ˇ其人之後患ˇ較前尤甚ˇ此邪
<small>수왕 우휴칠마 악어기자 해입이거지 기인지후환 교전우심 차사</small>

惡之世亦必如是ˇ46耶穌語衆時ˇ其母及兄弟ˇ立於門外ˇ欲與之言ˇ47或
<small>악지세역필여시 야소어중시 기모급형제 립어문외 욕여지언 혹</small>

告之曰ˇ爾母及兄弟ˇ立於外欲與爾言ˇ48答告者曰ˇ孰爲我之母ˇ孰爲我
<small>고지왈 이모급형제 립어외욕여이언 답고자왈 숙위아지모 숙위아</small>

之兄弟ˇ49遂手指門徒曰ˇ視我母及兄弟ˇ50凡遵行我天父旨者ˇ卽我兄
<small>지형제 수수지문도왈 시아모급형제 범준행아천부지자 즉아형</small>

弟姊妹及母也ˇ
<small>제자매급모야</small>

第 13 章ˇ1當日耶穌自室出ˇ坐於海濱ˇ2羣衆集就之ˇ遂登舟而坐ˇ衆立
<small>제 장 당일야소자실출 좌어해빈 군중집취지 수등주이좌 중립</small>

於岸ˇ3耶穌多端設譬語之曰ˇ有播種者出而播種ˇ4播時有遺道旁者ˇ鳥
<small>어안 야소다단설비어지왈 유파종자출이파종 파시유유도방자 조</small>

至而盡食之ˇ5有遺磽地土薄之處者ˇ土既不深ˇ發萌甚速ˇ6日出見暴ˇ以
<small>지이진식지 유유교지토박지처자 토기부심 발맹심속 일출견폭 이</small>

無根故ˇ則槁ˇ7有遺荊棘中者ˇ荊棘起而蔽之ˇ8有遺沃壤者ˇ結實或百倍
<small>무근고 칙고 유유형극중자 형극기이폐지 유유옥양자 결실혹백배</small>

ˇ或六十倍ˇ或三十倍ˇ9凡有耳能聽者ˇ當聽焉ˇ10門徒就耶穌問曰ˇ爾語
<small>혹육십배 혹삼십배 범유이능청자 당청언 문도취야소문왈 이어</small>

衆設譬何故ˇ11答曰ˇ天國之奧ˇ賜爾知ˇ不賜衆知ˇ12蓋凡有者ˇ必將予
<small>중설비하고 답왈 천국지오 사이지 부사중지 개범유자 필장여</small>

之ˇ使之有餘ˇ無有者ˇ並其所有亦將奪之ˇ13故我設譬語衆ˇ因其視而不
<small>지 사지유여 무유자 병기소유역장탈지 고아설비어중 인기시이부</small>

見ˇ聽而不聞ˇ亦不悟焉ˇ14在是人也ˇ正應以賽亞之預言云ˇ爾將聽而不
<small>견 청이부문 역부오언 재시인야 정응이새아지예언운 이장청이부</small>

聽ˇ視而不明ˇ15因斯民之心冥頑ˇ自聾其耳ˇ自閉其目ˇ免其目視ˇ耳聽
<small>총 시이부명 인사민지심명완 자롱기이 자폐기목 면기목시 이청</small>

心悟悔改ˇ而我醫之焉ˇ16惟爾目有福ˇ因其見也ˇ爾耳有福ˇ因其聞也ˇ
<small>심오회개 이아의지언 유이목유복 인기견야 이이유복 인기문야</small>

17我誠告爾ˇ昔多先知及義人ˇ欲見爾所見而不得見ˇ欲聞爾所聞而不得
<small>아성고이 석다선지급의인 욕견이소견이불득견 욕문이소문이불득</small>

聞ˇ18故播種之喻ˇ爾當聽之ˇ19凡聞天國之道而不悟ˇ彼惡者至ˇ奪所播
<small>문 고파종지유 이당청지 범문천국지도이부오 피악자지 탈소파</small>

於其心者ˇ此卽播於道旁者也ˇ20播於磽地者ˇ指人聽道ˇ卽喜受之ˇ21惟
<small>어기심자 차즉파어도방자야 파어교지자 지인청도 즉희수지 유</small>

內無根ˇ亦祇暫時ˇ迨爲道而遇難窘逐ˇ卽躓蹶矣ˇ22播於荊棘中者ˇ指人
<small>내무근 역지잠시 태위도이우난군축 즉지궐의 파어형극중자 지인</small>

聽道ˇ而此世之思慮ˇ及貨財之迷惑ˇ蔽其道則不結實ˇ23播於沃壤者ˇ指
<small>청도 이차세지사려 급화재지미혹 폐기도칙부결실 파어옥양자 지</small>

人聽道而悟ˇ其結實或百倍ˇ或六十倍ˇ或三十倍ˇ24又設譬語衆曰ˇ天國
<small>인청도이오 기결실혹백배 혹육십배 혹삼십배 우설비어중왈 천국</small>

如人播美種於田ˇ25寢時ˇ其人之敵至ˇ播稗於麥中而去ˇ26及苗長結穗ˇ
<small>여인파미종어전 침시 기인지적지 파패어맥중이거 급묘장결수</small>

其稗亦現ˇ27家主之僕來告曰ˇ主ˇ爾非播美種於田乎ˇ如何有稗也ˇ28曰
<small>기패역현 가주지복래고왈 주 이비파미종어전호 여하유패야 왈</small>

ˇ此敵人所爲也ˇ僕曰ˇ爾欲我往耘之乎ˇ29曰ˇ不可ˇ恐耘稗幷麥亦拔
<small>차적인소위야 복왈 이욕아왕운지호 왈 부가 공운패병맥역발</small>

30容二者並長以待收穫ˇ收穫時ˇ我語刈者曰ˇ先集稗ˇ束之爲捆以焚之ˇ
<small>용이자병장이대수확 수확시 아어예자왈 선집패 속지위곤이분지</small>

後斂麥入我倉、31又設譬曰、天國如一粒芥種、人取而種於田、32此百種
후렴맥입아창　우설비왈　천국여일립개종　인취이종어전　차백종

之至微者、及其長也、大於諸蔬、儼然成樹、空中之鳥棲其枝、33又設譬曰
지지미자　급기장야　대어제소　엄연성수　공중지조서기지　우설비왈

、天國如酵、婦取納於三斗麵中、致均發酵焉、34此皆耶穌設譬語衆、非譬
천국여효　부취납어삼두면중　치균발효언　차개야소설비어중　비비

不語之、35爲應先知所言云、我將啓口設譬、創世以來所隱者、將述明之、
부어지　위응선지소언운　아장계구설비　창세이래소은자　장술명지

36耶穌散衆入室、門徒就之曰、請以田稗之譬、爲我解之、37答曰、播美種
야소산중입실　문도취지왈　청이전패지비　위아해지　답왈　파미종

者、人子也、38田者、世也、美種者、天國之子、稗者、惡魔之子、39敵播稗
자　인자야　전자　세야　미종자　천국지자　패자　악마지자　적파패

者、魔也、收穫時者、世之末也、刈者、天使也、40集稗而焚於火、世之末
자　마야　수확시자　세지말야　예자　천사야　집패이분어화　세지말

亦將如是、41人子將遣其使者、由其國中、集凡陷人於罪者及爲惡者、42
역장여시　인자장견기사자　유기국중　집범함인어죄자급위악자

投於火爐、在彼必有哀哭切齒、43其時義者在其父之國中、將輝光如日、
투어화로　재피필유애곡절치　기시의자재기부지국중　장휘광여일

凡有耳能聽者、當聽焉、44天國又如寶、藏於田、人遇之、則秘之、喜而歸、
범유이능청자　당청언　천국우여보　장어전　인우지　칙비지　희이귀

售其所有以購此田、45天國又如商人求美珠、46遇一珠、值昂貴、遂往售
수기소유이구차전　천국우여상인구미주　우일주　치앙귀　수왕수

其所有以購之、47天國又如網施於海、集諸水族、48既盈則曳於岸、坐而
기소유이구지　천국우여망시어해　집제수족　기영칙예어안　좌이

集其善者入器、惡者棄之、49世末亦然、天使將出、於義人中以別惡人、50
집기선자입기　악자기지　세말역연　천사장출　어의인중이별악인

投於火爐、在彼必有哀哭切齒、51耶穌問門徒曰、凡此、爾皆悟乎、曰、主
투어화로　재피필유애곡절치　야소문문도왈　범차　이개오호　왈　주

然、52耶穌曰、是以凡經士、爲天國而學道者、如一家主、由其庫中出新舊
연　야소왈　시이범경사　위천국이학도자　여일가주　유기고중출신구

之物、53耶穌既竟此譬、離彼而去54至故土、在其會堂敎誨、衆奇之曰、此
지물　야소기경차비　이피이거　지고토　재기회당교회　중기지왈　차

人由何而得此智慧異能、55此非木工之子乎、其母非名瑪利亞乎、其兄弟
인유하이득차지혜이능　차비목공지자호　기모비명마리아호　기형제

非雅各、約西、西門、猶大乎、56其妹非與我比隣乎、凡此者、是人由何得
비아각　약서　서문　유대호　기매비여아비린호　범차자　시인유하득

之、57遂厭棄之、耶穌謂之曰、先知於故土室家之外、莫不尊焉、58耶穌在
지　수염기지　야소위지왈　선지어고토실가지외　막부존언　야소재

彼、不多行異能、因衆不信故也、
피　부다행이능　인중부신고야

第 14 章、1當時分封之王希律、聞耶穌聲名、2謂其僕曰、此必施洗約翰、
제　장　당시분봉지왕희율　문야소성명　위기복왈　차필시세약한

由死復活、故能行此異能也、3初、希律爲弟腓立妻希羅底故、執約翰繫於
유사복활　고능행차이능야　초　희율위제비립처희라저고　집약한계어

獄、4蓋約翰曾諫希律曰、爾納此婦、非宜也、5希律欲殺之、惟懼衆、蓋衆
옥　개약한증간희율왈　이납차부　비의야　희율욕살지　유구중　개중

尊約翰爲先知也、6適値希律誕辰、希羅底女舞於衆前、希律喜之、7遂發
존약한위선지야　적치희율탄신　희라저녀무어중전　희율희지　수발

誓許以所求者必賜之、8女爲母所唆、求希律曰、請以施洗約翰之首盛於盤
서허이소구자필사지　녀위모소사　구희율왈　청이시세약한지수성어반

ˇ在此予我ˇ9王憂ˇ奈已發誓ˇ又因同席者在ˇ乃命予之ˇ10遣人斬約翰於
獄ˇ11盛首於盤ˇ攜至予女ˇ女攜於母ˇ12約翰之門徒至ˇ取屍葬之ˇ往告
耶穌ˇ13耶穌聞之ˇ登舟離彼ˇ獨往野地ˇ衆聞之ˇ遂由諸邑步從焉ˇ14耶
穌出ˇ見衆ˇ憫之ˇ其中負病者ˇ15將夕ˇ門徒就之曰ˇ此乃野地ˇ時已暮
矣ˇ請散衆ˇ往鄉間市食ˇ16耶穌曰ˇ母庸衆往ˇ爾曹予之食ˇ17對曰ˇ我
儕在此ˇ祇有五餅二魚ˇ18耶穌曰ˇ取之予我ˇ19遂命衆坐於草地ˇ取五餅
二魚ˇ仰天而祝ˇ擘其餅予門徒ˇ門徒予衆ˇ20皆食而飽ˇ拾其餘屑ˇ盈十
二筐ˇ21食者婦孺外ˇ約五千人ˇ22耶穌促門徒登舟ˇ先渡至彼岸ˇ俟己散
衆ˇ23散衆後ˇ耶穌獨登山祈禱ˇ至暮ˇ惟耶穌在彼ˇ24舟在海中ˇ被浪搖
撼ˇ風逆故也ˇ25四更時ˇ耶穌履海就之ˇ26門徒見其履海ˇ驚駭曰ˇ是怪
物也ˇ遂懼而呼ˇ27耶穌卽語之曰ˇ安爾心ˇ是我也ˇ勿懼ˇ28彼得曰ˇ主
若果爲爾ˇ則命我履水就爾ˇ29耶穌曰ˇ來ˇ彼得自舟而下ˇ履水以就耶穌
ˇ30見風烈而懼ˇ將溺ˇ呼曰ˇ主救我ˇ31耶穌伸手援之曰ˇ小信者ˇ何疑乎
ˇ32甫登舟而風息ˇ33舟中人就而拜之曰ˇ爾誠上帝子也ˇ34旣濟ˇ至革尼
撒勒地ˇ35其地之人識之ˇ遂遣人傳報四方ˇ攜諸負病者就耶穌ˇ36求之第
許捫其衣緣ˇ捫者皆愈

第15章ˇ1當時耶路撒冷經士ˇ及法利賽人ˇ來就耶穌曰ˇ2爾門徒何犯古
人遺傳ˇ食時不盥手乎ˇ3答曰ˇ爾何因爾遺傳犯上帝之誡乎ˇ4上帝誡云ˇ
敬爾父母ˇ又云ˇ詈父母者必治之死ˇ5惟爾曰ˇ若人對父母云ˇ爾所當得
於我者ˇ已獻爲禮物ˇ6遂可不敬父母ˇ是爾以爾遺傳而廢上帝之誡矣ˇ7
僞善者乎ˇ先知以賽亞預言指爾者誠是ˇ其言云ˇ8斯民以口敬我ˇ以脣尊
我ˇ其心則遠我ˇ9彼以人所命者ˇ爲教而訓人ˇ故徒然奉事我云ˇ10乃召
衆來謂之曰ˇ爾當聽而悟也ˇ11非入諸口者汚人ˇ惟出諸口者汚人ˇ12門
徒就之曰ˇ法利賽人聞斯言而慍ˇ爾知之乎ˇ13答曰ˇ凡植物ˇ非我在天之
父所植者ˇ其根必見拔ˇ14姑聽之ˇ彼乃瞽導瞽者也ˇ若瞽導瞽ˇ二者必並

陷於坑ˇ15彼得曰ˇ請以斯喩爲我儕解之ˇ16耶穌曰ˇ爾曹亦不悟乎ˇ17
함어갱 피득왈 청이사유위아제해지 야소왈 이조역부오호

豈不知凡入諸口者ˇ運於腹而遺於厠乎ˇ18惟出諸口者ˇ由心而出ˇ此則
기불지범입제구자 운어복이유어측호 유출제구자 유심이출 차칙

汚人ˇ19蓋惡念ˇ兇殺ˇ姦淫ˇ苟合ˇ盜竊ˇ妄證ˇ褻瀆ˇ皆由心而出ˇ20此
오인 개악념 흉살 간음 구합 도절 망증 설독 개유심이출 차

則汚人ˇ但未盥手而食ˇ不汚人也ˇ21耶穌離彼ˇ往推羅西頓境ˇ22有一
칙오인 단미관수이식 부오인야 야소리피 왕추라서돈경 유일

迦南婦ˇ由其地出ˇ大聲呼曰ˇ主ˇ大衛之裔ˇ矜憐我ˇ我女患魔苦甚ˇ23
가남부 유기지출 대성호왈 주 대위지예 긍련아 아녀환마고심

耶穌黙然不答ˇ門徒就之ˇ請曰ˇ彼呼於我後ˇ可使之去ˇ24答曰ˇ我奉遣
야소묵연불답 문도취지 청왈 피호어아후 가사지거 답왈 아봉견

而來ˇ特爲以色列家之亡羊耳ˇ25婦來拜之曰ˇ主ˇ助我ˇ26耶穌曰ˇ取兒
이래 특위이색열가지망양이 부래배지왈 주 조아 야소왈 취아

曹之餠投於狗ˇ未善也ˇ27婦曰ˇ主ˇ然也ˇ但家主案下遺屑ˇ狗亦得食之ˇ
조지병투어구 미선야 부왈 주 연야 단가주안하유설 구역득식지

28耶穌謂之曰ˇ婦乎ˇ爾信大矣ˇ如爾所願ˇ可爲爾成ˇ其女自此得愈ˇ29
야소위지왈 부호 이신대의 여이소원 가위이성 기녀자차득유

耶穌離彼ˇ至迦利利海濱ˇ登山而坐ˇ30羣衆就之ˇ有攜跛者瞽者瘖者殘
야소리피 지가리리해빈 등산이좌 군중취지 유휴파자고자음자잔

疾者ˇ及諸病者ˇ置於耶穌足前ˇ耶穌醫之ˇ31衆見瘖者言ˇ殘疾者痊ˇ跛
질자 급제병자 치어야소족전 야소의지 중견음자언 잔질자전 파

者行ˇ瞽者明ˇ甚奇之ˇ而歸榮於以色列之上帝ˇ32耶穌召門徒曰ˇ我憫斯
자행 고자명 심기지 이귀영어이색열지상제 야소소문도왈 아민사

衆ˇ蓋彼偕我已三日而無食ˇ我不欲使之饑而去ˇ恐於途中困憊ˇ33門徒
중 개피해아이삼일이무식 아부욕사지기이거 공어도중곤비 문도

曰ˇ在此野地ˇ安得多餠以飽如此之衆乎ˇ34耶穌曰ˇ爾有餠幾何ˇ曰ˇ七
왈 재차야지 안득다병이포여차지중호 야소왈 이유병기하 왈 칠

及小魚數尾ˇ35遂令衆坐地ˇ36取七餠及魚ˇ祝而擘之ˇ予門徒ˇ門徒予衆
급소어수미 수령중좌지 취칠병급어 축이벽지 여문도 문도여중

ˇ37皆食而飽ˇ拾其餘屑ˇ盈七籃ˇ38食者婦孺外ˇ共四千人ˇ39耶穌散衆
개식이포 습기여설 영칠람 식자부유외 공사천인 야소산중

登舟ˇ至抹大拉境ˇ
등주 지말대랍경

第16章ˇ1法利賽及撒度該人來試耶穌ˇ請示以自天之異蹟ˇ2耶穌曰ˇ暮
제 장 법리새급살도해인래시야소 청시이자천지이적 야소왈 모

時爾云天必晴ˇ因天紅也ˇ3朝時爾云今日必有風雨ˇ因天紅而晦也ˇ僞善
시이운천필청 인천홍야 조시이운금일필유풍우 인천홍이회야 위선

者乎ˇ爾能別天色ˇ獨不能知此時之異蹟乎ˇ4姦惡之世求異蹟ˇ先知約拿
자호 이능별천색 독부능지차시지이적호 간악지세구이적 선지약나

異蹟之外ˇ不以異蹟示之ˇ遂離之而去ˇ5門徒渡至彼岸ˇ忘取餠ˇ6耶穌語
이적지외 부이이적시지 수리지이거 문도도지피안 망취병 야소어

之曰ˇ謹防法利賽及撒度該人之酵ˇ7門徒私議曰ˇ是爲我儕未取餠耳ˇ8
지왈 근방법리새급살도해인지효 문도사의왈 시위아제미취병이

耶穌知之ˇ謂之曰ˇ小信者乎ˇ爾曹何爲因未取餠而私議耶ˇ9爾尙不明乎
야소지지 위지왈 소신자호 이조하위인미취병이사의야 이상부명호

ˇ豈不憶五餠分五千人ˇ而拾餘屑幾筐乎ˇ10又不憶七餠分四千人ˇ而拾
기불억오병분오천인 이습여설기광호 우부억칠병분사천인 이습

餘屑幾籃乎ˇ11我言當謹防法利賽及撒度該人之酵ˇ此非爲餠而言ˇ爾何
여설기람호 아언당근방법리새급살도해인지효 차비위병이언 이하

不明耶〻12門徒始悟耶穌所言〻非防餅之酵〻乃防法利賽及撒度該人之道也〻13耶穌至腓立普之該撒利亞(腓立普之該撒利亞又作該撒利亞腓立毘)境〻問門徒曰〻我人子也〻人言我爲誰〻14答曰〻有言施洗約翰〻有言以利亞〻有言耶利米〻或他先知之一〻15耶穌曰〻爾言我爲誰〻16西門彼得對曰〻爾乃基督永生上帝之子〻17耶穌曰〻西門巴約拿〻爾福矣〻蓋非屬血氣者示爾〻乃我在天之父示爾也〻18我又告爾〻爾乃彼得〻我卽於此磐上〻建我教會〻而哈低之權〻不能勝之〻19我將以天國之鑰賜爾〻凡爾所縛於地者〻亦必見縛於天〻所釋於地者〻亦必見釋於天〻20遂戒門徒〻勿以己爲基督告人〻21自是耶穌示門徒〻己必往耶路撒冷〻多受苦於長老〻祭司諸長〻及經士〻且見殺〻至第三日復活〻22彼得遂援而勸之曰〻主〻不可〻此必不臨爾〻23耶穌顧彼得謂之曰〻撒但退〻爾阻我〻因爾不念上帝之事〻乃念人之事也〻24時耶穌謂門徒曰〻凡欲從我者當克己〻負十字架而從我〻25凡欲救其生命者〻反喪之〻爲我而喪其生命者〻反得之〻26人若盡得天下而失其生命〻何益之有〻人將以何者易其生命乎〻27人子將以父之榮〻偕諸天使降臨時〻必循各人所行而報之〻28我誠告爾〻立於此者有人〻未死之先〻必見人子臨其國矣〻

第 17 章

〻1越六日〻耶穌攜彼得雅各及雅各之弟約翰〻潛登高山〻2當三人前〻變化形容〻面耀如日〻衣白有光〻3忽有摩西及以利亞現於衆〻與耶穌言〻4彼得謂耶穌曰〻我儕在此善矣〻若爾欲之〻我建三廬〻一爲爾〻一爲摩西〻一爲以利亞〻5言時有光耀之雲覆之〻有聲自雲出曰〻此我愛子〻我所喜悅者〻爾當聽之〻6門徒聞之〻面伏於地〻懼甚〻7耶穌前〻撫之曰〻起〻勿懼〻8門徒擧目〻不見一人〻惟耶穌而已〻9下山時〻耶穌命之曰〻人子尚未由死復活〻勿以所見者告人〻10門徒問耶穌曰〻經士言以利亞當先至〻何歟〻11耶穌答曰〻以利亞固然先至〻振興萬事〻12但我告爾〻以利亞已至〻奈人未之識〻且任意待之〻人子亦將如是受其害〻13門徒方悟耶穌所言〻

乃指施洗約翰也ˇ14既至衆中ˇ有一人就耶穌跪曰ˇ15主ˇ矜恤我子ˇ彼患
癲癇甚苦ˇ屢躓於火ˇ屢躓於水ˇ16我攜之就爾門徒ˇ彼不能醫ˇ17耶穌曰
ˇ噫ˇ不信而乖戾之世歟ˇ我偕爾至幾時ˇ我忍爾至幾時ˇ可攜之就我ˇ18
耶穌斥魔ˇ魔出ˇ自是時ˇ其子愈矣ˇ19耶穌獨在ˇ門徒就之ˇ問曰ˇ我儕
不能逐此魔ˇ何故ˇ20耶穌曰ˇ因爾不信也ˇ我誠告爾ˇ爾若有信如一粒芥
種ˇ卽命此山ˇ由此移彼ˇ亦必移焉ˇ且無一事爾不能作也ˇ21至於此類
非祈禱禁食不出ˇ22耶穌與門徒游行迦利利時ˇ耶穌謂門徒曰ˇ人子將被
解於人手ˇ23彼將殺之ˇ至第三日必復活ˇ門徒憂甚ˇ24既入加伯農ˇ有爲
聖殿收稅者ˇ就彼得曰ˇ爾師輸稅否ˇ25彼得曰ˇ然ˇ彼得入室ˇ耶穌先問
之曰ˇ西門ˇ爾意如何ˇ世之諸王ˇ向誰徵餉收稅ˇ向己之子乎ˇ抑向外人
乎ˇ26彼得曰ˇ向外人耳ˇ耶穌曰ˇ然則己之子可免矣ˇ27但恐使之不悅我
儕ˇ爾往海濱垂釣ˇ取先上之魚ˇ啓其口ˇ必得一司他提珥ˇ可取之納彼
爲我與爾之稅銀ˇ

第18章ˇ1當時門徒就耶穌曰ˇ在天國誰爲至大ˇ2耶穌召一孩提立於中
ˇ3曰ˇ我誠告爾ˇ爾若不改變ˇ不成如此孩提ˇ則不得入天國ˇ4故凡自謙
似此孩提者ˇ彼在天國爲至大ˇ5凡爲我之名ˇ接一如此之孩提者ˇ卽接我
ˇ6凡使此信我之一小子ˇ陷於罪者ˇ寧以磨石懸其頸ˇ沈於深海ˇ7禍哉斯
世ˇ因有陷人於罪之事ˇ陷人於罪ˇ固所難免ˇ但陷人於罪者禍矣ˇ8倘爾
一手一足使爾陷於罪ˇ則斷而棄之ˇ爾跛與殘入於生ˇ勝如有兩手兩足而
投於永火ˇ9倘爾一目使爾陷於罪ˇ則抉而棄之ˇ爾一目入於生ˇ勝如有兩
目而投於磯很拿之火ˇ10愼毋輕視此小子之一ˇ我告爾ˇ彼之天使在天
常見我天父之面ˇ11且人子來ˇ爲救其喪亡者ˇ12爾意如何ˇ人有百羊ˇ迷
失其一ˇ豈不姑舍九十九羊於山ˇ而往求其迷失者乎(或作豈不姑舍九十
九羊而往於山求其迷失者乎)ˇ13若得之ˇ我誠告爾ˇ其爲此一羊喜ˇ較不
迷失之九十九羊喜尤大ˇ14如是ˇ此小子中卽亡其一ˇ亦非爾天父之意也

ˇ15倘兄弟得罪爾ˇ則於彼獨處時責之ˇ若聽ˇ則得爾兄弟ˇ16若不聽ˇ則攜一二人偕爾ˇ因憑二三證者之口ˇ凡事可定ˇ17若再不聽ˇ則告於教會ˇ若不聽教會ˇ則視之如異邦人及稅吏可也ˇ18我誠告爾ˇ凡爾所縛於地者ˇ亦必見縛於天ˇ所釋於地者ˇ亦必見釋於天19我又告爾ˇ若爾中有二人契合於地ˇ以求何事ˇ我在天之父ˇ必爲彼成之ˇ20蓋無論何處ˇ有二三人爲我名而集ˇ我亦在其中ˇ21時彼得就耶穌曰ˇ主ˇ兄弟得罪我ˇ我赦之當幾次ˇ至七次可乎ˇ22耶穌曰ˇ我告爾ˇ不僅七次ˇ乃七十之七次也ˇ23是以天國猶人君ˇ欲與其僕會計ˇ24始計時ˇ有攜一人來ˇ負一萬他連得者ˇ25既無可償ˇ其主人命將其身與妻與子及凡所有ˇ俱鬻之以償ˇ26此僕俯伏拜曰ˇ請主人寬我ˇ我必盡償ˇ27其僕之主憐而釋之ˇ且免其債ˇ28其僕出ˇ遇一同僕ˇ負己一百第拿流(猶太小銀圓約銀一錢)ˇ執之扼其喉曰ˇ爾所負者卽償我ˇ29同僚俯伏求曰ˇ請寬我ˇ我必盡償ˇ30不允ˇ乃下之於獄ˇ待償所負ˇ31諸同僚見所爲ˇ甚不悅ˇ以其事往告主人ˇ32其僕之主召之曰ˇ惡哉僕乎ˇ爾所負者ˇ我盡免之ˇ因爾求我也ˇ33爾不當憐同僚如我憐爾乎ˇ34其主人遂怒ˇ付之獄吏ˇ待其盡償所負ˇ35若爾各人不誠心赦兄弟之過ˇ則我在天之父待爾亦如是ˇ

第 19章ˇ1耶穌言竟ˇ離迦利利至猶太境ˇ約但河西ˇ2羣眾從之ˇ耶穌在彼醫其病者ˇ3有法利賽人就而試之曰ˇ人無論何故ˇ出妻可乎ˇ4耶穌答曰ˇ經載造物之主ˇ元始造人ˇ乃造一男一女ˇ5且云人離父母ˇ與妻聯合ˇ二人成爲一體ˇ此豈爾未讀乎ˇ6如是夫婦不復爲二ˇ乃爲一體ˇ故上帝所耦者ˇ人不可分ˇ7曰ˇ然則摩西命予離書出之ˇ何也ˇ8曰ˇ摩西因爾心忍容爾出妻ˇ但元始則不然ˇ9我告爾ˇ若非爲淫故出妻而他娶者ˇ卽犯姦也ˇ娶被出之婦者ˇ亦犯姦也ˇ10門徒謂耶穌曰ˇ人於妻如此ˇ寧勿娶ˇ11耶穌曰ˇ此言非眾能受ˇ惟禀賦者能之ˇ12蓋有生而閹者ˇ有被人閹者ˇ又有爲天國自閹者ˇ此言誰能受則受之ˇ13時有人攜孩提就耶穌ˇ欲耶穌按手

其上而禱˅門徒責之˅14耶穌謂之曰˅容孩提就我˅勿禁˅蓋有天國者˅正

如是人也˅15耶穌按手於其上˅遂離彼而去˅16時有一少者就之(原文作

有一人就之)曰˅善哉師乎˅我當行何善˅以得永生˅17耶穌曰˅何爲以善

稱我˅上帝外無一善者˅爾欲入於生˅則當守誡˅18曰˅何誡˅耶穌曰˅勿

殺人˅勿姦淫˅勿盜竊˅勿妄證˅19敬爾父母˅愛人如己˅20少者曰˅此誡

我自幼盡守之˅尙有何缺乎˅21耶穌曰˅爾欲純全˅往鬻所有以濟貧˅則必

有財於天˅且來從我˅22少者聞言˅愀然而去˅因其家貲甚厚故也˅23耶穌

謂門徒曰˅我誠告爾˅富者入天國˅難矣哉˅24我又告爾˅駝穿針孔˅較富

者入上帝之國尤易˅25門徒聞之甚奇˅曰˅然則誰能得救乎˅26耶穌顧之

曰˅在人固不能˅在上帝無不能也˅27彼得曰˅我儕舍一切以從爾˅將何所

得乎˅28耶穌曰˅我誠告爾˅爾曹從我者˅至萬物更新˅人子坐其榮位時˅

爾曹亦將坐十二位˅審判以色列十二支派˅29凡爲我名˅舍屋宇˅兄弟˅姊

妹˅父母˅妻子˅田疇者˅必受百倍˅且得永生˅30然多有先者將爲後˅後

者將爲先也˅

第20章˅1夫天國如家主˅朝出˅雇工入葡萄園˅2與工約˅日給一第拿流

˅遂遣之入園˅3巳初復出˅見有閒立於市者˅4謂之曰˅爾亦往葡萄園˅必

以所應給者給爾˅其人遂往˅5午正及申初˅又出˅行亦如之˅6酉初˅出

見又有閒立者˅謂之曰˅爾何終日閒立於此乎˅7曰˅無雇我者˅曰˅爾亦往

葡萄園˅所應給者˅爾必得之˅8及暮˅園主語其司事者曰˅呼衆工至˅給以

備值˅自後者起˅至先者止˅9雇於酉初者至˅各得一第拿流˅10先雇者至˅

意己必多得˅乃亦各得一第拿流˅11受時˅怨家主曰˅12我儕終日負苦當

暑˅彼後至者˅工作僅半時˅爾竟使之與我相等乎˅13園主謂其中一人曰˅

友˅我未負爾˅爾與我約˅非一第拿流乎˅14取爾值而往˅我給後至者如給

爾然˅乃我所願也˅15我之物˅我不可隨意而用乎˅因我爲善˅爾卽相嫉而

怒目乎˅16如是在後者將爲先˅在先者將爲後˅蓋被召者多˅蒙選者少也˅

17耶穌上耶路撒冷時ˇ途中潛攜十二門徒ˇ謂之曰ˇ18我儕上耶路撒冷ˇ人子將被賣與祭司諸長及經士ˇ彼將擬之以死ˇ19付於異邦人ˇ凌辱之ˇ鞭扑之ˇ釘之十字架ˇ至第三日復活ˇ20時西比代二子之母偕其子ˇ就耶穌拜之ˇ欲求一事ˇ21耶穌曰ˇ爾何所欲ˇ對曰ˇ許我二子在爾國ˇ一坐爾左ˇ一坐爾右ˇ22耶穌曰ˇ爾所求者爾不知也ˇ我將飮之杯ˇ爾能飮乎ˇ我將受之洗ˇ爾能受乎ˇ曰ˇ能ˇ23耶穌曰ˇ我所飮之杯ˇ爾將飮之ˇ我所受之洗ˇ爾將受之ˇ但坐我左我右ˇ非我可賜ˇ我父爲誰而備ˇ則賜誰也ˇ24十門徒聞之ˇ則怒兄弟二人ˇ25耶穌召之來ˇ謂之曰ˇ異邦人有君主之ˇ有大臣秉權轄之ˇ爾所知也ˇ26惟爾曹則不可如此ˇ爾中欲爲大者ˇ當爲爾役ˇ27欲爲首者ˇ當爲爾僕ˇ28卽如人子來ˇ非以役人ˇ乃役於人ˇ且舍其生以贖衆也ˇ29出耶利哥時ˇ羣衆隨之ˇ30有二瞽者ˇ坐道旁ˇ聞耶穌過ˇ遂呼曰ˇ主ˇ大衛之裔ˇ矜恤我ˇ31衆斥之ˇ使緘黙ˇ瞽者愈呼曰ˇ主ˇ大衛之裔ˇ矜恤我ˇ32耶穌止ˇ召之來ˇ曰ˇ欲我爲爾何爲ˇ33答曰ˇ主ˇ使我目得明ˇ34耶穌憫之ˇ按其目ˇ目卽能見ˇ二人遂從耶穌ˇ

第 21 章ˇ1耶穌與門徒近耶路撒冷ˇ至伯法基ˇ在油果山ˇ耶穌遣二門徒ˇ2謂之曰ˇ爾往前村ˇ必見牝驢縶焉ˇ並有小驢同在ˇ解而牽之來ˇ3倘有問爾者ˇ則曰主需之ˇ彼卽許爾牽之ˇ4此事得成ˇ爲應先知所言云ˇ5當告郇邑ˇ爾王臨爾ˇ謙和而乘驢ˇ及小驢ˇ乃負重者之子ˇ6門徒遂往ˇ循耶穌命而行ˇ7牽牝驢及小驢ˇ置己衣其上ˇ扶耶穌乘之ˇ8羣衆多有以己衣布於道ˇ亦有伐樹枝布於道者ˇ9前行後從之衆呼曰ˇ荷散拿(譯卽求救之義)大衛之裔ˇ託主名而來者ˇ當稱頌ˇ在至上之處ˇ當稱荷散拿ˇ10耶穌入耶路撒冷ˇ擧邑鬨動曰ˇ此爲誰ˇ11衆曰ˇ此乃迦利利拿撒勒先知耶穌ˇ12耶穌進上帝之聖殿ˇ逐其中諸貿易者ˇ反兌錢者之案ˇ及售鴿者之几ˇ13謂之曰ˇ經載云ˇ我室必稱爲祈禱之室ˇ爾曹以爲盜賊之巢ˇ14有瞽者ˇ跛者ˇ就耶穌於聖殿ˇ耶穌醫之ˇ15祭司諸長及經士ˇ見耶穌所行奇事ˇ又見孩

童呼於聖殿曰ˇ大衛之裔荷散拿ˇ則大不悅ˇ16謂耶穌曰ˇ彼所言者ˇ爾聞
동호어성전왈 대위지예하산나 칙대부열 위야소왈 피소언자 이문

之乎ˇ耶穌曰ˇ然ˇ經載云ˇ主藉嬰孩乳哺者之口ˇ全備讚美ˇ爾曹豈未讀
지호 야소왈 연 경재운 주자영해유포자지구 전비찬미 이조기미독

乎ˇ17遂離之出城ˇ至伯他尼宿焉ˇ18來朝ˇ返城時ˇ饑ˇ19見道旁無花果
호 수리지출성 지백타니숙언 래조 반성시 기 견도방무화과

樹ˇ就之ˇ無所得ˇ惟葉而已ˇ謂樹曰ˇ自今後ˇ爾永不結果ˇ無花果樹卽枯
수 취지 무소득 유엽이이 위수왈 자금후 이영부결과 무화과수즉고

ˇ20門徒見而奇之ˇ曰ˇ無花果樹ˇ如何忽枯也ˇ21耶穌曰ˇ我誠告爾ˇ若
문도견이기지 왈 무화과수 여하홀고야 야소왈 아성고이 약

爾有信不疑ˇ不獨此無花果樹之事能行ˇ卽命此山移去投海ˇ亦必成焉ˇ
이유신부의 부독차무화과수지사능행 즉명차산이거투해 역필성언

22且爾祈禱時有信ˇ無論何求ˇ必得之ˇ23耶穌入聖殿ˇ教誨時ˇ祭司諸長
차이기도시유신 무론하구 필득지 야소입성전 교회시 제사제장

及民之長老ˇ就之曰ˇ爾以何權行此諸事ˇ賜爾此權者誰乎ˇ24耶穌曰ˇ我
급민지장로 취지왈 이이하권행차제사 사이차권자수호 야소왈 아

亦有一言問爾ˇ爾若告我ˇ則我亦告爾我以何權行此諸事ˇ25約翰之施洗
역유일언문이 이약고아 칙아역고이아이하권행차제사 약한지시세

何自ˇ自天乎ˇ自人乎ˇ衆竊議曰ˇ若云自天ˇ彼必曰ˇ然則何不信之ˇ26
하자 자천호 자인호 중절의왈 약운자천 피필왈 연칙하부신지

若云自人ˇ我又懼衆ˇ蓋衆皆以約翰爲先知ˇ27遂對耶穌曰ˇ我儕不知ˇ耶
약운자인 아우구중 개중개이약한위선지 수대야소왈 아제불지 야

穌曰ˇ我亦不告爾ˇ我以何權行此諸事ˇ28爾意如何ˇ人有二子ˇ就長子曰
소왈 아역부고이 아이하권행차제사 이의여하 인유이자 취장자왈

ˇ我子ˇ爾今日可往葡萄園ˇ工作ˇ29對曰ˇ不願ˇ後乃悔而往ˇ30又就次
아자 이금일가왕포도원 공작 대왈 부원 후내회이왕 우취차

子ˇ亦如此言ˇ對曰ˇ主ˇ我往ˇ而終不往ˇ31此二者ˇ誰遵父之旨ˇ對曰
자 역여차언 대왈 주 아왕 이종부왕 차이자 수준부지지 대왈

長子ˇ耶穌曰ˇ我誠告爾ˇ稅吏與妓女必先爾入上帝之國ˇ32蓋約翰以義
장자 야소왈 아성고이 세리여기녀필선이입상제지국 개약한이의

道就爾ˇ爾不信之ˇ而稅吏與妓女信之ˇ且爾見此ˇ仍不悔改以信ˇ33爾復
도취이 이부신지 이세리여기녀신지 차이견차 잉부회개이신 이복

聽一譬ˇ有家主ˇ植葡萄園ˇ以籬環之ˇ中掘壓酒處ˇ又建望樓ˇ租與園夫ˇ
청일비 유가주 식포도원 이리환지 중굴압주처 우건망루 조여원부

遂適他方ˇ34果期將至ˇ遣僕就園夫收果ˇ35園夫執其僕ˇ扑一ˇ殺一ˇ石
수적타방 과기장지 견복취원부수과 원부집기복 복일 살일 석

擊一ˇ36又遣他僕ˇ較前尤多ˇ園夫亦待之如故ˇ37後遣其子就之ˇ意謂彼
격일 우견타복 교전우다 원부역대지여고 후견기자취지 의위피

必敬我子矣ˇ38園夫見其子ˇ相語曰ˇ此乃嗣子ˇ盍來殺之ˇ以據其業ˇ39
필경아자의 원부견기자 상어왈 차내사자 합래살지 이거기업

遂執之ˇ曳出園外而殺焉ˇ40葡萄園之主至ˇ將何以處此園夫乎ˇ41衆曰ˇ
수집지 예출원외이살언 포도원지주지 장하이처차원부호 중왈

必翦滅此惡人ˇ以園轉租與他園夫ˇ可按時納果也ˇ42耶穌謂之曰ˇ經載
필전멸차악인 이원전조여타원부 가안시납과야 야소위지왈 경재

云ˇ工師所棄之石ˇ成爲屋隅首石ˇ此主所成之事ˇ在我目中見爲奇異ˇ爾
운 공사소기지석 성위옥우수석 차주소성지사 재아목중견위기이 이

曹豈未讀乎ˇ43故我告爾ˇ上帝之國必奪於爾ˇ而賜於能結果之民ˇ44凡
조기미독호 고아고이 상제지국필탈어이 이사어능결과지민 범

躓此石上者身必損ˇ此石墜其上者身必碎ˇ45祭司諸長ˇ及法利賽人聞此
지차석상자신필손 차석추기상자신필쇄 제사제장 급법리새인문차

譬ˇ乃識耶穌指己而言ˇ46欲執之ˇ惟懼衆ˇ蓋衆以耶穌爲先知也ˇ

第 22 章ˇ1耶穌又設譬以語衆ˇ曰ˇ2天國如人君爲子設婚筵ˇ3遣僕召所
請者赴筵ˇ皆不肯來ˇ4復遣他僕曰ˇ爾告所請者云ˇ我餐已具ˇ我牛如肥
畜已宰ˇ百物齊備ˇ請赴婚筵ˇ5但彼不顧而去ˇ一往於田ˇ一往於市ˇ6其
餘執僕凌辱而殺之ˇ7君聞之ˇ則怒ˇ遣兵滅此兇人ˇ而焚其邑ˇ8遂謂僕曰
ˇ婚筵已備ˇ惟所請者不堪ˇ9可往通衢ˇ無論遇誰ˇ皆請之赴筵ˇ10僕出途
間ˇ集凡所遇者ˇ或善或惡ˇ致婚筵賓滿ˇ11君入觀賓ˇ見有一人ˇ不衣禮
服ˇ12語之曰ˇ友乎ˇ爾不衣禮服何至此乎ˇ其人黙然ˇ13君遂命僕繫其手
足ˇ執而投於外幽暗之地ˇ在彼必有哀哭切齒ˇ14蓋見召者多ˇ蒙選者少
也ˇ15時法利賽人出而共謀ˇ如何卽耶穌言以陷之ˇ16遂遣其徒ˇ同希律
黨ˇ就之曰ˇ師ˇ我儕知爾乃誠者ˇ以眞傳上帝之道ˇ爾不顧人議ˇ蓋爾不
以貌取人ˇ17請告我ˇ爾意如何ˇ納稅於該撒(該撒羅瑪君之稱)宜否ˇ18
耶穌知其惡意ˇ曰ˇ僞善者乎ˇ何爲試我ˇ19以納稅之錢ˇ予我觀之ˇ遂取
一第拿流予之ˇ20耶穌謂之曰ˇ是像與號屬誰ˇ21曰ˇ屬該撒ˇ耶穌曰ˇ然
則屬該撒者當歸該撒ˇ屬上帝者當歸上帝ˇ22衆聞此言奇之ˇ遂離之而去
ˇ23撒度該人ˇ素言無復活者ˇ當日其中數人ˇ就耶穌問曰ˇ24師ˇ摩西云
ˇ人無子而死ˇ弟當娶其婦生子以嗣兄ˇ25我中有兄弟七人ˇ長者娶妻ˇ無
子而死ˇ遺婦於弟ˇ26其二ˇ其三ˇ至其七皆然ˇ27厥後婦亦死ˇ28至復活
時ˇ七人中ˇ婦爲誰之妻乎ˇ蓋皆已娶之矣ˇ29耶穌答曰ˇ爾謬矣ˇ因爾不
識經及上帝之大能ˇ30蓋復活之時ˇ人不娶不嫁ˇ乃如上帝之使者在天ˇ
31論死者復活ˇ豈未讀上帝所諭爾者乎ˇ32云我乃亞伯拉罕之上帝ˇ以撒
之上帝ˇ雅各之上帝ˇ上帝非死者之上帝ˇ乃生者之上帝也ˇ33衆聞之ˇ奇
其訓ˇ34法利賽人聞耶穌駁撒度該人ˇ使之無辭以對ˇ遂集ˇ35其中一教
法師ˇ試耶穌ˇ問曰ˇ36師ˇ律法諸誡ˇ何爲最大ˇ37耶穌曰ˇ爾當盡心盡
性盡意愛主爾之上帝ˇ38此乃諸誡之首ˇ且最大者ˇ39其次ˇ愛人如己ˇˇ

亦如之˅40此二誡˅乃律法及先知之大綱˅41法利賽人集時˅耶穌問之曰˅

42論基督爾意云何˅爲誰之裔乎˅對曰˅大衛之裔˅曰˅43然則大衛感於聖

靈˅何以稱基督爲主˅44大衛有言曰˅主謂我主云˅坐我右˅我將使爾之敵

爲爾足凳云˅45大衛既稱基督爲主˅則基督如何爲大衛之裔乎˅46衆無辭

以對˅嗣後無敢復問之者˅

第 23 章˅
1時耶穌語衆及門徒曰˅2經士與法利賽人˅坐摩西位˅3故彼凡

命爾守者˅當守而行之˅但勿效其所爲˅以其言而不行也˅4以難負之重任

˅縛而置人肩上˅己則一指不肯動˅5其行事故欲使人見˅濶其經匣˅長其

衣繸˅6喜席間上座˅會堂高位˅7市上問安˅被人稱曰˅拉比˅拉比˅8但爾

則勿受拉比之稱˅爾師惟一˅卽基督˅爾曹則皆爲兄弟˅9勿稱在地者爲父

˅爾父惟一˅卽在天者˅10亦勿受導者之稱˅爾之導者惟一˅卽基督˅11爾

曹中至大者˅當爲爾役˅12且自高者必降爲卑˅自卑者必升爲高˅13禍哉

爾僞善之經士與法利賽人˅因爾在人前閉天國之門˅爾自不入˅有欲入者

爾亦不許其入˅14禍哉爾僞善之經士與法利賽人˅因爾侵吞嫠婦之家貲

而佯爲長禱˅故爾必受刑尤重也˅15禍哉爾僞善之經士與法利賽人˅因爾

周行水陸˅導一人進敎˅及進敎˅使之爲磯很拿之人˅較倍於爾也˅16禍哉

爾曹瞽而導人者˅爾素云˅指聖殿而誓˅則不足爲誓˅惟指聖殿之金而誓

則當守之˅17愚而瞽者˅孰爲大˅金大乎˅抑使金成爲聖物之聖殿大乎˅18

爾又曰˅指祭臺而誓˅則不足爲誓˅惟指祭臺上禮物而誓˅則當守之˅19愚

而瞽者˅孰爲大˅禮物大乎˅抑使禮物成爲聖物之祭臺大乎˅20故人指祭

臺而誓˅是指祭臺及凡在臺上之物而誓也˅21指聖殿而誓˅是指聖殿及居

其內者而誓也˅22指天而誓˅是指上帝之寶座及坐於其上者而誓也˅23禍

哉爾僞善之經士與法利賽人˅因爾以薄荷˅茴香˅芹菜˅十輸其一˅但律法

之尤重者˅卽義與仁與信˅爾則遺之˅此爾所當行者也˅而彼亦不可遺˅24

瞽而導人者˅蚋則濾之˅駝則吞之˅25禍哉爾僞善之經士與法利賽人˅因

爾潔杯盤之外ˇ內則充滿劫奪及非義ˇ26瞽者法利賽人乎ˇ先潔杯盤之內ˇ則其外亦潔矣ˇ27禍哉爾僞善之經士與法利賽人ˇ因爾似粉飾之墓ˇ外見爲美ˇ內則充滿屍骸ˇ及諸汚穢ˇ28爾曹亦若是ˇ外見於人爲義ˇ而內則充滿僞善及非法ˇ29禍哉爾僞善之經士與法利賽人ˇ因爾建先知之墳ˇ飾義人之墓ˇ30又曰ˇ若我在我祖時ˇ必不與謀流先知之血ˇ31是爾自證爾爲殺先知者之裔ˇ32盍盈爾祖之量歟ˇ33蛇乎ˇ蝮所產乎ˇ爾何能逃磯很拿之刑乎ˇ34是以我遣先知智人經士就爾ˇ其中有爾所殺及釘十字架者ˇ有爾所鞭於爾之會堂ˇ由此邑窘逐至彼邑者ˇ35致地上流義人之血ˇ其罪皆歸於爾ˇ卽自義人亞伯之血ˇ至爾所殺於殿及祭臺間巴拉迦子撒迦利亞之血也36我誠故爾ˇ此事皆必歸於斯代ˇ37耶路撒冷乎ˇ耶路撒冷乎ˇ爾殺先知ˇ石擊奉遣就爾者ˇ我屢欲集爾赤子ˇ似母雞集雛於翼下ˇ惟爾不欲ˇ38爾室將荒墟矣ˇ39我告爾ˇ今而後爾不復見我ˇ直待至爾云託主名而來者當稱頌ˇ

第 24 章ˇ

1耶穌出聖殿行時ˇ門徒就焉ˇ以殿宇指與耶穌觀之ˇ2耶穌曰ˇ爾見此殿宇乎ˇ我誠告爾ˇ在此將無一石遺於石上ˇ皆必傾圮ˇ3耶穌坐於油果山ˇ門徒潛就之曰ˇ請告我何時有此ˇ且爾之再臨與世之末ˇ有何預兆ˇ4耶穌曰ˇ愼勿爲人所惑ˇ5因將有多人ˇ冒我名而來ˇ曰ˇ我乃基督ˇ因而惑衆ˇ6爾將聞戰及戰之風聲ˇ愼勿懼ˇ此事必有ˇ惟末期尙未至ˇ7民將攻民ˇ國將攻國ˇ饑饉ˇ瘟疫ˇ地震ˇ隨在將有ˇ8凡此乃災禍之始ˇ9時ˇ人將陷(陷原文作付)爾於患難ˇ且殺爾ˇ爾將爲我名見憾於萬民ˇ10彼時人多躓蹶ˇ彼此相陷相憾ˇ11有僞先知羣起惑衆ˇ12因罪惡貫盈ˇ多人之愛漸冷ˇ13惟能忍至終者得救ˇ14天國之福音ˇ必遍傳於天下ˇ爲證於萬民ˇ然後末日乃至ˇ15爾觀先知但以理所言ˇ殘賊可惡之物ˇ立於聖地ˇ讀者當悟之ˇ16時在猶太者ˇ當逃於山ˇ17在屋上者ˇ勿下而取家中之物ˇ18在田者ˇ勿歸取衣ˇ19當時孕婦及乳婦有禍矣ˇ20宜祈禱ˇ免爾逃避ˇ値終

時及安息日ˇ21蓋其時必有大難ˇ自創世以至於今ˇ未有如此者ˇ後亦必

無有焉ˇ22若不稍減其日ˇ則無一人得救ˇ但爲蒙選者ˇ其日必減ˇ23時若

有人告爾曰ˇ基督在此ˇ基督在彼ˇ爾勿信ˇ24因將有僞基督僞先知起ˇ施

大異蹟ˇ大奇事ˇ若能惑選民則亦惑之ˇ25此事我預告爾ˇ26是故有人告

爾曰ˇ基督在曠野ˇ爾勿出ˇ曰ˇ基督在密室ˇ爾勿信ˇ27蓋猶電發自東而

閃至西ˇ人子降臨亦若是ˇ28屍何在ˇ鵰鷹集焉ˇ29此時之難後ˇ日卽晦冥

ˇ月不發光ˇ星隕自天ˇ天象(象或作勢)震動ˇ30是時人子之兆ˇ將現於天

ˇ地上諸族將哀哭ˇ且見人子以大權大榮乘天雲而來ˇ31遣其使者吹角ˇ

角聲甚大ˇ集其選民於四方ˇ自天此極至彼極ˇ32爾可以無花果樹爲譬ˇ

其枝柔葉萌ˇ則知夏時近矣ˇ33如是爾見此諸兆ˇ則知彼已近及門矣ˇ34

我誠告爾ˇ此代未逝ˇ此事皆成ˇ35天地可廢ˇ我言不廢ˇ36然彼日彼時

無有人知ˇ卽天使亦不知ˇ子亦不知ˇ惟我父知之ˇ37人子之臨ˇ正如挪亞

之日ˇ38在洪水先ˇ人皆飮食嫁娶ˇ迨挪亞入方舟之日ˇ39不覺洪水忽至

淹滅其衆ˇ人子之臨亦若是ˇ40此時二人在田ˇ一見取ˇ一見遺ˇ41二婦推

磨ˇ一見取ˇ一見遺ˇ42故當警醒ˇ以爾不知爾主何時至也ˇ43若家主知何

更盜至ˇ則必警醒ˇ不致盜穴其室ˇ此爾所知也ˇ44是以爾亦當預備ˇ因爾

不意之時ˇ人子忽至ˇ45孰是忠智之僕ˇ家主所任以督其家人ˇ按時而予

其糧乎ˇ46主來見僕如是而行ˇ其僕福矣ˇ47我誠告爾ˇ主必任之督其全

業ˇ48倘惡僕心內云ˇ我主之至必遲ˇ49遂扑其同僕ˇ又與酒徒飮食ˇ50

乃於不意之日ˇ不知之時ˇ彼僕之主至ˇ51加以嚴刑ˇ置之與僞善同科ˇ在

彼必有哀哭切齒矣

第25章ˇ1是時天國可譬十處女ˇ執燈出迎新娶者ˇ2其中五智五愚ˇ3愚

者執燈而不備油ˇ4智者執燈ˇ且備油於器ˇ5新娶者來遲ˇ皆假寐而寢ˇ6

中夜有呼云ˇ新娶者至矣ˇ爾出迎之ˇ7衆處女遂起ˇ各整其燈ˇ8愚者謂智

者曰ˇ請以爾之油分我ˇ蓋我之燈將熄也ˇ9智者對曰ˇ恐爾我俱不足ˇ莫

若就售者ˇ爲己購之ˇ10適往購時ˇ新娶者至ˇ有備者同入婚筵ˇ而門閉矣ˇ11後其餘處女至ˇ曰ˇ主歟ˇ主歟ˇ請爲我啓ˇ12答曰ˇ我誠告爾ˇ我不識爾曹ˇ13是以爾當警醒ˇ因其日其時ˇ爾不知也ˇ14又如一人將往異地ˇ召僕ˇ以家貲付之ˇ15一付銀五他連得(他連得見十八章二十四節)ˇ一付二他連得ˇ一付一他連得ˇ各按其才能ˇ遂去ˇ16其受五他連得者ˇ往以之貿易ˇ又獲五他連得ˇ17受二他連得者ˇ亦如是獲二他連得ˇ18惟取一他連得者ˇ往而掘地ˇ藏其主人之金ˇ19厥後其僕之主人歸ˇ與僕會計ˇ20受五他連得者至ˇ又攜五他連得曰ˇ主人ˇ付我五他連得ˇ我因之又獲五他連得ˇ21主人曰ˇ美哉ˇ善且忠之僕ˇ爾於寡者既忠ˇ我必以多者任爾ˇ可進享爾主人之樂ˇ22受二他連得者至ˇ曰ˇ主人ˇ付我二他連得ˇ我因之又獲二他連得ˇ23主人曰ˇ美哉ˇ善且忠之僕ˇ爾於寡者既忠ˇ我必以多者任爾ˇ可進享爾主人之樂ˇ24受一他連得者ˇ曰ˇ主人ˇ我知爾乃忍人ˇ於未播之處而穫ˇ於未散之處而斂ˇ25是以我懼ˇ往藏一他連得於地ˇ今以屬爾者還爾ˇ26主人曰ˇ惡且惰之僕ˇ爾知我未播之處而穫ˇ未散之處而斂ˇ27則當以我銀置諸兌錢者ˇ迨我歸時ˇ可得我之本銀而獲其息ˇ28故可奪其一他連得而予有十他連得者ˇ29蓋凡有者ˇ將予之ˇ使之有餘ˇ其無有者ˇ並其所有亦將奪之ˇ30彼無益之僕ˇ可逐於外幽暗之地ˇ在彼必有哀哭切齒矣ˇ31當人子乘其榮ˇ偕諸聖天使臨時ˇ坐其榮位ˇ32萬民集其前ˇ遂區別之ˇ如牧者區別綿羊離山羊ˇ33置綿羊於右ˇ山羊於左ˇ34王謂在右者曰ˇ爾曹蒙我父寵者ˇ可來承受ˇ創世以來爲爾所備之國ˇ35因我饑ˇ爾食我ˇ我渴ˇ爾飲我ˇ我爲旅ˇ爾寓我ˇ36我裸ˇ爾衣我ˇ我病ˇ爾顧我ˇ我在獄ˇ爾來視我ˇ37義者將應之曰ˇ主ˇ我何時見爾饑而食爾ˇ渴而飲爾ˇ38何時見爾旅而寓爾ˇ裸而衣爾ˇ39何時見爾病ˇ或在獄ˇ而來顧視爾乎ˇ40王必謂之曰ˇ我誠告爾ˇ既行之於我兄弟至微之一ˇ卽行之於我也ˇ41又謂在左者曰ˇ爾曹被詛者ˇ可離我而入永火ˇ乃爲魔及其使者所備也ˇ42因我

饑ˇ爾不食我ˇ我渴ˇ爾不飲我ˇ43我爲旅ˇ爾不寓我ˇ我裸ˇ爾不衣我ˇ我
病或在獄ˇ爾不顧視我ˇ44彼亦將應之曰ˇ主ˇ我何時見爾饑ˇ或渴ˇ或爲
旅ˇ或裸ˇ或病ˇ或在獄ˇ而不奉事爾乎ˇ45王必謂之曰ˇ我誠告爾ˇ既不
行之於此至微者之一ˇ卽不行之於我也ˇ46此人必入永刑ˇ惟義者必入永
生焉ˇ

第 26 章ˇ

1耶穌言竟ˇ謂門徒曰ˇ2爾知二日後ˇ乃逾越節ˇ人子將見賣釘
十字架矣ˇ3時祭司諸長經士ˇ及民之長老ˇ集於大祭司名該亞法者之院ˇ
4共謀欲以詭計執耶穌殺之ˇ5惟曰ˇ當節期不可ˇ恐民生亂ˇ6耶穌在伯大
尼癩者西門之家ˇ7有一婦ˇ攜玉餠盛至貴之香膏ˇ就耶穌ˇ在席間傾於其
首ˇ8門徒見而不悅ˇ曰ˇ何爲若此之糜費ˇ9此膏可鬻多金ˇ以濟貧者ˇ10
耶穌知之ˇ曰ˇ何爲難此婦乎ˇ彼所行於我者善也ˇ11蓋貧者常偕爾ˇ我不
常偕爾ˇ12彼傾此膏於我體ˇ乃爲我之葬而行之ˇ13我誠告爾ˇ普天下ˇ不
論何處傳此福音ˇ亦必述此婦所行ˇ使人記憶ˇ14時十二門徒之一ˇ名猶
大稱以斯加畧ˇ往見祭司諸長ˇ曰ˇ15我以彼付爾ˇ爾願給我幾何ˇ遂與約
予銀三十ˇ16自是猶大尋機賣之ˇ17除酵節之首日ˇ門徒就耶穌曰ˇ爾欲
我於何處爲爾備逾越節筵ˇ18曰ˇ爾入城ˇ見某ˇ謂之曰ˇ師云ˇ我時近矣ˇ
我將偕門徒守逾越節於爾家ˇ19門徒遵耶穌命ˇ而備逾越節筵ˇ20既暮ˇ
耶穌及十二門徒席坐ˇ21食間ˇ耶穌曰ˇ我誠告爾ˇ爾中一人將賣我ˇ22門
徒憂甚ˇ一一問曰ˇ主ˇ是我乎ˇ23曰ˇ偕我同醮手於盂者ˇ卽賣我者也ˇ
24人子將逝ˇ如經所載ˇ惟賣人子者禍矣ˇ其人不生爲幸ˇ25賣之者猶大
問曰ˇ拉比ˇ是我乎ˇ曰ˇ爾言之矣ˇ26食時ˇ耶穌取餠祝謝ˇ擘而予門徒
曰ˇ取而食之ˇ此乃我體ˇ27又取杯祝謝ˇ予之曰ˇ爾皆飮之ˇ28此乃我血
ˇ卽新約之血ˇ爲衆而流ˇ以赦罪者也ˇ29我告爾ˇ今而後我不復飮此葡萄
樹所産者ˇ待他時ˇ我偕爾飮新者於我父之國焉ˇ30既歌頌ˇ卽出ˇ往油果
山ˇ31時耶穌謂門徒曰ˇ今夜ˇ爾衆皆將爲我而躓蹶ˇ蓋經載云ˇ我將擊牧

者ˇ而羣羊俱散ˇ32我復活後ˇ將先爾往迦利利ˇ33彼得對曰ˇ衆雖爲爾躓蹶ˇ我永不躓蹶ˇ34耶穌曰ˇ我誠告爾ˇ今夜雞鳴之先ˇ爾將三次言不識我ˇ35彼得曰ˇ我雖與爾同死ˇ必不言不識爾ˇ衆門徒亦如是言ˇ36時耶穌與門徒至一處ˇ名革西瑪尼ˇ謂之曰ˇ爾曹坐此ˇ待我往彼祈禱ˇ37遂攜彼得及西比代二子同往ˇ耶穌卽憂戚悲痛ˇ38語之曰ˇ我心甚憂ˇ幾至死矣ˇ爾曹居此ˇ同我警醒ˇ39遂稍進ˇ俯伏祈禱曰ˇ父ˇ若可得免ˇ則使此杯離我ˇ然非從我所欲ˇ乃從爾所欲ˇ40遂就門徒ˇ見其寢ˇ謂彼得曰ˇ爾曹不能同我警醒片時乎ˇ41當警醒祈禱ˇ免入誘惑ˇ心固願而身弱矣ˇ42復往ˇ二次禱曰ˇ父ˇ若此杯不能離我ˇ而我必飮之ˇ則願爾旨得成ˇ43旣返ˇ見門徒復寢ˇ以其目倦也ˇ44離之復往ˇ三次祈禱ˇ言亦如之ˇ45後就門徒謂之曰ˇ今可寢ˇ且安ˇ時近矣ˇ人子付於惡人手矣ˇ46起ˇ我儕且行ˇ賣我者近矣ˇ47言時ˇ十二門徒之一猶大至ˇ領多人執刀與梃ˇ自祭司諸長及民之長老之所而來ˇ48賣耶穌者ˇ曾遞以號曰ˇ我接吻者是也ˇ可執之ˇ49猶大就耶穌曰ˇ拉比安ˇ遂與接吻ˇ50耶穌曰ˇ友ˇ何爲至此ˇ衆遂前ˇ執耶穌51偕耶穌者一人ˇ伸手拔刀ˇ斫大祭司之僕ˇ削其一耳ˇ52耶穌謂之曰ˇ收爾刀入鞘ˇ蓋凡舉刀者必亡於刀ˇ53爾意我今不能求我父爲我遣十二軍有餘之天使乎ˇ54若然ˇ則經所載此事必有者ˇ如何得應乎ˇ55當時耶穌謂衆曰ˇ爾執刀與梃而來執我ˇ如捕盜然ˇ我日偕爾坐於聖殿教誨ˇ爾竟不執我ˇ56但此事得成ˇ爲應諸先知書所載ˇ時諸門徒皆離之而奔ˇ57執耶穌者ˇ曳之至大祭司該亞法之所ˇ經士及諸長老亦集於彼ˇ58彼得遠隨耶穌ˇ至大祭司之院ˇ入與吏役同坐ˇ欲觀此事究竟ˇ59祭司諸長與長老及全公會ˇ求妄證訟耶穌ˇ欲以死之ˇ60但不得ˇ雖多妄證者來ˇ亦不得其證ˇ後有二妄證者至ˇ61曰ˇ此人曾言我能毀上帝之殿ˇ三日內復建之ˇ62大祭司起ˇ問耶穌曰ˇ此人作證訟爾ˇ爾無所答乎ˇ63耶穌默然ˇ大祭司曰ˇ我令爾指永生上帝誓而告我ˇ爾果上帝之子基督否ˇ64耶穌曰ˇ爾言之矣ˇ

ˇ我且告爾ˇ此後爾將見人子坐於權能者之右ˇ乘天雲而來ˇ65大祭司遂

自裂其衣曰ˇ其人褻瀆ˇ何用他證ˇ今爾已聞其褻瀆ˇ66爾意如何ˇ衆曰ˇ

應死ˇ67衆遂唾其面ˇ且拳擊之ˇ又有手批其頰者ˇ68曰ˇ基督ˇ爾既先知

ˇ試言擊爾者爲誰ˇ69時彼得坐於外院ˇ有一婢就之曰ˇ爾亦素偕迦利利

人耶穌者ˇ70彼得當衆前諱之曰ˇ我不知爾言何也ˇ71遂出ˇ至院門前ˇ又

一婢見之ˇ告同在之人曰ˇ此人亦素偕拿撒勒耶穌者ˇ72彼得復諱之曰ˇ

我不識其人ˇ73未幾ˇ旁立者就彼得謂之曰ˇ爾亦誠爲其黨ˇ聽爾之方言

可知矣ˇ74彼得遂詛且誓曰ˇ我不識其人ˇ即時雞鳴ˇ75彼得憶耶穌之言

云ˇ雞鳴之先ˇ爾將三次言不識我ˇ乃出而痛哭ˇ

第 27 章

ˇ1詰朝ˇ祭司諸長與民之長老ˇ共謀攻耶穌ˇ欲死之ˇ2既繫之ˇ

遂曳而解於方伯本丟'彼拉多前ˇ3時賣耶穌之猶大ˇ見耶穌定罪即悔ˇ以

銀三十反祭司長及長老ˇ4曰ˇ我賣無辜者之血有罪矣ˇ衆曰ˇ此與我儕何

與ˇ爾自當之ˇ5猶大遂擲其銀於聖殿ˇ出而自縊ˇ6祭司諸長取其銀ˇ曰ˇ

此乃血值ˇ不可貯於殿庫ˇ7遂共議以其銀購陶人之田ˇ以葬旅人ˇ8故其

田至今稱爲血田ˇ9於是應先知耶利米之言云ˇ彼取銀三十ˇ乃被估者之值

ˇ即以色列人所估者ˇ10捐之以購陶人之田ˇ如主所命我也ˇ11耶穌立方

伯前ˇ方伯問之曰ˇ爾乃猶太人王乎ˇ耶穌曰ˇ爾言之矣ˇ12祭司諸長ˇ及

諸長老訟耶穌ˇ耶穌不答ˇ13彼拉多曰ˇ此人作證訟爾如此多端ˇ爾不聞

乎ˇ14耶穌不答一言ˇ方伯甚奇ˇ15凡屆節期ˇ方伯每釋一囚ˇ隨衆所欲者

ˇ16時有著名之囚ˇ稱巴拉巴ˇ17衆既集ˇ彼拉多問之曰ˇ爾曹欲我釋誰ˇ

巴拉巴乎ˇ抑稱基督之耶穌乎ˇ18蓋彼拉多知衆因娼嫉而解耶穌ˇ19方伯

坐堂時ˇ其妻遣人謂之曰ˇ於此義人ˇ爾毋所爲ˇ蓋我今日於夢中ˇ不勝爲

之受苦ˇ20祭司諸長及長老唆衆ˇ求釋巴拉巴而滅耶穌ˇ21方伯謂衆曰ˇ

二人中欲我釋誰ˇ衆曰ˇ巴拉巴ˇ22彼拉多曰ˇ然則稱基督之耶穌ˇ我何以

處之ˇ衆曰ˇ釘之十字架ˇ23方伯曰ˇ彼行何惡乎ˇ衆愈呼曰ˇ釘之十字架

24彼拉多見言之無益ˇ愈以生亂ˇ及取水在衆前盥手ˇ曰ˇ流此義人之血ˇ
非我之罪ˇ爾自當之ˇ25衆民對曰ˇ其血歸我及我子孫ˇ26於是彼拉多循
衆所求ˇ釋巴拉巴ˇ鞭耶穌ˇ付之釘十字架ˇ27方伯之卒ˇ遂攜耶穌入公廨
ˇ集全隊圍之ˇ28解其衣ˇ衣以絳袍ˇ29以棘編冠冠其首ˇ置葦於其右手ˇ
跪其前ˇ戲之曰ˇ請猶太人王安ˇ30又唾之ˇ取葦擊其首ˇ31戲畢ˇ解其袍
ˇ衣以故衣ˇ曳之釘十字架ˇ32衆出時ˇ遇一古利奈人ˇ名西門ˇ強之負耶
穌之十字架ˇ33至一地ˇ名各各他ˇ譯卽髑髏處ˇ34以醋利膽飲耶穌ˇ耶穌
嘗之不飲ˇ35旣釘之十字架ˇ遂鬮分其衣ˇ爲應先知所言云ˇ彼分我外服
鬮分我裏衣ˇ36卒坐於彼守之ˇ37置標於首ˇ上書訟之之由曰ˇ猶太人王
耶穌ˇ38有二盜同釘十字架ˇ一左一右ˇ39過者譏之ˇ搖首曰ˇ40爾毀聖
殿ˇ三日復建者ˇ今宜自救ˇ爾若爲上帝之子ˇ可自十字架而下ˇ41祭司諸
長ˇ經士ˇ長老ˇ亦譏之曰ˇ42彼救他人ˇ不能自救ˇ若爲以色列王ˇ今可
由十字架而下ˇ我則信之ˇ43彼賴上帝ˇ若爲上帝所悅ˇ今可拯之ˇ蓋彼嘗
言我乃上帝之子也ˇ44同釘十字架之盜ˇ亦如是詬焉ˇ45自午正至申初ˇ
遍地晦冥ˇ46約申初耶穌大聲呼曰ˇ以利ˇ以利ˇ拉瑪撒罷克他尼ˇ譯卽我
上帝ˇ我上帝ˇ因何遺棄我ˇ47旁立者聞之ˇ有曰ˇ彼呼以利亞也ˇ48其中
一人卽趨ˇ取海絨浸醋ˇ束於葦而飲之ˇ49其餘曰ˇ且俟ˇ試觀以利亞來救
之否ˇ50耶穌復大聲而呼ˇ氣遂絕ˇ51倏見殿幔ˇ自上至下ˇ分裂爲二ˇ地
震磐裂ˇ52塚墓自啓ˇ已逝之聖人ˇ其身多有復起者ˇ53迨耶穌復活後ˇ出
墓而入聖城ˇ現於多人ˇ54百夫長及同守耶穌者ˇ見地震ˇ與所歷之事ˇ懼
甚ˇ曰ˇ此誠爲上帝之子ˇ55有多婦ˇ乃自迦利利從耶穌而事之者ˇ在彼遠
觀ˇ56中有抹大拉'瑪利亞ˇ雅各與約瑟之母瑪利亞ˇ及西比代二子之母ˇ
57旣暮ˇ有一富者來ˇ乃亞利瑪太人ˇ名約瑟ˇ亦耶穌門徒也ˇ58入見彼拉
多ˇ求耶穌之身ˇ彼拉多命予之ˇ59約瑟取身ˇ裏以潔淨枲布ˇ60置於磐中
所鑿己之新墓ˇ轉大石於墓門而去ˇ61有抹大拉'瑪利亞ˇ與別瑪利亞在彼

ˇ對墓而坐ˇ62明日ˇ卽備安息日之次日ˇ祭司諸長及法利賽人咸集ˇ見彼
대묘이좌　명일　즉비안식일지차일　제사제장급법리새인함집　견피

拉多曰ˇ63主ˇ我儕憶彼惑人者ˇ生時嘗言ˇ三日後我將復活ˇ64故請命固
랍다왈　주　아제억피혹인자　생시상언　삼일후아장복활　고청명고

守其墓至第三日ˇ恐其徒夜來ˇ竊其身而告民曰ˇ彼由死復活ˇ如是則後惑
수기묘지제삼일　공기도야래　절기신이고민왈　피유사복활　여시즉후혹

較甚於前矣ˇ65彼拉多謂之曰ˇ予爾守兵ˇ可往ˇ隨爾意固守之ˇ66遂往
교심어전의　피랍다위지왈　여이수병　가왕　수이의고수지　수왕

固守其墓ˇ印封其石ˇ又設守兵ˇ
고수기묘　인봉기석　우설수병

第 28 章ˇ1安息日旣過ˇ七日之首日ˇ黎明時ˇ抹大拉‘瑪利亞與別一瑪利
제　장　안식일기과　칠일지수일　여명시　말대랍 마리아여별일마리

亞來觀其墓ˇ2地倏大震因有主之使者自天而下來轉石於墓門而坐其上ˇ3
아래관기묘　지숙대진인유주지사자자천이하래전석어묘문이좌기상

容貌如電ˇ衣白如雪ˇ4守者因之恐懼戰慄幾若死ˇ5使者謂婦曰ˇ勿懼ˇ我
용모여전　의백여설　수자인지공구전율기약사　사자위부왈　물구　아

知爾尋釘十字架之耶穌ˇ6彼不在此ˇ已復活ˇ如其所言ˇ爾來觀葬主之處
지이심정십자가지야소　피불재차　이복활　여기소언　이래관장주지처

ˇ7速往ˇ告其門徒ˇ言彼已由死復活ˇ先爾曹往迦利利ˇ在彼必得見之ˇ我
속왕　고기문도　언피이유사복활　선이조왕가리리　재피필득견지　아

已告爾矣ˇ8婦急離墓ˇ懼且大喜ˇ趨報門徒ˇ9往報時ˇ耶穌遇之ˇ曰ˇ願
이고이의　부급리묘　구차대희　추보문도　왕보시　야소우지　왈　원

爾安ˇ婦趨前ˇ抱其足而拜之ˇ10耶穌曰ˇ勿懼ˇ往告我兄弟ˇ可往迦利利
이안　부추전　포기족이배지　야소왈　물구　왕고아형제　가왕가리리

在彼必得見我ˇ11婦去後ˇ有守墓者數人入城ˇ以所歷之事ˇ報祭司諸長
재피필득견아　부거후　유수묘자수인입성　이소력지사　보제사제장

12祭司諸長及長老集議ˇ給兵多金ˇ13曰ˇ爾可云ˇ我夜寢時ˇ其徒來竊之
제사제장급장로집의　급병다김　왈　이가운　아야침시　기도래절지

去ˇ14倘此事聞於方伯ˇ我卽勸解之ˇ保爾無虞ˇ15兵受金ˇ卽如所囑而行
거　당차사문어방백　아즉권해지　보이무우　병수김　즉여소촉이행

ˇ於是此言遍傳猶太人中ˇ至於今日ˇ16十一門徒往迦利利ˇ至耶穌所言
어시차언편전유태인중　지어금일　십일문도왕가리리　지야소소언

之山ˇ17見耶穌而拜之ˇ然猶有疑者ˇ18耶穌就而謂之曰ˇ天地諸權ˇ皆已
지산　견야소이배지　연유유의자　야소취이위지왈　천지제권　개이

賜我ˇ19爾往招萬民爲我門徒ˇ因父與子與聖靈之名ˇ施之洗禮ˇ20敎之
사아　이왕초만민위아문도　인부여자여성령지명　시지세례　교지

守凡我所命爾者ˇ且我常偕爾ˇ至於世末ˇ阿們ˇ
수범아소명이자　차아상해이　지어세말　아문

新約聖經　瑪可福音
신약성경　마가복음

第 1 章ˇ1上帝子ˇ耶穌基督福音之始ˇ2如載於先知書云ˇ我遣我使在爾前ˇ以備爾道ˇ3野有聲呼曰ˇ備主道ˇ直其徑ˇ4約翰在曠野施洗ˇ傳悔改之洗禮ˇ俾罪得赦ˇ5舉猶太地與耶路撒冷人ˇ皆出就約翰ˇ各認己罪ˇ在約但河受其洗ˇ6約翰衣駝毛ˇ腰束皮帶ˇ食則蝗蟲野蜜ˇ7宣曰ˇ有勝於我者ˇ後我而來ˇ卽鞠躬而解其履帶ˇ我亦不堪ˇ8我以水施洗於爾ˇ彼將以聖靈施洗於爾ˇ9時耶穌自迦利利之拿撒勒來ˇ在約但河受洗於約翰ˇ10由水而上ˇ倏見天開ˇ聖靈如鴿降臨其上ˇ11自天有聲云ˇ爾乃我之愛子ˇ我所喜悅者ˇ12聖靈遂使之適野ˇ13在野四十日ˇ見試於撒但ˇ與野獸同處ˇ天使奉事之ˇ14約翰被囚後ˇ耶穌至迦利利ˇ傳上帝國之福音ˇ15曰ˇ期已滿矣ˇ天國近矣ˇ爾宜悔改信福音ˇ16耶穌行於迦利利海濱ˇ見西門與西門弟安得烈ˇ施網於海ˇ蓋漁者也ˇ17耶穌謂之曰ˇ從我ˇ我將使爾爲漁人之漁者ˇ18遂棄網從之ˇ19由此稍進ˇ見西比代子雅各與其弟約翰在舟補網ˇ20耶穌召之ˇ遂別父西比代及傭人於舟ˇ而從耶穌ˇ21衆至加伯農ˇ耶穌卽於安息日ˇ入會堂教誨ˇ22衆奇其訓ˇ因其教人若有權者ˇ不同經士也ˇ23會堂有患邪魔者ˇ呼曰ˇ24噫ˇ拿撒勒人耶穌ˇ我與爾何與ˇ爾來滅我乎ˇ我知爾爲誰ˇ乃上帝之聖者ˇ25耶穌斥之曰ˇ緘口ˇ由此人出ˇ26邪魔拘攣其人ˇ大呼而出ˇ27衆駭異ˇ相問曰ˇ此何也ˇ此何新教也ˇ蓋彼以權命邪魔ˇ而魔順之ˇ28其聲名遂遍揚迦利利四方ˇ29旣出會堂ˇ與雅各'約翰入西門'安得烈家ˇ30西門妻之母ˇ病熱而臥ˇ衆卽告耶穌ˇ31耶穌至前ˇ執其手ˇ以起之ˇ熱卽退ˇ婦遂供事焉ˇ32旣暮ˇ日入時ˇ有攜諸負病者及患魔者ˇ就耶穌ˇ33舉邑集於門前ˇ34耶穌醫愈多人ˇ患各種病者ˇ又逐多魔ˇ因魔識己ˇ故不許之言ˇ35次日ˇ天未曉ˇ猶昧時ˇ耶穌夙興而出ˇ往野處ˇ在彼祈禱ˇ36西門與同人趨而隨之ˇ37旣遇ˇ乃曰ˇ衆尋

爾ˇ38耶穌曰ˇ我儕可往附近鄉邑ˇ我亦在彼傳道ˇ因我特爲是來也ˇ39於
是在迦利利遍處會堂ˇ傳道逐魔ˇ40有一癩者就之ˇ跪求曰ˇ爾若肯ˇ必能
潔我ˇ41耶穌憫焉ˇ伸手按之曰ˇ我肯ˇ爾可潔ˇ42言間ˇ癩卽除ˇ其人潔
矣ˇ43遂遣之去ˇ嚴戒之ˇ44曰ˇ愼毋告人ˇ但往見祭司ˇ使彼驗爾身ˇ且
爲爾之潔ˇ獻摩西所命之祭ˇ以爲證於衆ˇ45其人出ˇ多宣之播揚其事ˇ致
耶穌不得顯然入城ˇ乃外居於野處ˇ人自四方來就之ˇ

第2章ˇ1越數日ˇ耶穌復入加伯農ˇ人聞其在室ˇ2卽有衆聚集ˇ致門前亦
無隙地ˇ耶穌向之講道ˇ3有人攜一癱瘓者來見耶穌ˇ四人舁之ˇ4因人衆
不得近ˇ乃撤耶穌所在之屋頂爲穴ˇ以癱瘓者所臥之榻ˇ縋之而下ˇ5耶穌
見其信ˇ謂癱瘓者曰ˇ吾子ˇ爾罪赦矣ˇ6有經士數人坐於彼ˇ心中議云ˇ7
此人何敢如此言ˇ此褻瀆也ˇ上帝之外ˇ孰能赦罪ˇ8耶穌心知彼有此議
謂之曰ˇ爾曹何爲心中如此議乎ˇ9向癱瘓者云ˇ爾罪赦ˇ抑云起ˇ取爾之
榻而行ˇ此二者孰易ˇ10今特令爾知人子在地ˇ有赦罪之權ˇ卽語癱瘓者
曰ˇ11我命爾起ˇ取榻歸爾家ˇ12其人卽起ˇ於衆前取榻而出ˇ衆奇之ˇ歸
榮於上帝曰ˇ我儕從未見若是者ˇ13耶穌復出ˇ至海濱ˇ衆就之ˇ乃敎誨焉
ˇ14由是而往ˇ見亞勒腓子利未ˇ坐於稅關ˇ謂之曰ˇ從我ˇ遂起而從之
15耶穌席坐於利未家ˇ有諸稅吏及罪人ˇ偕耶穌及其門徒同坐ˇ蓋此等從
耶穌者多也ˇ16經士與法利賽人ˇ見耶穌與稅吏及罪人同食ˇ語其門徒曰
ˇ彼何與稅吏罪人同飲食乎ˇ17耶穌聞而謂之曰ˇ康强者不需醫士ˇ惟負
病者需之ˇ我來非召義人ˇ乃召罪人悔改ˇ18約翰之門徒與法利賽人皆禁
食ˇ或就耶穌曰ˇ約翰之門徒ˇ與法利賽門徒禁食ˇ爾門徒不禁食ˇ何也
19耶穌曰ˇ新娶者尙在ˇ賀娶之客豈可禁食ˇ蓋新娶者尙在ˇ彼不能禁食
20惟日將至ˇ新娶者別之去ˇ其時則禁食ˇ21未有以新布補舊衣者ˇ恐所
補之新布ˇ反裂其舊衣ˇ而綻尤甚ˇ22未有盛新酒於舊革囊者ˇ恐新酒裂
囊ˇ酒漏而囊亦壞ˇ惟新酒必盛於新囊ˇ23當安息日ˇ耶穌經過麥田ˇ門徒

行時摘穗ˇ24法利賽人謂耶穌曰ˇ視哉ˇ彼於安息日爲所不當爲者ˇ何也ˇ
행 시 적 수 법 리 새 인 위 야 소 왈 시 재 피 어 안 식 일 위 소 불 당 위 자 하 야

25耶穌曰ˇ經載大衛及從者乏食ˇ饑時所行之事ˇ爾未讀之乎ˇ26當亞比
야 소 왈 경 재 대 위 급 종 자 핍 식 기 시 소 행 지 사 이 미 독 지 호 당 아 비

雅他爲祭司長時ˇ大衛入上帝之殿ˇ食陳設之餠ˇ且予從者食之ˇ但此餠祭
아 타 위 제 사 장 시 대 위 입 상 제 지 전 식 진 설 지 병 차 여 종 자 식 지 단 차 병 제

司外ˇ人不得食ˇ27又謂之曰ˇ爲人而立安息日ˇ非爲安息日而立人ˇ28是
사 외 인 불 득 식 우 위 지 왈 위 인 이 립 안 식 일 비 위 안 식 일 이 립 인 시

以人子亦爲安息日之主ˇ
이 인 자 역 위 안 식 일 지 주

第 3 章ˇ1耶穌又入會堂ˇ堂內有枯一手者ˇ2衆窺耶穌安息日醫之否ˇ意
제 장 야 소 우 입 회 당 당 내 유 고 일 수 자 중 규 야 소 안 식 일 의 지 부 의

欲罪之ˇ3耶穌命枯手者曰ˇ爾起ˇ立於中ˇ4遂謂衆曰ˇ安息日行善行惡ˇ
욕 죄 지 야 소 명 고 수 자 왈 이 기 립 어 중 수 위 중 왈 안 식 일 행 선 행 악

救命害命ˇ孰宜ˇ衆黙然ˇ5耶穌怒目環視ˇ憂衆之心頑ˇ語其人曰ˇ伸爾手
구 명 해 명 숙 의 중 묵 연 야 소 노 목 환 시 우 중 지 심 완 어 기 인 왈 신 이 수

ˇ遂伸之ˇ手卽愈ˇ如他手ˇ6法利賽人出ˇ與希律黨共謀滅耶穌ˇ7耶穌偕
수 신 지 수 즉 유 여 타 수 법 리 새 인 출 여 희 율 당 공 모 멸 야 소 야 소 해

門徒離彼ˇ往海濱ˇ有羣衆自迦利利ˇ8自猶太從之ˇ又有人甚衆ˇ自耶路
문 도 리 피 왕 해 빈 유 군 중 자 가 리 리 자 유 태 종 지 우 유 인 심 중 자 야 로

撒冷ˇ以度買ˇ約但外ˇ推羅西頓之境ˇ聞其所行ˇ亦來就之ˇ9因人衆多ˇ
살 냉 이 도 매 약 단 외 추 라 서 돈 지 경 문 기 소 행 역 래 취 지 인 인 중 다

耶穌命門徒ˇ爲己備一小舟ˇ免衆擁擠之ˇ10蓋耶穌醫人甚多ˇ故凡負病
야 소 명 문 도 위 기 비 일 소 주 면 중 옹 제 지 개 야 소 의 인 심 다 고 범 부 병

者ˇ皆逼近其身ˇ欲捫之ˇ11邪魔一見耶穌ˇ俯伏其前ˇ呼曰ˇ爾乃上帝之
자 개 핍 근 기 신 욕 문 지 사 마 일 견 야 소 부 복 기 전 호 왈 이 내 상 제 지

子ˇ12耶穌嚴戒勿揚ˇ13耶穌登山ˇ隨所欲召人ˇ其人卽就之ˇ14遂立十
자 야 소 엄 계 물 양 야 소 등 산 수 소 욕 소 인 기 인 즉 취 지 수 립 십

二人ˇ使其常與己偕ˇ可遣之傳道ˇ15且賜以醫病逐魔之權ˇ16十二人有
이 인 사 기 상 여 기 해 가 견 지 전 도 차 사 이 의 병 축 마 지 권 십 이 인 유

西門ˇ耶穌賜名曰彼得ˇ17又有西比代子雅各ˇ與其弟約翰ˇ此二人賜名
서 문 야 소 사 명 왈 피 득 우 유 서 비 대 자 아 각 여 기 제 약 한 차 이 인 사 명

曰半尼其ˇ譯卽雷子ˇ18又有安得烈ˇ腓立ˇ巴多羅買ˇ瑪太ˇ多瑪ˇ亞勒
왈 반 니 기 역 즉 뢰 자 우 유 안 득 열 비 립 파 다 라 매 마 태 다 마 아 륵

腓之子雅各ˇ他代ˇ加拿人西門ˇ19及賣耶穌之猶大稱以斯加畧ˇ20耶穌
비 지 자 아 각 타 대 가 나 인 서 문 급 매 야 소 지 유 대 칭 이 사 가 략 야 소

與門徒入室ˇ衆復集ˇ甚至食亦無暇21其親屬聞之卽至ˇ欲援而止之ˇ因
여 문 도 입 실 중 복 집 심 지 식 역 무 가 기 친 속 문 지 즉 지 욕 원 이 지 지 인

謂其癲狂ˇ22有經士自耶路撒冷來ˇ曰ˇ彼爲別西卜所憑ˇ藉魔王以逐魔
위 기 전 광 유 경 사 자 야 로 살 냉 래 왈 피 위 별 서 복 소 빙 자 마 왕 이 축 마

耳ˇ23耶穌召之來ˇ設譬曰ˇ撒但何能逐撒但ˇ24若國自相分爭ˇ其國不能
이 야 소 소 지 래 설 비 왈 살 단 하 능 축 살 단 약 국 자 상 분 쟁 기 국 부 능

立ˇ25若家自相分爭ˇ其家不能立ˇ26若撒但自相攻擊分爭ˇ則亦不能立ˇ
립 약 가 자 상 분 쟁 기 가 부 능 립 약 살 단 자 상 공 격 분 쟁 칙 역 부 능 립

必將滅矣ˇ27無人能入勇士之室ˇ劫其家具ˇ必先縛勇士ˇ然後可劫其室ˇ
필 장 멸 의 무 인 능 입 용 사 지 실 겁 기 가 구 필 선 박 용 사 연 후 가 겁 기 실

28我誠告爾ˇ世人無論犯何罪ˇ出何褻瀆語ˇ皆可赦之ˇ29惟褻瀆聖靈者ˇ
아 성 고 이 세 인 무 론 범 하 죄 출 하 설 독 어 개 가 사 지 유 설 독 성 령 자

終不得赦ˇ必受永刑ˇ30耶穌言此ˇ因人謂其爲邪魔所憑也ˇ31時耶穌之
종 불 득 사 필 수 영 형 야 소 언 차 인 인 위 기 위 사 마 소 빙 야 시 야 소 지

母及兄弟來ˇ立於外ˇ遣人呼之ˇ32衆環耶穌而坐ˇ或告之曰ˇ爾母及兄弟
在外尋爾ˇ33耶穌答曰ˇ孰爲我母ˇ孰爲我兄弟ˇ34遂周視環坐者曰ˇ觀我
母及我兄弟ˇ35蓋凡遵上帝之旨者ˇ卽我兄弟姊妹及母也ˇ

第 4 章ˇ1耶穌復於海濱敎誨ˇ衆集就之ˇ故登舟浮海而坐ˇ衆傍海立於岸
ˇ2耶穌多端設譬以敎之ˇ敎時ˇ謂之曰ˇ3聽之哉ˇ有播種者ˇ出而播種ˇ4
播時ˇ有遺道旁者ˇ鳥至盡食之ˇ5有遺磽地土薄之處者ˇ土旣不深ˇ發萌
甚速ˇ6日出見曝ˇ以無根故ˇ卽槁ˇ7有遺荊棘中者ˇ荊棘長而蔽之ˇ致不
結實ˇ8有遺於沃壤者ˇ發而長ˇ結實ˇ或三十倍ˇ或六十倍ˇ或百倍ˇ9又
曰ˇ凡有耳能聽者當聽焉ˇ10衆散後ˇ從耶穌者ˇ與十二門徒ˇ問此譬之意
ˇ11耶穌曰ˇ上帝國之奧ˇ乃賜爾知之ˇ若彼外人ˇ則悉以譬訓之ˇ12使其
視而不明ˇ聞而不悟ˇ免其悔改ˇ而罪得赦ˇ13又謂之曰ˇ此譬爾尚不達ˇ
何以識衆譬乎ˇ14播種者ˇ播道也ˇ15播於道旁者ˇ指播道於人ˇ甫聽之
而撒但卽至ˇ以所播於其心之道奪之ˇ16播於磽地者ˇ指人聽道ˇ卽喜受
之ˇ17惟內無根ˇ亦祇暫時ˇ及爲道而遇難窘逐ˇ卽躓蹶矣ˇ18播於荊棘中
者ˇ指人聽道ˇ19而斯世之思慮ˇ貨財之迷惑ˇ及諸物慾ˇ入而蔽其道ˇ則
不結實ˇ20播於沃壤者ˇ指人聽道ˇ受之而結實ˇ有三十倍ˇ六十倍ˇ百倍ˇ
21耶穌又謂之曰ˇ人取燈來ˇ豈爲置於斗下牀下ˇ非爲置於燈臺乎ˇ22蓋
未有隱者而不將顯ˇ藏者而不將露ˇ23凡有耳能聽者當聽焉ˇ24又謂之曰
ˇ愼所聽ˇ爾以何量量與人ˇ亦必以何量量與爾ˇ且必加增賜爾聽者ˇ25蓋
凡有者ˇ將予之ˇ無有者ˇ並其所有亦將奪之ˇ26又曰ˇ上帝之國ˇ猶人播
種於地ˇ27夜而寢ˇ日而覺ˇ種發且長ˇ其人不知其所以然ˇ28蓋地自然生
物ˇ始而苗ˇ繼而穗ˇ後由穗成穀ˇ29其穀旣熟ˇ則用鎌刈之ˇ因穫時已至ˇ
30又曰ˇ我儕何以譬上帝之國ˇ將以何譬譬之ˇ31猶芥種一粒ˇ種於地時ˇ
爲世間百種之至微者ˇ32旣種卽發ˇ大於百蔬ˇ且生大枝ˇ飛鳥可棲其蔭
下ˇ33耶穌多設如此之譬ˇ以傳道於衆ˇ皆循其所能聽受者ˇ34非譬不語

之∨迨無他人時∨悉與門徒解焉∨35當日既暮∨耶穌謂門徒曰∨我儕可濟彼
岸∨36耶穌仍坐於舟∨門徒既散眾∨與耶穌偕往∨又有他舟同行∨37忽颶風
大作∨浪躍入舟∨將滿∨38耶穌於舟尾枕而寢∨門徒醒之曰∨師∨我儕將亡∨
爾不顧乎∨39耶穌起∨斥風∨告海曰∨默而靖∨風遂止∨大爲平靜∨40乃謂
門徒曰∨何恐懼若是∨何不信乎∨41眾甚驚駭∨相語曰∨此何人也∨風與海
亦順之∨

第5章∨1遂渡海至彼岸迦大拉(有原文抄本作革拉撒)境∨2耶穌離舟∨遇
患邪魔者∨自墓出∨3其人素居於墓∨雖以鐵索繫之∨亦徒然∨4人屢以桎梏
鐵索拘之∨則斷鐵索∨毀桎梏∨無能制之者∨5日夜常在山與塚呼號∨且以
石自傷∨6遙見耶穌∨趨而拜之∨7大呼曰∨至上上帝之子耶穌∨我與爾何與
∨我爲上帝之名∨求爾莫苦我∨8因耶穌已命之曰∨爾邪魔離此人∨9乃問曰
∨爾何名∨曰∨我名隊∨蓋我儕多故也∨10遂切求耶穌勿逐出斯地∨11在彼
近山∨有羣豕方食∨12眾魔求曰∨容我入豕羣而附之∨13耶穌許之∨邪魔乃
離人入豕∨其羣突落山坡投海∨數約二千∨盡溺於海∨14牧豕者奔告城鄉∨
眾出∨欲觀所爲∨15就耶穌∨見先爲羣魔所憑者∨坐而衣衣自若∨懼甚∨16
見者以患魔者所遇∨及羣豕之事告眾∨17眾遂求耶穌離其境∨18耶穌登舟
時∨前患魔者∨求耶穌許與之偕∨19耶穌不許∨命之曰∨歸爾家∨至爾親屬
處∨以主如何行於爾矜恤爾之事告之∨20其人往∨在第加波利宣揚耶穌爲
己所行之事∨眾皆奇焉∨21耶穌登舟∨復濟彼岸∨羣眾集而就之∨耶穌尚在
海濱∨22有一司會堂者∨名睚魯∨來見耶穌∨俯伏其足下∨23切求之曰∨我
有女將死∨請往以手按之∨俾得愈而生∨24耶穌偕往∨眾隨而擁擠之∨25有
婦患血漏十二年∨26甚爲諸醫所苦∨盡費所有∨不見益而病勢轉劇∨27聞
耶穌之聲名∨遂雜於眾中就耶穌後∨捫其衣∨28蓋自言曰∨第捫其衣卽愈∨
29血漏卽止∨覺身之疾已痊∨30耶穌自覺有異能由己出∨乃顧眾曰∨誰捫
我衣∨31門徒曰∨爾見眾擁擠爾∨乃問誰捫我乎∨32耶穌環視∨欲見誰行此

ˇ33婦知所成於已身者ˇ遂恐懼戰慄ˇ來俯伏其前ˇ悉以實告ˇ34耶穌曰ˇ
女歟ˇ爾信愈爾ˇ可安然以歸ˇ爾疾已痊ˇ35言時ˇ有人自司會堂者之家來
曰ˇ爾女死矣ˇ何尚勞師乎ˇ36耶穌聞所告之言ˇ謂司會堂者曰ˇ毋懼ˇ惟
當信ˇ37乃攜彼得ˇ雅各ˇ及雅各之弟約翰偕行ˇ此外不許他人隨之ˇ38至
司會堂者之家ˇ見眾號咷痛哭ˇ哀泣不勝ˇ39既入ˇ謂之曰ˇ胡爲號咷哭泣
乎ˇ女非死ˇ乃寢耳ˇ40眾哂之ˇ遂遣眾出ˇ率女之父母及從者ˇ入女臥室ˇ
41執女手曰ˇ他利他古彌ˇ譯卽女乎ˇ我命爾起ˇ42女卽起且行ˇ時女年十
有二ˇ眾甚駭異ˇ43耶穌切戒之曰ˇ毋使人知此事ˇ遂命予女食ˇ

第 6 章 ˇ1耶穌離彼ˇ歸故鄉ˇ門徒從之ˇ2至安息日ˇ於會堂教誨ˇ眾聞而
奇之曰ˇ此人何由而得此ˇ賦之者何等智慧ˇ致有若是之異能ˇ自其手出ˇ
3此非木工乎ˇ非瑪利亞之子乎ˇ非與雅各ˇ約西ˇ猶大ˇ西門ˇ爲兄弟乎ˇ
其諸妹非與我比鄰乎ˇ遂厭而棄之(厭而棄之原文作爲之躓蹶)ˇ4耶穌謂
之曰ˇ先知在故鄉親族室家之外ˇ莫不尊焉ˇ5耶穌在彼ˇ不得行異能ˇ惟
手按病者數人而醫之ˇ6且怪彼不信ˇ遂周行諸村教誨ˇ7乃召十二徒ˇ耦
而遣之ˇ賜權以逐邪魔ˇ8命之於杖外ˇ行路勿攜一切ˇ勿囊ˇ勿糧ˇ勿錢於
腰帶ˇ9惟著履ˇ勿衣二衣ˇ10又謂之曰ˇ無論何處ˇ入人之家ˇ則居於彼ˇ
直至爾去時ˇ11凡不接爾不聽爾者ˇ離彼時ˇ拂去足塵ˇ以爲之證ˇ我誠告
爾ˇ當審判日ˇ所多瑪俄摩拉之刑ˇ較斯邑之刑ˇ猶易受也(有原文抄本自
我誠告爾句起至節末皆缺)ˇ12眾徒遂出宣道ˇ勸人悔改ˇ13驅逐諸魔ˇ以
膏傳病者而醫之ˇ14耶穌聲名遍揚ˇ希律王聞之ˇ曰ˇ此施洗約翰由死復
活ˇ故能行此奇蹟也ˇ15有曰ˇ是以利亞ˇ有曰ˇ是先知ˇ猶古先知之一ˇ
16惟希律聞之曰ˇ是我所斬之約翰由死復活矣ˇ17初ˇ希律遣人執約翰ˇ
繫之於獄ˇ爲其弟腓立妻希羅底之故ˇ蓋希律曾娶之爲妻ˇ18約翰諫曰ˇ
爾納弟妻ˇ非宜也ˇ19故希羅底憾約翰ˇ欲殺之而不得ˇ20蓋希律知約翰
爲人義且聖ˇ故畏而護之ˇ聞其言多所遵行ˇ且喜聽其訓ˇ21適遇希律誕

辰˅希律設筵˅宴諸大夫˅千夫長˅及迦利利尊者˅22希羅底之女入而舞˅
希律與同席者皆喜˅王謂女曰˅隨爾所欲以求˅我必予爾˅23又誓曰˅凡爾
所求˅卽我國之半˅我亦予爾˅24女退˅問母曰˅我當何求˅母曰˅求施洗
約翰之首˅25女遂入見王˅請曰˅我欲爾以施洗約翰之首˅盛於盤˅卽時賜
我˅26王甚憂˅奈已誓˅又因同席者在˅不欲推諉˅27遂遣卒˅命取約翰首
˅28卒往˅斬之於獄˅盛首於盤˅攜而予女˅女以予母˅29約翰門徒聞之˅
遂至˅取其屍˅葬於墓˅30使徒集就耶穌˅悉以所行所敎告之˅31耶穌曰˅
爾曹潛往野地˅安息片時˅蓋往來者衆˅卽食亦無暇焉˅32遂登舟潛往野
地˅33衆見其往˅多有識耶穌者˅自各邑徒行˅趨彼所往之處˅先至而集就
耶穌˅34耶穌出˅見衆憫之˅因其猶羊無牧˅遂以多端敎之˅35日將暮˅門
徒就耶穌曰˅此乃野地˅日將暮矣˅36請散衆˅使往四周鄕村市餅˅因其無
所食也˅37耶穌答曰˅爾可予之食˅對曰˅然則我往以二百第拿流市餅予
之食乎˅38耶穌曰˅爾有餅幾何˅可往觀之˅旣知之˅乃曰˅有五餅二魚˅
39耶穌命門徒˅使衆列坐靑草之地˅40衆乃列坐˅或隊一百˅或隊五十˅
41耶穌取五餅二魚˅仰天祝謝˅擘餅予門徒˅使陳於衆前˅亦以二魚分予
衆˅42皆食而飽˅43拾餘屑˅及殘魚˅盈十二筐˅44食餅者˅約五千人˅45
耶穌遂促門徒登舟˅先渡至伯賽大˅俟己散衆˅46散衆後˅登山祈禱˅47旣
暮˅舟在海中˅耶穌獨在岸˅48見門徒鼓櫂甚苦˅因風逆故也˅時約四更˅
耶穌履海就門徒˅似欲過之˅49門徒見其履海˅疑爲怪物˅則呼˅50因衆見
之而惶懼也˅耶穌卽與之言˅曰˅安爾心˅是我也˅勿懼˅51遂登舟就之˅風
卽止˅衆心不勝驚訝奇異˅52蓋彼衆不明分餅之事˅因其心頑故也˅53旣濟
˅至基尼撒勒地˅泊舟於岸˅54離舟˅人卽識耶穌˅55遍馳四周˅以榻舁病
者˅聞耶穌所在˅遂就之˅56凡耶穌所至之地˅或村˅或邑˅或鄕˅人置病者
於市˅求之第許捫其衣繸˅捫者皆愈˅

第 7 章˅1有法利賽人及數經士˅自耶路撒冷來˅集就耶穌˅2見其門徒中

有人ˇ不潔手ˇ卽未盥手而食ˇ遂責之ˇ3蓋法利賽人ˇ及衆猶太人ˇ執古人
遺傳ˇ不精盥其手(不精盥其手或作不盥手至肘)則不食ˇ4又自市歸ˇ不洗
ˇ亦不食ˇ更有多端ˇ如洗滌杯樽銅器及牀ˇ彼受而守之ˇ5於是法利賽人
及經士問耶穌曰ˇ爾門徒何不遵古人遺傳ˇ手未盥卽食乎ˇ6耶穌答曰ˇ以
賽亞預言指爾僞善者誠是ˇ如所載云ˇ斯民以口敬我ˇ心則遠我ˇ7彼以人
所命者爲敎而訓人ˇ故徒然奉事我也ˇ8爾曹棄上帝之誡ˇ而執人之遺傳ˇ
如洗杯樽等物ˇ類此者爾多行之ˇ9又謂之曰ˇ爾誠廢上帝之誡ˇ爲欲守爾
之遺傳ˇ10摩西曰ˇ敬爾父母ˇ又曰ˇ詈父母者ˇ必治之死ˇ11惟爾則曰ˇ
人若對父母云ˇ我所當奉爾者ˇ已作歌珥班ˇ譯卽已獻上帝爲禮物ˇ12爾
遂不許其再奉事父母ˇ13是爾曹以所受之遺傳ˇ廢上帝之道ˇ且爾多行類
此之事ˇ14耶穌乃召衆ˇ謂之曰ˇ爾皆當聽我言而悟ˇ15凡自外入者ˇ不能
汚人ˇ自內出者ˇ乃汚人ˇ16凡有耳能聽者當聽焉ˇ17耶穌離衆入室ˇ門徒
以斯譬問之ˇ18耶穌曰ˇ爾亦不悟乎ˇ爾豈不知凡自外入者ˇ不能汚人ˇ19
因不入其心ˇ乃入其腹ˇ且遺於厠ˇ以此凡所食者潔矣ˇ20又曰ˇ由人出者
ˇ斯乃汚人ˇ21蓋由內卽由心出惡念ˇ姦淫ˇ苟合ˇ兇殺ˇ22盜竊ˇ貪婪ˇ惡
毒ˇ詭詐ˇ邪侈ˇ疾視ˇ褻瀆ˇ驕傲ˇ狂妄ˇ23凡此諸惡ˇ皆自內出ˇ斯乃汚
人ˇ24耶穌起離彼ˇ往推羅'西頓之境ˇ入一室ˇ不欲人知而不得隱ˇ25因
有婦ˇ其幼女患邪魔ˇ聞耶穌聲名ˇ來伏其足前ˇ26此婦乃希拉人ˇ生於叙
利亞之腓尼基地ˇ求耶穌逐魔離其女ˇ27耶穌謂之曰ˇ容兒曹先飽ˇ取兒
曹之餅投狗ˇ未善也ˇ28婦對曰ˇ主ˇ然ˇ但狗於案下ˇ亦得食兒曹之遺屑
29耶穌謂之曰ˇ因此一言ˇ爾可歸ˇ魔已離爾女ˇ30婦歸家ˇ見女臥於牀ˇ
魔已出矣ˇ31耶穌離推羅'西頓地ˇ經第加波利境ˇ至迦利利海ˇ32有攜聾
而結舌者就耶穌ˇ求按手其上ˇ33耶穌引之離衆至僻處ˇ以指探其耳ˇ唾
耳按其舌ˇ34仰天而歎ˇ語之曰ˇ伊法他ˇ譯卽啓也ˇ35其耳卽啓ˇ舌結亦
解ˇ而出言明矣ˇ36耶穌戒衆ˇ勿以告人ˇ然愈戒而彼愈播揚ˇ37衆不勝駭

異曰　其所爲盡善　使聾者聽　瘖者言矣

第8章

1 當時衆集　無所食　耶穌召門徒曰　2 我憫斯衆　偕我已三日　無所食　3 倘使之饑餓而歸　途間必困憊　蓋有自遠方來者　4 門徒對曰　在此曠野　何由得餠以飽之乎　5 耶穌問曰　爾有餠幾何　對曰　七　6 耶穌命衆坐於地　取七餠祝謝　擘而予門徒　使陳之　門徒遂陳於衆前　7 又有數小魚　旣祝謝　亦命陳之　8 皆食而飽　拾餘屑七籃　9 食者約四千人　耶穌乃散衆　10 遂與門徒登舟　至大瑪努他境　11 法利賽人出而詰耶穌　求示以自天之異蹟　意欲試之　12 耶穌中心歎息曰　斯世何爲求異蹟　我誠告爾　必不以異蹟示此世　13 於是離之　復登舟　往彼岸　14 門徒忘取餠　舟中惟有一餠　15 耶穌戒之曰　謹防法利賽人之酵　與希律之酵　16 門徒相議曰　是蓋因我無餠耳　17 耶穌知之　曰　爾以無餠而議乎　爾猶不悟不明乎　爾心尙頑乎　18 爾有目不視乎　有耳不聽乎　亦不憶乎　19 我擘五餠分五千人　爾拾餘屑盈幾筐　對曰　十二　20 又七餠分四千人　爾拾餘屑盈幾籃　對曰　七　21 遂語之曰　然則何不悟乎　22 至伯賽大　有攜瞽者來　求耶穌捫之　23 耶穌執瞽者之手　攜出村外　唾其目　以手按之　24 問曰　爾有所見否　瞽者仰視曰　我見行人若樹然　25 復以手按其目　使再仰視　卽得愈　明見諸物　26 耶穌遣之歸其家　曰　勿入村　亦勿告村中之人　27 耶穌與門徒　往腓立之該撒利亞(腓立之該撒利亞又作該撒利亞腓立毘)諸鄉　途間問門徒曰　人言我爲誰　28 對曰　有言施洗約翰　有言以利亞　有言先知之一　29 乃問曰　爾曹言我爲誰　彼得對曰　爾乃基督　30 耶穌戒之　勿以告人　31 於是示之曰　人子必多受苦　爲長老　祭司諸長　經士所棄　且見殺　至第三日復活　32 耶穌明告此言　彼得援而勸焉　33 耶穌回顧門徒　斥彼得曰　撒但退　因爾不念上帝之事　惟念人之事　34 遂召衆與門徒曰　人欲從我　則當克己　負十字架而從我　35 凡欲救其生命者　反喪之　爲我及福音而喪生命者　必救之　36 人若利盡天下　而失其生命　有何益乎　37 抑

人將以何者易其生命乎ˇ38凡在此姦惡之世ˇ恥我及我道者ˇ迨人子以父
인 장 이 하 자 역 기 생 명 호 범 재 차 간 악 지 세 치 아 급 아 도 자 태 인 자 이 부

之榮ˇ偕聖天使降臨時ˇ亦必恥其人ˇ
지 영 해 성 천 사 강 림 시 역 필 치 기 인

第 9 章 ˇ1又謂之曰ˇ我誠告爾ˇ立於此者有人ˇ未死之先(未死之先原文
제 9 장 우 위 지 왈 아 성 고 이 립 어 차 자 유 인 미 사 지 선 미 사 지 선 원 문

作未嘗死味之先)ˇ必見上帝之國ˇ以威權而來ˇ2越六日ˇ耶穌攜彼得ˇ雅
작 미 상 사 미 지 선 필 견 상 제 지 국 이 위 권 이 래 월 육 일 야 소 휴 피 득 아

各ˇ約翰ˇ潛登高山ˇ當三人前ˇ改變形容ˇ3其衣光耀ˇ皎白如雪ˇ世上漂
각 약 한 잠 등 고 산 당 삼 인 전 개 변 형 용 기 의 광 요 교 백 여 설 세 상 표

工ˇ不能漂如此之白也ˇ4時以利亞及摩西顯現ˇ與耶穌言ˇ5彼得謂耶穌
공 부 능 표 여 차 지 백 야 시 이 리 아 급 마 서 현 현 여 야 소 언 피 득 위 야 소

曰ˇ拉比ˇ我儕在此甚善ˇ容我建三廬ˇ一爲爾ˇ一爲摩西ˇ一爲以利亞ˇ6
왈 랍 비 아 제 재 차 심 선 용 아 건 삼 려 일 위 이 일 위 마 서 일 위 이 리 아

彼得不自知何云ˇ蓋三門徒甚懼ˇ7適雲覆之ˇ有聲自雲出ˇ曰ˇ此我愛子ˇ
피 득 불 자 지 하 운 개 삼 문 도 심 구 적 운 복 지 유 성 자 운 출 왈 차 아 애 자

爾當聽之ˇ8門徒環視ˇ不見他人ˇ惟耶穌偕己而已ˇ9下山時ˇ耶穌戒之曰
이 당 청 지 문 도 환 시 부 견 타 인 유 야 소 해 기 이 이 하 산 시 야 소 계 지 왈

ˇ人子尚未由死復活ˇ勿以所見告人ˇ10門徒以此言存於心ˇ相議由死復
인 자 상 미 유 사 부 활 물 이 소 견 고 인 문 도 이 차 언 존 어 심 상 의 유 사 부

活何意也ˇ11乃問曰ˇ經士言以利亞當先至ˇ何歟ˇ12耶穌謂之曰ˇ以利亞
활 하 의 야 내 문 왈 경 사 언 이 리 아 당 선 지 하 여 야 소 위 지 왈 이 리 아

必先至ˇ振興諸事ˇ而經指人子何所載ˇ蓋載人子必多受苦ˇ爲人所侮ˇ13
필 선 지 진 흥 제 사 이 경 지 인 자 하 소 재 개 재 인 자 필 다 수 고 위 인 소 모

我誠告爾ˇ以利亞已至ˇ而人任意待之ˇ如經指彼所載者ˇ14既至門徒處
아 성 고 이 이 리 아 이 지 이 인 임 의 대 지 여 경 지 피 소 재 자 기 지 문 도 처

見眾環之ˇ有經士與之辯論ˇ15眾見耶穌ˇ遂甚駭異ˇ趨前問安ˇ16耶穌問
견 중 환 지 유 경 사 여 지 변 론 중 견 야 소 수 심 해 이 추 전 문 안 야 소 문

經士曰ˇ爾曹與之辯論何事ˇ17眾中有一人答曰ˇ師ˇ我攜我子就爾ˇ彼爲
경 사 왈 이 조 여 지 변 론 하 사 중 중 유 일 인 답 왈 사 아 휴 아 자 취 이 피 위

瘖魔所憑ˇ18無論何處ˇ魔憑之ˇ卽使之傾跌ˇ流涎切齒ˇ其身漸枯ˇ我請
음 마 소 빙 무 론 하 처 마 빙 지 즉 사 지 경 질 류 연 절 치 기 신 점 고 아 청

爾門徒逐之ˇ而不能也ˇ19耶穌答曰ˇ噫ˇ不信之世歟ˇ我偕爾至幾時ˇ我
이 문 도 축 지 이 부 능 야 야 소 답 왈 희 부 신 지 세 여 아 해 이 지 기 시 아

忍爾至幾時ˇ可攜子就我ˇ20遂攜之至ˇ一見耶穌ˇ魔卽拘攣之扑地ˇ輾轉
인 이 지 기 시 가 휴 자 취 아 수 휴 지 지 일 견 야 소 마 즉 구 련 지 복 지 전 전

流涎ˇ21耶穌問其父曰ˇ彼患此幾時矣ˇ曰ˇ自小時也ˇ22屢投之於火中水
류 연 야 소 문 기 부 왈 피 환 차 기 시 의 왈 자 소 시 야 루 투 지 어 화 중 수

中ˇ欲滅之ˇ倘爾能爲ˇ則憫而助我儕ˇ23耶穌謂之曰ˇ爾若能信ˇ在信者
중 욕 멸 지 당 이 능 위 칙 민 이 조 아 제 야 소 위 지 왈 이 약 능 신 재 신 자

無不能也ˇ24子之父垂淚呼曰ˇ主歟ˇ我信ˇ求助我信之不足ˇ25耶穌見眾
무 부 능 야 자 지 부 수 루 호 왈 주 여 아 신 구 조 아 신 지 불 족 야 소 견 중

趨集ˇ遂斥邪魔曰ˇ聾瘖之魔ˇ我命爾由彼出ˇ勿再入之ˇ26魔乃號呼ˇ拘
추 집 수 척 사 마 왈 롱 음 지 마 아 명 이 유 피 출 물 재 입 지 마 내 호 호 구

攣其身而出ˇ子若死然ˇ人多謂其已死ˇ27耶穌執其手扶之ˇ遂起ˇ28耶穌
련 기 신 이 출 자 약 사 연 인 다 위 기 이 사 야 소 집 기 수 부 지 수 기 야 소

入室ˇ門徒竊問曰ˇ我儕不能逐之何故ˇ29曰ˇ此類非祈禱禁食不出ˇ30後
입 실 문 도 절 문 왈 아 제 부 능 축 지 하 고 왈 차 류 비 기 도 금 식 부 출 후

離彼處ˇ經迦利利ˇ耶穌不欲人知ˇ31因示門徒曰ˇ人子將被賣於人手ˇ人
리 피 처 경 가 리 리 야 소 부 욕 인 지 인 시 문 도 왈 인 자 장 피 매 어 인 수 인

將殺之ˇ殺後第三日復活ˇ32門徒未達此言ˇ又不敢問ˇ33至加伯農ˇ在室
時ˇ問門徒曰ˇ爾曹途間議論何事ˇ34門徒黙然ˇ因途間彼此議論孰爲大
也ˇ35耶穌坐ˇ召十二門徒謂之曰ˇ欲爲首者ˇ當爲衆之末ˇ爲衆之役ˇ36
遂以一孩提立於其中ˇ且抱之ˇ語門徒曰ˇ37凡因我名ˇ接一如此之孩提
者ˇ卽接我ˇ接我者ˇ非接我ˇ乃接遣我者也ˇ38約翰謂耶穌曰ˇ師ˇ我儕
見一人不從我ˇ而以爾名逐魔ˇ卽禁之ˇ以其不從我也ˇ39耶穌曰ˇ勿禁ˇ
未有託我名行異能而卽誹謗我者ˇ40凡不攻我者ˇ卽向我者也ˇ41凡爲我
之名ˇ以一杯水飲爾ˇ因爾屬基督ˇ我誠告爾ˇ彼必不失其賞ˇ42凡使此信
我之一小子ˇ陷於罪者ˇ寧以磨石懸其頸而投於海ˇ43倘爾一手使爾陷於
罪ˇ則斷之ˇ爾殘缺入於生ˇ勝如兩手而入於磯很拿不滅之火ˇ44在彼ˇ蟲
不死ˇ火不滅ˇ45倘爾一足使爾陷於罪ˇ則斷之ˇ爾跛足入於生ˇ勝如有兩
足而投於磯很拿不滅之火ˇ46在彼ˇ蟲不死ˇ火不滅ˇ47倘爾一目使爾陷
於罪ˇ則抉之ˇ爾一目入上帝之國ˇ勝如有兩目而投於磯很拿ˇ48在彼ˇ蟲
不死ˇ火不滅ˇ49蓋凡人必醃以火ˇ凡祭物必醃以鹽ˇ50鹽善矣ˇ若鹽失其
鹹ˇ何以復之ˇ爾曹內宜有鹽ˇ亦當彼此相和ˇ

第 10 章ˇ1耶穌起離彼ˇ經約但外ˇ至猶太境ˇ衆復集就之ˇ耶穌依然教誨
ˇ2法利賽人入試耶穌ˇ就而問曰ˇ人出妻可乎ˇ3答曰ˇ摩西如何命爾ˇ4對
曰ˇ摩西許寫離書以出之ˇ5耶穌曰ˇ摩西以爾心忍ˇ故有此命ˇ6但造物之
始ˇ上帝造人ˇ乃造一男一女ˇ7是故人離父母ˇ與妻聯合ˇ8二人成爲一體
ˇ如是不復爲二ˇ乃一體矣ˇ9故上帝所耦者ˇ人不可分ˇ10耶穌在室時ˇ門
徒復以此事問之ˇ11耶穌曰ˇ凡出妻而他娶者ˇ卽負妻而犯姦也ˇ12妻棄
夫而他適者ˇ卽行淫也ˇ13有攜孩提就耶穌ˇ欲耶穌按之ˇ門徒責攜之者ˇ
14耶穌見之不悅ˇ謂門徒曰ˇ容孩提就我ˇ勿禁之ˇ蓋有上帝之國者ˇ正如
是人也ˇ15我誠告爾ˇ凡欲承受上帝之國ˇ不如孩提者ˇ不得入也ˇ16乃抱
孩提按手其上而祝之ˇ17耶穌出於途ˇ有人趨前ˇ跪而問曰ˇ善哉師歟ˇ我

當何爲ˇ以得永生ˇ18耶穌曰ˇ何稱我以善ˇ上帝而外ˇ無一善者ˇ19夫諸
誡乃爾所知ˇ毋姦淫ˇ毋殺人ˇ毋偸盜ˇ毋妄證ˇ毋欺詐ˇ敬爾父母ˇ20對
曰ˇ師ˇ此諸誡ˇ我自幼盡守之ˇ21耶穌顧其人ˇ卽愛之ˇ謂之曰ˇ爾猶缺
一ˇ往鬻所有以濟貧ˇ則必有財於天ˇ且來負十字架而從我ˇ22其人聞此
言變色ˇ愀然而去ˇ因其家貲甚厚故也ˇ23耶穌環視ˇ謂門徒曰ˇ有財者入
上帝之國ˇ難矣哉ˇ24門徒奇其言ˇ耶穌又曰ˇ小子ˇ恃財者入上帝之國ˇ
難矣哉ˇ25駝穿針孔ˇ較富者入上帝之國尤易ˇ26門徒益奇異ˇ相告曰ˇ然
則誰能得救乎ˇ27耶穌顧之曰ˇ在人固不能ˇ在上帝則不然ˇ蓋上帝無不
能也ˇ28彼得曰ˇ我儕舍一切而從爾矣ˇ29耶穌曰ˇ我誠告爾ˇ人爲我及福
音ˇ舍屋宇ˇ或兄弟ˇ或姊妹ˇ或父母ˇ或田疇30未有於今世不獲百倍者ˇ
卽屋宇ˇ兄弟ˇ姊妹ˇ父母ˇ田疇ˇ兼有窘逐ˇ而來世得永生矣ˇ31然多有
先者將爲後ˇ後者將爲先也ˇ32上耶路撒冷時ˇ在途間ˇ耶穌前行ˇ門徒從
其後ˇ駭且懼ˇ耶穌復召十二門徒ˇ以己將遇之事告之曰ˇ33我儕上耶路
撒冷ˇ人子將被賣於祭司諸長ˇ及經士ˇ彼將定以死罪ˇ解於異邦人ˇ34凌
辱之ˇ鞭扑之ˇ唾之ˇ殺之ˇ至第三日復活ˇ35西比代子雅各ˇ約翰ˇ就耶
穌曰ˇ師ˇ我儕有求於爾ˇ願爾爲我成之ˇ36耶穌曰ˇ欲我爲爾曹何爲ˇ37
對曰ˇ爾得榮時ˇ賜我儕一坐爾左ˇ一坐爾右ˇ38耶穌曰ˇ爾所求者ˇ爾不
知也ˇ我所飮之杯ˇ爾能飮乎ˇ我所受之洗ˇ爾能受乎ˇ39對曰ˇ能ˇ耶穌
曰ˇ我所飮之杯ˇ爾將飮之ˇ我所受之洗ˇ爾將受之ˇ40但坐我左我右ˇ非
我可賜ˇ乃爲誰備ˇ則賜誰也ˇ41十門徒聞之ˇ怒雅各'約翰ˇ42耶穌召之
曰ˇ異邦人所尊爲君者主之ˇ大臣轄之ˇ爾所知也ˇ43惟爾曹不可如是ˇ爾
曹中欲爲大者ˇ當爲爾役ˇ44欲爲首者ˇ當爲衆之僕ˇ45蓋人子來ˇ非以役
人ˇ乃役於人ˇ且舍生以贖衆ˇ46乃至耶利哥ˇ耶穌與門徒及羣衆出耶利
哥時ˇ有一瞽者ˇ乃提買之子巴提買ˇ坐乞道旁ˇ47聞拿撒勒耶穌至ˇ呼曰
ˇ大衛之裔耶穌ˇ矜憐我ˇ48衆斥之ˇ使緘默ˇ彼愈呼曰ˇ大衛之裔ˇ矜憐

我ˇ49耶穌止ˇ令人召之ˇ遂召瞽者曰ˇ安爾心ˇ起ˇ耶穌召爾ˇ50瞽者棄
衣起ˇ就耶穌ˇ51耶穌謂之曰ˇ欲我爲爾何爲ˇ瞽者對曰ˇ拉波尼(譯卽我
師)我欲得見ˇ52耶穌曰ˇ往哉ˇ爾之信救爾ˇ遂得見ˇ從耶穌於道ˇ

第11章ˇ1耶穌與門徒近耶路撒冷ˇ至伯法基ˇ及伯他尼ˇ在(在或作近)
油果山ˇ耶穌遣二門徒ˇ2謂之曰ˇ爾往前村ˇ既入ˇ必見小驢縶焉ˇ從未有
人乘之者ˇ解而牽來ˇ3倘有人詰爾ˇ因何行此ˇ則曰ˇ主需之ˇ卽許爾牽之
ˇ4門徒遂往ˇ果遇小驢ˇ縶於門外歧路間ˇ卽解之ˇ5旁立者有數人問曰ˇ
解驢何爲ˇ6門徒如耶穌所命以對ˇ衆許之ˇ7門徒遂牽小驢就耶穌ˇ以己
之衣置於上ˇ耶穌乘之ˇ8多人以衣布於道ˇ亦有伐樹枝布於道者ˇ9前行
後隨者ˇ呼曰ˇ荷散拿(荷散拿卽求救之義在此乃稱頌之詞)託主名而來
者ˇ當稱頌ˇ10我祖大衛之國ˇ託主名來者ˇ當稱頌ˇ在至上之處ˇ當稱荷
散拿ˇ11耶穌至耶路撒冷ˇ入聖殿ˇ環視諸物ˇ因時已暮ˇ卽偕十二門徒出
ˇ往伯他尼ˇ12明日ˇ出伯他尼時ˇ耶穌饑ˇ13遙見無花果樹ˇ有葉ˇ遂就
視其上有所得否ˇ及至ˇ無所得ˇ惟葉而已ˇ蓋果期未至也ˇ14耶穌謂樹曰
ˇ今而後永無人食爾之果ˇ斯言門徒聞之ˇ15既至耶路撒冷ˇ耶穌入聖殿ˇ
逐其中諸貿易者ˇ反兌錢者之案ˇ及鬻鴿者之几ˇ16且不許人攜器具過聖
殿ˇ17訓衆曰ˇ經不載云ˇ我室必稱爲萬民祈禱之室乎ˇ惟爾曹以之爲盜
巢ˇ18經士及祭司諸長聞此ˇ謀滅耶穌ˇ然又懼之ˇ因衆民奇其訓也ˇ19既
暮ˇ耶穌出城ˇ20來朝ˇ耶穌與門徒過無花果樹ˇ見樹自根而槁ˇ21彼得憶
耶穌前言ˇ曰ˇ拉比ˇ請觀爾所詛之無花果樹已槁矣ˇ22耶穌曰ˇ當信上帝
ˇ23我誠告爾ˇ凡命此山曰ˇ移去投海ˇ而心中不疑ˇ惟信所言必成ˇ則所
言可成焉ˇ24是以我告爾ˇ爾祈禱時ˇ無論何求ˇ信其可得ˇ則必得之ˇ25
爾立而祈禱ˇ如念及有人得罪爾ˇ則免之ˇ在天爾父ˇ亦免爾過ˇ26若爾不
免之ˇ在天爾父ˇ亦不免爾過ˇ27耶穌與門徒復至耶路撒冷ˇ耶穌行於聖
殿ˇ祭司諸長與經士及長老就之曰ˇ28爾以何權行此諸事ˇ行此諸事之權

誰賜爾ˇ29耶穌曰ˇ我亦有一言問爾ˇ請答我ˇ則我亦告爾我以何權行此諸事ˇ30約翰之施洗ˇ自天乎ˇ自人乎ˇ可答我ˇ31其人竊議曰ˇ若云自天ˇ彼必云ˇ何不信之ˇ32若云自人ˇ則又畏民ˇ蓋衆以約翰誠爲先知ˇ33遂對耶穌曰ˇ我儕不知ˇ耶穌曰ˇ我亦不告爾我以何權行此諸事ˇ

第12章ˇ
1耶穌設譬告衆曰ˇ有人樹葡萄園ˇ以籬環之ˇ掘壓酒處ˇ建望樓ˇ租與園夫ˇ遂往他方ˇ2及期ˇ遣一僕就園夫ˇ欲向園夫收葡萄園之果ˇ3園夫執而扑之ˇ使之徒手而返ˇ4復遣他僕ˇ園夫投石傷其首ˇ凌辱而逐之ˇ5又遣一僕ˇ園夫殺之ˇ復遣多僕ˇ或扑或殺ˇ6園主尙有一愛子ˇ卒遣之ˇ意謂彼必敬我子矣ˇ7園夫相語曰ˇ斯乃嗣子ˇ盍來殺之ˇ業必歸我ˇ8遂執而殺之ˇ棄於園外ˇ9園主將何爲ˇ必至而滅園夫ˇ以園轉租他人ˇ10經載云ˇ工師所棄之石ˇ成爲屋隅首石ˇ11此主所成者ˇ在我目中見爲奇異ˇ此經爾未讀乎ˇ12其人知耶穌設此譬ˇ乃指己而言ˇ欲執之而畏民ˇ乃離之而去ˇ13後遣法利賽及希律黨數人ˇ欲卽其言以陷之ˇ14就耶穌曰ˇ師ˇ我儕知爾乃眞者ˇ不顧人議ˇ不以貌取人ˇ乃以眞傳上帝道者ˇ納稅於該撒宜否ˇ納乎ˇ抑不納乎ˇ15耶穌識其詐ˇ曰ˇ何爲試我ˇ取一第拿流ˇ予我觀之ˇ16遂取來ˇ耶穌曰ˇ此像與號屬誰ˇ曰ˇ屬該撒ˇ17耶穌謂之曰ˇ當以屬該撒者歸該撒ˇ屬上帝者歸上帝ˇ衆奇之ˇ18撒度該人素言無復活者ˇ其中數人ˇ就耶穌問曰ˇ19師ˇ摩西書以諭我云ˇ若兄死ˇ遺妻而無子ˇ弟當娶其妻ˇ以生子嗣兄ˇ20有兄弟七人ˇ長者娶妻ˇ無子而死ˇ21其次娶之ˇ亦無子而死ˇ其三亦然ˇ22如是七人娶之ˇ皆未遺子ˇ厥後婦亦死ˇ23至復活之時ˇ其人復活ˇ此婦爲誰之妻乎ˇ蓋七人皆已娶之矣ˇ24耶穌曰ˇ爾不識經ˇ及上帝之大能ˇ豈非因此而謬乎ˇ25蓋人由死復活之時ˇ不嫁不娶ˇ乃如天使在天ˇ26論死者復活ˇ爾未讀摩西書荊棘篇中所載乎ˇ上帝謂摩西曰ˇ我乃亞伯拉罕之上帝ˇ以撒之上帝ˇ雅各之上帝ˇ27上帝非死者之上帝ˇ乃生者之上帝ˇ故爾曹謬甚ˇ28有一經士聞其辯論ˇ又見耶

穌應對甚善`就而問耶穌曰`何爲諸誡之首`29耶穌答曰`諸誡之首云`以色列人`聽之哉`主我上帝`乃獨一之主`30爾當盡心盡性盡意盡力`愛主爾之上帝`此首誡也`31其次愛人如己`亦如之`諸誡未有大於此二者`32經士謂之曰`善哉師歟`所言誠是`上帝惟一`其外無他`33且盡心盡性盡意盡力愛之`又愛人如己`勝於一切火焚之祭`及諸祭祀`34耶穌見其應對有智`謂之曰`爾離上帝之國不遠矣`自是無敢問之者`35耶穌在聖殿教誨時`曰`經士何言基督爲大衛之裔乎`36大衛感於聖靈而言曰`主謂我主曰`坐我右`我將使爾之敵爲爾足凳`37夫大衛既稱基督爲主`則基督如何爲其裔乎`衆皆樂聞之`38耶穌訓衆時`曰`謹防經士`彼好衣長服而遊`喜人於市問其安`39喜於會堂坐高位`席間坐上座`40吞嫠婦之家貲`佯爲長祈`其受刑必尤重也`41耶穌對殿庫而坐`見衆以錢投庫`衆富者輸多金`42有一貧嫠至`輸二利毘頓(利毘頓猶大小銅錢)`卽一卦第蘭(一卦第蘭若一釐)`43耶穌乃召門徒曰`我誠告爾`此貧嫠所輸於庫`較衆所輸者多矣`44蓋衆由其贏餘取而輸之`此嫠婦不足`而盡輸所有`卽其全業也`

第 13 章`1耶穌出聖殿`有一門徒謂之曰`請觀此石若何`此殿宇又若何`2耶穌曰`爾見此大殿宇乎`將無一石遺於石上`皆必傾圮`3耶穌在油果山`對聖殿而坐`彼得`雅各`約翰`安得烈`潛問之曰`4請告我`何時有此`且諸事將成之時`有何預兆`5耶穌答曰`愼勿爲人所惑`6因將有多人`冒我名而來曰`我乃基督`因而惑衆`7爾聞戰及戰之風聲`勿懼`蓋此事必有`惟末日尙未至`8民將攻民`國將攻國`隨處有地震`亦有饑饉`變亂`凡此乃災禍之始`9爾當自愼`蓋人將解爾於公會`扑爾於會堂`且爲我故`爾將被解至侯王前`以爲之證`10惟福音必先傳於萬民`11曳爾解爾之時`勿先慮將如何言`亦勿預籌`至其時`凡賜爾以言者`則言之`蓋非爾自言`乃聖靈言也`12彼時兄將解弟`父將解子`以致之死`子攻父母而

弑之〃13且爾爲我名必見憾於衆〃惟至終忍耐者得救也〃14爾見先知但以

理所言〃殘賊可惡之物〃立不當立之地〃讀者當思之〃時在猶太者〃當逃於

山〃15在屋上者〃勿下入室〃勿入而取室中之物〃16在田者〃勿歸家取衣〃

17斯時懷孕之婦及乳哺者有禍矣〃18當祈禱〃免爾逃避値冬時〃19蓋其時

必有大難〃自上帝太初造物以至於今〃未有如此者〃後亦無有焉〃20若主

不稍減其日〃則無一人得救〃惟上帝爲其所救(救原文作選)之選民〃已稍

減其日〃21時〃若有人告爾曰〃基督在此〃基督在彼〃爾勿信〃22因將有僞

基督〃僞先知起〃施行異蹟奇事〃若能惑選民〃則亦惑之〃23爾當自愼〃此

事我悉預告爾〃24當是時也〃此災難之後〃日必晦冥〃月不發光〃25星隕自

天〃天象(象或作勢)震動〃26是時人將見人子以大權大榮〃乘雲而來〃27

遂遣其使者〃集其選民於四方〃自地極至天涯(自地極至天涯原文作自地

之極至天之極)〃28當以無花果樹爲譬〃枝柔葉萌〃則知夏時近矣〃29如是

爾見有此諸兆〃則知已近及門矣〃30我誠告爾〃此代未逝〃此事皆成〃31天

地可廢〃我言不廢〃32然彼日彼時〃無有人知〃卽天使亦不知〃人子亦不知

〃惟父知之〃33爾當謹愼警醒祈禱〃因爾不知其時也〃34譬諸一人〃離家而

遠遊〃委權於僕〃各任以事〃又命守門者警醒〃35爾亦當警醒〃因爾不知家

主何時方至〃或昏暮〃或夜半〃或雞鳴〃或平旦〃36恐其猝至〃見爾寢焉〃

37我所語爾者〃亦以語衆〃卽當警醒〃

第 14 章〃1逾越節及除酵節前二日〃祭司諸長及經士共謀〃以詭計執耶穌

而殺之〃2惟曰〃當節期不可〃恐民生亂〃3耶穌在伯大尼〃癩者西門之家席

坐〃有婦攜玉瓶〃盛至眞至貴那達香膏來〃破其玉瓶〃傾膏於耶穌之首〃4

有數人不悅〃曰〃何靡費此膏乎〃5此膏可賣三百餘第拿流以濟貧者〃遂咎

之〃6耶穌曰〃姑聽之〃何難之耶〃彼所行於我者善也〃7因貧者常偕爾〃隨

時爾可善待之〃惟我不常偕爾〃8今彼所爲〃盡力爲之〃其預膏我身者〃爲

備葬事也〃9我誠告爾〃普天下無論何處〃傳此福音〃亦必述此婦所行〃使

人記憶ˇ10十二門徒之一ˇ猶大稱以斯加畧ˇ往見祭司諸長ˇ欲以耶穌賣
於彼ˇ11彼聞之甚喜ˇ許以金ˇ猶大遂尋機賣耶穌ˇ12除酵節之首日ˇ殺逾
越節羔時ˇ門徒問耶穌曰ˇ爾欲於何處食逾越節筵ˇ我儕先往備之ˇ13耶
穌遣二門徒曰ˇ爾往入城ˇ必遇一攜水瓶者ˇ卽從之ˇ14彼入何家ˇ卽告其
家主曰ˇ師問客屋何在ˇ我與門徒欲在彼食逾越節筵ˇ15其人將示爾一大
樓ˇ陳設俱備ˇ在彼爲我儕備之ˇ16門徒出ˇ入城ˇ果遇卽如耶穌言ˇ遂備
逾越節筵ˇ17旣暮ˇ耶穌偕十二門徒至ˇ18席坐食間ˇ耶穌曰ˇ我誠告爾
爾中一人與我共食者ˇ將賣我ˇ19門徒憂之ˇ一一問曰ˇ是我乎ˇ20耶穌曰
ˇ十二中一人ˇ與我同蘸手於盂者卽是ˇ21人子將逝ˇ如經指人子所載ˇ惟
賣人子者禍矣ˇ其人不生爲幸ˇ22食時ˇ耶穌取餅祝謝ˇ擘而予門徒曰ˇ取
食之ˇ此乃我體ˇ23又取杯祝謝而予之ˇ衆皆飮焉ˇ24耶穌謂之曰ˇ此乃我
血ˇ卽新約之血ˇ爲衆所流者ˇ25我誠告爾ˇ我不復飮葡萄樹所產ˇ待他日
飮新者在上帝之國ˇ26旣歌頌ˇ卽出ˇ往油果山ˇ27耶穌謂門徒曰ˇ今夜爾
衆將爲我而躓蹶ˇ蓋經載云ˇ我將擊牧者ˇ而羣羊俱散ˇ28我復活後ˇ將先
爾往迦利利ˇ29彼得對曰ˇ衆雖躓蹶ˇ我終不躓蹶ˇ30耶穌曰ˇ我誠告爾
今夜雞鳴二次之先ˇ爾將三次言不識我ˇ31彼得力言曰ˇ我雖與爾同死ˇ
必不言不識爾ˇ衆門徒亦如是言ˇ32至一處ˇ名革西瑪尼ˇ耶穌謂門徒曰ˇ
爾曹坐此ˇ待我祈禱ˇ33遂攜彼得'雅各'約翰同往ˇ卽驚懼悲痛ˇ34謂之曰
ˇ我心甚憂幾至死矣ˇ爾曹居此警醒ˇ35遂稍進ˇ伏地而禱曰ˇ如斯時可免
則免之ˇ36又曰ˇ阿巴ˇ父歟ˇ爾無所不能ˇ求使此杯離我ˇ然非從我所欲
乃從爾所欲也ˇ37遂返ˇ見門徒寢ˇ謂彼得曰ˇ西門ˇ爾寢乎ˇ爾不能警醒
片時乎ˇ38當警醒祈禱ˇ免入誘惑ˇ心固願而身弱矣ˇ39復往祈禱ˇ言亦如
之ˇ40旣返ˇ見門徒復寢ˇ因其目倦ˇ亦不知所對ˇ41耶穌三次返ˇ語門徒
曰ˇ爾今寢且安矣ˇ已矣ˇ時至矣ˇ人子見付於惡人手矣ˇ42起ˇ我儕且行ˇ
賣我者近矣ˇ43言時ˇ十二門徒之一猶大至ˇ多人偕之ˇ執刀與梃ˇ自祭司

諸長〵經士〵及長老之所而來〵44賣耶穌者〵曾遞以號曰〵我接吻者是也〵
可執之〵愼而曳之〵45遂就耶穌曰〵拉比〵拉比〵乃與接吻〵46衆卽執之〵
47旁立一人〵拔刀斫大祭司之僕〵削其一耳〵48耶穌語衆曰〵爾執刀與梃
來執我〵若捕盜然〵49我日偕爾於聖殿敎誨〵而爾不執我〵但此事得成〵乃
爲應經所載也〵50諸門徒皆離之而奔〵51有一少者從耶穌〵披麻布於身〵
以蔽其裸〵兵卒執之〵52遂棄布〵裸身而奔〵53衆曳耶穌至大祭司前〵祭司
諸長〵長老〵經士〵咸集〵54彼得遠隨耶穌〵至大祭司院〵與吏役同坐向火〵
55祭司諸長及全公會〵求證訟耶穌〵欲死之而不得〵56雖有多人妄證以訟
之〵而所證不符〵57後有數人至〵妄證訟之曰〵58我儕聞彼言云〵此殿乃人
手所作〵我將毀之〵三日別建一殿〵非人手所作者〵59但所證又不符〵60大
祭司起〵立於中〵問耶穌曰〵此人作證訟爾〵爾無所答乎〵61耶穌默然不答
〵大祭司復問曰〵爾乃可頌者之子基督否〵62耶穌曰〵我是也〵爾將見人子
坐於全能者之右〵乘天雲而來〵63大祭司自裂其衣〵曰〵何用別證〵64爾曹
已聞其褻瀆矣〵爾意如何〵衆擬之以死罪〵65有人唾之〵掩其面〵拳擊之
曰〵爾旣先知〵試言擊爾者爲誰〵吏役亦有手批其頰者〵66彼得在下院〵大
祭司之一婢至〵67見彼得向火〵注目視之曰〵爾亦素偕拿撒勒耶穌者〵68
彼得諱之曰〵我不知〵且不識爾言何也〵遂出〵至院之前廊〵而雞鳴矣〵69
婢復見之〵語旁立者曰〵此人亦係其黨〵70彼得又諱之〵少頃〵旁立者語彼
得曰〵爾誠其黨〵蓋爾乃迦利利人〵爾之方言亦相似〵71彼得詛且誓曰〵爾
所言之人〵我不識也〵72雞復鳴〵彼得忽憶耶穌之言云〵雞鳴二次之先〵爾
將三次言不識我〵思之則哭矣〵

第 15 章〵1詰朝〵祭司諸長〵長老〵與經士〵及全公會共議〵遂繫耶穌〵曳
而解於彼拉多〵2彼拉多問耶穌曰〵爾乃猶太人之王乎〵答曰〵爾言之矣〵3
祭司諸長〵以多端訟之〵4彼拉多復問之曰〵彼衆作證訟爾如此多端〵爾竟
不答乎〵5惟耶穌仍一言不答〵致彼拉多奇焉〵6凡屆節期〵方伯每釋一囚〵

隨衆所欲者〵7時有人名巴拉巴〵與結黨作亂者同繫〵此數人於作亂之時〵
수중소욕자　시유인명파랍파　여결당작란자동계　차수인어작란지시

曾殺人〵8衆大聲求彼拉多如常而行〵9彼拉多語之曰〵爾欲我釋猶太人王
증살인　중대성구피랍다여상이행　피랍다어지왈　이욕아석유태인왕

乎〵10蓋知祭司諸長〵因娼嫉而解耶穌〵11祭司諸長唆衆〵求釋巴拉巴〵
호　개지제사제장　인창질이해야소　제사제장사중　구석파랍파

12彼拉多復語衆曰〵然則爾所稱猶太人之王者〵爾欲我何以處之〵13衆復
피랍다복어중왈　연칙이소칭유태인지왕자　이욕아하이처지　중복

呼曰〵釘之十字架〵14彼拉多曰〵彼行何惡〵衆愈呼曰〵釘之十字架〵15彼
호왈　정지십자가　피랍다왈　피행하악　중유호왈　정지십자가　피

拉多欲徇衆意〵乃釋巴拉巴〵鞭耶穌〵付之釘十字架〵16兵卒曳耶穌至內
랍다욕순중의　내석파랍파　편야소　부지정십자가　병졸예야소지내

院〵卽公廨〵遂集全隊〵17以紫(紫或作絳下同)袍衣之〵編棘冠冠之〵18遂
원　즉공해　수집전대　이자　자혹작강하동　포의지　편극관관지　수

問安〵曰〵請猶太人王安〵19以葦擊其首〵唾其身〵屈膝拜之〵20戲畢〵脫
문안　왈　청유태인왕안　이위격기수　타기신　굴슬배지　희필　탈

紫袍〵衣以故衣〵曳之出〵釘十字架〵21有古利奈人西門者〵卽亞力山德與
자포　의이고의　예지출　정십자가　유고리내인서문자　즉아력산덕여

魯孚之父〵由田間來〵過焉〵衆强之負耶穌十字架〵22攜耶穌至一所〵名各
노부지부　유전간래　과언　중강지부야소십자가　휴야소지일소　명각

各他〵譯卽髑髏處〵23以沒藥調和之酒〵飮耶穌〵耶穌不受〵24旣釘之十字
각타　역즉촉루처　이몰약조화지주　음야소　야소불수　기정지십자

架〵則鬮分其衣〵以觀孰得〵25釘之於十字架〵時在巳初〵26書訟之之由於
가　칙구분기의　이관숙득　정지어십자가　시재사초　서송지지유어

標曰〵猶太人王〵27又將二盜同釘十字架(或作釘耶穌時又用兩十字架釘
표왈　유태인왕　우장이도동정십자가　혹작정야소시우용양십자가정

二盜)〵一左一右〵28是應經所載云〵被人列於罪犯中(有原文抄本無此節)
이도　일좌일우　시응경소재운　피인열어죄범중　유원문초본무차절

〵29過者譏之〵搖首曰〵噫〵毀聖殿三日又建之者〵30今宜自救〵由十字架
과자기지　요수왈　희　훼성전삼일우건지자　금의자구　유십자가

下矣〵31祭司諸長及經士〵亦如此戲之〵相語曰〵彼救他人〵不能自救〵32
하의　제사제장급경사　역여차희지　상어왈　피구타인　부능자구

以色列王基督〵今可由十字架而下〵使我見而信〵同釘者亦詬之〵33自午
이색열왕기독　금가유십자가이하　사아견이신　동정자역후지　자오

正至申初(原文作自第六時至第九時)〵遍地晦冥〵34申初(原文作第九時)
정지신초　원문작자제육시지제구시　편지회명　신초　원문작제구시

〵耶穌大聲呼曰〵以羅以〵以羅以〵拉瑪撒罷克他尼〵譯卽我之上帝〵我之
야소대성호왈　이라이　이라이　랍마살파극타니　역즉아지상제　아지

上帝〵因何遺棄我〵35旁立者聞之〵有曰〵彼呼以利亞也〵36有一人趨而取
상제　인하유기아　방립자문지　유왈　피호이리아야　유일인추이취

海綿浸醋〵束於葦而予之飮曰〵且俟〵試觀以利亞來取之下否〵37耶穌大
해융침초　속어위이여지음왈　차사　시관이리아래취지하부　야소대

聲而呼〵氣遂絕〵38殿幔自上至下〵分裂爲二〵39立於前之百夫長〵見耶穌
성이호　기수절　전만자상지하　분렬위이　립어전지백부장　견야소

如是大呼而氣絕〵乃曰〵此人誠爲上帝之子〵40有數婦遠觀〵中有抹大拉
여시대호이기절　내왈　차인성위상제지자　유수부원관　중유말대랍

之瑪利亞〵小(小或作少)雅各與約西之母瑪利亞〵及撒羅米〵41耶穌在迦
지마리아　소　소혹작소　아각여약서지모마리아　급살라미　야소재가

利利時〵曾從耶穌而事之者〵及有多婦〵卽與耶穌同上耶路撒冷者〵42是
리리시　증종야소이사지자　급유다부　즉여야소동상야로살냉자　시

日乃備安息日之日ˇ卽安息日前一日ˇ既暮ˇ43有亞利瑪太人約瑟來ˇ彼

乃尊貴議士ˇ亦素慕上帝之國者ˇ毅然入見彼拉多ˇ求耶穌之身ˇ44彼拉

多奇耶穌已死ˇ遂召百夫長ˇ問其已死否ˇ45既由百夫長而得其情ˇ遂以

耶穌之身賜約瑟ˇ46約瑟已市枲布ˇ取之下ˇ以枲布裹之ˇ置於磐中所鑿

之墓ˇ又轉石於墓門ˇ47抹大拉之瑪利亞ˇ及約西之母瑪利亞皆見其所葬

之處ˇ

第 16 章ˇ1安息日既過ˇ抹大拉之瑪利亞ˇ及雅各母瑪利亞ˇ與撒羅米市

香料ˇ欲來傅耶穌ˇ2七日之首日ˇ平旦ˇ日方出ˇ適墓ˇ3相語曰ˇ誰爲我

移墓門之石乎ˇ4蓋其石甚巨ˇ望之ˇ則見石已移矣ˇ5入墓ˇ見一少者坐於

右ˇ衣白衣ˇ婦駭甚ˇ6少者謂之曰ˇ勿駭ˇ爾尋釘十字架之拿撒勒耶穌ˇ彼

已復活ˇ不在此矣ˇ來觀葬之之處ˇ7可往告其門徒及彼得ˇ言耶穌先爾往

迦利利ˇ在彼必得見之ˇ如其前所告爾之言ˇ8婦急出ˇ離墓而奔ˇ戰慄驚

駭ˇ一言亦不告人ˇ因懼故也ˇ9耶穌在七日之首日復活ˇ先現於抹大拉之

瑪利亞ˇ昔耶穌曾由此婦逐七魔ˇ10婦遂往告素隨耶穌者ˇ時彼眾正悲哀

哭泣ˇ11眾聞耶穌復活ˇ爲婦所見ˇ皆不信ˇ12厥後其中二人適鄉ˇ行時

耶穌別以形狀現於彼ˇ13二人往告其餘門徒ˇ亦不信也ˇ14後十一門徒席

坐ˇ耶穌又顯現ˇ責其心頑不信ˇ因不信見其復活者之言ˇ15又謂之曰ˇ爾

曹往普天下ˇ傅福音於萬民ˇ16信而領洗者得救ˇ不信者定罪ˇ17信者將

有奇蹟隨之ˇ卽賴我名逐魔ˇ言素所未習之(言素所未習之言原文作言以

新語)ˇ18手能握蛇ˇ飲毒亦無傷ˇ手按病者卽得愈ˇ19主與之言竟ˇ遂升

天ˇ坐於上帝右ˇ20門徒出ˇ往四方傅道ˇ主助之ˇ以奇蹟證其道ˇ阿們ˇ

新約聖經　路加福音

第 1 章 1蓋有多人專著書 以述我儕中深信之事 2乃自始親見而爲道之役者 傳授我儕 3我於諸事既推原詳考 以爲亦當循序書之 獻爾提阿非羅貴人 4欲爾知向所學者確然也 5當猶太王希律時 亞比亞班有一祭司 名撒迦利亞 其妻爲亞倫之裔 名以利沙伯 6二人在上帝前 義者也 遵主一切誡命禮儀而行 無可指摘 7但無子 因以利沙伯素不孕 二人年又邁 8時 撒迦利亞按其班列奉祭司職於上帝前 9循祭司例掣籤 得入主殿焚香 10焚香時 衆民在外祈禱 11主之使者顯現 立於香臺之右 12撒迦利亞見之 卽驚駭惶恐 13天使曰 撒迦利亞 勿懼 爾之祈禱 已得聞矣 爾妻以利沙伯將生子 可名之曰約翰 14爾將爲之歡欣喜樂 且多人亦因其生而歡欣 15彼在主前將爲大 酒與凡醉人者不飮 自母胎而聖靈充之 16使以色列多人轉而歸主 卽其上帝 17彼將以以利亞之神志才能 爲主前驅 使爲父者心慈其子 背逆者慕義人智慧 爲主備歸誠之民 18撒迦利亞謂天使曰 何以知其必然 我已老 妻亦年邁矣 19天使答曰 我乃迦伯列立於上帝前者 奉遣與爾言 將此嘉音報爾 20爾必瘖不能言 直至事成之日 以爾不信我言 屆時 我言必應 21民候撒迦利亞奇其久於殿內 22乃出 不能與人言 衆知其在殿內見異像因其但能以首示意 而竟瘖矣 23職事日滿 乃歸 24此後 其妻以利沙伯懷孕 避居(避居或作自匿)五月 云 25主眷顧我 待我若此 俾除我辱於人間 26至第六月 天使迦伯列奉上帝遣 往迦利利一城 名拿撒勒 27臨一處女 爲大衛裔名約瑟所聘者 處女名瑪利亞 28天使入告之曰 蒙寵之女安 主與爾偕 諸女中爾福哉 29瑪利亞見之 聞言甚訝 思此問安何意 30天使曰瑪利亞勿懼 爾於上帝前得恩寵 31爾將孕而生子 命名耶穌 32彼將爲大 稱爲至上者之子 主卽上帝將以其祖大衛之位賜之 33永爲雅各家

之王ˇ其國靡暨ˇ34瑪利亞對天使曰ˇ我未適人ˇ何以有此ˇ35天使曰ˇ聖
靈將臨爾ˇ至上者之大能將庇爾ˇ是以所生之聖者ˇ必稱爲上帝之子ˇ36
且爾親戚以利沙伯ˇ老而孕子ˇ素稱不孕者ˇ今已孕六月矣ˇ37蓋於上帝
無不能成之事ˇ38瑪利亞曰ˇ我乃主之婢ˇ願如爾言成於我ˇ天使遂離之
而去ˇ39惟時瑪利亞起ˇ急往山地ˇ至猶太一邑ˇ40入撒迦利亞室ˇ問以利
沙伯安ˇ41以利沙伯一聞瑪利亞問安ˇ胎孕躍於腹中ˇ以利沙伯感於聖靈
ˇ42大聲呼曰ˇ諸女中爾福矣ˇ爾所孕者亦福矣ˇ43我主之母來就我ˇ何由
而得此ˇ44蓋爾唱安之聲ˇ一入我耳ˇ而胎孕喜躍於腹中ˇ45爾信主向爾
所言必應ˇ則有福矣ˇ46瑪利亞曰ˇ我心尊主爲大ˇ47我靈悅救我之上帝
48因其垂顧婢之卑微ˇ今而後ˇ萬代必稱我有福ˇ49因全能者爲我成此大
事ˇ其名至聖ˇ50畏主者主矜恤之ˇ至於世世ˇ51主以臂施厥大力ˇ心志驕
傲者皆散之ˇ52有權者黜其位ˇ卑下者升之高ˇ53饑者飽以珍饈ˇ富者使
之空乏而返ˇ54扶持其僕以色列ˇ55垂念矜恤亞伯拉罕及其苗裔ˇ至於世
世ˇ如昔諭我祖之言ˇ56瑪利亞與以利沙伯同居ˇ約三月ˇ乃歸ˇ57以利沙
伯産期已屆ˇ生子ˇ58鄰里親戚ˇ聞主大矜恤之ˇ遂與之偕樂ˇ59至八日ˇ
衆至ˇ爲子行割禮欲以其父撒迦利亞之名名之ˇ60其母曰ˇ不可ˇ必名之
曰約翰ˇ61衆曰ˇ爾親族中ˇ無有名此名者ˇ62遂以首示意ˇ問其父ˇ欲以
何名名之ˇ63父索簡ˇ書曰ˇ其名約翰ˇ衆奇之ˇ64撒迦利亞口卽啓而舌亦
解ˇ發言頌讚上帝ˇ65鄰里皆驚ˇ此事徧揚猶太之山地ˇ66聞者心識之曰
不知此子將若何ˇ主手偕之矣ˇ67其父撒迦利亞感於聖靈預言曰ˇ68當頌
美以色列之上帝ˇ因眷顧其民而救贖之ˇ69爲我儕挺生大能之救主ˇ於其
僕大衛家ˇ70如託古聖先知所言ˇ71救我脫於仇敵及諸惡我者之手ˇ72矜
恤我祖ˇ念其聖約ˇ73卽與我祖亞伯拉罕所矢之誓ˇ74云ˇ賜我得拯於敵
手ˇ75畢生在主前以聖以義ˇ無懼而事之ˇ76惟汝嬰兒ˇ必稱爲至上者之
先知ˇ因爾將爲主前驅ˇ以備其路ˇ77示其民知拯救ˇ卽其罪之得赦ˇ78因

我上帝之矜恤ˇ使晨光自上臨我ˇ79以照居幽暗及死地陰翳之人ˇ又引我
아상제지긍휼 사신광자상림아 이조거유암급사지음예지인 우인아

履平康之道ˇ80嬰孩漸長ˇ精力強健ˇ居曠野ˇ直至顯於以色列民之日ˇ
리평강지도 영해점장 정력강건 거광야 직지현어이색열민지일

第2章ˇ1惟時奧古司都'該撒降詔ˇ命天下人登籍ˇ2居里扭爲叙利亞方伯
제 장 유시오고사도 해살강조 명천하인등적 거리뉴위서리아방백

時ˇ此登籍之事始行ˇ3衆往登籍ˇ各歸己邑ˇ4約瑟係大衛宗族ˇ故由迦利
시 차등적지사시행 중왕등적 각귀기읍 약슬계대위종족 고유가리

利之拿撒勒邑往猶太ˇ至大衛邑ˇ名伯利恒ˇ5欲與所聘妻瑪利亞登籍ˇ時
리지나살륵읍왕유태 지대위읍 명백리항 욕여소빙처마리아등적 시

瑪利亞已孕ˇ6寓彼時ˇ産期至ˇ7遂生長子ˇ裏以襁褓ˇ置於馬槽ˇ因客舍
마리아이잉 우피시 산기지 수생장자 과이강보 치어마조 인객사

無隙地故也ˇ8斯地有牧者ˇ居郊野ˇ夜守羣羊ˇ9倏主之使者立其前ˇ主之
무극지고야 사지유목자 거교야 야수군양 숙주지사자립기전 주지

榮光環照之ˇ牧者大懼ˇ10天使謂之曰ˇ勿懼ˇ我報爾大喜ˇ關乎衆民者也
영광환조지 목자대구 천사위지왈 물구 아보이대희 관호중민자야

ˇ11今日於大衛邑ˇ爲爾生救主ˇ卽主基督ˇ12爾必見一嬰兒ˇ裏以襁褓
금일어대위읍 위이생구주 즉주기독 이필견일영아 과이강보

臥於馬槽ˇ可以此爲號ˇ13忽有衆天軍偕天使ˇ讚美上帝云ˇ14在上榮光
와어마조 가이차위호 홀유중천군해천사 찬미상제운 재상영광

歸上帝ˇ在地和平ˇ人蒙喜悅ˇ15諸天使離之升天ˇ牧者相告曰ˇ我儕且往
귀상제 재지화평 인몽희열 제천사리지승천 목자상고왈 아제차왕

伯利恒ˇ觀主所示我之事ˇ16遂急往ˇ見瑪利亞與約瑟ˇ又見嬰兒臥於馬
백리항 관주소시아지사 수급왕 견마리아여약슬 우견영아와어마

槽ˇ17既見ˇ遂以天使所言嬰兒之事播揚之ˇ18凡聞牧人言者ˇ甚奇異
조 기견 수이천사소언영아지사파양지 범문목인언자 심기이

19惟瑪利亞以此言存於心ˇ而默思之ˇ20牧者返ˇ因其所見所聞ˇ悉如天
유마리아이차언존어심 이묵사지 목자반 인기소견소문 실여천

使所告之言ˇ遂歸榮上帝ˇ讚美上帝ˇ21八日既滿ˇ爲嬰兒行割禮ˇ命名耶
사소고지언 수귀영상제 찬미상제 팔일기만 위영아행할례 명명야

穌ˇ卽未孕之先ˇ天使所稱者ˇ22潔日既滿ˇ依摩西律法ˇ抱嬰兒ˇ上耶路
소 즉미잉지선 천사소칭자 결일기만 의마서율법 포영아 상야로

撒冷ˇ獻之於主ˇ23如主律法所載云ˇ凡初胎之男ˇ必稱聖歸主ˇ24又以雙
살냉 헌지어주 여주율법소재운 범초태지남 필칭성귀주 우이쌍

鳩或二雛鴿獻祭ˇ悉如主律法焉ˇ25時耶路撒冷有人名西緬ˇ其人義且虔
구혹이추합헌제 실여주율법언 시야로살냉유인명서면 기인의차건

ˇ素仰望慰藉以色列民者ˇ聖靈臨之ˇ26曾得聖靈之默示ˇ言未死之先ˇ必
소앙망위자이색열민자 성령임지 증득성령지묵시 언미사지선 필

見主之基督ˇ27是時感於聖靈ˇ進聖殿ˇ適父母抱嬰兒耶穌至ˇ欲爲之循
견주지기독 시시감어성령 진성전 적부모포영아야소지 욕위지순

律法而行ˇ28西緬接抱嬰兒ˇ稱頌上帝曰ˇ29主ˇ今可依主所言ˇ釋僕安然
율법이행 서면접포영아 칭송상제왈 주 금가의주소언 석복안연

逝世ˇ30因我目已覩主之拯救ˇ31卽主所備於萬民前者ˇ32爲光以照異邦
서세 인아목이도주지증구 즉주소비어만민전자 위광이조이방

人ˇ亦爲主以色列民之榮ˇ33約瑟與耶穌之母ˇ奇其論嬰兒之言ˇ34西緬
인 역위주이색열민지영 약슬여야소지모 기기론영아지언 서면

祝之ˇ謂耶穌之母瑪利亞曰ˇ此子被立ˇ爲使以色列多人ˇ或傾仆ˇ或興起
축지 위야소지모마리아왈 차자피립 위사이색열다인 혹경부 혹흥기

ˇ亦爲異蹟ˇ被人誹謗ˇ35且爾心亦將爲劍所刺ˇ使多人之意念顯露ˇ36有
역위이적 피인비방 차이심역장위검소자 사다인지의념현로 유

女先知名亞拿ˇ乃亞設支派法內力女ˇ年已老邁ˇ自適人後ˇ偕夫七載ˇ37
녀선지명아나 내아설지파법내력녀 년이노매 자적인후 해부칠재

爲嫠約八十四年ˇ不離聖殿ˇ禁食祈禱ˇ日夜奉事上帝ˇ38斯時趨前讚主ˇ
위리약팔십사년 부리성전 금식기도 일야봉사상제 사시추전찬주

與耶路撒冷凡望救贖者論說此子ˇ39約瑟與瑪利亞遵主律法ˇ行諸事畢ˇ
여야로살냉범망구속자론설차자 약슬여마리아준주율법 행제사필

乃歸迦利利之故邑拿撒勒ˇ40嬰兒漸長ˇ精力健强ˇ智慧充足ˇ上帝之恩
내귀가리리지고읍나살륵 영아점장 정력건강 지혜충족 상제지은

寵偕之ˇ41每歲逾越節ˇ其父母上耶路撒冷ˇ42耶穌年十有二ˇ遵節例偕
총해지 매세유월절 기부모상야로살냉 야소년십유이 준절례해

上耶路撒冷ˇ43卒期彼等歸ˇ子耶穌仍在耶路撒冷ˇ其母與約瑟不知也ˇ
상야로살냉 졸기피등귀 자야소잉재야로살냉 기모여약슬불지야

44意其必在同行者之中ˇ行一日程ˇ始尋訪於親屬相識者之間ˇ45不遇ˇ
의기필재동행자지중 행일일정 시심방어친속상식자지간 부우

遂返耶路撒冷ˇ尋之ˇ46三日後ˇ遇之於聖殿ˇ坐於教法師中ˇ且聽且問ˇ
수반야로살냉 심지 삼일후 우지어성전 좌어교법사중 차청차문

47聞之者皆奇其智慧ˇ及應對ˇ48父母見之甚異ˇ母曰ˇ兒ˇ何如此行於我
문지자개기기지혜 급응대 부모견지심이 모왈 아 하여차행어아

ˇ爾父與我傷心尋爾ˇ49耶穌曰ˇ何爲尋我ˇ豈不知我當在我父之所乎ˇ50
이부여아상심심이 야소왈 하위심아 기불지아당재아부지소호

父母不達其言ˇ51耶穌偕之歸拿撒勒ˇ而承順之ˇ其母藏此諸事於心ˇ52
부모불달기언 야소해지귀나살륵 이승순지 기모장차제사어심

耶穌益長ˇ智慧益增ˇ上帝與人益悅之ˇ
야소익장 지혜익증 상제여인익열지

第 3 章ˇ1提比留該撒在位十五年ˇ本丟彼拉多爲猶太方伯ˇ希律爲迦利
제 장 제비류해살재위십오년 본주피랍다위유태방백 희율위가리

利分封之王ˇ其弟腓立爲以土利亞及特拉可尼地分封之王ˇ呂撒聶爲亞比
리분봉지왕 기제비립위이토리아급특랍가니지분봉지왕 려살섭위아비

利尼分封之王ˇ2安那與該亞法爲大祭司時ˇ撒迦利亞子約翰居於野ˇ上帝
리니분봉지왕 안나여해아법위대제사시 살가리아자약한거어야 상제

之命降之ˇ3乃至約但河一帶之地ˇ傳悔改之洗禮ˇ俾罪得赦ˇ4如先知以
지명강지 내지약단하일대지지 전회개지세례 비죄득사 여선지이

賽亞書載云ˇ野有聲呼曰ˇ備主道ˇ直其徑ˇ5諸谷必塡ˇ岡陵必卑ˇ屈曲使
새아서재운 야유성호왈 비주도 직기경 제곡필전 강릉필비 굴곡사

直ˇ崎嶇使平ˇ6凡有血氣者ˇ必得見上帝之拯救云ˇ7有多人至ˇ欲受洗於
직 기구사평 범유혈기자 필득견상제지증구운 유다인지 욕수세어

約翰ˇ約翰語之曰ˇ蝮類乎ˇ誰示爾避將來之怒乎ˇ8故當結果ˇ以彰悔改
약한 약한어지왈 복류호 수시이피장래지노호 고당결과 이창회개

勿自矜曰ˇ亞伯拉罕吾祖也ˇ我告爾ˇ上帝能使此石爲亞伯拉罕子孫ˇ9今
물자긍왈 아백랍한오조야 아고이 상제능사차석위아백랍한자손 금

斧已置樹根ˇ凡樹不結善果者ˇ即斫之投火ˇ10衆問之曰ˇ我當何爲ˇ11答
부이치수근 범수부결선과자 즉작지투화 중문지왈 아당하위 답

曰ˇ有二衣ˇ則分予無衣者ˇ有食亦然ˇ12稅吏亦至ˇ欲領洗ˇ問曰ˇ師ˇ我
왈 유이의 칙분여무의자 유식역연 세리역지 욕영세 문왈 사 아

當何爲ˇ13曰ˇ定賦之外勿取ˇ14兵卒亦問曰ˇ我當何爲ˇ曰ˇ勿强索人ˇ
당하위 왈 정부지외물취 병졸역문왈 아당하위 왈 물강색인

勿誣詐人ˇ以所得之糧爲足ˇ15民適望基督ˇ心疑約翰ˇ即基督否ˇ16約翰
물무사인 이소득지량위족 민적망기독 심의약한 즉기독부 약한

乃謂衆曰ˇ我以水施洗於爾ˇ有勝於我者來ˇ即解其履帶ˇ我亦不堪ˇ彼將
내위중왈 아이수시세어이 유승어아자래 즉해기리대 아역부감 피장

以聖靈及火〻施洗於爾〻17其手執箕〻簸淨禾場之麥〻斂麥入倉〻而焚糠以
不滅之火〻18此外約翰以多端勸民〻向民傳福音〻19分封之王希律〻因其
弟腓立妻希羅底事〻及所行諸惡〻見責於約翰〻20遂加增一惡〻囚約翰於
獄〻21衆民受洗畢〻耶穌亦受洗〻祈禱時〻天開〻22聖靈以形降臨其上〻狀
如鴿〻自天有聲云〻爾乃我愛子〻我所喜悅者〻23耶穌始傳道〻年約三十〻
人以之爲約瑟子〻其上爲希利〻24其上爲瑪塔〻其上爲利未〻其上爲麥基〻
其上爲雅拿〻其上爲約瑟〻25其上爲瑪他提亞〻其上爲亞摩斯〻其上爲拿
翁〻其上爲以斯利〻其上爲拿該〻26其上爲瑪押〻其上爲瑪他提亞〻其上爲
西美〻其上爲約瑟〻其上爲猶大〻27其上爲約亞拿〻其上爲利撒〻其上爲所
羅巴伯〻其上爲撒拉鐵〻其上爲尼利〻28其上爲麥基〻其上爲亞底〻其上爲
哥桑〻其上爲以摩當〻其上爲珥〻29其上爲約細〻其上爲以利亞撒〻其上爲
約令〻其上爲瑪塔〻其上爲利未〻30其上爲西緬〻其上爲猶大〻其上爲約瑟
〻其上爲約南〻其上爲以利雅敬〻31其上爲米利雅〻其上爲買南〻其上爲瑪
達他〻其上爲拿單〻其上爲大衛〻32其上爲耶西〻其上爲俄備得〻其上爲波
阿斯〻其上爲撒門〻其上爲拿順〻33其上爲亞米拿達〻其上爲亞蘭〻其上爲
以斯崙〻其上爲法勒斯〻其上爲猶大〻34其上爲雅各〻其上爲以撒〻其上爲
亞伯拉罕〻其上爲他拉〻其上爲拿鶴〻35其上爲西鹿〻其上爲拉吳〻其上爲
法勒〻其上爲希伯〻其上爲沙拉〻36其上爲該南〻其上爲亞法撒〻其上爲閃
〻其上爲挪亞〻其上爲拉麥〻37其上爲瑪土撒拉〻其上爲以諾〻其上爲雅列
〻其上爲瑪勒列〻其上爲該南〻38其上爲以挪士〻其上爲塞特〻其上爲亞當
〻其上爲上帝〻

第 4 章

〻1耶穌感於聖靈〻自約但河而歸〻被聖靈導引適野〻2四旬見試於
魔〻諸日不食〻後遂饑〻3魔謂之曰〻爾若上帝之子〻可令此石爲餅〻4耶穌
答曰〻經載云〻人得生〻不獨賴餅〻亦賴凡由上帝口中所出之言〻5魔攜之
登高山〻瞬息間〻以天下萬國示之〻6魔謂之曰〻此一切權及榮〻我將予爾〻

因此皆已付我ˇ隨我所欲以予之ˇ7爾若拜我ˇ必皆屬爾ˇ8耶穌答曰ˇ撒但

退ˇ經載云ˇ當拜主爾之上帝ˇ獨崇事焉ˇ9魔又引之至耶路撒冷ˇ使立於

殿頂ˇ曰ˇ爾若上帝之子ˇ可自投下ˇ10蓋經載云ˇ主必爲爾命天使以護爾

ˇ11必以手扶爾ˇ免爾足觸石ˇ12耶穌答曰ˇ經云ˇ勿試主爾之上帝ˇ13魔

試之諸法既盡ˇ乃暫離之ˇ14耶穌大得聖靈之能ˇ歸迦利利ˇ其聲名遍揚

四方ˇ15在各會堂教誨ˇ衆稱頌之ˇ16耶穌至拿撒勒ˇ卽其長育之地ˇ於安

息日如常入會堂ˇ立而欲讀聖經ˇ17有以先知以賽亞書予之ˇ展卷遇一處

ˇ載云ˇ18主之靈臨我ˇ因主膏我ˇ俾我傳福音於貧者ˇ遣我醫傷心之人ˇ

告被虜者得釋ˇ瞽者得明ˇ受壓制者得自由ˇ19宣上帝賜恩之禧年ˇ20耶

穌掩卷ˇ授執事者而坐ˇ會堂衆人ˇ注目視之ˇ21耶穌謂衆曰ˇ爾聞是經ˇ

今日應矣ˇ22衆稱譽之ˇ奇其口中所出之嘉言ˇ曰ˇ此非約瑟子乎ˇ23耶穌

曰ˇ爾必引諺語我云ˇ醫士當自醫ˇ我聞爾行於加伯農者ˇ亦當行於故邑ˇ

24又曰ˇ我誠告爾ˇ未有先知見重於故里者ˇ25我誠告爾ˇ昔以利亞時ˇ天

閉塞三年有六月ˇ遍地大饑ˇ以色列民間ˇ有多嫠婦ˇ26而以利亞未嘗奉

遣往就其一ˇ惟往就西頓之撒勒大一嫠婦ˇ27又先知以利沙時ˇ以色列民

間有多癩者ˇ而無一人得潔ˇ惟叙利亞人乃縵得潔ˇ28會堂衆人ˇ聞此言

怒甚ˇ29遂起ˇ逐之城外ˇ其城建於山ˇ曳耶穌至山崖ˇ欲推之下ˇ30耶穌

徑行衆中而去ˇ31至迦利利之加伯農城ˇ每安息日教誨ˇ32衆奇其訓ˇ以

其言有權也ˇ33會堂有人ˇ爲邪魔所憑ˇ大呼曰ˇ34噫ˇ拿撒勒耶穌ˇ我與

爾何與ˇ爾來滅我乎ˇ我知爾爲誰ˇ乃上帝之聖者ˇ35耶穌斥之ˇ曰緘口ˇ

由此人出ˇ魔遂仆其人於衆中而出ˇ並不傷之ˇ36衆駭異ˇ相告曰ˇ此何道

耶ˇ蓋彼以權能命邪魔ˇ魔卽出ˇ37於是耶穌之聲名ˇ遍揚四方ˇ38耶穌出

會堂ˇ入西門家ˇ西門妻之母患熱甚重ˇ人爲之求耶穌ˇ39耶穌近立斥熱

熱退ˇ婦卽起而供事焉ˇ40日入時ˇ凡家中有患病者ˇ無論何病ˇ咸攜之就

耶穌ˇ耶穌一一按手其上而醫之ˇ41且有魔自多人出ˇ呼曰ˇ爾乃上帝之

子基督ˇ耶穌斥之ˇ不許言ˇ蓋魔識其爲基督也ˇ42平旦ˇ耶穌出ˇ往野處ˇ
衆尋就之ˇ且强留之ˇ不欲其去ˇ43耶穌謂之曰ˇ我亦當於他邑傳上帝國
之福音ˇ我奉遣蓋爲是也ˇ44於是傳道於迦利利諸會堂ˇ
第 5 章ˇ1衆擁擠ˇ欲聽上帝之道ˇ耶穌立於革尼撒勒湖濱ˇ2見二舟在湖
濱ˇ漁人離舟洗網ˇ3一舟屬西門ˇ耶穌登之ˇ遂命移舟ˇ離岸少許ˇ坐於舟
而教衆ˇ4言畢ˇ語西門曰ˇ移舟至深處ˇ下網取魚ˇ5西門對曰ˇ師ˇ我儕
終夜勞苦ˇ竟無所得ˇ今遵爾言ˇ我則下網ˇ6遂下網ˇ圍魚甚衆ˇ網幾裂ˇ7
乃招他舟之侶來助ˇ旣來ˇ則將魚滿載二舟ˇ幾致沈下ˇ8西門稱彼得見此
ˇ伏耶穌足下曰ˇ主ˇ請離我ˇ我乃罪人ˇ9蓋西門與同人甚驚異ˇ以得魚之
多也ˇ10西門之侶ˇ西比代子雅各'約翰亦然ˇ耶穌謂西門曰ˇ勿懼ˇ今後爾
將得人矣ˇ11彼衆遂曳舟於岸ˇ舍一切而從耶穌ˇ12耶穌在一邑ˇ有人徧
身患癩ˇ來見耶穌ˇ俯伏求之曰ˇ主若肯ˇ必能潔我ˇ13耶穌伸手按之曰ˇ
我肯ˇ爾可潔ˇ癩忽除ˇ14耶穌戒之曰ˇ勿告人ˇ但往見祭司ˇ使彼驗爾身ˇ
且爲爾之潔ˇ遵摩西命獻祭ˇ以爲證於衆ˇ15其聲名益彰ˇ衆集聽訓ˇ亦冀
其醫疾ˇ16耶穌退ˇ適野祈禱ˇ17一日耶穌訓衆ˇ有法利賽人與教法師ˇ自
迦利利諸鄕ˇ猶太及耶路撒冷來者ˇ坐於彼ˇ主顯其大能ˇ以醫病者ˇ18有
人以榻舁癱瘓者來ˇ欲舁之進室ˇ置耶穌前ˇ19因人衆ˇ不得舁入ˇ乃升屋
揭瓦ˇ由穴間以癱瘓者並其榻縋之而下ˇ置耶穌前ˇ20耶穌見其信ˇ謂癱
瘓者曰ˇ爾罪赦矣ˇ21經士與法利賽人ˇ心中議曰ˇ此褻瀆者爲誰ˇ上帝而
外ˇ孰能赦罪ˇ22耶穌知其意ˇ曰ˇ爾曹何心中竊議ˇ23或言爾罪赦ˇ或言
爾起而行ˇ此二者孰易ˇ24今欲令爾知人子在地ˇ有赦罪之權ˇ遂語癱瘓
者曰ˇ我命爾起ˇ取榻歸爾家ˇ25其人當衆前遂起ˇ取臥具而歸ˇ頌讚上帝
ˇ26衆駭異ˇ亦頌讚上帝ˇ且甚畏懼ˇ曰ˇ今日我見奇事矣ˇ27厥後耶穌見
稅吏名利未者ˇ坐於稅關ˇ乃謂之曰ˇ從我ˇ28遂舍一切ˇ起而從之ˇ29利
未於其家ˇ爲耶穌設盛筵ˇ稅吏及他人ˇ與之共席者甚衆ˇ30經士及法利

賽人ˇ譏耶穌門徒曰ˇ爾曹何與稅吏及罪人共食乎ˇ31耶穌謂之曰ˇ剛强
者不需醫士ˇ負病者需之ˇ32我來非召義人ˇ乃召罪人悔改也ˇ33彼衆問
曰ˇ約翰之門徒ˇ往往禁食ˇ且祈禱ˇ法利賽門徒亦然ˇ惟爾門徒飮食ˇ何
歟ˇ34耶穌曰ˇ新娶者尙在ˇ安能使賀娶之客禁食乎ˇ35惟日將至ˇ新娶者
別之去ˇ其時則禁食ˇ36又設譬語之曰ˇ未有裂新衣之布而補舊衣者ˇ若
然ˇ則裂其新衣ˇ且所補之新布ˇ與舊衣亦不稱ˇ37未有盛新酒於舊革囊
者ˇ若然ˇ則新酒裂囊ˇ酒漏而囊亦壞ˇ38惟新酒必盛於新囊ˇ則兩者並全
ˇ39未有飮舊酒而卽欲飮新者ˇ蓋曰ˇ舊者尤美也ˇ

第6章ˇ1逾越節首日後第二安息日ˇ耶穌經過麥田ˇ門徒摘穗ˇ以手搓
之而食ˇ2有法利賽人謂之曰ˇ安息日所不當行者ˇ爾曹何行之ˇ3耶穌答
曰ˇ經載大衛及從者饑時所行之事ˇ爾未讀之乎ˇ4大衛入上帝之殿ˇ取陳
設之餅而食ˇ且予從者食之ˇ但此餅惟祭司可食耳ˇ5又曰ˇ人子亦安息日
之主ˇ6又一安息日ˇ耶穌入會堂敎誨ˇ在彼有右手枯者ˇ7經士與法利賽
人窺耶穌於安息日醫否ˇ欲得據以訟之ˇ8耶穌知其意ˇ乃語手枯者曰ˇ起
ˇ立於中ˇ遂起而立ˇ9耶穌謂衆曰ˇ我有一言問爾ˇ安息日行善行惡ˇ救命
害命ˇ孰宜ˇ10遂環視衆人ˇ謂其人曰ˇ伸手ˇ遂伸之ˇ手卽愈ˇ如他手ˇ11
衆大怒ˇ相議何以處耶穌ˇ12當時耶穌出ˇ往山祈禱ˇ終夜祈禱上帝ˇ13平
旦ˇ召諸門徒ˇ其中選十二人ˇ謂之使徒ˇ14有西門ˇ耶穌賜名彼得ˇ與其
弟安得烈ˇ雅各與約翰ˇ腓立與巴多羅買ˇ15瑪太與多瑪ˇ亞勒非子雅各ˇ
西門稱銳ˇ16雅各子(子或作弟)猶大ˇ與賣師之猶大稱以斯加畧ˇ17耶穌
偕門徒下山ˇ立於平地ˇ有諸門徒及民衆ˇ自猶太四方ˇ耶路撒冷及推羅
ˊ西頓沿海之地而來ˇ欲聽其訓ˇ且冀其醫病ˇ18亦有被邪魔所難者ˇ咸得
醫焉ˇ19衆皆欲捫耶穌ˇ因有能力由耶穌出而醫衆ˇ20耶穌舉目視門徒曰
ˇ爾貧者福矣ˇ以上帝之國ˇ乃爾之國也ˇ21爾今饑者福矣ˇ以爾將飽也ˇ
爾今哭者福矣ˇ以爾將笑也ˇ22人若爲人子而憎爾ˇ絶爾ˇ詈爾ˇ以爾名爲

惡而棄之ˇ則爾福矣ˇ23當日可欣喜踴躍ˇ以在天爾之賞大也ˇ蓋其祖待
諸先知亦若是ˇ24惟爾富者禍矣ˇ以爾已得安慰也ˇ25爾今飽者禍矣ˇ以
爾將饑也ˇ爾今笑者禍矣ˇ以爾將悲哀哭泣也ˇ26爾爲衆所譽者禍矣ˇ蓋
其祖待僞先知亦若是ˇ27我告爾聽道之人ˇ敵爾者愛之ˇ憾爾者善待之ˇ
28詛爾者祝之ˇ欺侮爾者ˇ爲之祈禱ˇ29批爾此頰者ˇ則轉彼頰向之ˇ奪爾
外服者ˇ則並裏衣聽之取ˇ30求爾者予之ˇ取爾物者ˇ勿向彼復索ˇ31爾欲
人如是行諸己ˇ爾亦當如是行諸人ˇ32爾若惟愛愛爾者ˇ何惠之有ˇ罪人
亦愛愛己者ˇ33爾若惟善待善待爾者ˇ何惠之有ˇ罪人亦如是行也ˇ34爾
若借人而望其償ˇ何惠之有ˇ罪人亦借罪人ˇ欲其如數以償也ˇ負恩與不善
者ˇ35惟爾愛敵而善待之ˇ偕人而不望償ˇ則爾之賞大ˇ且將爲至上者之
子ˇ蓋彼施仁於負恩與不善者ˇ36是以爾當憐憫ˇ如爾父之憐憫然ˇ37勿
議人則不見議ˇ勿罪人則不見罪ˇ恕人則必見恕ˇ38予人則必予爾ˇ卽以
大量搖之使實ˇ充滿外溢ˇ納爾懷中ˇ蓋爾以何量量諸人ˇ則人以何量量諸
爾ˇ39又設譬語衆曰ˇ瞽者能引瞽者乎ˇ二人不皆陷於坑乎ˇ40徒不踰師ˇ
凡學全備者ˇ僅能如師ˇ41爾兄弟目中有草芥ˇ爾見之ˇ而己目中有梁木
不自覺ˇ何也ˇ42不覺己目中有梁木ˇ則何能語兄弟曰ˇ兄弟乎ˇ容我去爾
目中之草芥乎ˇ僞善者乎ˇ先去爾目中梁木ˇ方可明見以去兄弟目中之草
芥ˇ43善樹不結惡果ˇ惡樹不結善果ˇ44凡樹由其果識之ˇ荊棘中不採無
花果ˇ蒺藜中不摘葡萄ˇ45善人由心所積之善發善ˇ惡人由心所積之惡發
惡ˇ蓋充諸心者言諸口也ˇ46爾何稱我主也ˇ主也ˇ而不行我所言乎ˇ47凡
就我聞我言而行之者ˇ我示爾將何以譬之ˇ48譬人建屋ˇ掘地而深之ˇ置
基於磐上ˇ至潦水漲溢ˇ橫流衝屋ˇ不能震動ˇ因置基於磐上也ˇ49惟聞而
不行者ˇ譬人未置基而建屋於土上ˇ橫流衝之卽傾頹ˇ而屋之頹壞者大矣ˇ

第7章ˇ1耶穌以此諸言ˇ誨聽訓之民畢ˇ入加伯農ˇ2一百夫長有愛僕ˇ患
病瀕死ˇ3聞耶穌至ˇ遂遣猶太長老數人ˇ求之來醫其僕ˇ4長老就耶穌切

求曰ˇ此人堪受主恩ˇ可爲之行此事ˇ5因其愛我民ˇ爲我儕建會堂ˇ6耶穌
遂偕往ˇ離屋不遠ˇ百夫長遣友就之曰ˇ主歟ˇ勿勞ˇ主臨我舍ˇ我不敢當ˇ
7因我自視不堪親就爾ˇ第賜一言ˇ我僕必愈ˇ8蓋我屬人轄ˇ亦有兵屬我
轄ˇ命此去則去ˇ命彼來則來ˇ命僕行是則行是ˇ9耶穌聞而奇之ˇ顧從者
曰ˇ我告爾ˇ卽以色列中ˇ我未見如是之信ˇ10使者歸ˇ見負病之僕已愈
11明日ˇ耶穌適一邑ˇ名拿因ˇ門徒多人ˇ及邑衆同行ˇ12近邑門ˇ有异死
者出ˇ死者之母乃嫠婦ˇ獨生此子ˇ邑民偕而送之者甚衆ˇ13主見嫠婦ˇ憫
之曰ˇ勿哭ˇ14遂近按其櫬ˇ舁者止ˇ耶穌曰ˇ少者ˇ我命爾起ˇ15死者起
而坐ˇ且言ˇ耶穌遂以子予其母ˇ16衆驚駭ˇ稱頌上帝曰ˇ大先知興於我儕
中ˇ上帝眷顧其民ˇ17此事遂遍揚猶太全地ˇ及鄰近四方ˇ18約翰門徒以
此諸事告約翰ˇ19約翰乃召二門徒ˇ遣之往見耶穌曰ˇ當來者爾乎ˇ抑我
儕宜望他人乎ˇ20二人就耶穌曰施洗約翰ˇ遣我儕見爾云ˇ當來者爾乎ˇ
抑我儕宜望他人乎ˇ21時耶穌醫負病及患惡魔者多人ˇ且賜諸瞽者得明ˇ
22遂謂之曰ˇ以爾所見所聞ˇ往告約翰ˇ如瞽者明ˇ跛者行ˇ癩者潔ˇ聾者
聽ˇ死者復活ˇ貧者聞福音ˇ23凡不因我而躓蹶者福矣ˇ24約翰所遣之人
去後ˇ耶穌向衆論約翰曰ˇ爾昔出野欲何觀耶ˇ觀葦動於風乎ˇ25爾出欲
何觀耶ˇ觀人衣美服乎ˇ衣美服而宴安者ˇ在王宮也ˇ26然則爾出欲何觀
耶ˇ觀先知乎ˇ我誠告爾ˇ彼大於先知ˇ27經載云ˇ我遣我使ˇ在爾前修爾
道ˇ此言卽指斯人也ˇ28我告爾凡婦之所生ˇ未有大於施洗約翰者ˇ然在
上帝之國ˇ至小者猶大於斯人也ˇ29庶民及稅吏ˇ聽而受洗於約翰ˇ且稱
頌上帝之義ˇ30惟法利賽人與敎法師ˇ未受其洗ˇ彼拒上帝之旨ˇ而自取
罪戾ˇ31主又曰(有原文抄本無此句)ˇ斯世之人ˇ我將何以譬之ˇ彼何似
也ˇ32譬童子坐於街市ˇ相呼曰ˇ我向爾吹笛ˇ而爾不躍ˇ我向爾擧哀ˇ而
爾不哭ˇ33蓋施洗約翰至ˇ不食餅ˇ不飲酒ˇ爾則言其患魔ˇ34人子至亦食
亦飲ˇ爾又言其嗜食好酒ˇ與稅吏及罪人爲友ˇ35惟有道者ˇ皆以道爲是

（或作惟上智之子必以上智爲是）ˇ36有一法利賽人ˇ請耶穌共食ˇ遂入其
家席坐ˇ38立耶穌後而哭ˇ淚濡其足ˇ以髮拭之ˇ吻接其足ˇ以香膏膏之
37邑中一婦ˇ素有惡行ˇ知耶穌席坐法利塞因之家ˇ乃取白玉瓶ˇ盛香膏ˇ
39宴耶穌之法利賽人見此ˇ心內云ˇ斯人若爲先知ˇ必知捫之者爲誰ˇ爲
何如之婦ˇ蓋有惡行者也ˇ40耶穌語之曰ˇ西門ˇ我有一言告爾ˇ曰ˇ師
請言之ˇ41曰ˇ債主某ˇ有二負債者ˇ一負五百第拿流ˇ一負五十第拿流ˇ
42因無以償ˇ債主皆免之ˇ試言此二者ˇ愛債主孰甚ˇ43西門對曰ˇ我意免
多者ˇ曰ˇ爾所見是也ˇ44遂顧其婦ˇ語西門曰ˇ爾見此婦乎ˇ我入爾家ˇ
爾未曾以水洗我足ˇ惟此婦淚濡我足ˇ以髮拭之ˇ45爾未曾與我吻接ˇ惟
此婦自我入時ˇ吻接我足不已ˇ46爾未曾以膏膏我首ˇ惟此婦以香膏膏我
足ˇ47是以我告爾ˇ此婦多罪悉赦ˇ因其愛多也ˇ見赦少者ˇ其愛亦少ˇ48
乃語婦曰ˇ爾罪赦矣ˇ49同席者心內云ˇ此何人ˇ亦赦罪乎ˇ50耶穌謂婦曰
ˇ爾信救爾矣ˇ可安然以歸ˇ

第 8 章ˇ1厥後耶穌周行各邑各村ˇ傳上帝國之福音ˇ十二徒偕之ˇ2亦有
素患惡魔ˇ負病已痊之數婦ˇ即稱抹大拉之瑪利亞ˇ曾由此婦逐七魔ˇ3又
有希律家宰庫撒之妻約亞拿ˇ又有蘇撒拿ˇ與多婦ˇ皆以己財供事耶穌ˇ4
羣衆由各邑集就耶穌ˇ耶穌設譬曰ˇ5有播種者ˇ出而播種ˇ播時有遺道旁
者ˇ爲人所踐ˇ空中鳥盡食之ˇ6有遺磽地者ˇ萌而即槁ˇ因無潤澤也ˇ7有
遺荆棘中者ˇ荆棘同長而蔽之ˇ8有遺沃壤者ˇ生而結實百倍ˇ言竟ˇ呼曰
凡有耳能聽者當聽焉ˇ9門徒問之曰ˇ此譬何意ˇ10答曰ˇ上帝國之奧ˇ乃
賜爾知之ˇ惟於他人則設譬ˇ使其視亦不見ˇ聽亦不悟ˇ11斯譬之意即此ˇ
種者ˇ上帝之道也ˇ12遺道旁者ˇ指人甫聽道ˇ魔即至ˇ由其心奪之ˇ恐其
信而得救ˇ13遺磽地者ˇ指人聽道而喜受之ˇ惟無根ˇ則暫信耳ˇ遇試遂背
之ˇ14遺荆棘中者ˇ指人聽道而去ˇ爲此生之思慮貨財逸樂所蔽ˇ而不結
實ˇ15遺沃壤者ˇ指人聽道ˇ以善良之心守之ˇ且恒忍以結實ˇ16未有燃燈

而覆之以器ˇ或置之牀下者ˇ必置於燈臺上ˇ使入室者見其光ˇ17未有隱
者不將顯ˇ未有藏者不將露而爲人所知ˇ18是故當愼如何聽道ˇ蓋凡有者
將予之ˇ無有者ˇ卽其所自以爲有ˇ亦將奪之ˇ19耶穌之母及兄弟至ˇ因人
衆不得近ˇ20或告之曰ˇ爾母及兄弟立於外欲見爾ˇ21耶穌曰ˇ凡聽上帝
之道而行之者ˇ卽我母及我兄弟ˇ22一日ˇ耶穌偕門徒登舟ˇ謂之曰ˇ我儕
且渡湖ˇ遂行ˇ23舟行時ˇ耶穌寢ˇ湖中颶風驟作ˇ舟中水滿ˇ甚危ˇ24門
徒就而醒之ˇ曰ˇ師歟ˇ師歟ˇ我儕亡矣ˇ耶穌起ˇ斥風浪ˇ卽止而平靜矣ˇ
25謂門徒曰ˇ爾之信安在ˇ衆恐懼且驚訝ˇ相告曰ˇ是何人也ˇ命風與水
而風與水亦順之ˇ26舟行至迦大拉境ˇ與迦利利相對ˇ27耶穌登岸ˇ有人
自城出ˇ遇之ˇ乃久爲諸魔所憑ˇ不衣衣ˇ不處室ˇ而居塚者ˇ28見耶穌
卽俯伏其前ˇ大聲呼曰ˇ至聖上帝之子耶穌ˇ爾與我何與ˇ求爾莫苦我ˇ29
蓋耶穌曾命邪魔自斯人出ˇ邪魔屢强拘此人ˇ雖繫以鐵索ˇ械以桎梏而守
之ˇ卽斷械繫之具ˇ被魔逐於野ˇ30耶穌問之曰ˇ爾何名ˇ曰ˇ我名隊(隊原
文作利饑芸)ˇ蓋有多魔附其人也ˇ31遂求耶穌勿令入淵ˇ32在彼有羣豕
食於山ˇ諸魔求耶穌許其入豕ˇ耶穌許之ˇ33魔離人入豕ˇ其羣突落山坡
投湖溺焉ˇ34牧者見此事ˇ奔告邑村ˇ35衆出欲觀所爲ˇ就耶穌ˇ見魔所離
之人ˇ衣衣自若ˇ坐於耶穌足前ˇ遂懼ˇ36見者以患魔之人如何得救告之
37迦大拉四方之衆ˇ求耶穌離之ˇ因甚懼也ˇ耶穌遂登舟而返ˇ38魔所離之
人ˇ求許其偕行ˇ耶穌命之去ˇ曰ˇ39歸爾家ˇ以上帝爲爾所行者告人ˇ其
人遂往ˇ遍邑播揚耶穌爲己所行之事ˇ40耶穌既返ˇ衆接之ˇ蓋皆佇望之也
ˇ41有司會堂者名睚魯ˇ來俯伏於耶穌足前ˇ求之至其家ˇ42蓋有獨生女
甫十二歲ˇ將死ˇ耶穌行時ˇ衆擁擠之ˇ43有一婦ˇ患血漏十二年ˇ因延醫
耗盡家貲ˇ無能愈之者ˇ44就耶穌後ˇ捫其衣繸ˇ血漏卽止ˇ45耶穌曰ˇ捫
我者誰ˇ衆不承認ˇ彼得與同行者曰ˇ師ˇ衆擁擠迫近ˇ乃問曰ˇ誰捫我乎
46耶穌曰ˇ有捫我者ˇ蓋我覺有異能由我出ˇ47婦知不能隱ˇ戰慄而至ˇ俯

伏其前ˇ向眾告以捫之之故ˇ與如何立愈ˇ48耶穌曰ˇ女ˇ安心ˇ爾之信愈爾ˇ可安然以去ˇ49言時ˇ有人自司會堂者之家來曰ˇ爾女死矣ˇ勿勞師焉ˇ50耶穌聞之曰ˇ勿懼ˇ惟信ˇ則女必得生ˇ51入室ˇ於彼得'雅各'約翰及女之父母外ˇ不許他人入ˇ52眾爲女哭而哀ˇ耶穌曰ˇ勿哭ˇ女非死ˇ寢耳ˇ53眾知其已死ˇ皆哂之ˇ54耶穌遣眾出ˇ執女手呼曰ˇ女子起ˇ55其魂返ˇ即起ˇ耶穌命予之食ˇ56父母駭異ˇ耶穌戒之ˇ勿以所行告人ˇ

第9章ˇ1耶穌召十二門徒ˇ賜之權與能ˇ以制魔醫病ˇ2遣之宣上帝國之道ˇ醫有病者ˇ3謂之曰ˇ行路時ˇ勿攜一切ˇ勿杖ˇ勿袋ˇ勿糧ˇ勿金ˇ勿二衣ˇ4入人之室ˇ則居彼ˇ亦由彼而去(亦由彼而去或作直至去時)ˇ5有不接爾者ˇ出邑時ˇ則拂去爾足之塵ˇ以爲之證ˇ6門徒出ˇ遍行諸村ˇ處處傳福音施醫ˇ7分封之王希律ˇ聞耶穌所行ˇ心內躊躇ˇ因有言施洗約翰由死復活ˇ8有言以利亞顯見ˇ有言古先知之一復活ˇ9希律曰ˇ約翰我已斬之矣ˇ今我聞斯人行此諸事ˇ果爲誰乎ˇ遂欲見之ˇ10使徒歸ˇ以所行告耶穌ˇ耶穌攜之ˇ潛往野處ˇ近一邑名伯賽大ˇ11眾知而隨之ˇ耶穌接眾ˇ與論上帝之國ˇ凡需醫者ˇ醫之ˇ12日昃ˇ十二門徒就之曰ˇ我儕在此野地ˇ請散眾ˇ使往四圍鄉村ˇ投宿覓食ˇ13耶穌曰ˇ爾可予之食ˇ曰ˇ我儕若不往爲羣眾市食ˇ則僅有五餅二魚ˇ14蓋其人約有五千ˇ耶穌謂門徒曰ˇ使眾列坐ˇ每列五十ˇ15門徒遂遵言而行ˇ使眾皆坐ˇ16耶穌取五餅二魚ˇ仰天祝謝ˇ擘而予門徒ˇ使陳於眾前ˇ17皆食而飽ˇ拾其餘屑ˇ盛十二筐ˇ18耶穌獨處祈禱ˇ門徒偕(偕有作集就)之ˇ耶穌問曰ˇ眾言我爲誰ˇ19對曰ˇ有言施洗約翰ˇ有言以利亞ˇ有言古先知之一復活ˇ20耶穌曰ˇ爾曹言我爲誰ˇ彼得對曰ˇ上帝之基督ˇ21耶穌嚴戒門徒ˇ勿以此告人ˇ22又曰ˇ人子必多受苦ˇ爲長老與祭司諸長及經士所棄ˇ且見殺ˇ至第三日復活ˇ23又謂眾曰ˇ人欲從我ˇ則當克己ˇ日負其十字架而從我ˇ24凡欲救其生命者ˇ反喪之ˇ爲我而喪其生命者ˇ反救之ˇ25人盡得天下而自喪自亡ˇ何益之

有ˇ26凡以我及我道爲可恥ˇ迨人子以己與父及聖天使之榮臨時ˇ亦必以
其人爲可恥ˇ27我誠告爾ˇ立於此者ˇ有人未死之先ˇ必見上帝之國ˇ28言
此後ˇ約八日ˇ耶穌攜約翰ˇ彼得ˇ雅各ˇ登山祈禱ˇ29祈禱時ˇ容貌異常ˇ
其衣皎白有光ˇ30倏有二人與之言ˇ卽摩西ˇ以利亞ˇ31在榮光中顯現ˇ言
耶穌將於耶路撒冷逝世之事ˇ32彼得與同在者ˇ倦而寢ˇ旣寤ˇ則見耶穌
之榮ˇ又見二人同立ˇ33二人將離耶穌時ˇ彼得謂耶穌曰ˇ師ˇ我儕在此善
矣ˇ容我建三廬ˇ一爲爾ˇ一爲摩西ˇ一爲以利亞ˇ蓋彼得不自知所言ˇ34
言時ˇ有雲覆之ˇ三門徒旣入雲中ˇ甚懼ˇ35有聲自雲出曰ˇ此我愛子ˇ爾
宜聽之ˇ36發聲時ˇ惟耶穌在ˇ門徒緘默ˇ斯時不以所見告人ˇ37明日下山
ˇ衆迎耶穌ˇ38中一人呼曰ˇ求師顧我子ˇ彼乃我獨生者ˇ39有時爲魔所憑
ˇ倏而呼ˇ拘攣之ˇ使之流涎ˇ魔不易離之ˇ離時則加以傷害ˇ40曾求爾門
徒逐之ˇ而彼不能也ˇ41耶穌曰ˇ噫ˇ悖逆不信之世歟ˇ我偕爾忍爾至幾時
乎ˇ且攜爾子來此ˇ42來時ˇ魔傾仆之ˇ拘攣之ˇ耶穌斥邪魔醫子ˇ以予其
父ˇ43衆異上帝之大能ˇ且奇耶穌所行諸事ˇ時耶穌謂門徒曰ˇ44人子將
見賣於人手ˇ爾當以此言藏諸耳ˇ45門徒未達此言ˇ蓋其意隱蔽不能悟
又不敢以此言問之ˇ46時門徒竊議ˇ彼中孰爲至大ˇ47耶穌知其意念ˇ乃
以一孩提立於其側ˇ48謂門徒曰ˇ凡因我之名接斯孩提者ˇ卽接我ˇ接我
者ˇ卽接遣我者ˇ爾中最小者ˇ將爲大也ˇ49約翰曰ˇ師ˇ我儕見一人以爾
名逐魔ˇ遂禁之ˇ因其不從我儕也ˇ50耶穌曰ˇ勿禁之ˇ蓋凡不攻我者ˇ卽
向我者也ˇ51耶穌升天之日將至ˇ決意向耶路撒冷而行ˇ52遣使先往ˇ至
撒瑪利亞之一村ˇ欲爲之預備館舍ˇ53鄉人不納ˇ因其向耶路撒冷而行也
ˇ54門徒雅各'約翰見此ˇ曰ˇ主ˇ欲我命火自天降而滅之ˇ如昔以利亞所行
乎ˇ55耶穌顧而責之曰ˇ爾心如何ˇ爾自不知ˇ56蓋人子來ˇ非爲滅人命
乃爲救人命也ˇ遂往他村ˇ57行路時ˇ有人謂耶穌曰ˇ主ˇ不論何往ˇ我欲
從爾ˇ58耶穌曰ˇ狐狸有穴ˇ飛鳥有巢ˇ惟人子無枕首之所ˇ59又語一人曰

～爾從我～對曰～主～容我先往葬父～60耶穌曰～任夫死者葬其死者～爾往傳上帝國之道～61又一人曰～主～我從爾～但容我先別家人～62耶穌曰～手執犁而顧後者～不堪入上帝之國～

第 10 章

～1此後主別立七十人～耦而遣之～先往己所欲至之諸邑諸處～2謂之曰～穡多工少～當求穡主遣工以斂其穡～3往哉～我遣爾似羔入狼羣～4勿攜金囊～勿袋～勿履～途中勿問人安～5凡入人之家～當先云～願此家平安～6倘在此家有當得平安之人～爾所求之平安～則必臨之～不然～則歸爾矣～7居其家～則飲食隨其所有～蓋工得其值～宜也～勿由此家移至彼家～8無論入何邑～而人接爾～則食其陳於爾前者～9邑有病者～則醫之～且告眾曰～上帝之國近爾矣～10無論入何邑～而人不接爾～則出於街曰～11爾邑之塵～沾於我者～對爾拂之～然仍當知上帝之國近爾矣～12我語爾～當彼日～所多瑪之刑～較斯邑之刑猶易受也～13禍哉爾哥拉汛乎～禍哉爾伯賽大乎～蓋在爾中所施之異能～若施於推羅'西頓～彼早衣麻蒙灰～坐地而悔改矣～14然審判日～推羅'西頓之刑～較爾之刑猶易受也～15加伯農乎～爾曾得升至天～後必墮於哈低～16夫聽爾者～即聽我～拒爾者～即拒我～拒我者～即拒遣我者也～17七十人喜而返～曰～主～因爾名～魔亦服我18耶穌曰～我見撒但自天而隕～如電然～19我賜爾以能～可踐蛇蠍～可制敵之諸權～必無害爾者～20然勿以魔服爾爲喜～乃以爾名錄於天爲喜～21當時耶穌心喜曰～父歟天地之主～我頌讚爾～因爾以斯道隱於智者達者～而顯之於赤子～父歟～是也～因爾之意固如是也～22萬物由父賜我～父之外無人識子爲誰～子及子所樂示者之外～無人識父爲誰～23乃顧門徒～私謂之曰～見爾所見者～其目福矣～24我告爾～昔有多先知及君王～欲見爾所見而不得見～欲聞爾所聞而不得聞～25有教法師起而試之曰～師～我當何爲～可得永生～26耶穌曰～律法所載爲何～爾所讀如何～27對曰～當盡心盡性盡力盡意～愛主爾之上帝～亦當愛鄰如己～28耶穌曰～爾所答是也～行此則生～29彼欲自表爲義～

謂耶穌曰ˇ誰爲我鄰ˇ30耶穌曰ˇ有人自耶路撒冷下耶利哥ˇ遇盜ˇ褫其衣ˇ且傷之幾死ˇ棄之而去ˇ31適有一祭司ˇ由此路而下ˇ見其人竟過之ˇ32亦有一利未人至彼處ˇ近前觀之亦過ˇ33一撒瑪利亞人行路ˇ至其地ˇ見之則憐憫ˇ34近前ˇ以油與酒澆其傷處ˇ裹之ˇ乘以己畜ˇ引至旅舘ˇ而顧恤之ˇ35次日將行ˇ取二第拿流予舘人曰ˇ且顧此人ˇ費若不足ˇ我返時必償爾ˇ36此三人中ˇ爾意孰爲遇盜者之鄰乎ˇ37曰ˇ矜恤之者是也ˇ耶穌曰ˇ爾往效此而行ˇ38衆行時ˇ耶穌入一村ˇ有婦名瑪他ˇ迎接於其家ˇ39婦有妹名瑪利亞ˇ坐耶穌足下聽其言ˇ40瑪他因供事多而心紛ˇ就耶穌曰我妹遺我一人供事ˇ主不以爲意乎ˇ請命彼助我ˇ41耶穌曰ˇ瑪他ˇ瑪他ˇ爾因事多ˇ思慮煩擾ˇ42但所需者惟一ˇ瑪利亞已擇不可奪之善業矣ˇ

第 11 章ˇ1耶穌在一處祈禱ˇ既畢ˇ有一門徒曰ˇ主教我儕祈禱ˇ猶約翰之教其門徒ˇ2耶穌曰ˇ爾祈禱時ˇ當曰ˇ在天吾父ˇ願爾名聖ˇ爾國臨格ˇ爾旨得成ˇ在地如在天焉ˇ3所需之糧ˇ日日賜我ˇ4免我之罪ˇ蓋我亦免凡負我者ˇ勿使我遇試ˇ惟拯我於惡ˇ5又謂之曰ˇ爾中孰有友ˇ夜半往就之ˇ曰ˇ我友ˇ請借我三餅ˇ6蓋我有友ˇ自道中來ˇ我無以供之ˇ7彼在內應曰ˇ勿煩我ˇ門已閉ˇ兒曹與我偃臥在牀ˇ不能起以予爾ˇ8我告爾ˇ縱不以友故ˇ起而予之ˇ然以其求之迫切ˇ必起而予之ˇ應其所需ˇ9我又告爾ˇ求則予爾ˇ尋則遇之ˇ叩門則爲爾啓之ˇ10蓋凡求者必得ˇ尋者必遇ˇ叩門者必爲之啓ˇ11爾中爲父者ˇ孰有子求餅而予之石乎ˇ求魚而予之蛇以代魚乎ˇ12抑求卵而予以蠍乎ˇ13爾曹雖不善ˇ尚知以善物予子ˇ何況上帝ˇ不更以聖靈予求之者乎ˇ14一日ˇ耶穌逐瘖魔ˇ魔出ˇ瘖者能言ˇ衆奇之ˇ15中有數人曰ˇ彼逐魔ˇ無非賴魔王別西卜耳ˇ16又有試之者ˇ求示以自天之異蹟ˇ17耶穌知其意ˇ謂之曰ˇ凡國自相分爭ˇ必荒墟ˇ凡家自相分爭ˇ必傾敗ˇ18若撒但自相分爭ˇ其國何以立乎ˇ爾乃言我藉別西卜以逐魔ˇ19使我藉別西卜逐魔ˇ則爾之子弟ˇ藉誰以逐魔乎ˇ故彼將議爾矣ˇ20若我

藉上帝之大能逐魔˅則上帝之國臨爾矣˅21夫勇士執器械而守其家˅則其所有者安固˅22若有更勇者至而勝之˅則奪其所恃之器械˅而分其貲˅23凡不與我偕者則攻我˅不與我斂者則散也˅24邪魔離人˅游行旱地˅求安而不得˅乃曰˅不如我仍歸所出之室˅25既至˅則見其室掃除修飾˅26遂往˅又攜七魔惡於己者˅偕入而居之˅其人之後患˅較前尤甚˅27耶穌言時˅眾中一婦˅揚聲曰˅孕爾之胎˅哺爾之乳˅福矣˅28耶穌曰˅未若聽上帝之道而守之者為有福˅29眾集之時˅耶穌曰˅此乃惡世代˅而求異蹟˅先知約拿異蹟外˅不以異蹟示之˅30昔約拿為尼尼微人成為異蹟˅人子亦將為此世代成為異蹟˅31南方女王˅當審判時˅將起而罪此世之人˅因彼自地極而來˅欲聽所羅門之哲言˅而在此有大於所羅門者˅32尼尼微人˅當審判時˅將起而罪此世代˅因尼尼微人聽約拿所勸而悔改˅而在此有大於約拿者˅33未有燃燈而置隱處或斗下者˅必置於燈臺上˅俾入室者觀其光也˅34目乃身之燈˅故爾目若瞭˅則爾全身皆光˅爾目若眊˅則爾全身皆暗˅35慎之哉˅勿使爾內之光為暗˅36若爾全身有光˅無一毫之暗˅則其光純全˅似燈光焰照爾˅37言時˅有法利賽人請耶穌共食˅耶穌入而席坐˅38法利賽人見耶穌不盥手而食˅則異之˅39主謂之曰˅今爾法利賽人潔杯盤之外˅惟爾內充滿劫奪˅及諸惡˅40愚者乎˅造其外者˅非亦造其內乎˅41惟盡力施濟˅則於爾無不潔矣˅42禍哉爾曹法利賽人乎˅因爾以薄荷˅茴香˅及諸菜蔬˅十輸其一˅而行義與愛上帝˅則輕視之˅爾所當行者此也˅而彼亦不可遺˅43禍哉爾曹法利賽人乎˅因爾喜於會堂坐首座˅市上喜人問爾安˅44禍哉爾偽善之經士法利賽人乎˅因爾似隱沒之墓˅履其上者不知也˅45有一教法師謂耶穌曰˅師˅爾言此˅亦辱我儕˅46耶穌曰˅禍哉爾教法師乎˅因爾以難負之任˅使人負之˅而己則一指不按於上˅47禍哉爾曹˅因爾祖所殺之先知˅爾建其墓˅48如是爾祖所為˅爾自證之˅且喜之˅蓋爾祖殺先知˅爾則建其墓˅49是以上帝之智曾言曰˅我將遣先知及使徒就彼˅有

爲其所殺ˇ有爲其所窘逐ˇ50致創世以來ˇ流先知之血ˇ其罪悉將討於此
代ˇ51即自亞伯之血ˇ至被殺於祭臺及殿間撒迦利亞之血ˇ我誠告爾ˇ此
血皆必討於此代ˇ52禍哉爾教法師乎ˇ因爾奪知識之鑰ˇ爾自不進ˇ有欲
進者ˇ爾則阻之ˇ53耶穌以此言語經士及法利賽人ˇ彼衆深憾之ˇ多端駁
詰ˇ54且窺伺焉ˇ欲就其口所言者而訟之ˇ

第 12 章ˇ1時數萬人會集ˇ自相擁擠ˇ耶穌先謂門徒曰ˇ當謹防法利賽人
之酵ˇ即僞善也ˇ2蓋未有掩藏之事而不顯露ˇ未有隱蔽之事而不爲人知ˇ
3是以凡爾言於暗中者ˇ必聞於光中ˇ附耳語於密室者ˇ必宣於屋上ˇ4我
友乎ˇ我告爾ˇ彼殺身後別無所能爲者ˇ勿懼之ˇ5我示爾所當懼者ˇ當懼
殺後ˇ又有權投人於磯很拿者ˇ我誠告爾ˇ此當懼也ˇ6五雀非二分銀售乎
ˇ然在上帝前ˇ一雀亦不忘也ˇ7即爾首之髮ˇ亦已見數ˇ故勿懼ˇ爾貴於多
雀ˇ8我告爾ˇ凡認我於人前者ˇ人子亦將認彼於上帝之使者前ˇ9不認我
於人前者ˇ我亦不認彼於上帝之使者前ˇ10以言攻人子者ˇ其人可赦ˇ惟
褻瀆聖靈者ˇ其人不可赦ˇ11人曳爾至會堂及執政秉權者前ˇ勿慮將如何
伸訴ˇ何以伸訴ˇ何以言ˇ12因其時ˇ聖靈必教爾以所當言也ˇ13衆中有一
人謂耶穌曰ˇ師ˇ命我兄與我分遺產ˇ14耶穌曰ˇ人乎ˇ誰任我於爾曹中爲
聽訟析產者ˇ15遂謂衆曰ˇ愼哉ˇ勿貪婪ˇ蓋人之生命ˇ不在家貲豐裕ˇ16
遂設譬曰ˇ有一富人ˇ其田所產甚豐ˇ17心中自念曰ˇ我之物產ˇ無處可藏
ˇ將若何而行ˇ18又曰ˇ我必如此行ˇ毀我倉廩ˇ別建其大者ˇ以藏我百穀
及所有ˇ19後將自謂我心曰ˇ我心歟ˇ今有多物ˇ爲多年之用ˇ可安然飮食
歡樂ˇ20惟上帝謂之曰ˇ愚者乎ˇ今夜將索爾靈ˇ則所備者歸於誰ˇ21凡爲
己積財ˇ而在上帝前不富者ˇ亦如是ˇ22乃謂門徒曰ˇ我告爾ˇ勿爲生命慮
何以食ˇ勿爲身體慮何以衣ˇ23生命貴於糧ˇ身體貴於衣ˇ24試思烏鴉不
稼不穡ˇ無倉無庫ˇ而上帝養之ˇ爾較禽鳥不愈貴乎ˇ25爾曹孰能以思慮
延命一刻乎ˇ26至微者爾尙不能ˇ何思慮其餘乎ˇ27試思百合花ˇ如何而

長ˇ不紡不織ˇ我告爾ˇ卽所羅門極榮華之時ˇ其服飾不及此花之一ˇ28且夫野草ˇ今日尚存ˇ明日投爐ˇ上帝衣被之若此ˇ況爾曹小信者乎ˇ29是以勿求何以食ˇ何以飲ˇ亦勿思慮ˇ30蓋此皆異邦人所求ˇ爾需此ˇ爾父已知之ˇ31爾惟求上帝國ˇ則此諸物必加諸爾ˇ32二三子乎勿懼ˇ爾父喜悅以國賜爾ˇ33當售所有以施濟ˇ爲己備常新之囊ˇ及不匱之財在天ˇ卽盜不至ˇ蠹不壞之處ˇ34蓋爾財所在ˇ爾心亦在焉ˇ35爾腰宜束ˇ爾燈宜燃ˇ36爾當如人候其主人自婚筵歸ˇ至而叩門ˇ卽爲之啓ˇ37主人至ˇ見僕警醒ˇ其僕福矣ˇ我誠告爾ˇ主人必自束其帶ˇ使僕席坐ˇ前而供事之ˇ38或二更至ˇ或三更至ˇ見僕如是ˇ其僕福矣ˇ39若家主知盜何時至ˇ則必警醒ˇ不致穴其室ˇ此爾所知ˇ40故當預備ˇ因爾不意之時ˇ人子至矣ˇ41彼得曰ˇ主設此喻ˇ爲我儕乎ˇ抑爲衆人乎ˇ42主曰ˇ孰是忠心家宰ˇ主人任之督其家人ˇ按時予糧ˇ43主人來時ˇ見僕如是行ˇ其僕福矣ˇ44我誠告爾ˇ主人將任之以督其所有ˇ45倘其僕心內云ˇ我主人來必遲ˇ遂扑僕婢ˇ飮食且醉ˇ46乃於不意之日ˇ不知之時ˇ其僕之主人至ˇ加以嚴刑ˇ置之與不信者同科ˇ47僕知主人之意ˇ而不設備ˇ不順其意者ˇ見扑必多ˇ48不知而作當扑之事ˇ見扑必少ˇ蓋凡人多予之ˇ必向之多求ˇ多託之ˇ必向之多索ˇ49我來ˇ以火投地ˇ深願火之已燃ˇ50我有當受之洗ˇ洗未成ˇ如何不痛切乎ˇ51爾以爲我來使世和平ˇ我告爾ˇ非也ˇ乃使人分爭ˇ52今而後一家五人將分爭ˇ三攻二ˇ二攻三ˇ53父攻子ˇ子攻父ˇ母攻女ˇ女攻母ˇ姑攻媳ˇ媳攻姑ˇ54遂謂衆曰ˇ見雲自西起ˇ爾言將雨ˇ果有之ˇ55見風自南吹ˇ爾言將暑ˇ亦有之ˇ56僞善者ˇ爾知別天地之氣色ˇ何不能別此時乎ˇ57爾何不自審所宜乎ˇ58爾偕訟爾者往見有司ˇ尚於途間ˇ當盡力求釋ˇ恐彼曳爾於士師ˇ士師付爾於吏ˇ吏下爾於獄ˇ59我告爾ˇ毫釐未償ˇ斷不能出於彼ˇ

第13章ˇ1時有數人來告耶穌ˇ謂彼拉多殺獻祭之迦利利人ˇ以其血雜於其所獻之犧牲ˇ2耶穌曰ˇ爾意此迦利利人ˇ較衆迦利利人更爲有罪ˇ故受

此害乎ˇ非也ˇ3我告爾ˇ爾曹不悔改ˇ亦必皆亡ˇ4又昔西羅亞樓(樓或作臺)傾ˇ壓斃十八人ˇ爾意斯人ˇ較凡居耶路撒冷者ˇ更爲有罪乎ˇ5非也ˇ我告爾ˇ爾曹不悔改ˇ亦必皆亡ˇ6乃設譬曰ˇ一人有無花果樹ˇ植於葡萄園ˇ至而求果不得ˇ7語園丁曰ˇ我三年來求果於此無花果樹ˇ不得ˇ不如伐之ˇ何爲任其佔此土乎ˇ8對曰ˇ主ˇ今歲姑容之ˇ待我周掘壅糞ˇ9或可結果ˇ否則明年伐之ˇ10遇安息日ˇ耶穌在一會堂教誨ˇ11有婦爲魔所憑十八年ˇ傴僂不能伸ˇ12耶穌見婦ˇ呼之曰ˇ婦ˇ爾得釋於此病矣ˇ13遂以手按之ˇ婦卽伸ˇ頌讚上帝ˇ14司會堂者ˇ見耶穌於安息日醫病ˇ不悅ˇ謂眾曰ˇ工作自有六日ˇ於此可來求醫ˇ不必於安息日ˇ15主曰ˇ僞善者乎ˇ爾曹於安息日ˇ孰不解牛驢於槽ˇ牽以飲之乎ˇ16況此婦爲亞伯拉罕之裔ˇ撒但繫之已十八年ˇ不當於安息日解其結乎ˇ17耶穌言此ˇ諸敵愧恥ˇ眾見其所行榮光之事ˇ甚喜ˇ18耶穌又曰ˇ上帝之國何所似ˇ我將何以譬之ˇ19有如一粒芥種ˇ人取而種於園ˇ長大如樹ˇ飛鳥棲於其枝ˇ20又曰ˇ我將何以譬上帝之國ˇ21有如酵ˇ婦取而納於三斗麵中ˇ致全團發酵ˇ22耶穌經諸城諸鄉教誨ˇ向耶路撒冷而行ˇ23或問之曰ˇ主ˇ得救者其寡乎ˇ24耶穌曰ˇ當竭力爭進窄門ˇ我告爾ˇ將有多人ˇ求進而不得進ˇ25家主起而閉門後ˇ爾曹立於外ˇ叩門曰ˇ主歟ˇ主歟ˇ爲我啓之ˇ彼將應曰ˇ我不識爾自何而來ˇ26時爾將曰ˇ我儕曾於爾前飲食ˇ爾亦曾於我之街衢教誨ˇ27彼將曰ˇ我告爾ˇ我不識爾自何來ˇ爾眾爲惡者ˇ皆離我去ˇ28時爾見亞伯拉罕'以撒'雅各ˇ與諸先知於上帝之國ˇ惟爾被逐於外ˇ在彼必有哀哭切齒矣ˇ29自東自西ˇ自南自北ˇ將有人至ˇ席坐於上帝之國ˇ30有後者將爲先先者將爲後ˇ31當日法利賽數人就之曰ˇ爾出而離此ˇ因希律欲殺爾ˇ32耶穌曰ˇ爾往告彼狐狸云ˇ今日明日ˇ我逐魔施醫ˇ至第三日ˇ我事畢矣ˇ33雖然ˇ今日明日後日ˇ我當行矣ˇ因先知必不亡於耶路撒冷外ˇ34耶路撒冷乎ˇ耶路撒冷乎ˇ常殺先知ˇ石擊奉遣就爾者ˇ我屢欲集爾赤子ˇ似母

雞集雛於翼下ˇ惟爾不欲ˇ35爾室將荒墟矣ˇ我告爾ˇ爾不復見我ˇ待時至
ˇ爾云ˇ奉主名而來者ˇ當稱頌

第 14 章

ˇ1一安息日ˇ耶穌入一法利賽長之家食焉ˇ衆窺伺之ˇ2當其前有
患蠱脹者ˇ3耶穌謂教法師及法利賽人曰ˇ安息日醫病可否ˇ4衆默然ˇ耶
穌將其人醫愈ˇ而遣之去ˇ5謂衆曰ˇ爾中孰有牛驢於安息日陷阱ˇ不卽援
之出乎ˇ6衆無言以對ˇ7耶穌見所請之客ˇ自擇首位ˇ遂設譬曰ˇ8人請爾
赴婚筵ˇ勿坐首位ˇ恐有辱於爾者見請ˇ9則請爾與彼者ˇ來謂爾曰ˇ讓位
與此人ˇ爾必慚而趨末位ˇ10爾被請之時ˇ往坐末位ˇ則請爾者ˇ來謂爾曰
ˇ友ˇ上坐ˇ則爾在同席者前有榮矣ˇ11因自高者將降爲卑ˇ自卑者將升爲
高也ˇ12又謂請之者曰ˇ爾設午餐ˇ或晚餐ˇ勿請朋友ˇ兄弟ˇ親戚ˇ富鄰ˇ
恐彼亦請爾而爾受其報ˇ13惟爾設饌ˇ當請貧乏ˇ殘廢ˇ跛者ˇ瞽者ˇ14則
爾福矣ˇ蓋彼不能報爾ˇ而至義人復活時ˇ爾必得報ˇ15同席之一人聞此
言ˇ謂耶穌曰ˇ在上帝之國食者福矣ˇ16耶穌設譬曰ˇ或設大筵ˇ所請甚多
ˇ17宴時ˇ遣僕告被請者曰ˇ來ˇ百物備矣ˇ18衆辭如出一心ˇ其一人曰ˇ
我適購田ˇ欲往視之ˇ請辭ˇ19又一人曰ˇ我適購牛五耦ˇ欲往試之ˇ請辭ˇ
20又一人曰ˇ我方娶妻ˇ故不得來ˇ21僕歸ˇ以此諸言告主人ˇ主人怒ˇ命
僕曰ˇ速往邑之衢巷ˇ引諸貧乏ˇ殘廢ˇ瞽者ˇ跛者來ˇ22僕曰ˇ主人ˇ如爾
命已行ˇ尚有餘座ˇ23主人語僕曰ˇ出往道途及藩籬間ˇ遇人則強之入ˇ俾
滿我室ˇ24我語爾ˇ先所請者ˇ無一人得嘗我筵焉ˇ25有羣衆與耶穌同行ˇ
耶穌顧之曰ˇ26人就我ˇ若不愛我ˇ勝於愛其父母ˇ妻子ˇ兄弟ˇ姊妹ˇ與
己之生命ˇ不得爲我徒ˇ27不負其十字架而從我者ˇ亦不得爲我徒ˇ28爾
曹孰有建樓ˇ不先坐計其貲ˇ果足以竣事否乎ˇ29恐置基而不能成ˇ見者
皆哂之ˇ30曰ˇ此人作於始ˇ乃不能成於終ˇ31或有王出ˇ與他王會戰ˇ豈
不先坐而運籌ˇ能以一萬卒ˇ敵以二萬卒來攻者乎ˇ32否則彼尚遠ˇ遣使
求和ˇ33如是凡爾曹不盡舍所有者ˇ不得爲我徒ˇ34夫鹽美矣ˇ若鹽失其

鹹ˇ35將何以復之ˇ不宜於田ˇ不宜於糞ˇ惟棄之於外ˇ凡有耳能聽者當聽
焉ˇ

第 15 章ˇ

1眾稅吏與罪人就耶穌ˇ欲聽其訓ˇ2法利賽人及經士非議耶穌曰ˇ彼納罪人ˇ與之共食焉ˇ3耶穌設譬謂之曰ˇ4爾中孰有百羊而亡其一ˇ不姑舍九十九羊於野ˇ而追其亡者至於得乎ˇ5得之則喜ˇ負於肩ˇ6歸家ˇ集其友與鄰ˇ謂之曰ˇ爾與我同樂ˇ以亡羊已得矣ˇ7我告爾有一罪人悔改ˇ則在天亦爲之喜ˇ較爲九十九不須悔改之義人ˇ喜尤大也ˇ8或婦有金錢十ˇ失其一ˇ豈不燃燈掃室ˇ勤求至於得乎ˇ9得之ˇ則集友與鄰謂之曰ˇ爾與我同樂ˇ以所失之金錢已得矣ˇ10我告爾ˇ有一罪人悔改ˇ則在上帝之使者前ˇ亦爲之喜ˇ11又曰ˇ或有二子ˇ12季子語父曰ˇ請父以我所當得之業予我ˇ父遂以產分其二子ˇ13不多日ˇ季子盡收所有ˇ往遠地ˇ在彼無度ˇ浪費其業ˇ14耗盡一切ˇ其地又遇大饑ˇ始覺窮乏缺食ˇ15遂往投其地一民家ˇ遣之於田牧豕ˇ16欲以豕所食之荳莢充腹ˇ而無人予之ˇ17既而省悟曰ˇ我父傭人甚多ˇ其糧有餘ˇ而我餓死乎ˇ18我必起而歸我父ˇ向之曰ˇ父ˇ我獲罪於天ˇ亦獲罪於爾ˇ19不堪復稱爲爾子ˇ請視我如爾傭人之一ˇ20於是起往歸父家ˇ相去尚遠ˇ其父見而憫之ˇ趨前ˇ抱其頸而接吻ˇ21子向父曰ˇ父ˇ我獲罪於天ˇ亦獲罪於爾ˇ不堪復稱爲爾子ˇ22父命諸僕曰ˇ取至美之服衣之ˇ施環於指ˇ納履於足ˇ23牽肥犢宰之ˇ我儕可食而樂ˇ24因我此子ˇ死而復生ˇ失而又得也ˇ遂與眾同樂ˇ25時長子在田ˇ歸ˇ將及家ˇ聞樂與跳舞聲ˇ26招一僕問其故ˇ27僕曰ˇ爾弟歸ˇ爾父已宰肥犢ˇ爲其無恙而復得也ˇ28長子怒ˇ不欲入ˇ父出勸之ˇ29長子對父曰ˇ我事父多年ˇ未嘗違命ˇ父未以羔賜我ˇ俾我與友同樂ˇ30惟此子宿娼狎妓ˇ盡耗父業ˇ既至ˇ則爲之宰肥犢也ˇ31父曰ˇ吾子ˇ爾常偕我ˇ我所有者ˇ皆爲爾有ˇ32惟爾弟ˇ死而復生ˇ失而復得ˇ我儕當欣喜歡樂ˇ

第 16 章ˇ

1耶穌又謂門徒曰ˇ某富人有一司事者ˇ或以其耗費主人之業ˇ

訴於主人、2主人乃呼之曰、我聞人訴爾如此、何也、可出會計簿籍、爾不得仍爲司事者、3司事者心內云、主人奪我司事之職、將如何、鋤田則無力、乞食則可恥、4我知所爲矣、至奪我職後、必有人接我於其家、5於是凡負主人債者、一一呼之來、問先至者曰、爾負我主人幾何、6答曰、油一百巴多(巴多舊約作罷特約六十斤)、曰、取券速坐、書五十、7又問一人曰、爾負幾何、曰、麥一百歌魯(歌魯舊約作歌珥即一駕梅珥約一石七斗六升見以西結四十五章十四節)、曰、取券書八十、8主人乃譽此不義之司事者、因其所行者巧也、蓋此世之子、爲世事而謀、較光明之子尤巧、9我告爾、以不義之財結友、至爾匱時、彼亦接爾於永宅矣、10於小者忠、於大者亦忠、於小者不義、於大者亦不義、11若爾於不義之財不忠、誰以眞財託爾、12若爾於屬他人者不忠、誰以屬己者予爾、13一人不能事二主、或惡此愛彼、或重此輕彼、爾不能事上帝、亦事瑪們(瑪們即財利之義)、14法利賽人好利、聞斯言哂之、15耶穌謂之曰、爾在人前、自稱爲義、但上帝知爾之心、蓋人所崇者、上帝所惡也、16律法及先知、至約翰爲止、自是上帝國之福音傳布、人人勉力以進之、17天地之廢、較律法一畫之廢猶易也、18凡出妻而他娶者、則犯姦淫、凡娶人所出之婦者、亦犯姦淫、19有一富人、衣紫袍及枲衣、日日奢華宴樂、20亦有一貧者、名拉撒路、遍體生瘡、被人置於富人之門、21欲得富人案下之遺屑、以果其腹、犬來舐其瘡、22貧者死、天使扶之、置於亞伯拉罕之懷、富人亦死而葬、23在哈底痛苦之中、舉目遙見亞伯拉罕、又見拉撒路在其懷中、24乃呼曰、我祖亞伯拉罕、矜恤我、遣拉撒路以指尖蘸水涼我舌、因我在此火燄中苦甚、25亞伯拉罕曰、我子、當憶爾生前已受諸福、拉撒路已受諸苦、今彼得慰、而爾受苦26不第此也、爾我之間、限一巨壑、欲由此過爾處不能、由彼過我處亦不能、27曰、若是、則求祖遣拉撒路往我父家、28因我有兄弟五人、使拉撒路警戒之、免其亦來此痛苦之處、29亞伯拉罕曰、彼有摩西及諸先知可聽之、30對曰

ˇ我祖亞伯拉罕ˇ不然也ˇ若有由死復活者就之ˇ彼必悔改ˇ31亞伯拉罕曰ˇ不聽摩西及先知ˇ縱有由死復活者ˇ彼亦不信ˇ

第 17 章ˇ1耶穌謂門徒曰ˇ陷人於罪之事ˇ必不能無ˇ而陷人於罪者ˇ禍矣ˇ2與其使此小子之一陷於罪ˇ寧以巨磨石繫其頸而投於海ˇ3爾當自慎ˇ若兄弟得罪爾ˇ爾則責之ˇ悔則恕之ˇ4倘一日得罪爾七次ˇ又一日七次就爾曰ˇ我悔矣ˇ爾必恕之ˇ5使徒謂主曰ˇ求主使我儕之信加篤ˇ6主曰ˇ若爾有信如芥種ˇ即命此桑ˇ拔根而植於海ˇ亦必聽爾ˇ7爾中孰有僕ˇ或耕或牧ˇ自田而歸ˇ遂命之曰ˇ來席坐乎ˇ8豈不曰ˇ備我餐ˇ束帶事我ˇ待我飲食畢ˇ爾始可飲食乎ˇ9僕奉命而行ˇ主人謝之乎ˇ我意否也ˇ10如此ˇ爾曹盡行所命爾之事ˇ亦當曰ˇ我乃無益之僕ˇ行所當行已耳ˇ11耶穌往耶路撒冷ˇ經撒瑪利亞及迦利利ˇ12入一村ˇ遇癩者十人ˇ遠立ˇ13揚聲曰耶穌吾師ˇ矜恤我ˇ14耶穌視之曰ˇ爾往見祭司ˇ使彼驗爾身ˇ往時即潔矣ˇ15其中一人ˇ見己已愈ˇ即返ˇ大聲讚美上帝ˇ16俯伏於耶穌足下稱謝ˇ彼乃撒瑪利亞人也ˇ17耶穌曰ˇ得潔者非十人乎ˇ其九安在ˇ18此異族人外ˇ何未見一人返而歸榮上帝者乎ˇ19遂語其人曰ˇ起而歸ˇ爾之信愈爾ˇ20法利賽人問耶穌曰ˇ上帝之國何時而臨ˇ耶穌曰ˇ上帝之國不顯然而臨ˇ21並無人謂在此在彼ˇ因上帝之國即在爾心(爾心或作爾中)ˇ22又謂門徒ˇ時將至ˇ爾欲見人子之一日ˇ而不得見ˇ23人告爾在此ˇ在彼ˇ勿往ˇ勿從ˇ24蓋如電在天ˇ閃於此而光於彼ˇ人子臨日亦如是ˇ25但必先受多苦ˇ為斯世所棄ˇ26人子臨時ˇ正如挪亞時ˇ27人皆飲食嫁娶ˇ迨挪亞入方舟日ˇ洪水至ˇ盡滅其眾ˇ28又如羅得時ˇ人皆飲食ˇ貿易ˇ栽種ˇ建造ˇ29迨羅得出所多瑪之日ˇ自天雨火與硫盡滅其眾ˇ30人子顯日亦如是ˇ31當日人在屋上ˇ其具在室ˇ勿下取之ˇ人在田間ˇ亦勿歸ˇ32當憶羅得之妻ˇ33凡欲救生命者ˇ反喪之ˇ喪之者ˇ反全之ˇ34我告爾ˇ是夜二人同榻ˇ一見取ˇ一見遺ˇ35二婦同磨ˇ一見取ˇ一見遺ˇ36二人在田ˇ一見取ˇ一見

遺ˇ37衆謂之曰ˇ主何處有此ˇ曰ˇ屍在何處ˇ鵰鷹集焉ˇ

第 18 章ˇ

1耶穌又設喩ˇ謂人當恒祈禱而不倦ˇ2曰ˇ某邑有一士師ˇ不畏上帝ˇ不禮世人ˇ3其邑有一嫠婦ˇ入見之曰ˇ有仇我者ˇ請伸我寃ˇ4士師久不允ˇ後自思曰ˇ我雖不畏上帝ˇ不禮世人ˇ5但此嫠婦屢煩我ˇ必伸其寃ˇ免其恒至擾我ˇ6主曰ˇ爾聽此不義之士師所言ˇ7上帝之選民ˇ晝夜籲禱上帝ˇ其應允或遲ˇ豈不終伸其寃乎ˇ8我告爾ˇ必速伸其寃矣ˇ但人子臨時豈見世有信德乎ˇ9有自視爲義而藐視他人者ˇ耶穌設譬謂之曰ˇ10二人登聖殿祈禱ˇ一法利賽人ˇ一稅吏ˇ11法利賽人獨立祈禱曰ˇ感謝上帝ˇ我不似他人ˇ强索ˇ不義ˇ姦淫ˇ亦不似此稅吏ˇ12我七日禁食二日ˇ以凡所得者ˇ十輸其一ˇ13稅吏遠立ˇ不敢擧目仰天ˇ搥胸曰ˇ上帝ˇ矜憐我罪人ˇ14我告爾ˇ得稱義而歸家者ˇ此也ˇ非彼也ˇ蓋凡自高者必降爲卑ˇ自卑者將升爲高ˇ15有人攜孩提就耶穌ˇ欲耶穌手按之ˇ門徒見而責之ˇ16耶穌呼之來ˇ曰ˇ容孩提就我ˇ勿禁ˇ蓋有上帝國者ˇ正如是人也ˇ17我誠告爾ˇ凡欲承受上帝之國ˇ不似孩提者ˇ不得入也ˇ18有一紳宦問耶穌曰ˇ善哉師也ˇ我當何爲以得永生ˇ19耶穌曰ˇ何稱我以善ˇ上帝而外ˇ無一善者ˇ20夫諸誡ˇ爾所識也ˇ勿姦淫ˇ勿偸盜ˇ勿妄證ˇ敬爾父母ˇ21對曰ˇ此諸誡ˇ我自幼皆守之ˇ22耶穌聞之曰ˇ爾猶缺一ˇ悉鬻所有以濟貧ˇ則必有財於天ˇ且來從我ˇ23其人聞此憂甚ˇ因巨富故也ˇ24耶穌見其憂甚ˇ曰ˇ有財者進上帝之國ˇ難矣哉ˇ25駝穿針孔ˇ較富者入上帝之國猶易也ˇ26聞者曰ˇ然則誰能得救乎ˇ27耶穌曰ˇ在人所不能者ˇ在上帝則能也ˇ28彼得曰ˇ我儕已舍一切以從爾ˇ29耶穌曰ˇ我誠告爾ˇ人爲上帝之國ˇ離屋宇父母兄弟妻子ˇ30未有在今世不得多倍ˇ來世不得永生者也ˇ31耶穌攜十二門徒ˇ謂之曰ˇ我儕上耶路撒冷ˇ凡先知所載指人子之言ˇ皆必應也ˇ32因將被解於異邦人ˇ戲玩之ˇ凌辱之ˇ唾之ˇ33鞭扑而殺之ˇ至第三日必復活ˇ34門徒無所悟ˇ因斯語隱秘ˇ故不知所言何也ˇ35近耶利哥時ˇ

有瞽者ˇ坐乞道旁ˇ36聞眾經過ˇ問其故ˇ37人告之曰ˇ拿撒勒耶穌過也ˇ

38瞽者呼曰ˇ大衛之裔耶穌ˇ矜恤我ˇ39前行者斥之ˇ使緘黙ˇ彼益呼曰ˇ

大衛之裔耶穌ˇ矜恤我40耶穌止ˇ命攜之來ˇ既近ˇ耶穌問之曰ˇ41爾欲我

爲爾何爲ˇ瞽者曰ˇ我欲得見ˇ42耶穌曰ˇ可得見ˇ爾之信愈爾ˇ43瞽者即

得見ˇ從耶穌ˇ且歸榮上帝ˇ眾見之ˇ亦讚美上帝ˇ

第 19章ˇ1耶穌入耶利哥ˇ經行時ˇ2有名撒該者ˇ爲稅吏之長而富ˇ3欲

見耶穌爲何如人ˇ以人眾不得見ˇ蓋其身短也ˇ4遂趨前ˇ升桑樹ˇ欲見之

因耶穌必過此也ˇ5耶穌至其處ˇ仰視之曰ˇ撒該速下ˇ今日我必寓於爾家

ˇ6撒該遂急下ˇ喜迎之ˇ7眾見此不悅ˇ曰ˇ彼往宿罪人之家矣ˇ8撒該起ˇ

謂主曰ˇ主歟ˇ我以所有之半濟貧ˇ若曾訛詐人ˇ則四倍償之ˇ9耶穌曰ˇ今

日此家得救ˇ因其亦爲亞伯拉罕之裔ˇ10蓋人子來ˇ爲尋救失亡之人也ˇ

11眾聞此言ˇ又見其已近耶路撒冷ˇ意上帝國ˇ將即顯現ˇ故耶穌設譬曰ˇ

12有世子往遠地ˇ欲得國而歸ˇ13遂召十僕ˇ共予十彌拿(一彌拿約銀五

十兩)ˇ謂之曰ˇ爾以此貿易ˇ以待我歸ˇ14其國民憾之ˇ遣使隨其後ˇ訴曰

ˇ我儕不欲斯人君我也ˇ15世子得國而返ˇ命呼予金之僕來ˇ欲知各獲利

幾何ˇ16其一至曰ˇ主人一彌拿ˇ已獲十彌拿ˇ17主人曰ˇ俞ˇ善哉僕也ˇ

爾於小者既忠ˇ可宰十邑ˇ18其次至曰ˇ主人一彌拿ˇ已獲五彌拿ˇ19主人

曰ˇ爾亦可宰五邑ˇ20又其次至曰ˇ主人一彌拿在此ˇ我以巾包而藏之ˇ21

蓋我畏爾ˇ以爾爲人甚嚴ˇ未置者取之ˇ未播者獲之ˇ22主人曰ˇ惡哉僕也

ˇ我即以爾言判爾ˇ爾既知我乃嚴人ˇ未置者取之ˇ未播者穫之ˇ23何不以

我金置諸兌錢者ˇ迨我來時ˇ可並其利而取之ˇ24遂命侍立者曰ˇ奪其一

彌拿ˇ予有十彌拿者ˇ25眾曰ˇ主人歟ˇ彼已有十彌拿矣ˇ26曰ˇ我誠告爾

ˇ凡有者將予之ˇ無有者ˇ幷其所有ˇ亦必奪之ˇ27至於我敵ˇ不欲我君之

者ˇ可曳之來ˇ誅於我前ˇ28耶穌言竟ˇ前行上耶路撒冷ˇ29既近伯法基及

伯他尼ˇ在(在或作近)油果山ˇ乃遣二門徒曰ˇ30爾往前村ˇ既入ˇ必見一

小驢縶焉ˇ從未有人乘之者ˇ解而牽之來ˇ31倘有人問解驢何爲ˇ可應之
曰ˇ主需之ˇ32奉遣者往ˇ果如耶穌所言ˇ33解小驢時ˇ驢之主人問曰ˇ解
驢何爲ˇ34曰ˇ主需之ˇ35遂牽之就耶穌ˇ以己衣置驢上ˇ扶耶穌乘之ˇ36
行時ˇ衆以衣布道ˇ37已近耶路撒冷ˇ將下油果山ˇ衆門徒因所見之異能ˇ
喜而大聲讚美上帝ˇ38曰ˇ託主名而來之王ˇ當稱頌也ˇ在天和平ˇ在上榮
光ˇ39衆中有法利賽數人ˇ謂耶穌曰ˇ當責爾徒ˇ40答曰ˇ我告爾ˇ若此衆
緘默ˇ石將發聲而呼ˇ41既近見城ˇ爲之哭曰ˇ42城乎ˇ今猶爲爾之日ˇ倘
爾於是日ˇ而知關爾平安之事則幸ˇ但此事今隱於爾目矣ˇ43日將至ˇ爾
敵必築壘攻爾ˇ四圍困爾ˇ44盡毀爾ˇ滅爾赤子於爾內ˇ不留一石於石上ˇ
因爾不知眷顧爾之日ˇ45耶穌入聖殿ˇ逐在殿中貿易者ˇ46謂之曰ˇ經誠
主云ˇ我室必稱爲祈禱之室ˇ爾曹以爲盜賊之巢ˇ47耶穌日日在聖殿教誨
ˇ祭司諸長經士與民間貴顯者ˇ欲殺之ˇ48惟無計可施ˇ因民皆傾聽之也ˇ
第20章ˇ1一日耶穌在聖殿教民傳福音時ˇ祭司諸長經士及長老就之ˇ2
曰ˇ請告我ˇ爾以何權行此諸事ˇ賜爾此權者誰乎ˇ3答曰ˇ我亦有一言問
爾ˇ請告我ˇ4約翰之施洗ˇ自天乎ˇ抑自人乎ˇ5其人竊議曰ˇ若云自天ˇ
彼必曰ˇ然則何不信之ˇ6若云自人ˇ民必以石擊我ˇ蓋民皆信約翰爲先知
也ˇ7遂對曰ˇ不知何自ˇ8耶穌曰ˇ我亦不告爾ˇ我以何權行此諸事ˇ9乃設
此譬語衆曰ˇ有人植葡萄園ˇ租與園夫ˇ遂往遠地久居ˇ10及期ˇ遣一僕就
園夫ˇ令其輸園中當納之果ˇ園夫扑之ˇ使之徒返ˇ11復遣他僕ˇ園夫亦扑
之ˇ且辱之ˇ使之徒返ˇ12三次遣僕ˇ園夫竟傷而逐之ˇ13園主曰ˇ我將如
之何ˇ莫若遣我愛子ˇ或彼見而敬之ˇ14園夫見其子ˇ相議曰ˇ此乃嗣子
盍來殺之ˇ業則歸我矣ˇ15遂逐於園外而殺之ˇ園主將何以處之ˇ16必來
翦滅園夫ˇ以園租與他人ˇ聞者曰ˇ願無此事ˇ17耶穌目之曰ˇ經載云ˇ工
師所棄之石ˇ成爲屋隅首石ˇ此言何謂ˇ18凡躓於此石上者身必損ˇ此石
墜其上者身必碎ˇ19時祭司諸長及經士ˇ知耶穌設譬乃指己而言ˇ欲執之

而懼民ˇ20乃窺探之ˇ遣偵者ˇ佯爲義人ˇ欲即其言ˇ解於方伯ˇ以權治之ˇ
21遂問耶穌曰ˇ師ˇ我知爾所教所言皆正ˇ不以貌取人ˇ乃以誠傳上帝之
道者ˇ22我儕納稅於該撒ˇ宜否ˇ23耶穌知其詐ˇ曰ˇ何試我ˇ24取一第拿
流ˇ予我觀之ˇ是像與號屬誰ˇ曰ˇ屬該撒ˇ25耶穌曰ˇ然則屬該撒者當歸
該撒ˇ屬上帝者當歸上帝ˇ26偵者當民前ˇ無由指摘其言ˇ且奇其應對而
默然ˇ27撒度該人素言無復活者ˇ其中數人ˇ就耶穌問曰ˇ28師ˇ摩西曾書
之以示我云ˇ若兄有妻ˇ無子而死ˇ弟當娶其妻ˇ生子以嗣兄ˇ29有兄弟七
人ˇ長者娶妻ˇ無子而死ˇ30其二娶之ˇ亦無子而死ˇ31其三娶之ˇ至七亦
然ˇ皆無子而死ˇ32厥後婦亦死ˇ33至復活時ˇ此婦爲誰之妻乎ˇ蓋七人皆
已娶之矣ˇ34耶穌答曰ˇ此世之人ˇ有嫁有娶ˇ35惟堪得來世及由死復活
者ˇ不嫁不娶ˇ36亦不能復死ˇ蓋如天使然ˇ既爲復活之人ˇ爲上帝之子
37論死者復活ˇ摩西於荊棘篇中ˇ亦明示之ˇ其稱主爲亞伯拉罕之上帝
以撒之上帝ˇ雅各之上帝ˇ38上帝非死者之上帝ˇ乃生者之上帝ˇ蓋在上
帝前ˇ衆皆生也ˇ39有經士數人曰ˇ師所言是也ˇ40後不復敢問之ˇ41耶
穌謂衆曰ˇ人何言基督爲大衛之裔乎ˇ42詩篇中大衛自言曰ˇ主謂我主云
ˇ爾坐我右ˇ43我將使爾敵爲爾之足凳ˇ44大衛既稱基督爲主ˇ則基督如
何爲大衛之裔乎ˇ45衆民聽時ˇ耶穌謂門徒曰ˇ46謹防經士ˇ彼好衣長服
而遊ˇ喜人於市問其安ˇ喜會堂高位ˇ席間上座ˇ47吞嫠婦之家貲ˇ佯爲長
禱ˇ其受刑必尤重也ˇ

第21章ˇ1耶穌舉目ˇ見富人以所輸者投庫ˇ2又見一貧嫠ˇ輸二利毘頓
3耶穌曰ˇ我誠告爾ˇ此貧嫠所輸者ˇ較衆尤多ˇ4蓋衆由其贏餘ˇ取而輸上
帝ˇ此嫠婦不足ˇ而盡輸所有者ˇ5有人譽聖殿ˇ謂其飾以美石及所供獻之
物ˇ耶穌曰ˇ6爾觀此物ˇ日將至ˇ無一石留於石上ˇ皆必傾圮ˇ7衆問耶穌
曰ˇ師ˇ何時有此ˇ是事將應之時ˇ有何預兆ˇ8耶穌曰ˇ愼勿爲人所惑ˇ蓋
將有多人冒我名而來ˇ曰ˇ我基督也ˇ時已近矣ˇ爾勿從之ˇ9爾聞戰亂勿

懼ˇ蓋此事必先有ˇ惟末日尙未至ˇ10又曰ˇ民將攻民ˇ國將攻國ˇ11隨在
地大震ˇ有饑饉ˇ瘟疫ˇ又有可畏之象ˇ及大異之兆ˇ自天而現ˇ12此事之
先ˇ人將執爾ˇ窘逐爾ˇ解爾於會堂ˇ下爾於獄ˇ爲我名曳爾至王侯前ˇ13
爾遇此事ˇ可以爲證ˇ14當定爾心ˇ勿慮何以申訴ˇ15蓋我將賜爾以口才
智慧ˇ使爾諸仇不能辯駁抵拒ˇ16爾將爲父母兄弟親屬朋友所解ˇ並爾中
有人ˇ爲其所殺ˇ17爾曹爲我名ˇ將爲衆所憾18然爾首之一髮ˇ亦不喪也ˇ
19當忍耐以救靈魂(以救靈魂或作以全生命)ˇ20爾見軍環耶路撒冷ˇ則知
其滅亡近矣ˇ21是時在猶太者當避於山ˇ在城內者宜出ˇ在田者勿入城ˇ
22蓋是日乃譴責之日ˇ爲應凡載於經者ˇ23是時妊婦乳婦有禍矣ˇ因斯地
必有大災ˇ怒及斯民ˇ24彼將死於刀刃ˇ擄至諸國ˇ耶路撒冷爲異邦人所
蹂躪ˇ直至異邦人之期滿焉ˇ25日月星辰ˇ必有異兆ˇ地上諸國ˇ困苦顛沛
ˇ海波澎湃ˇ26人思將臨於世之事ˇ而恐懼喪膽ˇ因天象震動故也ˇ27時將
見人子以大權大榮ˇ乘雲而來ˇ28甫有此事ˇ可興起翹首ˇ以爾之救贖近
矣ˇ29遂設譬謂之曰ˇ試觀無花果樹與諸樹ˇ30方其萌芽ˇ則知夏時近矣ˇ
31如是爾見有此事ˇ則知上帝之國近矣ˇ32我誠告爾ˇ此代尙未逝ˇ斯事
皆成ˇ33天地可廢ˇ我言不廢ˇ34爾當自愼ˇ勿以饜飮沈湎ˇ及世事之思慮
ˇ昏迷爾心ˇ恐其日突然臨爾ˇ35因其日如網羅ˇ猝臨於遍地居民ˇ36故隨
時宜警醒祈禱ˇ使爾得避將來之災ˇ而立於人子之前ˇ37耶穌晝則在聖殿
敎誨ˇ夜則出ˇ至山名油果山而宿ˇ38庶民蚤起ˇ入聖殿ˇ就耶穌以聽訓ˇ
第22章ˇ1除酵節ˇ亦名逾越節將近ˇ2祭司諸長與經士ˇ尋計何以殺耶穌
ˇ蓋畏民也ˇ3十二門徒之一猶大稱以斯加畧者ˇ撒但入其心ˇ4遂往見祭
司諸長及諸有司與議ˇ如何以耶穌付於彼ˇ5衆喜ˇ許以金予之ˇ6猶大諾ˇ
乃尋機ˇ乘衆不在時ˇ以耶穌付焉ˇ7除酵節ˇ當宰逾越節羔之日旣至ˇ8耶
穌遣彼得'約翰曰ˇ爾往備逾越節筵ˇ我儕食焉ˇ9問曰ˇ欲我於何處備之ˇ
10謂之曰ˇ爾入城ˇ必遇一攜水瓶者ˇ爾卽隨之ˇ至其所入之室ˇ11謂其家

主曰ˇ師問爾云ˇ客屋安在ˇ我欲在此與門徒食逾越節筵ˇ12彼將以陳設
之大樓示爾ˇ在彼備之可也ˇ13門徒往ˇ果遇如耶穌言ˇ遂備逾越節筵ˇ14
屆時耶穌席坐ˇ十二使徒偕之ˇ15耶穌謂之曰ˇ我受害之先ˇ甚願偕爾曹
食此逾越節筵ˇ16我告爾ˇ我不復食逾越節筵ˇ直待成ˇ於上帝之國ˇ17遂
取杯祝謝曰ˇ以此分爾衆ˇ18我告爾ˇ我不復飲葡萄樹所產ˇ直待上帝之
國臨焉ˇ19又取餅祝謝ˇ擘而予之ˇ曰ˇ此乃我體ˇ為爾捐者ˇ爾當行此以
記我ˇ20餐後ˇ取杯亦如此ˇ曰ˇ此杯乃新約ˇ以我血所立ˇ為爾流者也ˇ
21然賣我者ˇ其手與我在席ˇ22人子將如前定而逝ˇ惟賣人子者禍矣ˇ23
門徒互問ˇ誰將行此ˇ24門徒又互爭其中孰為大ˇ25耶穌謂之曰ˇ異邦人
有君主之ˇ其中秉權者ˇ稱為恩主ˇ26惟爾曹不可如此ˇ爾曹中為大者當
如少ˇ為首者當如役ˇ27孰為大ˇ席坐者乎ˇ抑役事者乎ˇ非席坐者乎ˇ然
我在爾曹中ˇ如役事者也ˇ28爾曹恒偕我於患難中ˇ29故我以國賜爾ˇ如
我父賜我然ˇ30使爾在我國ˇ飲食於我席ˇ且坐於位ˇ審鞫以色列十二支
派ˇ31主曰ˇ西門ˇ西門ˇ撒但欲得爾曹ˇ簸爾若麥ˇ32但我已為爾祈禱ˇ
使爾之信不虧ˇ爾悔改後ˇ可堅定爾兄弟ˇ33彼得曰ˇ主ˇ我願與爾同獄同
死ˇ34耶穌曰ˇ彼得ˇ我告爾ˇ今夜雞鳴之先ˇ爾將三次言不識我ˇ35耶穌
又謂門徒曰ˇ昔我遣爾ˇ令勿金囊ˇ勿袋ˇ勿履時ˇ爾有所缺乎ˇ曰ˇ無有
36曰ˇ今則有金囊者取之ˇ有袋者亦然ˇ無刀者可售衣以購刀ˇ37我告爾
經載云ˇ人視之為罪犯中者ˇ其言必應於我ˇ蓋經所載指我之言必成也ˇ
38門徒曰ˇ主ˇ在此有二刀ˇ耶穌曰ˇ足矣ˇ39耶穌出ˇ仍往油果山ˇ門徒
從之ˇ40既至ˇ謂門徒曰ˇ爾當祈禱ˇ免入誘惑ˇ41遂離之ˇ約投石之遠ˇ
屈膝祈禱ˇ42曰ˇ父歟ˇ爾若肯ˇ則使此杯離我ˇ雖然ˇ非欲我意得成ˇ惟
欲爾意得成也ˇ43有一天使自天現於耶穌ˇ而堅定之ˇ44耶穌悚惕哀慟
祈禱愈切ˇ汗如血滴落於地ˇ45禱畢而起ˇ就門徒ˇ見其因憂而寐ˇ46謂之
曰ˇ何寢也ˇ起而祈禱ˇ免入誘惑ˇ47言時ˇ衆至ˇ十二門徒之一名猶大者

行於其前ˇ就耶穌ˇ欲與接吻ˇ48耶穌謂之曰ˇ猶大ˇ爾以接吻賣人子乎ˇ
49左右見事將及ˇ乃曰ˇ主ˇ我儕以刀擊之ˇ可乎ˇ50其中一人擊大祭司之
僕ˇ削其右耳ˇ51耶穌曰ˇ止ˇ事至此ˇ聽之ˇ遂捫其耳以愈之ˇ52耶穌謂
來執己之祭司諸長與司聖殿者及長老ˇ曰ˇ爾執刀梃而來ˇ若捕盜然ˇ53
我日偕爾在聖殿ˇ爾不執我ˇ今乃爾曹之時ˇ晦冥當權矣ˇ54衆執耶穌ˇ曳
至大祭司家ˇ彼得遠從之ˇ55衆在院中ˇ燃火同坐ˇ彼得亦坐其中ˇ56有一
婢ˇ見彼得坐而向火ˇ注目視之曰ˇ此人亦曾偕耶穌者ˇ57彼得諱之曰ˇ女
乎ˇ我不識之ˇ58有頃ˇ又一人見彼得曰ˇ爾亦其黨ˇ彼得曰ˇ人乎ˇ非也ˇ
59越片時ˇ復一人力言曰ˇ此人實偕耶穌ˇ蓋亦迦利利人也ˇ60彼得曰ˇ人
乎ˇ我不識爾所言也ˇ言時ˇ雞卽鳴ˇ61主回顧彼得ˇ彼得憶主所言云ˇ雞
鳴之先ˇ爾將三次言不識我ˇ62遂出而痛哭ˇ63執耶穌者ˇ戲而扑之ˇ64
掩其目ˇ批其面ˇ問曰ˇ爾乃先知ˇ試言擊爾者誰ˇ65更多言以譏之ˇ66平
旦ˇ民之長老祭司諸長經士咸集ˇ曳耶穌至其公會前ˇ67問曰ˇ爾誠基督
否ˇ可明告我ˇ耶穌曰ˇ我若告爾ˇ爾不信ˇ68我若詰爾ˇ爾不應ˇ亦不釋
我ˇ69此後人子將坐於全能上帝之右矣ˇ70衆曰ˇ然則爾爲上帝之子乎ˇ
對曰ˇ爾言我是也ˇ71衆曰ˇ何用別證ˇ我儕由其口而聞之矣ˇ

第 23 章ˇ1衆起ˇ解耶穌至彼拉多前ˇ2訟之曰ˇ我見此人惑民ˇ禁納稅於
該撒ˇ自稱爲王基督ˇ3彼拉多問之曰ˇ爾果猶太人王乎ˇ答曰ˇ爾言之矣ˇ
4彼拉多謂祭司諸長及民衆曰ˇ我見此人無罪ˇ5衆更極口訟曰ˇ彼搖惑人
民ˇ傳教於猶太遍地ˇ自迦利利至此ˇ6彼拉多一聞迦利利ˇ卽問彼乃迦利
利人乎ˇ7旣知其屬希律所治ˇ則遣詣希律所ˇ時ˇ希律在耶路撒冷ˇ8見耶
穌甚喜ˇ因久欲見之ˇ蓋屢聞其事ˇ且冀見其行異蹟ˇ9故以多端問之ˇ耶
穌一言不答ˇ10祭司諸長及經士ˇ立而訟之甚切ˇ11希律及其兵卒ˇ侮慢
耶穌ˇ戲玩之ˇ衣以華服ˇ復遣詣彼拉多所ˇ12彼拉多與希律素相仇ˇ當日
遂相友矣ˇ13彼拉多召祭司諸長有司與民ˇ14謂之曰ˇ爾曹以此人解於我

ˇ言其惑民ˇ我卽以爾所訟之諸事ˇ當爾前審之ˇ未見其有罪ˇ15希律亦然
ˇ蓋我已遣爾曹見希律ˇ彼亦以耶穌所行無一當死者ˇ16我將笞而釋之ˇ
17每屆節期ˇ方伯必釋一囚ˇ18衆齊聲呼曰ˇ除滅此人ˇ爲我釋巴拉巴
19此巴拉巴曾在城中作亂殺人ˇ而下獄ˇ20彼拉多欲釋耶穌ˇ故復語衆ˇ
21衆呼曰ˇ釘之十字架ˇ釘之十字架ˇ22彼拉多三次語之曰ˇ彼行何惡ˇ我
未見其有死罪ˇ故將笞而釋之ˇ23衆大聲促彼拉多ˇ力求釘之十字架ˇ庶
民與祭司諸長之聲勝矣ˇ24於是彼拉多擬如所求ˇ25釋衆所求作亂殺人下
獄者ˇ而付耶穌於衆ˇ以徇其意ˇ26曳耶穌時ˇ有古利奈人名西門ˇ由田間
來ˇ衆執之ˇ使肩十字架從耶穌ˇ27民之隨行者甚衆ˇ且有多婦爲之哭而
哀ˇ28耶穌顧之曰ˇ耶路撒冷女ˇ勿爲我哭ˇ當爲己及爾子哭ˇ29蓋日將至
ˇ人必曰ˇ未懷孕者ˇ未生産者ˇ未哺乳者ˇ福矣ˇ30時ˇ人將對山曰ˇ崩於
我上ˇ對陵曰ˇ掩我ˇ31蓋木之靑者猶如此ˇ則枯者將若何ˇ32又有二犯
偕耶穌同曳受死ˇ33至一處ˇ名髑髏ˇ卽在彼釘之十字架ˇ並釘二犯ˇ一左
一右ˇ34耶穌曰ˇ父ˇ赦之ˇ因彼不知所爲也ˇ人乃鬮分耶穌之衣ˇ35民立
而觀ˇ有司與衆譏之曰ˇ彼救他人ˇ若爲基督ˇ上帝所選者ˇ可自救也ˇ36
兵卒亦戲之ˇ近前予之醯飮ˇ37曰ˇ爾若猶太人王ˇ可自救也ˇ38其上有標
ˇ用希拉ˇ羅瑪ˇ希伯來字ˇ書曰ˇ此乃猶太人王ˇ39同懸之犯ˇ其一謗耶穌
曰ˇ爾若基督ˇ可救己及我儕ˇ40其一責之曰ˇ爾同受罪ˇ猶不畏上帝乎
41我儕受罪ˇ宜也ˇ蓋我所受ˇ稱我所行ˇ惟此人所行無不善ˇ42乃謂耶穌
曰ˇ主臨爾國時ˇ求記憶我ˇ43耶穌曰ˇ我誠告爾ˇ今日爾必同我在巴拉底
瑣(巴拉底瑣有譯樂園有譯天堂)ˇ44其時約午正ˇ遍地晦冥ˇ直至申初ˇ45
日昏暗ˇ殿幔中裂爲二ˇ46耶穌大聲呼曰ˇ父乎ˇ我以我靈託爾手ˇ言畢
氣遂絶ˇ47百夫長見此事ˇ歸榮上帝云ˇ是誠義人也ˇ48聚觀之衆ˇ歷見此
事ˇ搥胸而返ˇ49素與耶穌相識者ˇ及自迦利利同來之婦ˇ蓋遠立以觀斯
事ˇ50有一人名約瑟ˇ義士也ˇ爲人善且義ˇ51不黨彼衆所謀爲ˇ屬猶太之

亞利瑪太邑〵素仰望上帝之國者〵52入見彼拉多〵求耶穌身〵53乃取之下〵
아리마태읍　소앙망상제지국자　　　　입견피랍다　구야소신　　내취지하

裹以枲布〵置於石鑿之墓〵從未有人葬者〵54是日乃備安息日之日〵安息
과이시포　치어석착지묘　종미유인장자　　시일내비안식일지일　안식

日已近矣〵55自迦利利與耶穌同來之諸婦〵隨後觀其墓〵及如何葬耶穌身
일이근의　자가리리여야소동래지제부　수후관기묘　급여하장야소신

〵56歸〵備香料及香膏〵當安息日遵誡而安息〵
귀　비향료급향고　당안식일준계이안식

第 24 章〵1七日之首日黎明〵婦至墓〵攜所備香料〵有數他婦偕之〵2見石
제　　장　칠일지수일여명　부지묘　휴소비향료　유수타부해지　견석

已離墓門〵3入〵不見主耶穌之身〵4爲之躊躇時見有二人旁立〵其衣光耀〵
이리묘문　입　불견주야소지신　위지주저시견유이인방립　기의광요

5婦驚懼〵伏於地〵二人謂之曰〵何於死者中尋活人耶〵6彼不在此〵已復活
부경구　복어지　이인위지왈　하어사자중심활인야　피불재차　이복활

矣〵當憶彼在迦利利時〵曾語爾曰〵7人子必解於罪人之手〵釘十字架〵至
의　당억피재가리리시　증어이왈　인자필해어죄인지수　정십자가　지

第三日復活〵8婦遂憶耶穌言〵9由墓歸〵以此事悉告十一使徒及諸同人〵
제삼일복활　부수억야소언　유묘귀　이차사실고십일사도급제동인

10告使徒者〵乃抹大拉瑪利亞〵約亞拿〵雅各之母瑪利亞〵及偕之他婦
고사도자　내말대랍마리아　약아나　아각지모마리아　급해지타부

11使徒以婦之言爲虛誕而不信〵12彼得起〵趨至墓俯視〵惟見枲布置焉〵
사도이부지언위허탄이부신　피득기　추지묘부시　유견시포치언

異而歸〵13是日二門徒往一村〵名以瑪迕〵離耶路撒冷六十斯他丟〵14二
이이귀　시일이문도왕일촌　명이마오　리야로살냉육십사타주　이

人互論所遇之事〵15談論間〵耶穌近而偕行〵16門徒目迷〵不識之〵17耶
인호론소우지사　담론간　야소근이해행　문도목미　부식지　야

穌問曰〵爾行路面有憂色〵互論何事〵18其一名革流巴者〵對曰〵爾旅於耶
소문왈　이행로면유우색　호론하사　기일명혁류파자　대왈　이려어야

路撒冷〵獨不知近日所遇之事乎〵19耶穌曰〵何事〵對曰〵拿撒勒耶穌之事
로살냉　독불지근일소우지사호　야소왈　하사　대왈　나살륵야소지사

〵彼乃先知〵在上帝及眾民前〵言行有大能者〵20我祭司諸長及有司解之
피내선지　재상제급중민전　언행유대능자　아제사제장급유사해지

擬以死〵釘於十字架〵21我儕素望此人將贖以色列民者〵然此事之成〵今
의이사　정어십자가　아제소망차인장속이색열민자　연차사지성　금

已三日矣〵22我儕中數婦使我驚駭〵彼黎明往墓〵23不見其身〵即來告云〵
이삼일의　아제중수부사아경해　피여명왕묘　부견기신　즉래고운

已見天使顯現〵言耶穌活矣〵24我中數人至墓〵果遇如婦所言〵惟不見耶
이견천사현현　언야소활의　아중수인지묘　과우여부소언　유부견야

穌〵25耶穌謂之曰〵無知之人〵不信諸先知所言〵心鈍若此歟〵26基督如此
소　야소위지왈　무지지인　부신제선지소언　심둔약차여　기독여차

受害而得其榮〵不亦宜乎〵27乃由摩西始及諸先知〵凡經載指己之言〵悉
수해이득기영　부역의호　내유마서시급제선지　범경재지기지언　실

爲之明解〵28近所往之村〵耶穌若欲前行然〵29二人强留之曰〵時已暮〵日
위지명해　근소왕지촌　야소약욕전행연　이인강류지왈　시이모　일

將入〵請與我偕居〵遂入而偕止〵30與二人席坐時〵取餅祝謝〵擘而予之〵
장입　청여아해거　수입이해지　여이인석좌시　취병축사　벽이여지

31二人之目即明〵始識之〵忽不見〵32遂相語曰〵彼於途間與我言解經時〵
이인지목즉명　시식지　홀부견　수상어왈　피어도간여아언해경시

我心豈不熱乎〵33遂起〵歸耶路撒冷〵見十一者及同人聚集〵34皆曰〵主果
아심기부열호　수기　귀야로살냉　견십일자급동인취집　개왈　주과

復活ˇ現於西門ˇ35二人亦述途中所遇ˇ及擘餅時識耶穌之事ˇ36言時ˇ耶
복활 현어서문 이인역술도중소우 급벽병시식야소지사 언시 야

穌忽立其中ˇ曰ˇ願爾平安ˇ37門徒驚駭恐懼ˇ疑所見者爲鬼神ˇ38耶穌曰
소 홀립기중 왈 원이평안 문도경해공구 의소견자위귀신 야소왈

ˇ何懼而心疑乎ˇ39視我手足ˇ卽知是我也ˇ試捫且視ˇ鬼神無骨肉ˇ爾視
하구이심의호 시아수족 즉지시아야 시문차시 귀신무골육 이시

我有之ˇ40言竟ˇ遂以手足示之ˇ41門徒以喜而猶未信ˇ又奇異ˇ耶穌曰ˇ
아유지 언경 수이수족시지 문도이희이유미신 우기이 야소왈

爾曹於此ˇ有食物否ˇ42遂予之炙魚一片ˇ蜜房一方ˇ43耶穌取之ˇ食於其
이조어차 유식물부 수여지적어일편 밀방일방 야소취지 식어기

前ˇ44曰ˇ昔我偕爾時ˇ曾告爾云ˇ凡摩西律法ˇ先知書ˇ及詩篇所載指我
전 석아해이시 증고이운 범마서율법 선지서 급시편소재지아

之言ˇ皆必應ˇ今果應矣ˇ45遂啓其聰ˇ令悟諸經ˇ46謂之曰ˇ聖經如此載
지언 개필응 금과응의 수계기총 령오제경 위지왈 성경여차재

ˇ基督當如此受害ˇ至第三日由死復活ˇ47又託其名傳悔改赦罪之道ˇ自
기독당여차수해 지제삼일유사복활 우탁기명전회개사죄지도 자

耶路撒冷始ˇ至於萬國ˇ48爾曹爲此事作證ˇ49我將以我父所許者賜爾ˇ
야로살냉시 지어만국 이조위차사작증 아장이아부소허자사이

當居於耶路撒冷城ˇ待自上賜爾以權焉ˇ50耶穌導之出ˇ至伯他尼ˇ擧手
당거어야로살냉성 대자상사이이권언 야소도지출 지백타니 거수

祝之ˇ51祝時ˇ離衆升天ˇ52衆拜之ˇ喜甚ˇ歸耶路撒冷ˇ53常在聖殿ˇ讚
축지 축시 리중승천 중배지 희심 귀야로살냉 상재성전 찬

美稱頌上帝ˇ阿們ˇ
미칭송상제 아문

新約聖經 約翰福音
신약성경 약한복음

第 1 章˘1太初有道˘道與上帝同在˘道卽上帝2是道˘太初與上帝同在˘3萬物以道而造˘凡受造者˘無一非以之而造˘4生命在道中˘生命者人之光也˘5光照於暗˘而暗弗識之˘6有上帝所遣之人˘名約翰˘7彼來作證˘卽爲光作證˘使衆因之而信˘8約翰非其光˘獨爲光作證˘9是爲眞光˘普照凡生於世之人者也˘10彼在世˘世以之而造˘而世不識之˘11彼臨屬己者˘而屬己之民不受之˘12凡受之者˘卽信其名者˘賜之以權˘爲上帝之子˘(或作凡受之者賜之以權爲上帝之子卽信其名者也)13若是者˘非由血氣˘非由情慾˘非由人意而生˘乃由上帝而生˘14夫道成肉軀˘居於我儕間˘我儕見其榮˘誠如父獨生子之榮˘充滿恩寵眞理˘15約翰爲之證˘呼曰˘我曾言有人後我來而先我在˘以其本先於我˘所言者卽斯人也˘16由其充滿˘而我儕皆受恩寵˘恩寵復加恩寵˘17蓋律法授自摩西˘恩寵及眞理則由耶穌基督而至˘18從未有人見上帝˘惟獨生子在父懷者˘彰明之˘19約翰之證如此˘猶太人自耶路撒冷˘遣祭司及利未人˘問約翰曰˘爾爲誰˘20約翰承而不諱˘明言曰˘我非基督˘21又問曰˘爾爲誰˘以利亞乎˘曰˘否˘曰˘抑爲彼先知乎˘曰˘否˘22曰˘然則爾果爲誰˘使我儕得復遣我者˘爾自言爲何人˘23答曰˘我卽聲呼於野云直主道者˘如先知以賽亞所言˘24奉遣者乃法利賽人˘25又問曰˘爾非基督˘非以利亞˘非彼先知˘何爲施洗乎˘26約翰答曰˘我以水施洗˘有立爾中者˘爾所不識˘27彼後我來而先我在˘卽解其履帶˘我亦不堪˘28此事見於約但河外之備他巴拉˘約翰施洗之處˘29明日˘約翰見耶穌就己˘乃曰˘觀上帝之羔˘負世之罪者˘30我曾言有人後我來而先我在˘以其本先於我˘所言者卽斯人也˘31我素不識之˘我來以水施洗˘特欲使之顯於以色列民˘32約翰又證曰˘我見聖靈形似鴿˘自天降而止其上˘33我素不識之˘惟遣我以水施洗者˘曾告我曰˘爾見聖靈

降而止其上ˇ即以聖靈施洗者ˇ34我見而證其爲上帝之子ˇ35明日ˇ約翰
강이지기상 즉이성령시세자 아견이증기위상제지자 명일 약한

復立ˇ二門徒偕之ˇ36見耶穌行ˇ乃曰ˇ觀上帝之羔ˇ37二門徒聞其言ˇ即
복립 이문도해지 견야소행 내왈 관상제지고 이문도문기언 즉

從耶穌ˇ38耶穌回顧ˇ見彼從於後ˇ問之曰ˇ爾何求ˇ對曰ˇ拉比何居ˇ拉
종야소 야소회고 견피종어후 문지왈 이하구 대왈 랍비하거 랍

比ˇ譯即我師也ˇ39曰ˇ來觀ˇ遂往觀其所居ˇ是日與之同處ˇ蓋時約申正ˇ
비 역즉아사야 왈 래관 수왕관기소거 시일여지동처 개시약신정

40聞約翰言而從耶穌之二門徒ˇ一爲西門'彼得之弟安得烈ˇ41先遇其兄
문약한언이종야소지이문도 일위서문피득지제안득열 선우기형

西門ˇ謂之曰ˇ我儕已遇彌西亞ˇ譯即基督ˇ42遂引之見耶穌ˇ耶穌視之曰
서문 위지왈 아제이우미서아 역즉기독 수인지견야소 야소시지왈

ˇ爾乃約拿子西門ˇ將稱磯法ˇ譯即彼得ˇ43明日ˇ耶穌欲往迦利利ˇ遇腓
이내약나자서문 장칭기법 역즉피득 명일 야소욕왕가리리 우비

立ˇ謂之曰ˇ從我ˇ44腓立乃伯賽大人ˇ與安得烈'彼得同邑ˇ45腓立遇拿
립 위지왈 종아 비립내백새대인 여안득열피득동읍 비립우나

坦業ˇ謂之曰ˇ摩西於律法及諸先知所記之人ˇ我已遇之ˇ即拿撒勒人約瑟
탄업 위지왈 마서어율법급제선지소기지인 아이우지 즉나살륵인약슬

之子耶穌ˇ46拿坦業曰ˇ安有善者從拿撒勒而出ˇ腓立曰ˇ來觀ˇ47耶穌見
지자야소 나탄업왈 안유선자종나살륵이출 비립왈 래관 야소견

拿坦業至ˇ即指曰ˇ是誠以色列人ˇ無詭譎者ˇ48拿坦業曰ˇ何由知我ˇ耶
나탄업지 즉지왈 시성이색열인 무궤휼자 나탄업왈 하유지아 야

穌曰ˇ腓立未招爾ˇ爾在無花果樹下ˇ我已見爾ˇ49拿坦業曰ˇ拉比ˇ爾乃
소왈 비립미초이 이재무화과수하 아이견이 나탄업왈 랍비 이내

上帝之子ˇ爾乃以色列之王ˇ50耶穌曰ˇ因我言爾在無花果樹下已見爾ˇ
상제지자 이내이색열지왕 야소왈 인아언이재무화과수하이견이

爾即信乎ˇ爾將見大於此者ˇ51又曰ˇ我誠告爾ˇ爾將見天開ˇ而上帝之使
이즉신호 이장견대어차자 우왈 아성고이 이장견천개 이상제지사

者ˇ陟降於人子上矣ˇ
자 척강어인자상의

第 2 章ˇ1越三日ˇ迦利利之加拿有婚筵ˇ耶穌之母與焉ˇ2耶穌與門徒ˇ亦
제 장 월삼일 가리리지가나유혼연 야소지모여언 야소여문도 역

見請赴筵ˇ3酒罄ˇ耶穌之母謂耶穌曰ˇ彼無酒矣ˇ4耶穌曰ˇ母ˇ與我何與ˇ
견청부연 주경 야소지모위야소왈 피무주의 야소왈 모 여아하여

我時尚未至ˇ5耶穌之母謂諸僕曰ˇ凡彼所命爾者ˇ爾行之ˇ6在彼設石甕
아시상미지 야소지모위제복왈 범피소명이자 이행지 재피설석옹

六ˇ依猶太人例爲洗潔之用ˇ每甕容水約一石餘ˇ7耶穌謂僕曰ˇ取水滿甕
육 의유태인례위세결지용 매옹용수약일석여 야소위복왈 취수만옹

ˇ遂滿至甕口ˇ8耶穌曰ˇ挹之ˇ遞與司筵者僕遂遞之ˇ9水變爲酒ˇ司筵者
수만지옹구 야소왈 읍지 체여사연자복수체지 수변위주 사연자

嘗之ˇ不知所自來ˇ惟挹水之僕知之ˇ司筵者呼新娶者ˇ10曰ˇ凡人先設旨
상지 불지소자래 유읍수지복지지 사연자호신취자 왈 범인선설지

酒ˇ待客酣ˇ方進次酒ˇ惟爾留旨酒至今焉ˇ11此耶穌始行異蹟在迦利利
주 대객감 방진차주 유이류지주지금언 차야소시행이적재가리리

之加拿ˇ而顯其榮ˇ門徒遂信之ˇ12厥後耶穌偕母與兄弟ˇ及門徒ˇ皆下加
지가나 이현기영 문도수신지 궐후야소해모여형제 급문도 개하가

伯農ˇ居不多日ˇ13猶太人逾越節近矣ˇ耶穌上耶路撒冷ˇ14在聖殿見有
백농 거부다일 유태인유월절근의 야소상야로살냉 재성전견유

售牛羊與鴿者ˇ及兌錢者坐焉ˇ15乃以繩作鞭ˇ逐其人及牛羊出殿ˇ傾兌
수우양여합자 급태전자좌언 내이승작편 축기인급우양출전 경태

錢者之金ˇ推倒其案ˇ16謂售鴿者曰ˇ將是物去之ˇ毋以我父之室ˇ爲貿易之室ˇ17門徒憶經所載云ˇ我爲爾室中心焦急ˇ有如火焚ˇ18猶太人謂之曰ˇ爾旣爲此ˇ以何異蹟示我ˇ19耶穌曰ˇ爾試毀此殿ˇ我三日內復建之ˇ20猶太人曰ˇ建此殿ˇ經四十六年ˇ爾三日內建之乎ˇ21耶穌此言ˇ乃以殿喩其身也ˇ22迨耶穌由死復活後ˇ門徒方憶其曾有是言ˇ遂信聖經所載及耶穌之語ˇ23當逾越節ˇ耶穌在耶路撒冷ˇ人見其所行異蹟ˇ多信其名ˇ24然耶穌不以己託於人ˇ因其知衆人ˇ25亦不需人告以他人如何ˇ因其知人之中藏也ˇ

第 3 章ˇ1有法利賽人ˇ名尼哥底母ˇ爲猶太人有司之一ˇ2夜就耶穌曰ˇ拉比ˇ我儕知爾爲師ˇ由上帝來者ˇ蓋爾所行異蹟ˇ非上帝與偕ˇ無人能行ˇ3耶穌曰ˇ我誠告爾ˇ人非重生ˇ不能見上帝之國ˇ4尼哥底母曰ˇ人旣老何能重生ˇ豈能再入母腹而生乎ˇ5耶穌曰ˇ我誠告爾ˇ人非由水及聖靈而生ˇ不能進上帝之國ˇ6由肉軀生者肉軀也ˇ由靈生者靈也ˇ7我言爾曹必當重生ˇ毋以爲奇ˇ8風任意而吹ˇ爾聞其聲ˇ而不知其何來何往ˇ凡由靈生者亦若是ˇ9尼哥底母曰ˇ焉能有此事乎ˇ10耶穌曰ˇ爾爲以色列人之師ˇ猶不知此乎ˇ11我誠告爾ˇ我儕以所知者而言ˇ以所見者而證ˇ而爾曹不受我之證ˇ12我言屬地之事ˇ爾尙不信ˇ若言屬天之事ˇ何能信乎ˇ13由天而降ˇ依然在天之人子外ˇ從無升天者ˇ14昔摩西擧蛇於野ˇ人子亦必如是被擧ˇ15使凡信之者ˇ免沈淪而得永生ˇ16蓋上帝愛世ˇ至以獨生子賜之ˇ使凡信之者ˇ免沈淪而得永生ˇ17且上帝遣子臨世ˇ非爲罪世ˇ乃爲使世因之得救ˇ18信之者不定罪ˇ不信之者已定罪ˇ以其不信上帝獨生子之名ˇ19夫光臨世ˇ而人因所行者惡ˇ愛暗而不愛光ˇ定罪之故ˇ卽在此也ˇ20蓋凡作不善者ˇ惡光而不就光ˇ恐其所行被責ˇ21惟循眞理而行者就光ˇ以彰其所行ˇ乃遵上帝而行也ˇ22厥後耶穌與門徒至猶太ˇ同居施洗ˇ23約翰在近撒冷之哀嫩亦施洗ˇ因彼地多水ˇ人來受洗ˇ24彼時約翰尙未被

囚ˇ25約翰門徒ˇ與猶太人辯論潔禮ˇ26來就約翰曰ˇ拉比ˇ昔偕爾在約但

外ˇ以所證者ˇ今施洗而衆就之ˇ27約翰曰ˇ非由天授ˇ則人無所受ˇ28爾

曹可爲我作證ˇ我曾言我非基督ˇ乃奉遣爲其前驅ˇ29娶新婦者卽新郎ˇ

新郎之友ˇ立而聽之ˇ因聞新郎之聲ˇ則喜ˇ今我之喜滿矣ˇ30彼必興ˇ我

必衰ˇ31自上臨者ˇ在萬有之上ˇ由地者屬地ˇ其言亦屬地ˇ由天臨者ˇ在

萬有之上ˇ32彼以所見所聞者自證ˇ而無人受其證ˇ33受其證者ˇ卽如以

印印證上帝爲眞ˇ34上帝所遣者ˇ述上帝之言ˇ蓋上帝賜之聖靈無限量也

ˇ35父愛子ˇ以萬物付其手ˇ36信子者有永生ˇ不信子者不見夫生ˇ上帝之

怒ˇ恒在其上矣ˇ

第 4 章ˇ1主知法利賽人ˇ已聞己(己原文作耶穌)招徒施洗ˇ多於約翰ˇ2

實則耶穌不親施洗ˇ惟門徒施之ˇ3乃離猶太ˇ復往迦利利ˇ4道必由撒瑪

利亞ˇ5至撒瑪利亞之一邑ˇ名叙加ˇ與雅各賜子約瑟之地相近ˇ6有雅各

井在彼ˇ耶穌行途疲倦ˇ坐井旁ˇ時約午正(午正原文作第六時)ˇ7有撒瑪

利亞婦來汲水ˇ耶穌謂之曰ˇ請予我飲ˇ8蓋其門徒已入邑市食也ˇ9撒瑪

利亞婦曰ˇ爾猶太人ˇ何向我撒瑪利亞婦求飲乎ˇ蓋猶太人與撒瑪利亞人

素不相交ˇ10耶穌謂之曰ˇ倘爾知上帝之賜ˇ及向爾言予我飲者爲誰ˇ則

爾求之ˇ其必以活水予爾ˇ11婦對曰ˇ主無汲器ˇ井又深ˇ何由得活水乎

12爾豈大於我祖雅各ˇ彼遺我此井ˇ昔彼與子及畜ˇ皆飲於此井ˇ13耶穌

曰ˇ凡飲此水者ˇ必復渴ˇ14飲我所予之水者ˇ永不渴ˇ我所予之水ˇ必在

其中成源ˇ湧至永生ˇ15婦曰ˇ主ˇ請以此水給我ˇ使我不渴ˇ無庸來此汲

矣ˇ16耶穌曰ˇ爾往ˇ呼爾夫來此ˇ17婦曰ˇ我無夫ˇ耶穌曰ˇ爾言無夫ˇ是

也ˇ18蓋爾曾有五夫ˇ今所有者非爾夫ˇ爾此言誠是ˇ19婦曰ˇ主ˇ我觀爾

乃先知ˇ20我列祖崇拜於此山ˇ惟爾曹言當崇拜之處ˇ乃在耶路撒冷ˇ21

耶穌曰ˇ婦ˇ爾當信我ˇ時將至ˇ爾曹拜父ˇ非於此山ˇ亦非於耶路撒冷ˇ22

爾曹不知所拜者ˇ我儕則知所拜者ˇ因救世之道ˇ自猶太人出ˇ23時將至ˇ

今是矣〵眞崇拜者〵必以靈以誠而拜父〵蓋父欲人如是拜之也〵24上帝乃
靈〵故拜之者〵必當以靈以誠而拜之〵25婦曰〵我知彌西亞卽稱基督者將
至〵彼至〵必以一切告我儕〵26耶穌曰〵與爾言者是也〵27適門徒返〵見耶
穌與婦言〵奇之〵然無人問云〵爾何求〵或云爾何與婦言也〵28婦遺瓶入邑
〵告人曰〵29來觀〵有一人以我所行者悉告我〵彼非基督乎〵30衆出邑就耶
穌〵31婦去後〵門徒請曰〵拉比食〵32耶穌謂之曰〵我有糧可食〵爾所不知
者〵33門徒相語曰〵有人供其食乎〵34耶穌曰〵遵遣我者之旨而完其功〵是
乃我之糧也〵35爾曹豈不曰〵及穫時〵尚有(熟原文作白)可穫矣〵36穫者
得傭值〵而積實至永生〵使播者穫者同樂〵37諺云〵此播彼穫〵斯諺誠然〵
38我遣爾穫所未勞者〵他人勞之〵爾繼其勞也〵39其邑之撒瑪利亞人〵多
有信耶穌者〵因婦曾證云〵彼以我所行者悉告我〵40是以撒瑪利亞人就耶
穌〵求其偕居〵遂居彼二日〵41緣其言而信之者尤衆〵42謂婦曰〵今我儕非
因爾言而信〵乃親聽之〵知其誠爲基督救世者也〵43越二日〵耶穌離彼往
迦利利〵44蓋耶穌自證〵凡先知在故土不見尊也〵45耶穌至迦利利〵迦利
利人接之〵因彼衆亦曾上耶路撒冷守節期〵曾見耶穌在彼〵當節期所行之
事〵46耶穌復至迦利利之加拿〵卽昔以水變酒之處〵有王之近臣〵其子在
加伯農患病〵47聞耶穌自猶太至迦利利〵遂來就耶穌〵求之下醫其子〵蓋
子瀕死矣〵48耶穌謂之曰〵若不見異蹟奇事〵爾曹不信〵49王臣曰〵我子尚
未死〵請主卽下〵50耶穌曰〵往哉〵爾子生矣〵其人信耶穌之言而往〵51往
時〵遇僕告之曰〵爾子生矣〵52問其何時始愈〵曰〵昨日未時熱退〵53父知
此時〵適耶穌言爾子生矣之時〵於是其人及全家皆信〵54耶穌所行之異蹟
此其二〵乃自猶太返迦利利後所行者〵

第5章〵1厥後遇猶太人一節期〵耶穌上耶路撒冷〵2在耶路撒冷〵近羊門〵
有一池〵希伯來言〵名被特斯大〵有五廊〵3其中臥病者〵瞽者〵跛者〵血氣
枯者甚衆〵待水動也〵4因天使有時下池動水〵水動後〵先下池者〵無論何

病即愈〻5在彼有一人〻負病三十八年〻6耶穌見其僵臥〻知其負病已久〻謂
之曰〻爾欲愈乎〻7病者曰〻水動時〻無人扶我下池〻我尚未至〻即有人先下
矣〻8耶穌謂之曰〻起〻取爾臥榻以行〻9其人立愈〻取臥榻以行〻是日乃安
息日〻10猶太人謂病愈者曰〻今乃安息日〻爾負臥榻非宜也〻11答曰〻愈我
者命我云〻取爾臥榻以行〻12眾問之曰〻命爾取臥榻以行者為誰〻13得愈
者不知為誰〻因彼處人眾〻而耶穌避焉〻14後耶穌遇之於聖殿〻謂之曰〻爾
已得愈〻毋復犯罪〻恐遭患尤甚〻15其人往告猶太人〻愈之者耶穌也〻16故
猶太人窘逐耶穌欲殺之〻以其行此事於安息日也〻17耶穌謂之曰〻至於今
〻我父行事〻我亦行事〻18猶太人聞此言〻更欲殺耶穌〻以其不第犯安息日
〻且言上帝為其父〻以己與上帝等也〻19耶穌謂之曰〻我誠告爾〻子見父所
行之外〻由己一無能行〻蓋父所行者〻子亦行之〻20父愛子〻以己凡所行者
示之〻且將以大於此者示之〻使爾奇焉〻21父起死者而復活之〻子復活所
欲者〻亦若是〻22父不審判人〻乃以審判之事〻悉委於子〻23使眾敬子〻如
敬父然〻不敬子者〻即不敬遣子之父〻24我誠告爾〻聽我言而信遣我者得
永生〻不至定罪〻乃已出死入生也〻25我誠告爾〻時將至〻今是矣〻死者必
聞上帝子之聲〻而聞之者必生〻26父在己有生〻其賜子亦如是在己有生
27且賜之權以審判〻因其為人子也〻28毋以此為奇〻時將至〻凡在墓中者
聞其聲而出〻29行善者復活以得生〻行惡者復活以定罪〻30我由己無所能
行〻惟遵所聞而審判〻我之審判乃公〻蓋我不求己意〻乃求父遣我者之意也
〻31若我為己作證〻則我之證不真〻32有為我證者〻彼證我之證乃真〻33
爾眾曾遣人問約翰〻彼為真理作證〻34但我不受證於人〻我言此〻欲使爾
得救〻35約翰為燃明之燈〻爾暫喜其光〻36然我有證大於約翰者〻蓋父所賜
我以成之事〻即我所行之事〻此事證我為父所遣者〻37且遣我之父〻亦為我
作證〻爾曹從未聞其聲〻未見其形〻38其道不存於爾心〻以其所遣者〻爾不
信也〻39爾當稽考諸經〻爾以為其中有永生之道〻而為我作證者〻即此經也

ˇ40爾不欲就我以得生ˇ41我不受榮於人ˇ42我知爾無愛上帝之心ˇ43我
以我父之名而來ˇ爾不接我ˇ若他人以己名而來ˇ爾必接之ˇ44爾曹互相求
榮ˇ不求獨一上帝所賜之榮ˇ豈能信乎ˇ45毋意我將訟爾於父ˇ有一訟爾者
ˇ卽爾所恃之摩西ˇ46爾若信摩西ˇ亦必信我ˇ因摩西書載有指我之言ˇ47
爾曹不信其書ˇ如何信我之言哉ˇ

第 6 章ˇ1厥後耶穌渡迦利利海ˇ卽提比利亞海ˇ2有羣衆從之ˇ因見其所
行於患病者之異蹟ˇ3耶穌登山ˇ偕門徒坐焉ˇ4時猶太人之逾越節伊邇ˇ5
耶穌擧目ˇ見羣衆就己ˇ謂腓立曰ˇ我儕何由市餅予斯衆食乎ˇ6耶穌自知
所將爲ˇ言此乃試腓立耳ˇ7腓立答曰ˇ以二百第拿流市餅ˇ尙不足使衆各
得少許ˇ8有一門徒ˇ卽西'彼得之弟安得烈ˇ謂耶穌曰ˇ9在此有一童子攜
麰麥餅五ˇ小魚二ˇ但以此予斯衆ˇ焉足乎ˇ10耶穌曰ˇ令衆皆坐ˇ其地多
草ˇ衆卽坐ˇ數約五千ˇ11耶穌取餅祝謝ˇ分予門徒ˇ門徒分予坐者ˇ分魚
亦然ˇ隨衆所欲ˇ12衆旣飽ˇ耶穌謂門徒曰ˇ拾餘屑ˇ使無遺棄ˇ13遂將五
麰麥餅之屑ˇ衆所食而餘者拾之ˇ盈十二筐ˇ14衆見耶穌所行異蹟ˇ曰ˇ是
誠當臨世之先知也ˇ15耶穌知人欲來强之爲王ˇ遂復獨往於山ˇ16及暮ˇ
門徒下至海濱ˇ17登舟欲渡海ˇ往加伯農ˇ旣昏ˇ耶穌尙未至ˇ18風大作ˇ
波浪翻騰ˇ19門徒鼓櫂ˇ行約二十五斯他丟ˇ或三十斯他丟ˇ見耶穌履海
漸近舟ˇ甚懼ˇ20耶穌謂之曰ˇ是我也ˇ毋懼ˇ21門徒欲接之登舟ˇ舟忽至
所往之處ˇ22明日ˇ立於海彼岸之衆ˇ見無他舟ˇ惟門徒所登者ˇ亦知耶穌
未偕門徒登舟ˇ乃門徒獨往ˇ23但有數小舟ˇ來自提比利亞ˇ至附近主祝
謝後衆食餅之處ˇ24衆見耶穌與門徒ˇ皆不在彼ˇ遂登舟往加伯農ˇ尋耶
穌ˇ25旣渡海ˇ遇之ˇ乃曰ˇ拉比ˇ何時至此ˇ26耶穌答曰ˇ我誠告爾ˇ爾曹
尋我ˇ非因異蹟ˇ乃因食餅得飽耳ˇ27毋爲可壞之糧而勞ˇ當爲存至永生
之糧勞ˇ卽人子所將賜爾者ˇ蓋上帝卽父曾以印印證之矣ˇ28衆曰ˇ我當
何爲ˇ以行上帝之事乎ˇ29耶穌曰ˇ信上帝所遣者ˇ卽行上帝之事ˇ30曰ˇ

爾行何異蹟ˇ使我見而信爾ˇ爾果何行ˇ31我祖在野食瑪拿ˇ如經載云ˇ主
以由天之糧予之食ˇ32耶穌曰ˇ我誠告爾ˇ摩西未嘗以由天之糧予爾ˇ惟
我父以由天之糧予爾ˇ33上帝之糧ˇ乃由天降ˇ以生命賜世者也ˇ34衆曰ˇ
求主常以斯糧賜我ˇ35耶穌曰ˇ我卽生命之糧ˇ就我者必不饑ˇ信我者永
不渴36我曾告爾ˇ爾已見我ˇ而猶不信ˇ37凡父所賜我之人ˇ必就我ˇ就我
者ˇ我不逐之於外ˇ38蓋我由天降ˇ非爲行己意ˇ乃爲行遣我者之意ˇ39父
所賜我之人ˇ我不失之ˇ而末日復活之ˇ此卽遣我之父之意ˇ40凡見子而
信之者得永生ˇ而於末日我復活之ˇ此乃遣我者之意ˇ41猶太人因耶穌云
ˇ我乃由天降之糧ˇ遂非議之ˇ42曰ˇ此非約瑟子耶穌乎ˇ其父母我儕識之
ˇ何言我由天降ˇ43耶穌曰ˇ爾勿非議ˇ44遣我之父不引之ˇ則無人能就我
ˇ就我者我於末日復活之ˇ45先知書載云ˇ衆將蒙上帝之訓ˇ故凡聽父訓
而學之者ˇ悉就我ˇ46此非言人曾見父ˇ惟自上帝來者曾見之ˇ47我誠告
爾ˇ信我者有永生ˇ48我卽生命之糧ˇ49爾祖在曠野食瑪拿ˇ後亦死ˇ50
此乃由天降之糧ˇ俾人食而不死ˇ51我乃生命之糧ˇ由天降者ˇ人食此糧
則永生ˇ我所賜之糧ˇ卽我之肉ˇ我爲使世人得生而舍之ˇ52緣此ˇ猶太人
相爭論曰ˇ斯人何能以其肉予我食乎ˇ53耶穌謂之曰ˇ我誠告爾ˇ我乃人
子ˇ爾曹若不食我肉ˇ不飮我血ˇ則爾內無生ˇ54食我肉ˇ飮我血者ˇ有永
生ˇ而在末日ˇ我必復活之ˇ55蓋我肉乃眞食ˇ我血乃眞飮也ˇ56食我肉ˇ
飮我血者ˇ則彼在我內ˇ我在彼內ˇ57永生之父遣我ˇ我因父而生ˇ凡食我
者ˇ因我而生亦若此ˇ58此乃由天降之糧ˇ食此糧者必永生ˇ非若爾祖食
瑪拿ˇ後亦死ˇ59耶穌在加伯農會堂敎誨之時言此ˇ60門徒聞之ˇ多有云ˇ
難哉斯言ˇ誰能聽之ˇ61耶穌心知門徒不服此言ˇ遂曰ˇ爾以此言爲異乎ˇ
62倘爾見人子升於昔所在之處ˇ則何如ˇ63致生者乃靈ˇ肉則無益ˇ我所
言於爾者ˇ靈也ˇ生也ˇ64然爾中有不信者矣ˇ蓋耶穌自始卽知不信之者
誰ˇ將賣之者誰ˇ65又曰ˇ緣此ˇ我曾告爾云ˇ非我父賜之ˇ無人能就我ˇ

66自是門徒中多有去而不復從之者ˇ67耶穌謂十二門徒曰ˇ爾曹亦欲去乎
ˇ68西門'彼得對曰ˇ主有永生之言ˇ我尙歸誰乎ˇ69我儕信且知爾乃基督
ˇ永生上帝之子ˇ70耶穌曰ˇ爾曹十二人ˇ非我所選者乎ˇ然爾中一人魔也
ˇ71耶穌言此ˇ蓋指十二門徒之一西門子猶大稱以斯加畧ˇ將賣耶穌者ˇ

第 7 章ˇ1厥後耶穌遊行迦利利ˇ不欲行於猶太ˇ因猶太人欲殺之也ˇ2猶
太人居廬節近矣ˇ3耶穌兄弟謂之曰ˇ爾離此ˇ往猶太ˇ使爾門徒亦見爾所
行之事ˇ4蓋未有欲彰其名而行於隱者ˇ爾若行此事ˇ則當自顯於世ˇ5其
兄弟言此ˇ蓋亦不信之也ˇ6耶穌曰ˇ我時尙未至ˇ爾時無不便ˇ7世不能惡
爾ˇ乃惡我ˇ以我證其所行者惡也ˇ8爾往守此節期ˇ我今不往ˇ因我時尙
未至也ˇ9耶穌言此ˇ仍居於迦利利ˇ10其兄弟往後ˇ耶穌亦往守節期ˇ但
非顯然ˇ乃隱然ˇ11猶太人於節期尋耶穌曰ˇ其人何在ˇ12衆因耶穌多爭
論ˇ有曰ˇ善人也ˇ有曰ˇ否ˇ乃惑衆者ˇ13然無人敢明論之ˇ因懼猶太人
故ˇ14當節期中ˇ耶穌升聖殿敎誨ˇ15猶太人奇之曰ˇ此人未學ˇ何由知書
ˇ16耶穌謂之曰ˇ我道非我道ˇ乃遣我者之道也ˇ17人欲遵行其旨ˇ必知斯
道ˇ或由上帝ˇ或我由己而言ˇ18由己而言者ˇ乃求己之榮ˇ惟求遣之者之
榮ˇ斯人爲眞ˇ在其內無不義ˇ19摩西豈不以律法授爾乎ˇ但爾曹中無人
守律法ˇ何爲欲殺我ˇ20衆曰ˇ爾爲魔所憑ˇ誰欲殺爾ˇ21耶穌曰ˇ我曾行
一事ˇ爾悉奇異ˇ22摩西授爾割禮ˇ實非由摩西ˇ乃由列祖ˇ爾於安息日爲
人行割禮ˇ23人於安息日受割禮ˇ免違摩西律法ˇ我於安息日愈人全體ˇ
爾怒我乎ˇ24毋以外貌而擬ˇ當以公義而擬ˇ25耶路撒冷民有曰ˇ其人非
衆所欲殺者乎ˇ26今彼顯言ˇ而無人斥之ˇ豈有司知其誠爲基督乎ˇ27但
此人我儕知其所自ˇ基督至時ˇ必無人知其所自ˇ28耶穌在聖殿敎誨ˇ呼
曰ˇ爾曹知我ˇ亦知我所自ˇ然我非自擅而來ˇ有眞者遣我來ˇ爾不知之ˇ
29惟我知之ˇ因我由彼出ˇ而彼遣我ˇ30衆欲執耶穌ˇ因其時尙未至ˇ故無
執之者ˇ31民多信之ˇ曰ˇ基督來時ˇ將行異蹟ˇ豈多於此人所行者乎ˇ32

法利賽人聞衆因耶穌如此議論ˇ則與祭司諸長遣吏役執之ˇ33耶穌曰ˇ我
尚有片時偕爾ˇ後歸遣我者ˇ34爾將尋我而不遇ˇ我所在之處ˇ爾不能至
35猶太人相語曰ˇ彼將何往ˇ使我不能遇之ˇ豈欲往就散處於希拉人中之
猶太人ˇ而敎希拉人乎ˇ36彼云ˇ爾將尋我而不遇ˇ我所在之處ˇ爾不能至
ˇ此言何意ˇ37節期末日ˇ卽大日ˇ耶穌立而呼曰ˇ人渴ˇ當就我飮ˇ38信
我者ˇ其腹必流活水之川ˇ如經所載ˇ39耶穌言此ˇ乃指信之者所將受之
聖靈ˇ蓋當時聖靈未降ˇ以耶穌尚未得榮也ˇ40衆聞此言ˇ多曰ˇ斯人誠爲
彼先知ˇ41有曰ˇ是基督ˇ有曰ˇ基督豈出自迦利利乎42經非云ˇ基督爲大
衛之裔ˇ出自伯利恒ˇ大衛所居之鄕乎ˇ43於是衆因耶穌議論紛紛ˇ44其
中有欲執之者ˇ惟無人敢執之ˇ45吏役歸ˇ見祭司諸長及法利賽人ˇ衆問
曰ˇ爾何不曳之來ˇ46吏役答曰ˇ從未有人言若此人言者ˇ47法利賽人曰ˇ
爾曹亦被惑乎ˇ48有司及法利賽人ˇ有信之者乎ˇ49但此衆不識律法ˇ實
可詛也ˇ50中有尼哥底母ˇ卽曾夜就耶穌者ˇ謂法利賽人曰ˇ51未究詰人
不識其所爲ˇ我律法豈罪之乎ˇ52衆答曰ˇ爾亦迦利利人乎ˇ可考而知ˇ從
無先知由迦利利起者ˇ53於是衆各歸其家ˇ

第 8 章ˇ1耶穌往油果山ˇ2淸晨ˇ復入聖殿ˇ民就耶穌ˇ乃坐而敎之ˇ3有
婦行淫時被執ˇ經士及法利賽人ˇ曳婦就耶穌ˇ使立於中ˇ4謂耶穌曰ˇ師
此婦行淫時被執ˇ5若此之婦ˇ摩西律法中ˇ命我儕擊以石ˇ爾意云何ˇ6衆
言此ˇ乃試耶穌ˇ欲得故以訟之ˇ耶穌鞠躬ˇ以指畫地ˇ7衆問不已ˇ耶穌伸
起ˇ謂之曰ˇ爾中無罪者ˇ可先投石擊之ˇ8耶穌復鞠躬畫地ˇ9衆聞此言ˇ
內心自罪ˇ自長至幼ˇ一一皆出ˇ獨遺耶穌在ˇ及婦立於中ˇ10耶穌伸起ˇ
見婦外無人ˇ謂婦曰ˇ婦ˇ訟爾者何在ˇ無人罪爾乎ˇ11婦曰ˇ主ˇ無人ˇ耶
穌曰ˇ我亦不罪爾ˇ爾去ˇ毋再犯罪ˇ12耶穌復語衆曰ˇ我乃世之光ˇ從我
者不行於暗ˇ而得生之光ˇ13法利賽人謂之曰ˇ爾爲己作證ˇ爾證不眞ˇ14
耶穌答曰ˇ我雖爲己作證ˇ我證亦眞ˇ蓋我知我自何來何去ˇ爾不知我自何

來何去〿15爾則以貌擬人〿我則不擬人〿16設我擬人〿我擬乃眞〿以我非獨在〿我與遣我之父同在〿17爾律法載云〿二人之證乃眞〿18我爲己作證〿更有遣我之父〿爲我作證〿19衆曰〿爾父何在〿耶穌曰〿爾不識我〿亦不識我父〿爾若識我〿亦必識我父〿20耶穌在聖殿之庫院敎誨時言此〿而無人執之〿因其時尙未至也〿21耶穌復謂衆曰〿我往〿爾必尋我〿爾必死於爾罪中〿我往之所〿爾不能至〿22猶太人曰〿彼云我往之所〿爾不能至〿彼欲自戕乎〿23耶穌謂之曰〿爾屬下〿我屬上〿爾屬此世〿我不屬此世〿24故我謂爾云〿爾必死於爾罪中〿爾若不信我之爲我(或作爾若不信我爲基督)〿必死於爾罪中〿25衆曰〿爾爲誰〿耶穌曰〿卽我自始所告爾者〿26我有多端論爾議爾〿惟遣我者乃眞〿我所聞於彼者〿則告於世〿27衆不知其言乃指父而言〿28耶穌謂之曰〿爾曹擧人子之時〿方知我之爲我(我之爲我或作我爲基督)〿並所爲無一自擅〿乃循我父所敎我者而言〿29遣我者偕我〿父不遺我獨在〿因我常行其所悅之事〿30耶穌言此〿人多信之〿31耶穌謂信己之猶太人曰〿爾若恒居於我道〿是誠爲我徒也〿32爾亦必識眞理〿而眞理將釋爾〿33衆曰〿我儕乃亞伯拉罕之裔〿從未爲人之奴〿何云釋我〿34耶穌曰〿我誠告爾〿凡犯罪者〿乃爲罪之奴〿35夫奴不永居於家〿而子則永居〿36是以若子釋爾〿則爾誠釋矣〿37我知爾爲亞伯拉罕之裔〿雖然〿爾欲殺我〿以我道不存於爾心也〿38我言所見於我父者〿爾行所見於爾父者〿39衆曰〿亞伯拉罕我父也〿耶穌曰〿爾若爲亞伯拉罕之子〿則必行亞伯拉罕之所行〿40今我以所聞於上帝之眞理告爾〿爾反欲殺我〿此非亞伯拉罕之所行〿41爾行爾父之所行〿衆曰〿我儕非由淫亂而生〿惟有一父〿卽上帝也〿42耶穌曰〿若上帝爲爾父〿則必愛我〿因我由上帝而出〿由上帝而來〿我非自擅而來〿乃上帝遣我也〿43爾胡不明我言〿因爾不能聽我道故也〿44爾父卽魔〿爾曹由彼而出〿爾喜行爾父之所欲〿彼自始爲殺人者〿不立於眞理〿以其內無眞理〿彼言誑〿乃由本性而言之〿因彼爲誑者〿且爲誑者之父也〿45我以

眞理告爾ˇ爾故不信我ˇ46爾中誰能證我有罪乎ˇ我旣以眞理告爾ˇ何不
信我ˇ47屬上帝者ˇ必聽上帝之言ˇ爾不聽者ˇ以爾不屬上帝也ˇ48猶太人
曰ˇ我言爾乃撒瑪利亞人ˇ且爲魔所憑者ˇ其言豈不然乎ˇ49耶穌曰ˇ我非
爲魔所憑ˇ我尊我父ˇ惟爾侮我ˇ50我不求己榮ˇ有一爲我求榮ˇ且行審判
者ˇ51我誠告爾ˇ人若守我道ˇ卽永不死ˇ52猶太人曰ˇ今我儕知爾爲魔所
憑者ˇ亞伯拉罕已死ˇ衆先知亦然ˇ而爾曰ˇ人若守我道則永不死ˇ53爾豈
大於我祖亞伯拉罕乎ˇ亞伯拉罕死ˇ諸先知亦死ˇ爾以己爲何等人耶ˇ54
耶穌曰ˇ若我自榮ˇ我榮則虛ˇ榮我者乃我父ˇ卽爾所言爲爾上帝者ˇ55爾
曹不識之ˇ我識之ˇ我若言不識ˇ則爲誑者如爾曹ˇ但我識之而守其道ˇ56
爾祖亞伯拉罕因將見我之日(將見我之日或作甚籲見我之日)甚喜ˇ見之則
樂矣ˇ57猶太人謂之曰ˇ爾年尙未五十ˇ已見亞伯拉罕乎58耶穌曰ˇ我誠
告爾ˇ未有亞伯拉罕ˇ我已在矣ˇ59衆取石欲擊之ˇ耶穌隱避ˇ出聖殿ˇ自
衆中經過而去ˇ

第 9 章ˇ1耶穌行時ˇ見一人生而瞽者ˇ2門徒問曰ˇ拉比ˇ其人生而瞽ˇ是
誰之罪ˇ斯人之罪ˇ抑其父母之罪乎ˇ3耶穌曰ˇ非斯人之罪ˇ亦非其父母
之罪ˇ乃特欲於其身顯上帝之作爲耳ˇ4時尙晝ˇ我當行遣我者之事ˇ夜至
ˇ則無人能行矣ˇ5我在世ˇ爲世之光ˇ6言竟ˇ唾於地ˇ以唾和泥ˇ塗瞽者
之目ˇ7命之曰ˇ往洗於西羅亞池ˇ西羅亞譯卽奉遣者也ˇ其人遂往洗ˇ返ˇ
其目卽能見矣ˇ8鄰人及素見其爲瞽者ˇ曰ˇ此非坐而乞者乎ˇ9有曰ˇ是彼
ˇ有曰ˇ似彼ˇ彼則言曰ˇ是我ˇ10衆問曰ˇ爾目何以得明ˇ(明原文作啓下
同)11答曰ˇ有名耶穌者ˇ和泥塗我目ˇ命我云ˇ往洗於西羅亞池ˇ我往洗ˇ
卽能見ˇ12衆曰ˇ其人何在ˇ曰ˇ不知ˇ13衆攜前爲瞽者ˇ見法利賽人ˇ14
夫耶穌和泥明其目時ˇ乃安息日ˇ15法利賽人復問其目何以得明ˇ答曰ˇ
彼以泥塗我目ˇ我洗卽能見焉ˇ16法利賽人中有曰ˇ其人不守安息日ˇ必
非由上帝者ˇ有曰ˇ罪人焉能行如此之異蹟乎ˇ於是衆論紛紛ˇ17衆復問

之曰ˇ使爾目明者ˇ爾言其爲何如人ˇ曰ˇ先知也ˇ18猶太人不信其素瞽而

後目明ˇ遂呼其父母ˇ19問曰ˇ此乃爾子ˇ卽爾所言生而瞽者乎ˇ今如何能

見ˇ20其父母答曰ˇ此我子ˇ生而瞽ˇ我知之ˇ21今何以能見ˇ我則不知ˇ

誰明其目ˇ我亦 不知ˇ彼年已長ˇ爾可問之ˇ使之自言ˇ22其父母言此ˇ懼

猶太人故也ˇ蓋猶太人已議定ˇ若有人認耶穌爲基督ˇ必逐之出會ˇ23故

其父母云ˇ彼年長矣ˇ可問之ˇ24法利賽人復呼前爲瞽者曰ˇ爾當歸榮於

上帝ˇ我知彼乃罪人ˇ25答曰ˇ彼爲罪人與否ˇ我不知ˇ有一事我知之ˇ卽

我昔瞽而今能見ˇ26衆復問之曰ˇ彼於爾何爲ˇ如何明爾目ˇ27答曰ˇ我已

告爾ˇ爾不聽ˇ胡欲再聽ˇ爾曹亦欲爲其門徒乎ˇ28衆詈之曰ˇ爾乃其門徒

ˇ我儕則摩西之門徒ˇ29上帝與摩西言ˇ我所知也ˇ若此人ˇ我不知其何自

ˇ30其人答曰ˇ異哉此事ˇ彼明我目ˇ而爾不知其何自ˇ31我儕知上帝不聽

罪人ˇ惟欽崇上帝ˇ而遵行其旨者ˇ上帝則聽之ˇ32亘古以來ˇ未聞有人能

明生而瞽者之目ˇ33此人若非由上帝ˇ則無所能爲也ˇ34衆謂之曰ˇ爾全

身生於罪中ˇ而反敎我乎ˇ遂逐之出ˇ35耶穌聞其見逐ˇ遇之ˇ曰ˇ爾信上

帝之子乎ˇ36對曰ˇ彼爲誰ˇ使我信之ˇ37耶穌曰ˇ爾曾見之ˇ今與爾言者

是也ˇ38曰ˇ主ˇ我信ˇ遂拜之ˇ39耶穌曰ˇ我爲審判臨世ˇ使不見者得見ˇ

見者反瞽ˇ40旁有數法利賽人聞此言ˇ謂耶穌曰ˇ我儕亦瞽乎ˇ41耶穌曰ˇ

爾若瞽ˇ則無罪ˇ今爾云我能見ˇ則爾罪尙存也ˇ

第 10 章

1我誠告爾ˇ入羊牢ˇ不由其門ˇ而由他處踰者ˇ賊也ˇ盜也ˇ2由

門入者ˇ乃羊之牧也ˇ3守門者爲之啓ˇ羊亦聽其聲ˇ按名呼其羊ˇ引之出

4旣出其羊ˇ則先之行ˇ而羊從之ˇ因識其聲故也ˇ5不從他人而避之ˇ因不

識他人之聲ˇ6耶穌以此譬告衆ˇ而衆不解其云何ˇ7耶穌復曰ˇ我誠告爾

我卽羊之門ˇ8凡先我來者ˇ賊也ˇ盜也ˇ羊亦不聽之ˇ9我卽門也ˇ凡由我

入者ˇ必得救ˇ且出入得芻ˇ10賊至特爲竊ˇ爲殺ˇ爲滅ˇ我至使羊得生ˇ

且所得之生愈盛ˇ11我乃善牧ˇ善牧者爲羊舍命12傭者非羊之牧ˇ羊非其

所有ˇ見狼至ˇ棄其羊而逃ˇ狼卽攫羊而散其羣ˇ13傭者逃ˇ以其爲傭而不顧羊ˇ14我乃善牧ˇ我識我羊ˇ羊亦識我ˇ15如父識我而我識父ˇ且我爲羊舍命ˇ16我別有羊ˇ非屬此牢者ˇ我亦當引之ˇ彼必聽我聲ˇ而成一羣ˇ歸一牧ˇ17緣此ˇ我父愛我ˇ以我舍命ˇ又復得之ˇ18無人能奪我命ˇ我自舍之ˇ我能舍之ˇ亦能復得之ˇ我曾由我父承受此命ˇ19猶太人緣此言ˇ復議論紛紛ˇ20其中多曰ˇ彼憑於魔而狂ˇ胡爲聽之ˇ21有曰ˇ此非憑於魔者之言ˇ魔豈能明瞽者之目乎ˇ22在耶路撒冷有重修聖殿節ˇ正冬時也ˇ23耶穌在聖殿ˇ行於所羅門之廊ˇ24猶太人環之曰ˇ爾使我儕猶豫ˇ至於何時ˇ爾若爲基督ˇ可明以告我ˇ25耶穌曰ˇ我曾告爾ˇ而爾不信ˇ我託我父之名所行之事ˇ爲我作證ˇ26乃爾不信ˇ因爾非我之羊ˇ如我曾告爾者ˇ27我羊聽我聲ˇ我識之ˇ而彼從我ˇ28我賜之以永生ˇ永不淪亡ˇ無能奪之於我手ˇ29我父以之賜我ˇ父大於萬有ˇ無能奪之於我父之手ˇ30我與父爲一ˇ31猶太人復取石欲擊之ˇ32耶穌曰ˇ我由我父以多善事示爾ˇ此諸事中ˇ爾爲何事以石擊我ˇ33猶太人曰ˇ我非爲善事以石擊爾ˇ乃爲褻瀆之言ˇ爾本爲人ˇ而以己爲上帝也ˇ34耶穌曰ˇ爾律法豈不載云ˇ我曾言爾曹爲神乎ˇ35夫經不可毁也ˇ若奉上帝之命者ˇ稱之爲神ˇ36則父所成聖而遣於世者ˇ言我乃上帝之子ˇ爾何謂之曰ˇ爾褻瀆乎ˇ37若我不行我父之事ˇ則毋信我ˇ38若我行之ˇ雖不信我ˇ當信其事ˇ使爾知且信父在我內ˇ我在父內ˇ39衆復欲執之ˇ耶穌脫其手而去ˇ40復往約但外ˇ至約翰前施洗之處居焉41人多就之ˇ曰ˇ約翰未行異蹟ˇ而所言指斯人者皆眞ˇ42是處人多信之ˇ

第 11 ˇ章1有病者ˇ名拉撒路ˇ居伯他尼ˇ乃瑪利亞'瑪他姊妹之村ˇ2此瑪利亞卽以香膏膏主ˇ以髮拭主足者ˇ彼病者拉撒路ˇ乃其兄也ˇ3姊妹遣人往告耶穌曰ˇ主ˇ爾所愛者病矣ˇ4耶穌聞之曰ˇ此病不致死ˇ乃爲上帝之榮ˇ使上帝之子ˇ因此得榮ˇ5夫耶穌愛瑪他與其妹及拉撒路ˇ6旣聞拉撒

路病、於所居之處、仍留二日、7後語門徒曰、我儕復往猶太、8門徒曰、拉比、猶太人近欲以石擊爾、爾復欲往彼乎、9耶穌答曰、一晝非六時（六時原文作十二時按古猶太一晝分十二時）乎、人若晝行不蹶、因見此世之光、10夜行必蹶、以其無光也、11既言此、又曰、我儕之友拉撒路寢、我往醒之、12門徒曰、主、彼若寢則將愈、13耶穌言此指其死、門徒意謂指其安寢、14耶穌即明告之曰、拉撒路死矣、15我不在彼、則爲爾而喜、使爾能信、今偕我往就之、16多馬稱低度摩語同爲門徒者、我儕亦往、與之同死、17耶穌至、知拉撒路葬於墓已四日矣、18伯他尼近耶路撒冷、相去約十五斯他丟、（約六里）19時猶太人多至瑪他及瑪利亞之家、爲其兄亡而唁之、20瑪他聞耶穌至、即出迎之、瑪利亞仍坐於室、21瑪他謂耶穌曰、主若在此、我兄必不死、22雖然、我知即於此時、爾凡求於上帝者、上帝必賜爾、23耶穌曰、爾兄必復活、24瑪他曰、我知末日復活之時、彼必復活、25耶穌曰、復活者我、生命者亦我、信我者、雖死必生、26凡生而信我者、永不死、爾信此否、27對曰、主歟、然、我信爾乃基督上帝之子、當臨世者也、28言竟、遂歸、潛召其妹瑪利亞曰、師來此呼爾、29瑪利亞聞之、亟起、往就耶穌、30時耶穌未入村、尚在瑪他迎之之處、31唁瑪利亞之猶太人、偕瑪利亞在室中、見其亟起而出、則隨之曰、彼必往墓哭泣、32瑪利亞至耶穌處、見之、俯伏其足下、曰、主若在此、我兄必不死、33耶穌見其哭、又見同來之猶太人亦哭、乃傷心惻怛、34曰、爾葬之於何處、曰、主來觀、35耶穌哭、36猶太人曰、觀其愛此人、何其甚哉、37有曰、彼曾明（明原文作啓）瞽者之目、豈不能使此人不死乎、38耶穌又傷心、至墓前、墓乃一洞、塞以石、39耶穌曰、去石、死者之妹瑪他曰、主、今已四日、屍必臭矣、40耶穌謂之曰、我不告爾云、爾若有信、可見上帝之榮乎、41衆遂移石離死者之葬處、耶穌舉目仰天曰、父、我感謝爾、因爾已聽我、42我知爾常聽我、但我言此、乃爲環立之人、使其信遣我者乃爾也、43耶穌言竟、大聲呼曰、拉撒路出、

44死者卽出ˇ手足纏以布ˇ面裹以巾ˇ耶穌曰ˇ可解之使行ˇ45猶太人就瑪
利亞者ˇ見耶穌所行之事ˇ多信之ˇ46有往見法利賽人者ˇ以耶穌所行之
事告之ˇ47於是祭司諸長ˇ及法利賽人ˇ召集公會ˇ議曰ˇ此人多行異蹟ˇ
我儕何以處之ˇ48若縱其如此ˇ衆必信之ˇ則羅瑪人必至奪我土地ˇ擄我
人民ˇ49其中有一人ˇ名該亞法ˇ是歲爲大祭司ˇ語衆曰ˇ爾曹無所知也ˇ
50獨不思一人爲民而死ˇ致通國不滅ˇ卽爲我儕之益ˇ51彼言此ˇ非由己
意ˇ乃因是歲爲大祭司ˇ故預言耶穌將爲民而死ˇ52且不第爲斯民ˇ又爲
使上帝散處之子ˇ咸集於一ˇ53自是日後ˇ衆相議欲殺耶穌ˇ54故耶穌不
顯行於猶太人中ˇ乃去ˇ往近野之地ˇ至一邑ˇ名以法蓮ˇ偕門徒居焉ˇ55
猶太人逾越節近矣ˇ節前ˇ多人由鄕間上耶路撒冷ˇ欲自潔ˇ56衆尋耶穌ˇ
立於聖殿相語曰ˇ爾意如何ˇ彼來守節期否ˇ57祭司諸長及法利賽人已出
令ˇ凡知耶穌近在ˇ卽當明報以執之ˇ

第 12 章ˇ
1逾越節前六日ˇ耶穌至伯他尼ˇ卽耶穌復活之拉撒路所居之處
ˇ2有人爲耶穌設晚餐ˇ瑪他供事ˇ拉撒路亦在席坐者中ˇ3瑪利亞取至眞
至貴香膏一斤ˇ膏耶穌足ˇ以髮拭之ˇ膏香滿室ˇ4時有一門徒ˇ卽將賣耶
穌者ˇ乃西門子猶大稱以斯加畧ˇ曰ˇ5何不售此膏ˇ得三百第拿流以濟貧
乎ˇ6猶大言此ˇ非爲恤貧ˇ特因其慣於偸竊ˇ且司金囊ˇ而私取其中所貯ˇ
7耶穌曰ˇ姑聽之ˇ婦藏此膏ˇ爲我葬日之用ˇ8蓋貧者常偕爾ˇ我不常偕爾
ˇ9猶太人衆多ˇ知耶穌在彼ˇ遂至ˇ不獨爲耶穌ˇ又欲見耶穌所復活之拉
撒路ˇ10祭司諸長相議ˇ並欲殺拉撒路ˇ11蓋猶太人爲拉撒路之故ˇ多往
而信耶穌ˇ12明日ˇ來守節期之衆ˇ聞耶穌將至耶路撒冷ˇ13取巴勒瑪樹
(巴勒瑪樹櫚類株高結果累然果形似棗)枝出迎ˇ呼曰ˇ荷撒拿ˇ(荷撒拿譯
卽求救之意)奉主名而來之以色列王ˇ當稱頌也ˇ14耶穌獲一小驢ˇ乘之ˇ
如經載云ˇ15郇邑ˇ(邑原文作女)母懼ˇ爾之王乘小驢而至ˇ16門徒初不
明此ˇ迨耶穌得榮後ˇ方憶經指耶穌載有此事ˇ且憶衆爲耶穌如是而行ˇ

17當耶穌呼拉撒路出墓復活時ˇ有多人偕之ˇ爲之作證ˇ18衆聞耶穌行此
異蹟ˇ故出迎之ˇ19法利賽人相語曰ˇ豈不見爾曹所謀ˇ全無益乎ˇ擧世皆
從之矣ˇ20當節期ˇ來崇拜者中有希拉數人ˇ21就迦利利'伯賽大人腓立ˇ
求之曰ˇ子(子原文作吾主)ˇ我儕欲見耶穌ˇ22腓立往告安得烈ˇ安得烈
與腓立來告耶穌ˇ23耶穌曰ˇ子得榮之時至矣ˇ24我誠告爾ˇ麥一粒ˇ若不
遺地而死ˇ則仍一粒ˇ死則結實繁矣ˇ25愛其生命者ˇ反喪之ˇ不愛生命者
(不愛生命者原文作厭其生命者)ˇ必保之至永生ˇ26欲事我者ˇ當從我ˇ
我所在ˇ事我者亦在ˇ人若事我ˇ我父必貴之ˇ27今我心憂忡ˇ我將何言ˇ
父歟ˇ求救我免於斯時乎ˇ然我至斯時ˇ特爲此也ˇ28父歟ˇ願爾榮爾名ˇ
倏有聲自天來云ˇ我已榮之ˇ必再榮之ˇ29旁立之衆聞之曰ˇ此雷聲也ˇ有
曰ˇ天使與之言ˇ30耶穌曰ˇ此聲非爲我ˇ乃爲爾曹ˇ31斯世今將被審判ˇ
斯世之君ˇ今將被逐ˇ32迨我見擧離地ˇ則必引衆就我ˇ33耶穌言此ˇ乃指
己將若何而死也ˇ34衆曰ˇ我聞律法云ˇ基督永存ˇ爾何言人子必見擧ˇ此
人子爲誰ˇ35耶穌曰ˇ片時光尙偕爾ˇ乘有光當行ˇ恐暗忽臨ˇ行於暗者ˇ
不知所往ˇ36尙有光ˇ當信光ˇ致爾爲光之子ˇ耶穌言竟ˇ遂去ˇ避衆而隱ˇ
37耶穌雖行異蹟於衆前若此之多ˇ衆猶不之信ˇ38爲應先知以賽亞之言云
ˇ主ˇ我所傳聞ˇ誰信乎ˇ主所顯之大力ˇ誰見乎ˇ39彼衆不能信ˇ因以賽
亞復云ˇ40主使其目瞽心頑ˇ免其目明心悟ˇ悔改而我醫之ˇ41以賽亞言
此ˇ蓋見主之榮ˇ指主而言也ˇ42然有司中多有信之ˇ惟因懼法利賽人ˇ不
敢明認ˇ恐見逐於會ˇ43蓋喜人之榮ˇ過於上帝之榮也ˇ44耶穌呼曰ˇ信我
者ˇ非信我ˇ乃信遣我者ˇ45見我ˇ卽見遣我者ˇ46我臨世爲光ˇ使信我者
ˇ弗居於暗ˇ47聞我言而不信者ˇ我不罪之ˇ因我至ˇ非爲罪世ˇ乃爲救世ˇ
48凡棄我而不納我言之人ˇ有罪之者ˇ卽我所傳之道ˇ末日必罪之ˇ49蓋
我非自擅而言ˇ乃遣我之父ˇ以所當述當言者命我ˇ50我知其命乃永生ˇ
故我所言者ˇ皆遵父所告我而言也ˇ

第 13 章

1逾越節前ˇ耶穌知己離世歸父之時已至ˇ既愛屬己者在世ˇ至終仍愛之ˇ2晚餐時ˇ魔以賣耶穌之意ˇ置於西門子猶大稱以斯加畧之心ˇ3耶穌知父以萬物付其手ˇ且知既由上帝來ˇ亦將歸於上帝ˇ4乃離席而起ˇ解衣ˇ取巾自束ˇ5盛水於盤ˇ濯門徒足ˇ以所束之巾拭之ˇ6至西門彼得ˇ彼得曰主ˇ爾濯我足乎ˇ7耶穌曰ˇ我所行者ˇ爾今不知ˇ後必知之ˇ8彼得曰ˇ爾永不可濯我足ˇ耶穌曰ˇ我若不濯爾ˇ則爾與我無與ˇ9西門'彼得對曰ˇ主不止我足ˇ並手與首亦可濯ˇ10耶穌曰ˇ凡沐浴者ˇ祗須濯足ˇ而全身潔矣ˇ爾曹亦潔ˇ然非皆潔ˇ11蓋耶穌知將賣之者爲誰ˇ故曰ˇ爾曹非皆潔ˇ12既濯門徒足ˇ衣衣復坐ˇ謂門徒曰ˇ我今爲爾所行者ˇ爾知之否ˇ13爾稱我爲師爲主ˇ爾之言然ˇ我誠是也ˇ14我爲主爲師ˇ猶濯爾足ˇ爾曹亦當互相濯足ˇ15我今示爾模範ˇ使爾效我所行於爾者而行之ˇ16我誠告爾ˇ僕不大於主ˇ奉遣不大於遣之者ˇ17爾若知此而行ˇ則有福矣ˇ18我言此ˇ非指爾曹諸人ˇ我所選者我知之ˇ此爲應經所載云ˇ與我同食者ˇ擧踵蹍我ˇ19今者事尙未成ˇ我先告爾ˇ至事成時ˇ爾可信我之爲我ˇ(信我之爲我或作信我爲基督)20我誠告爾ˇ接我所遣者ˇ卽接我ˇ接我者ˇ卽接遣我者也ˇ21耶穌言此ˇ其心忡忡ˇ曰ˇ我誠告爾ˇ爾曹中一人將賣我矣ˇ22門徒相視且疑ˇ不知其指誰而言ˇ23門徒之一ˇ卽耶穌所愛者ˇ坐近耶穌之懷ˇ24西門'彼得以首示意ˇ使問耶穌指誰而言ˇ25乃倚耶穌之懷ˇ問曰ˇ主ˇ爲誰ˇ26耶穌曰ˇ我蘸片餅予之者卽是ˇ遂蘸片餅ˇ予西門子猶大稱以斯加畧ˇ27猶大受餅後ˇ撒但入其心ˇ耶穌謂之曰ˇ爾所欲行者速行之ˇ28同席者ˇ無人知耶穌言此何指ˇ29因猶大司金囊ˇ有以爲耶穌命其市節期所需ˇ或命其濟貧ˇ30猶大受餅亟出ˇ其時夜矣ˇ31既出ˇ耶穌曰ˇ今人子得榮ˇ上帝因人子亦得榮ˇ32上帝既因人子得榮ˇ則上帝將以己榮人子ˇ且速榮之ˇ33小子ˇ我偕爾僅片時ˇ爾將尋我ˇ我所往之處ˇ爾不能至ˇ昔我告猶太人者ˇ今亦告爾ˇ34我以新誡示爾ˇ卽爾相愛是也ˇ爾當相愛如

我愛爾然ˇ35爾若相愛ˇ則衆由此可識爾爲我之門徒ˇ36西門'彼得曰ˇ主
將何往ˇ耶穌答曰ˇ我所往之處ˇ爾今不能從我ˇ後必從我ˇ37彼得曰ˇ主ˇ
胡爲今不能從爾ˇ我願爲爾舍命ˇ38耶穌曰ˇ爾願爲我舍命乎ˇ我誠告爾ˇ
雞鳴之先ˇ爾將三次言不識我矣ˇ

第14章ˇ1爾曹心勿憂ˇ當信上帝ˇ亦當信我ˇ2我父家多第宅ˇ否則我必
告爾ˇ我往爲爾備居處ˇ3我既往爲爾備居處ˇ必復來接爾歸我ˇ我所在
使爾亦在ˇ4我往之所ˇ爾知之ˇ其途亦知之ˇ5多瑪曰ˇ主往之所ˇ我儕不
知ˇ何能知其途乎ˇ6耶穌曰ˇ我卽途也ˇ眞理也ˇ生ˇ命也ˇ非由我ˇ無人
能就父ˇ7爾若識我ˇ必識我父ˇ今而後爾識之且已見之ˇ8腓立曰ˇ主ˇ以
父示我儕足矣ˇ9耶穌曰ˇ腓立ˇ我偕爾曹如此之久ˇ爾尙不識我乎ˇ見我
卽見父ˇ何言以父示我乎ˇ10我在父內ˇ父在我內ˇ爾不信乎ˇ我所語爾
之言ˇ非由己意而言ˇ乃居於我內之父ˇ行其事也ˇ11爾當信我在父內ˇ父
在我內ˇ若不信我言ˇ則當因事信我ˇ12我誠告爾ˇ我所行之事ˇ信我者ˇ
亦將行之ˇ且大於此者ˇ亦將行之ˇ因我歸於父ˇ13爾曹託我名ˇ無論何求
ˇ我必成之ˇ使父因子得榮ˇ14若爾曹託我名有所求ˇ我必成之ˇ15爾若愛
我ˇ必守我誠ˇ16我將求父ˇ父必別以保慰者(保慰者原文作巴拉基利土下
同)賜爾ˇ偕爾永居ˇ17卽眞理之靈ˇ世不能接之ˇ以其未之見ˇ亦未之識
也ˇ惟爾識之ˇ因彼偕爾居ˇ亦將在爾衷ˇ18我不遺爾爲孤ˇ我必復來就爾
ˇ19尙有片時ˇ而世不復見我ˇ惟爾曹見我ˇ因我生ˇ爾亦必生ˇ20彼日ˇ
爾必知我在父內ˇ爾在我內ˇ我在爾內ˇ21聞我誠而守之者ˇ卽愛我ˇ愛我
者ˇ必見愛於我父ˇ我亦愛之ˇ且將顯己於彼ˇ22猶大ˇ非稱以斯加畧之猶
大ˇ謂耶穌曰ˇ主ˇ顯己於我儕ˇ不顯己於世ˇ何歟ˇ23耶穌曰ˇ人若愛我
必守我言ˇ我父必愛之ˇ我與父(我與父原文作我儕)必就之ˇ而與之居ˇ
24不愛我者ˇ不守我言ˇ但爾曹所聞之言ˇ非我之言ˇ乃遣我之父之言ˇ25
我尙偕爾曹時ˇ以此告爾ˇ26惟保慰者ˇ卽聖靈ˇ父因我名而遣之者ˇ必將

以一切訓爾〵且使爾〵憶凡我所語爾者〵27我遺爾以安〵乃以我之安賜爾〵
我所賜爾者〵非若世之所賜〵爾心勿憂勿懼〵28爾曹已聞我告爾云〵我將
往〵而復來就爾〵爾若愛我〵則我言歸父〵爾必爲此喜〵因父大於我也〵29
事尙未成〵我先告爾〵迨事成時〵爾可信也〵30此後我不與爾多言〵蓋斯世
之君將至〵彼於我無所有〵31此皆爲使世知我愛父〵遵父命而行〵起〵我儕
離此而去〵

第15章〵1我爲眞葡萄樹〵我父爲園師〵2凡在我之枝而不結果者〵父去之
〵凡結果者〵修潔之〵使之結果尤繁〵3今爾曹因我傳爾之言〵已被修潔〵4
爾當在我內〵我亦必在爾內〵設枝不在葡萄樹〵則不能結果〵爾曹不在我內
亦若是〵5我爲葡萄樹〵爾爲枝〵凡在我內而我在彼內者〵則結果繁矣〵蓋
爾曹離我〵則無能爲也〵6人不在我內〵則如枝被擲於外而槁〵人拾之〵投
火而焚〵7爾若在我內〵我言亦在爾內〵則凡所欲者可求〵必爲爾成之〵8若
爾結果繁盛〵則我父因此得榮〵而爾曹誠我門徒矣〵9如父愛我〵我亦愛爾
〵爾當居於我之愛〵10爾若守我誡〵則居於我之愛〵如我守父之誡〵而居於
父之愛〵11我以此告爾〵致我之喜恒存於爾內〵且使爾之喜充足〵12爾當
相愛〵如我愛爾〵此乃我之誡〵13人爲友舍命〵愛未有大於此者〵14爾遵行
我所命爾者〵卽爲我友〵15我不復稱爾爲僕〵蓋僕不知主人所行〵我稱爾
爲友〵緣我以所聞於我父者示爾〵16非爾選我〵乃我選爾〵且命爾往而結
果〵而爾果恒存〵則爾託我名凡求於父者〵父必賜爾〵17我以此命爾〵使爾
相愛〵18世若惡爾〵當知未惡爾之先已惡我〵19爾若屬世〵則世必愛屬己
者〵但爾不屬世〵乃我所選於世者〵故世惡爾〵20爾當憶我昔所告爾之言
云〵僕不大於主人〵衆若窘逐我〵亦必窘逐爾〵若守我言〵亦必守爾言〵21
人緣我名〵以是待爾〵因不識遣我者故也〵22若我未來訓之〵則其人無罪
今其罪不得辭矣〵23惡我者亦惡我父〵24若我在其中〵不行他人所未行之
事〵則其人無罪〵今已見之〵且惡我及我父〵25是皆爲應其律法所載云〵彼

無故而惡我ˇ26我由父將遣於爾之保慰者ˇ卽眞理之靈ˇ由父而出者ˇ彼既至ˇ必爲我作證ˇ27爾曹亦必作證ˇ因爾自始偕我也ˇ

第 16 章ˇ1我以此告爾ˇ免爾因我躓蹶ˇ2人將逐爾出會ˇ且時將至ˇ凡殺爾者ˇ必以爲此乃奉事上帝ˇ3彼如此待爾ˇ因不識父與我也ˇ4我以此告爾ˇ使爾時至ˇ可憶我曾告爾ˇ昔我不告爾者ˇ以我尙偕爾也ˇ5今我將歸於遣我者ˇ爾曹無人問我何往ˇ6惟因我以此言告爾ˇ則爾心殷憂ˇ7我誠告爾ˇ我往ˇ則爲爾益ˇ因我不往ˇ則保慰者不來就爾ˇ我若往ˇ則必遣之就爾ˇ8彼旣至ˇ必以罪ˇ以義ˇ以審判責世ˇ9以罪ˇ因世不信我ˇ10以義ˇ因我歸我父ˇ爾不再見我ˇ11以審判ˇ因此世之君被審判ˇ12我猶有多端告爾ˇ但今爾不能受ˇ13迨眞理之靈至ˇ必導爾悉明眞理ˇ因彼非由己而言ˇ乃以所聞者言之ˇ亦以未來之事示爾ˇ14彼將榮我ˇ因彼以屬我者示爾ˇ15凡父所有者亦屬我ˇ故我云ˇ彼必以屬我者示爾ˇ16未幾爾不見我ˇ又未幾爾復見我ˇ因我歸於父也ˇ17門徒數人相語曰ˇ師云ˇ未幾爾不見我ˇ又未幾爾復見我ˇ且云ˇ我歸於父ˇ是語何也ˇ18門徒復曰ˇ師云未幾ˇ果何意ˇ我不知其所謂也ˇ19耶穌知其欲問ˇ謂之曰ˇ我云未幾爾不見我ˇ又未幾爾復見我ˇ爾曹以此相詰乎ˇ20我誠告爾ˇ爾曹將哭且哀ˇ而世將樂ˇ爾將憂ˇ然爾之憂必轉爲樂ˇ21婦將産則憂ˇ以其期至ˇ然産子後ˇ不復憶其苦ˇ因喜有人生於世也ˇ22如是爾今憂ˇ我復將見爾ˇ爾心則樂ˇ且爾之樂ˇ無人能奪之ˇ23當斯日爾曹無所問於我ˇ我誠告爾ˇ凡爾託我名求於父者ˇ父必賜爾ˇ24至今爾尙未託我名而求ˇ求則必得ˇ致爾之樂充足矣ˇ25我設喩以此事告爾ˇ時將至ˇ我不復設喩告爾ˇ乃以父明示爾ˇ26當斯日爾託我名而求ˇ我不言爲爾求父ˇ27蓋父自愛爾ˇ以爾愛我ˇ且信我出自上帝ˇ28我由父出而臨世ˇ復離世而歸父ˇ29門徒謂之曰ˇ今爾明言不設喩ˇ30今我知爾無所不知ˇ不需人問爾ˇ是以我信爾由上帝而出ˇ31耶穌曰ˇ今爾信乎ˇ32時將至ˇ今是矣ˇ爾曹皆散ˇ各歸其所ˇ而遺我獨

在ˇ實則我非獨在ˇ父偕我在也ˇ33我以此告爾ˇ爲使爾因我而安ˇ在世爾
必遇患難ˇ然爾毋懼ˇ我已勝世矣ˇ

第 17 章ˇ1耶穌既言此ˇ擧目仰天曰ˇ父歟ˇ時至矣ˇ願榮爾子ˇ致爾子亦
榮爾ˇ2因爾以治萬民之權賜子ˇ使子以永生賜爾所予子之人ˇ3夫永生者
無他ˇ卽知爾爲獨一眞上帝ˇ且知耶穌基督爾所遣者ˇ4我已榮爾於世ˇ爾
所委我行者ˇ我已成之ˇ5父歟ˇ今使我偕爾得榮ˇ卽創世之先ˇ我偕爾所
有之榮ˇ6爾由世所選而賜我者ˇ我已以爾名示之ˇ彼固屬爾ˇ爾以之賜我
ˇ彼已守爾言ˇ7今彼知爾所賜我者ˇ皆由爾也ˇ8爾所授我之言ˇ我已授彼
ˇ彼受之ˇ誠知我由爾出ˇ且信爾遣我也ˇ9我爲彼祈ˇ非爲世祈ˇ乃爲爾所
賜我之人祈ˇ以其屬爾也ˇ10凡屬我者亦屬爾ˇ屬爾者亦屬我ˇ且我因彼
得榮ˇ11今我不復在世ˇ惟彼在世ˇ而我歸爾ˇ聖父歟ˇ爾所賜我之人ˇ願
以爾名保之ˇ使之爲一ˇ如父與我(父與我原文作我儕)然ˇ12我偕之在世
時ˇ我以爾名保之ˇ爾所賜我之人ˇ我皆守之ˇ其中一無所失ˇ惟彼沈淪之
子失焉ˇ爲應經所載之言ˇ13今我歸爾ˇ我尙在世言此ˇ爲使彼心內全得
我樂ˇ14我以爾言授彼ˇ而世惡之ˇ因彼不屬世ˇ如我之不屬世然ˇ15我非
求爾取彼離世ˇ惟求保其不陷於惡ˇ16彼不屬世ˇ如我之不屬世然ˇ17願
以爾眞理ˇ使彼成聖ˇ爾言卽眞理也ˇ18爾遣我於世ˇ我亦遣彼於世ˇ19我
爲彼成聖ˇ使彼以眞理成聖ˇ20我不獨爲此人祈ˇ兼爲聽其言而信我者祈
ˇ21使皆爲一ˇ父歟ˇ如爾在我內ˇ我在爾內致彼在父與我(父與我原文作
我儕)內爲一ˇ使世信爾遣我ˇ22爾所賜我之榮ˇ我已賜彼ˇ使彼爲一ˇ如
父與我(父與我原文作我儕)爲一然ˇ23我在彼內ˇ爾在我內ˇ使彼成全爲
一ˇ致世知爾遣我ˇ亦知爾愛彼如爾愛我然ˇ24父歟ˇ爾所賜我之人ˇ願彼
與我偕處ˇ使彼見爾所賜我之榮ˇ因創世之先ˇ爾已愛我矣ˇ25義哉父歟ˇ
世不識爾ˇ惟我識爾ˇ彼亦知爾遣我也ˇ26我曾以爾名示之ˇ且將復示之ˇ
致爾愛我之愛在彼內ˇ而我亦在彼內ˇ

第 18章 ˇ1耶穌言此既畢ˇ偕門徒過汲淪溪ˇ在彼有一園ˇ耶穌與門徒入焉ˇ2賣耶穌之猶大ˇ亦識其處ˇ因耶穌偕門徒ˇ屢集於彼ˇ3猶大率兵一隊ˇ及祭司諸長ˇ與法利賽人之吏役ˇ以燈以炬以械而至ˇ4耶穌既知凡將及己之事ˇ出而問曰ˇ爾曹尋誰ˇ5答曰ˇ拿撒勒耶穌ˇ耶穌曰ˇ我是也ˇ賣耶穌之猶大亦與衆偕立ˇ6耶穌一言是我ˇ衆遂退ˇ仆於地ˇ7耶穌復問曰ˇ爾曹尋誰ˇ答曰ˇ拿撒勒耶穌ˇ8耶穌曰ˇ我已告爾ˇ我是也ˇ爾若尋我ˇ此諸人可容之去ˇ9是爲應耶穌前所言ˇ爾所賜我者ˇ其中我未失一人ˇ10西門彼得佩有刀ˇ卽拔之ˇ斫大祭司之僕ˇ削其右耳ˇ僕名瑪勒古ˇ11耶穌謂彼得曰ˇ收爾刀入鞘ˇ父所予我之杯ˇ我豈不飲乎ˇ12時兵隊與千夫長ˇ及猶太人之吏役ˇ執耶穌而縛之ˇ13先曳至安那前ˇ乃是歲大祭司該亞法之妻父ˇ14昔向猶太人議云ˇ一人爲衆民而死ˇ乃爲我益者ˇ卽此該亞法也ˇ15西門彼得與別一門徒ˇ從耶穌ˇ此門徒爲大祭司所識ˇ故同耶穌入大祭司之院16彼得立於門外ˇ大祭司所識之門徒出ˇ告守門之女ˇ遂引彼得入ˇ17守門之女謂彼得曰ˇ爾亦斯人之門徒乎ˇ曰ˇ非也ˇ18僕與吏役因寒熾炭ˇ立而向火ˇ彼得同立向火ˇ19大祭司以耶穌門徒ˇ及耶穌道ˇ詰問耶穌ˇ20耶穌答曰ˇ我顯然講道於世ˇ常敎誨在會堂及聖殿ˇ猶太人恒集之所ˇ我並無言於隱者ˇ21胡爲問我ˇ可問聽我者ˇ我與之何言ˇ我之所言ˇ彼皆知之ˇ22言時ˇ旁立一吏ˇ手批耶穌頰ˇ曰ˇ爾對大祭司如是乎ˇ23耶穌曰ˇ我言若非ˇ則指證其非ˇ若是ˇ何批我乎ˇ24耶穌既被繫ˇ安那遂解之至大祭司該亞法處ˇ25時西門彼得立而向火ˇ衆謂之曰ˇ爾亦其徒之一乎ˇ彼得諱之曰ˇ非也ˇ26有大祭司之一僕ˇ爲彼得削右耳者之親屬ˇ曰ˇ我非在園中見爾偕彼乎ˇ27彼得又諱之ˇ雞卽鳴矣ˇ28衆曳耶穌ˇ自該亞法處至公廨ˇ時甫平旦ˇ衆不入公廨ˇ免受不潔ˇ蓋欲食逾越節羔也ˇ29彼拉多出ˇ語衆曰ˇ爾曹以何事訟此人ˇ30答曰ˇ彼若非犯罪ˇ則不解於爾ˇ31彼拉多曰ˇ爾曹可取之ˇ按爾律法審判之ˇ猶太人曰ˇ我儕無權殺人ˇ32是爲

應耶穌之言ˇ指己將若何而死ˇ33彼拉多復入公廨ˇ召耶穌曰ˇ爾猶太人
王乎ˇ34耶穌曰ˇ爾言此ˇ由己乎ˇ抑有人以此告爾乎ˇ35彼拉多曰ˇ我豈
猶太人乎ˇ爾民與祭司諸長ˇ解爾於我ˇ爾果何爲ˇ36耶穌曰ˇ我國不屬此
世ˇ我國若屬此世ˇ則我臣必爲我戰ˇ免我付於猶太人ˇ但我國非屬此世ˇ
37彼拉多曰ˇ然則爾果爲王乎ˇ耶穌答曰ˇ爾謂我爲王ˇ我爲此而生ˇ我爲
此臨世ˇ欲爲眞理作證ˇ凡由眞理者ˇ必聽我言ˇ38彼拉多曰ˇ眞理何也ˇ
言竟ˇ復出就猶太人ˇ謂之曰ˇ我不見此人有罪ˇ39爾曹有例ˇ每屆逾越節
ˇ我爲爾釋一囚ˇ爾欲我釋猶太人王乎ˇ40眾復呼曰ˇ非此人ˇ乃巴拉巴ˇ
夫巴拉巴盜也ˇ

第 19 章 ˇ1於是彼拉多取耶穌鞭之ˇ2兵卒編棘冠冠其首ˇ以紫袍衣之ˇ3
曰ˇ願猶太人王安ˇ遂以手批其頰ˇ4彼拉多復出ˇ語眾曰ˇ我攜之出ˇ就爾
ˇ使爾知我不見其有罪ˇ5耶穌冠棘冠ˇ衣紫袍而出ˇ彼拉多謂眾曰ˇ試觀
此人ˇ6祭司諸長與吏見之ˇ呼曰ˇ釘之十字架ˇ釘之十字架ˇ彼拉多曰ˇ]
爾曹自取而釘之ˇ我不見其有罪ˇ7猶太人對曰ˇ我有律法ˇ按我律法ˇ彼
罪當死ˇ因自稱爲上帝之子ˇ8彼拉多聞此益懼ˇ9復入公廨ˇ問耶穌曰ˇ爾
奚自ˇ耶穌不答ˇ10彼拉多曰ˇ爾不答我乎ˇ豈不知我有權釘爾ˇ亦有權釋
爾ˇ11耶穌曰ˇ非自上賜爾ˇ則爾無權治我ˇ故解我於爾者ˇ其罪更大ˇ12
自是彼拉多欲釋之ˇ猶太人呼曰ˇ爾釋此人ˇ則非該撒之忠臣ˇ凡自稱爲王
者ˇ卽叛該撒ˇ13彼拉多聞此言ˇ攜耶穌出ˇ坐於審鞫臺ˇ在一所ˇ名鋪石
處ˇ希伯來言ˇ名迦巴他ˇ14時乃備逾越節之日ˇ約日中ˇ彼拉多謂猶太人
曰ˇ試觀爾王ˇ15眾呼曰ˇ去之ˇ去之ˇ釘十字架ˇ彼拉多曰ˇ我可釘爾王
乎ˇ祭司諸長曰ˇ該撒外ˇ我無他王ˇ16彼拉多遂將耶穌付眾ˇ以釘十字架
ˇ眾乃曳耶穌去ˇ17耶穌負其十字架而出ˇ至一所ˇ名髑髏處ˇ希伯來言ˇ
曰各各他ˇ18在彼釘之十字架ˇ又同釘二人ˇ一左一右ˇ耶穌在中ˇ19彼拉
多書標置於十字架上ˇ曰ˇ猶太人王拿撒勒耶穌ˇ20猶太多人讀是標ˇ因

耶穌被釘之處近城ˇ且書標用希伯來‘希拉‘羅瑪字ˇ21猶太祭司諸長謂彼
拉多曰ˇ母書猶太人王ˇ可書彼自稱曰ˇ我乃猶太人王ˇ22彼拉多曰ˇ我所
書者ˇ已書之矣ˇ23兵卒釘耶穌後ˇ遂取其衣ˇ四分之ˇ各得一分ˇ又取耶
穌之裏衣ˇ裏衣無縫ˇ自上至下渾織ˇ24兵卒相語曰ˇ母裂之ˇ可爲之鬮
以觀誰得ˇ是爲應經所載云ˇ彼分我外服ˇ爲我裏衣而鬮ˇ兵卒所爲者果如
是也ˇ25耶穌之母ˇ及母妹瑪利亞ˇ卽革流巴妻ˇ(或作耶穌之母與母之妹
及革流巴之妻瑪利亞)又抹大拉之瑪利亞ˇ立於耶穌十字架旁ˇ26耶穌見
其母ˇ及所愛之門徒近立ˇ乃告母曰ˇ母歟ˇ是乃爾子ˇ27又告此門徒曰ˇ
是乃爾母ˇ自是此門徒接耶穌之母ˇ居於己家ˇ28此後耶穌知諸事已成ˇ
爲使經所載得應ˇ乃曰ˇ我渴ˇ29在彼有器盛醯ˇ有人以海絨蘸醯ˇ束於牛
膝草上ˇ遞至其口ˇ30耶穌受醯ˇ曰ˇ成矣ˇ遂俯首ˇ其靈歸焉ˇ31時乃備
安息日之日ˇ猶太人不欲安息日有屍留於十字架ˇ因此安息日爲大日ˇ故
求彼拉多令折其股而取之下ˇ32兵卒至ˇ將與耶穌同釘之二人ˇ一一折其
股ˇ33及至耶穌前ˇ見其已死ˇ因不折其股ˇ34一卒以戈刺其脅ˇ卽有血與
水流出ˇ35見者爲證ˇ其證乃眞ˇ自知所言爲眞ˇ使爾曹信也ˇ36斯事得成
ˇ爲應經所載云ˇ其骨不折ˇ37又載云ˇ人將觀其所刺者ˇ38此後有亞利瑪
太人約瑟ˇ求彼拉多ˇ欲取耶穌之身ˇ彼拉多許之ˇ約瑟遂往ˇ取耶穌之身
ˇ約瑟亦耶穌之門徒ˇ但恒自隱諱ˇ因懼猶太人故也ˇ39又有尼哥底母ˇ卽
曾夜間就耶穌者ˇ攜沒藥和沈香ˇ約百斤至ˇ40二人取耶穌身ˇ以枲布ˇ加
香料裹之ˇ循猶太人葬法ˇ41在耶穌釘十字架處ˇ有園ˇ中有新墓ˇ從未葬
人者ˇ42是日乃猶太人備安息日之日ˇ其墓又近ˇ遂葬耶穌於彼ˇ

第 20 章 1七日之首日ˇ將旦ˇ猶昧ˇ抹大拉‘瑪利亞至墓ˇ見石已離墓ˇ2
遂趨見西門‘彼得及耶穌所愛之門徒ˇ告之曰ˇ人取主出墓ˇ我儕不知置於
何處ˇ3彼得與此門徒出ˇ適墓ˇ4二人並趨ˇ其門徒較彼得趨尤疾ˇ先至墓
ˇ5俯視見枲布置焉ˇ而未入墓ˇ6西門‘彼得後至ˇ入墓ˇ見枲布在ˇ7又見

裹首之巾ˇ不與枲布同在ˇ乃摺疊別置一處ˇ8先至墓之門徒亦入ˇ見之而
信ˇ9蓋門徒尙未悟經載耶穌必由死復活也ˇ10於是二門徒歸ˇ11瑪利亞
立墓外而哭ˇ哭時ˇ俯視墓內ˇ12見二天使衣白衣ˇ坐耶穌身所葬之處ˇ一
在首ˇ一在足ˇ13天使曰ˇ婦ˇ何哭ˇ對曰ˇ人取吾主ˇ不知置於何處ˇ14言
竟回顧ˇ見耶穌立焉ˇ而不知其爲耶穌ˇ15耶穌謂之曰ˇ婦ˇ何哭ˇ爾尋誰
瑪利亞以其爲園丁ˇ謂之曰ˇ子(子原文作吾主)若舁之出ˇ請告我ˇ置於何
處ˇ我將取之去ˇ16耶穌曰ˇ瑪利亞ˇ瑪利亞顧曰ˇ拉波尼ˇ譯卽吾師ˇ17
耶穌謂之曰ˇ毋捫我ˇ因我尙未升歸我父ˇ可往見我兄弟ˇ告之曰ˇ我將升
歸我父ˇ亦爾之父ˇ我之上帝ˇ亦爾之上帝ˇ18抹大拉'瑪利亞遂往告諸門
徒ˇ言其已見主ˇ且以主向己所言者告之ˇ19當日卽七日之首日ˇ旣暮ˇ門
徒因懼猶太人ˇ於所集之處閉門ˇ耶穌至ˇ立於其中ˇ曰ˇ願爾曹平安ˇ20
言竟ˇ以手及脅示之ˇ門徒見主而喜ˇ21耶穌復曰ˇ願爾曹平安ˇ如父遣我
ˇ我亦遣爾ˇ22言竟ˇ向眾噓氣曰ˇ爾受聖靈ˇ23凡爾曹赦其罪者ˇ其罪則
赦ˇ爾曹不赦其罪者ˇ其罪則留ˇ24十二門徒中有名多瑪ˇ稱低度摩者ˇ耶
穌來時ˇ不同在ˇ25眾門徒告之曰ˇ我儕已見主矣ˇ多瑪曰ˇ我若不見其手
中釘跡ˇ不以指探其釘跡ˇ不以手探其脅ˇ則不信也ˇ26越八日ˇ門徒復集
於室ˇ多瑪亦偕焉ˇ門已閉ˇ耶穌倏至ˇ立於其中ˇ曰ˇ願爾曹平安ˇ27遂
謂多瑪曰ˇ伸爾指ˇ探我手ˇ伸爾手ˇ探我脅ˇ毋不信ˇ當信焉ˇ28多瑪曰ˇ
我主歟ˇ我上帝歟ˇ29耶穌謂之曰ˇ多瑪ˇ爾見我始信ˇ其未見而亦信者
福矣ˇ30耶穌在門徒前所行異蹟ˇ此外尙多ˇ未盡載於此書ˇ31惟載此ˇ使
爾信耶穌爲上帝之子基督ˇ旣信ˇ則可因其名而得永生ˇ

第 21 章ˇ1厥後耶穌在提比利亞海濱ˇ復顯現於門徒ˇ其顯現之事如左ˇ2
西門'彼得ˇ多瑪稱低度摩ˇ迦利利之加拿人拿坦業ˇ西比代二子ˇ又二門
徒同在ˇ3西門'彼得謂眾曰ˇ我往捕魚ˇ眾曰ˇ我亦偕往ˇ遂出登舟ˇ此夜
無所獲ˇ4及旦ˇ耶穌立於岸ˇ門徒不知其爲耶穌ˇ5耶穌謂之曰ˇ小子ˇ爾

有食乎ˇ對曰ˇ無也ˇ6耶穌曰ˇ投網舟右ˇ必有所獲ˇ遂投網ˇ而網不能舉
ˇ魚多故也ˇ7耶穌所愛之門徒謂彼得曰ˇ是主也ˇ時西門'彼得裸身ˇ一聞
是主ˇ卽束衣下海ˇ8其餘門徒ˇ因離岸不遠ˇ約二百尺ˇ(尺原文作肘)卽
乘小舟ˇ曳盛魚之網而至ˇ9旣登岸ˇ見有熾炭ˇ其上有魚ˇ且有餅ˇ10耶穌
曰ˇ適所獲之魚ˇ可取數尾來ˇ11西門'彼得遂往ˇ曳網登岸ˇ網盛大魚ˇ計
一百五十三尾ˇ魚雖多而網不裂ˇ12耶穌曰ˇ來食ˇ門徒無人敢問云爾爲
誰ˇ蓋知其爲主也ˇ13耶穌至前ˇ取餅予衆ˇ魚亦如之ˇ14耶穌由死復活後
現於門徒ˇ此其三也ˇ15衆食畢ˇ耶穌謂西門'彼得曰ˇ約拿子西門ˇ爾較斯
衆尤愛我乎ˇ曰ˇ主ˇ然也ˇ主知我愛爾ˇ耶穌曰ˇ食我羊ˇ16二次謂之曰ˇ
約拿子西門ˇ爾愛我乎ˇ曰ˇ主ˇ然也ˇ主知我愛爾ˇ耶穌曰ˇ牧我羊ˇ17三
次謂之曰ˇ約拿子西門ˇ爾愛我乎ˇ彼得因耶穌三次問爾愛我乎ˇ遂憂曰ˇ
主ˇ無所不知ˇ主知我愛爾ˇ耶穌曰ˇ食我羊ˇ18我誠告爾ˇ爾幼時ˇ自束
帶ˇ任意而遊ˇ及爾老也ˇ爾將伸手被他人所束ˇ曳爾至不願往之處ˇ19耶
穌言此ˇ蓋指彼得將如何而死ˇ以榮上帝ˇ言竟ˇ謂彼得曰ˇ從我ˇ20彼得
回顧ˇ見耶穌所愛之門徒從於後ˇ卽昔於晚餐時ˇ倚耶穌懷ˇ問賣主爲誰者
ˇ21彼得見之ˇ問耶穌曰ˇ主ˇ此人將如何ˇ22耶穌曰ˇ若我欲彼存待我來
ˇ與爾何與ˇ爾惟從我ˇ23於是兄弟中傳言云ˇ此門徒將不死ˇ然耶穌非言
其不死ˇ第言如欲彼存待我來ˇ與爾何與ˇ24爲此作證而書之者ˇ乃此門
徒ˇ且我儕知其所證者眞也ˇ25耶穌所行之事ˇ此外尚多ˇ若一一記之ˇ我
意其書ˇ世不勝載矣ˇ阿們ˇ

舊約聖經　詩　篇

第1篇 1惡人之謀弗從、罪人之途弗履、侮慢者之位弗居、斯人其有福兮、2惟以耶和華之律爲悅、思之維之、夜以繼日、3譬彼林木、植於溪旁、屆時結果、其葉不槁、百事順昌、4惡人不然、乃猶粃糠、爲風飄揚、5故於鞫時、惡人不克立、義人會中、罪人不得入、6義者之途、爲耶和華所識、惡者之途、終必泯滅、

第2篇 1異邦狂怒、諸民妄謀、奚爲哉、2世上列王興起、羣伯會議、耶和華是敵、受膏者是逆、3曰、我儕斷其縶維、脫其繩索、4坐於天者將笑之、主必嗤之、5維時、必發忿以譴之、震怒以苦之、6曰、我已立我王於郇、卽我聖山兮、7王曰、吾述其命、耶和華語我曰、爾乃我子、今日生爾、8爾其求我、我以異邦賜爾爲業、地之四極、爲爾所有、9爾必毀之以鐵杖、碎之如陶器、10爾曹列王、宜具聰慧、世上士師、宜受訓誨兮、11以寅畏奉事耶和華、喜樂而戰兢兮、12當吻厥子、免其震怒、爾亡於路、蓋其怒必速發、託庇於彼者、其有福兮、

第3篇○大衛之詩避子押沙龍而作○1耶和華歟、敵我者何其繁、攻我者眾兮、2多人論我云、彼不得拯救於上帝、3耶和華歟、爾乃衞我之盾、爲我之榮、使我昂首兮、4我發聲呼籲耶和華、彼自聖山應之、5我偃而臥、我寢而醒、以耶和華佑我兮、6萬人環攻、我不懼焉、7耶和華歟、爾其興起、我上帝歟、尚其拯余、蓋爾已批敵人之頰、折惡人之齒兮、8拯救屬於耶和華、願錫嘏爾民兮、

第4篇○大衛之詩使伶長鼓琴歌之○1義我之上帝歟、我呼籲時、求爾俞允、我窘迫時、蒙爾寬舒、尚其矜恤、俯聞我祈兮、2惟爾世人、易我之榮爲辱、好浮尚誕、伊於胡底兮、3須知敬虔者、爲耶和華所區別、我呼籲耶和華、彼必垂聽兮、4宜恐懼、勿干罪、自思於牀、而緘默兮、5獻義爲祭、

耶和華是依兮ˇ6多日有誰福我ˇ耶和華歟ˇ以爾容光照予兮ˇ7爾加喜樂
야화화시의혜　다왈유수복아　야화화여　이이용광조여혜　이가희락
於我心ˇ勝於彼之穀酒豐盛兮ˇ8予坦懷偃息ˇ蓋令我安然而居者ˇ惟耶
어아심　승어피지곡주풍성혜　여탄회언식　개령아안연이거자　유야
和華兮ˇ
화화혜

第5篇ˇ大衞之詩使伶長吹簫和之〇1耶和華歟ˇ傾聽我言詞ˇ垂念我思
제편　대위지시사령장취소화지　야화화여　경청아언사　수념아사
維兮ˇ2我王我上帝歟ˇ尚其聽我呼籲ˇ蓋我惟爾是求兮ˇ3耶和華歟ˇ清
유혜　아왕아상제여　상기청아호유　개아유이시구혜　야화화여　청
晨爾必聞我聲ˇ爽旦向爾陳情ˇ而企望兮ˇ4爾爲上帝ˇ不悅罪戾ˇ惡人不
신이필문아성　상단향이진정　이기망혜　이위상제　부열죄려　악인부
得與爾同居兮ˇ5狂傲者不侍爾前ˇ作惡者皆爾所疾ˇ6誕妄者敗之ˇ嗜殺
득여이동거혜　광오자부시이전　작악자개이소질　탄망자패지　기살
懷詐者ˇ耶和華惡之兮ˇ7若我ˇ則蒙厚愛ˇ必詣爾室ˇ寅畏相將ˇ望爾聖
회사자　야화화악지혜　약아　칙몽후애　필예이실　인외상장　망이성
殿而崇拜兮ˇ8耶和華歟ˇ因我敵故ˇ以爾義導於我先ˇ使爾途坦於我前
전이숭배혜　야화화여　인아적고　이이의도어아선　사이도탄어아전
兮ˇ9彼衆口無信實ˇ心懷惡慝ˇ喉若裂塋ˇ舌施諂諛ˇ10願上帝罪之ˇ使
혜　피중구무신실　심회악특　후약렬영　설시첨유　원상제죄지　사
自陷於詭謀ˇ因其罪多而驅逐之ˇ蓋彼叛逆爾兮ˇ11託庇於爾者ˇ願其喜
자함어궤모　인기죄다이구축지　개피반역이혜　탁비어이자　원기희
樂ˇ緣爾護佑ˇ恆久歡呼ˇ愛爾名者ˇ皆欣悅兮ˇ12耶和華歟ˇ爾必錫嘏義
악　연이호우　긍구환호　애이명자　개흔열혜　야화화여　이필석하의
人ˇ施恩如盾ˇ護衞其身兮ˇ
인　시은여순　호위기신혜

第6篇〇大衞之詩使伶長鼓琴歌之音乃第八〇1耶和華歟ˇ勿發忿以譴我
제편　대위지시사령장고금가지음내제팔　야화화여　물발분이견아
ˇ勿震怒以懲我ˇ2耶和華歟ˇ我身頹敗ˇ爾其恤之ˇ耶和華歟ˇ我骨酸辛ˇ
물진노이징아　야화화여　아신퇴패　이기휼지　야화화여　아골산신
爾其療之ˇ3耶和華歟ˇ我心惶恐ˇ伊於胡底ˇ4取和華歟ˇ轉拯我命ˇ緣爾
이기료지　야화화여　아심황공　이어호저　취화화여　전증아명　연이
慈惠ˇ救援我躬兮ˇ5死亡中無記憶爾ˇ陰府中誰稱謝爾ˇ6我身因欷歔而
자혜　구원아궁혜　사망중무기억이　음부중수칭사이　아신인희허이
疲乏ˇ每夜涕泣ˇ淫我牀而沾我榻兮ˇ7我目因憂愁而衰敗ˇ因諸敵而昏
피핍　매야체읍　음아상이첨아탑혜　아목인우수이쇠패　인제적이혼
瞶兮ˇ8作惡者流ˇ爾其離我ˇ蓋耶和華聞我號泣兮ˇ9耶和華已聽我禱ˇ
귀혜　작악자류　이기리아　개야화화문아호읍혜　야화화이청아도
必允我祈兮ˇ10諸敵將抱愧而惶恐ˇ蒙羞而退避兮ˇ
필윤아기혜　제적장포괴이황공　몽수이퇴피혜

第7篇〇大衞心感神游之詞指便雅憫人古實而作歌於耶和華前〇
제편　대위심감신유지사지편아민인고실이작가어야화화전
1我上帝耶和華歟ˇ我託庇於爾ˇ尚其救援ˇ脫於逐我之衆兮ˇ2恐彼若獅ˇ
아상제야화화여　아탁비어이　상기구원　탈어축아지중혜　공피약사
裂我而碎之ˇ無人拯救兮ˇ3我上帝耶和華歟ˇ我若行此ˇ我手若有不義ˇ4
렬아이쇄지　무인증구혜　아상제야화화여　아약행차　아수약유부의
與我交厚者ˇ以惡報之ˇ無端仇我者ˇ反拯救之ˇ5任敵迫及我魂ˇ踐我生
여아교후자　이악보지　무단구아자　반증구지　임적박급아혼　천아생
於土壤ˇ墮我榮於塵埃兮ˇ6耶和華歟ˇ赫怒而起ˇ禦我敵之怒兮ˇ爲我而
어토양　타아영어진애혜　야화화여　혁노이기　어아적지노혜　위아이

興ˇ訊鞫爲爾所定兮ˇ7願諸民之會環爾ˇ尚其返居高位ˇ在於其上兮ˇ8耶
和華行鞫萬民ˇ耶和華歟ˇ循我公義ˇ中心誠實ˇ而聽我訟兮ˇ9俾惡者之
惡消滅ˇ使善者堅强ˇ蓋上帝公義ˇ驗人心懷兮ˇ10衞我之盾ˇ實維上帝
心正之人ˇ蒙其拯救兮ˇ11上帝爲秉公之士師ˇ日懷義怒之上帝兮ˇ12人
不悛改ˇ上帝必礪其刃ˇ已張厥弓而備之ˇ13具施剿之器ˇ發火以爲矢兮ˇ
14斯衆懷邪慝ˇ孕毒害、産虛僞ˇ15掘造坎阱ˇ自陷其中ˇ16其毒害必歸
己首ˇ其强暴必臨己頂ˇ17我依耶和華之義ˇ而稱謝之ˇ歌頌耶和華ˇ至上
者之名兮ˇ

第8篇○大衞之詩使伶長用迦特樂器歌之○1耶和華我主歟ˇ爾名巍巍於
大地ˇ爾榮赫赫於諸天兮ˇ2因敵之故ˇ爾由赤子乳哺者之口ˇ而堅厥力ˇ
使敵與報復者ˇ默爾無言兮ˇ3我觀爾手所造之蒼穹ˇ所設之月星ˇ4世人
爲誰ˇ爾垂念之ˇ人子爲誰ˇ爾眷顧之ˇ5使之少遜於上帝ˇ冠之以尊榮ˇ6
爾手所造者ˇ使之主理ˇ置萬物於其足下ˇ7有若牛羊野獸ˇ8天上飛鳥ˇ
水中潜鱗ˇ凡游泳於海者兮ˇ9耶和華我主歟ˇ爾名巍巍於大地兮ˇ

第9篇○大衞之詩使伶長歌之調用慕拉便○1我必一心稱謝耶和華ˇ宣爾
妙工兮ˇ2我因爾喜樂歡呼ˇ至上者歟ˇ我歌頌爾名兮ˇ3我敵却退ˇ顚躓
隕沒於爾前兮ˇ4蓋爾伸我寃ˇ辨我屈ˇ居位而行義鞫兮ˇ5斥列邦而翦惡
類ˇ永塗其名兮ˇ6仇敵殲滅兮ˇ其跡沒ˇ爾傾厥邑兮ˇ其誌絶ˇ7惟耶和華
恆居其位ˇ備座以行審判兮ˇ8持義以鞫斯世ˇ秉公以訊諸民ˇ9耶和華爲
屈抑者之高臺ˇ避難之高臺兮ˇ10耶和華歟ˇ識爾名者ˇ惟爾是依ˇ尋求
爾者ˇ爾未棄之ˇ11居郇之耶和華ˇ宣歌頌之ˇ宣其作爲於諸民兮ˇ12討
流血之罪者ˇ記憶斯衆ˇ不忘貧者之哀呼兮ˇ13耶和華歟ˇ曾援我於死門
ˇ尚其恤我ˇ顧憶我者所加之苦ˇ14俾我揚爾聲譽ˇ因爾救援ˇ欣喜於郇
女之門兮ˇ15列邦作阱而自陷ˇ暗設網罟ˇ自絆其足兮ˇ16耶和華旣顯著
ˇ施行義鞫ˇ惡者之手所作ˇ自陷其中兮ˇ17惡人必歸陰府ˇ異邦忘上帝

者ˇ卽若是兮ˇ18匱乏者不永見忘ˇ貧窮者不恆失望ˇ19耶和華歟ˇ爾其興起ˇ毋容世人獲勝ˇ使列邦受鞫於爾前ˇ20耶和華歟ˇ願爾俾其畏懼ˇ諸民自知ˇ祇爲世人兮ˇ

第10篇ˇ1耶和華歟ˇ何爲遙立ˇ當患難時ˇ何爲隱避ˇ2惡人驕肆ˇ窘迫貧民ˇ願其陷於己謀兮ˇ3惡者以心之欲爲誇ˇ貪者背棄耶和華ˇ而侮慢之ˇ4惡者其容驕矜ˇ謂耶和華必不究斥ˇ意中絕無上帝兮ˇ5彼之所爲ˇ恆穩固兮ˇ爾之讞典高遠ˇ其目所不及ˇ凡厥仇敵ˇ悉爲所叱兮ˇ6意謂我躬不致動搖ˇ累世不經挫折ˇ7呪詛詭譎殘刻盈其口ˇ很毒邪慝在其舌ˇ8蹲伏鄉曲ˇ暗殺無辜ˇ眈眈於煢獨兮ˇ9潛伏幽暗ˇ如獅在林ˇ伺捕貧人ˇ曳其網而獲之ˇ10屈身蹲踞ˇ煢獨隕於其強暴兮ˇ11意謂上帝忘之ˇ永蒙厥面ˇ而弗視兮ˇ12耶和華歟ˇ爾其興起ˇ上帝歟ˇ爾其伸手ˇ毋忘貧民兮ˇ13惡者奚蔑上帝ˇ以爲不加究斥ˇ14爾實鑒觀ˇ灼見殘暴很毒ˇ而手報之ˇ煢獨惟爾依歸ˇ孤兒蒙爾扶助兮ˇ15惡者之臂ˇ願爾折之ˇ窮詰其罪ˇ至於無遺兮ˇ16耶和華爲君ˇ永世靡曁ˇ列邦見絕於其地兮ˇ17耶和華歟ˇ謙卑者之祈ˇ爾已聞之ˇ必堅厥志ˇ傾耳聽之ˇ18雪孤兒與屈者之寃ˇ俾世人不復施其威兮ˇ

第11篇○大衞之詩使伶長歌之○1我託庇於耶和華ˇ爾曹胡謂我曰ˇ宜如禽鳥ˇ翺翔於山ˇ2惡者彎弓ˇ注矢於弦ˇ暗射心正之人ˇ3基礎如其傾圮ˇ義者將何爲兮ˇ4耶和華居於聖殿ˇ耶和華之位在天ˇ其目下察世人兮ˇ5耶和華試鍊義人ˇ惟彼兇惡強暴ˇ乃其心所惡兮ˇ6將布羅網於惡人烈火硫磺炎颷ˇ盈其杯兮ˇ7蓋耶和華乃義ˇ且好義行ˇ正人必見其面兮ˇ

第12篇○大衞之詞使伶長歌之音乃第八○1耶和華歟ˇ敬虔者熄其跡ˇ忠信者絕於世ˇ尚其拯救兮ˇ2彼衆與鄰言誑ˇ厥口諂諛ˇ中懷貳心ˇ3諂諛之口ˇ誇大之舌ˇ耶和華必絕之ˇ4彼曰ˇ我舌獲勝ˇ口爲我有ˇ誰爲我主兮ˇ5貧窮者屈抑ˇ困乏者欷歔ˇ耶和華曰ˇ我必興起ˇ如其所慕ˇ置諸穩

善之區〰6耶和華之言純粹〰如經爐火之銀〰煆煉七次兮〰7貧乏者〰耶和
선지구 야화화지언순수 여경로화지은 하련칠차혜 빈핍자 야화

華必佑之〰永脫於斯世之人兮〰8庸劣居於人上〰惡者隨在而遨遊兮〰
화필우지 영탈어사세지인혜 용렬거어인상 악자수재이오유혜

第13篇○大衛之詩使伶長歌之○1耶和華歟〰爾之忘我〰將至何時〰豈
제 편 대위지시사령장가지 야화화여 이지망아 장지하시 기

永久乎〰蔽面而不我顧〰伊於胡底兮〰2我心籌畫〰日日憂戚〰將至何時〰
영구호 폐면이부아고 이어호저혜 아심주화 일일우척 장지하시

吾敵高越乎我〰伊於胡底兮〰3我上帝耶和華歟〰尚其思忖之〰俞允之〰復
오적고월호아 이어호저혜 아상제야화화여 상기사촌지 유윤지 복

明我目〰免我沈睡至死兮〰4免我仇曰〰予已勝之〰免敵見余顚躓〰而欣喜
명아목 면아침수지사혜 면아구왈 여이승지 면적견여전지 이흔희

兮〰5惟我賴爾恩寵〰樂爾拯救兮〰6耶和華博施於我〰我必歌頌之兮〰
혜 유아뢰이은총 악이증구혜 야화화박시어아 아필가송지혜

第14篇○大衛之詞使伶長歌之○1愚人意謂無有上帝〰其人邪惡〰所爲可
제 편 대위지사사령장가지 우인의위무유상제 기인사악 소위가

憎〰無一行善兮〰2耶和華自天垂鑒〰欲察世人〰有無明哲是具〰上帝是求
증 무일행선혜 야화화자천수감 욕찰세인 유무명철시구 상제시구

兮〰3衆皆偏詖〰同變爲汚〰無行善者〰並無其一兮〰4行惡者皆無知乎〰噬
혜 중개편피 동변위오 무행선자 병무기일혜 행악자개무지호 서

我民如啖餅〰不籲上帝兮〰5上帝在義者中〰惡人悚然大懼兮〰6貧人之計
아민여담병 부유상제혜 상제재의자중 악인송연대구혜 빈인지계

爾曹敗之〰惟耶和華爲其庇所兮〰7願以色列之拯救〰自郇而出〰耶和華
이조패지 유야화화위기비소혜 원이색렬지증구 자순이출 야화화

反其民之俘囚時〰雅各必喜樂〰以色列必歡欣兮〰
반기민지부수시 아각필희악 이색렬필환흔혜

第15篇○大衛之詩○1耶和華歟〰孰得寓爾帷幕〰居爾聖山〰2必也步履
제 편 대위지시 야화화여 숙득우이유막 거이성산 필야보리

正直〰行爲公義〰心誠言實〰3舌無誹謗〰不虐友朋〰不侮鄰里〰4奸惡者睥
정직 행위공의 심성언실 설무비방 부학우붕 부모린리 간악자비

睨之〰寅畏耶和華者尊重之〰誓雖損己〰不變其志〰5不貸金以權子母〰不
예지 인외야화화자존중지 서수손기 부변기지 부대금이권자모 부

受賄而害無辜〰若此之人〰永不動搖兮〰
수회이해무고 약차지인 영부동요혜

第16篇〰1上帝歟〰爾其佑予〰我託庇於爾兮〰2我謂耶和華曰〰爾乃我主
제 편 상제여 이기우여 아탁비어이혜 아위야화화왈 이내아주

〰爾外我無福兮〰3在世聖徒〰乃爲顯貴〰我所深悅兮〰4移於他神者〰其苦
이외아무복혜 재세성도 내위현귀 아소심열혜 이어타신자 기고

必增〰彼奠血爲祭〰我不獻之〰我口不道其名兮〰5耶和華爲我業我杯〰所
필증 피전혈위제 아부헌지 아구부도기명혜 야화화위아업아배 소

得之産〰爾爲我守之兮〰6以繩量給之區〰在於樂土〰我業孔嘉兮〰7我稱
득지산 이위아수지혜 이승량급지구 재어악토 아업공가혜 아칭

頌耶和華〰以其訓迪我〰俾我中心〰深夜自警兮〰8我恒奉耶和華於我前〰
송야화화 이기훈적아 비아중심 심야자경혜 아항봉야화화어아전

彼在我右必不動搖〰9我心則喜〰我靈則樂〰形體處於平康兮〰10蓋爾不
피재아우필부동요 아심칙희 아령칙악 형체처어평강혜 개이부

遺我魂於陰府〰不容爾之聖者腐朽兮〰11爾必示我維生之道〰在於爾前〰
유아혼어음부 부용이지성자부후혜 이필시아유생지도 재어이전

喜樂不勝〰在爾右手之中〰歡欣靡暨兮〰
희악부승 재이우수지중 환흔미기혜

第17篇 ﹀1耶和華歟﹀公義之詞﹀爾其聽之﹀垂顧我呼籲兮﹀我之祈禱﹀口無虛僞﹀尚其傾聽兮﹀2願我之讞﹀自爾前而宣之﹀爾目鑒察正直兮﹀3爾驗我心﹀深夜臨格兮﹀爾旣試我而無所得﹀我則立志﹀必無口過兮﹀4至於人事﹀我遵爾言﹀以自戒愼﹀不循強暴之軌兮﹀5步履遵爾之道﹀我足未嘗顚躓兮﹀6上帝歟﹀我曾呼籲﹀爾必俞允﹀求爾傾聽我言兮﹀7顯爾殊恩﹀凡託庇於爾者﹀爾以右手援於其敵兮﹀8護我如眸子﹀覆我於翼下﹀9俾脫暴虐我之惡人﹀環攻我之惡敵兮﹀10其心蔽塞﹀厥口矜誇﹀11我舉步履﹀彼則環圍﹀注目仆我於地兮﹀12其勢如獅﹀欲噬所攫﹀如稚獅潛伏兮﹀13耶和華歟﹀起而抵禦之﹀顚仆之﹀以爾之刃﹀拯我於惡人兮﹀14耶和華歟﹀以手援我﹀脫於斯世之人﹀其業乃在今生兮﹀爾以財貨充其懷﹀子孫遂其欲﹀餘業遺於後嗣兮﹀15若我﹀則必以義見爾面﹀寤時覩爾容﹀心願滿足兮

第18篇○耶和華拯其僕大衞脫於諸敵及掃羅之手大衞作此詞誦於耶和華前使伶長歌之○1耶和華歟﹀爾爲我力﹀我敬愛爾兮﹀2耶和華爲我巖石﹀我之保障﹀我之救援兮﹀上帝我之磐石﹀我託庇於彼兮﹀爲我之盾﹀拯救之角﹀我之高臺兮﹀3耶和華宜頌美兮﹀我呼籲之﹀則見拯於諸敵兮﹀4死亡之繩索縛我﹀匪勢之衝激怖我﹀5陰府之繩索繞我﹀死亡之機檻逮我﹀6我苦難中﹀呼耶和華﹀籲我上帝兮﹀彼自其殿﹀垂聽我聲﹀我之呼籲﹀達於其耳兮﹀7因彼奮怒﹀大地震動﹀山根搖撼兮﹀8煙自其鼻升﹀火從其口出﹀炭爲所燃兮﹀9垂諸天而臨格﹀足下幽且深兮﹀10乘基路伯而飛﹀藉風翼而翶翔兮﹀11隱於玄冥﹀使爲幕以環之﹀卽水之黑暗﹀雲之濃密兮﹀12由其前之光輝﹀冰雹炭火﹀經過密雲而出兮﹀13耶和華自天起雷﹀至高者發其聲﹀並有冰雹炭火兮﹀14彼發矢以潰敵﹀屢閃電而亂之兮﹀15耶和華歟﹀因爾叱咤﹀鼻息之發﹀海底見而地基露兮﹀16彼自上垂手﹀援我於巨浸兮﹀17拯我於勁敵﹀及憾我者﹀以其強於我兮﹀18我遭難時﹀敵來攻我﹀惟耶和華爲我所恃兮﹀19導我入寬廣之區﹀施行救援以其悅我兮﹀20耶

和華依我行之義而賞賚〻循我手之潔而報施〻21因我守耶和華之道〻未嘗爲惡〻離我上帝兮〻22彼之律例〻悉在我前〻未嘗違其典章兮〻23我於其前爲完人〻自守而遠惡兮〻24故耶和華視我之義〻與手之潔〻而報我兮〻25爾於仁慈者應以仁慈〻純全者應以純全〻26清潔者應以清潔〻乖戾者應以拂逆〻27困苦之民〻爾救援之〻傲視之輩〻爾卑抑之〻28爾必燃我之燈〻上帝耶和華〻必燭我幽暗兮〻30上帝之道純全〻耶和華之言經驗〻凡託庇於彼者〻彼爲其盾兮〻31耶和華而外〻孰爲上帝兮〻我上帝而外〻孰爲磐石兮〻32上帝束我以力〻俾我道途平直兮〻33令我足捷如鹿〻置我於高處兮〻34教我手善戰〻使我臂挽銅弓兮〻35爾賜我拯救之盾〻且以右手扶我〻爾之溫和〻俾我爲大兮〻36使我步履寬裕〻我足未嘗滑跌兮〻37我將追敵及之〻未行殄滅〻不旋歸兮〻38我擊傷之〻使之不振〻仆我足下兮〻39蓋爾以力束我〻使備戰爭〻起而攻我者〻俾服於我兮〻40使我諸敵背我而馳〻致我翦滅憾我者兮〻41彼呼號而無援〻籲耶和華亦弗應兮〻42我則搗之若風飄之塵〻棄之若街衢之泥兮〻43爾援我於庶民之競爭〻立我爲列邦之元首〻我所不識之民〻必服役我兮〻44彼聞我名〻立卽歸順〻外族之人服從兮〻45外族衰落〻出其衞所〻戰慄而來兮〻46耶和華維生兮〻我之磐石〻宜頌美兮〻救我之上帝〻當尊崇兮〻47上帝爲我復仇〻使諸民服我兮〻48援我於敵〻舉我超乎攻我者〻拯我於強暴兮〻49耶和華歟〻我必於列邦中稱謝爾〻歌頌爾名兮〻50耶和華大施拯救於所立之王〻施恩於其受膏者〻卽大衞及其後裔〻永世靡暨兮〻

第19篇〻1諸天宣上帝之榮光〻穹蒼顯其經營兮〻2日復一日〻傳以語言〻夜復一夜〻示以智慧兮〻3無言無語〻無聲可聞兮〻4然其量繩徧於宇內、言語達於地極兮〻5上帝爲日設幕其間〻若新娶者出於其房〻勇士喜馳逐兮〻6出自天涯〻轉至地極〻無物被藏〻不受其煦嫗兮〻○7耶和華之律純全〻蘇人魂兮〻耶和華之法眞實〻化愚爲智兮〻8耶和華之訓正直〻悅人心

兮 耶和華之誡純潔 豁人目兮 9耶和華之道清潔 而永存兮 耶和華之例眞誠 而盡義兮 10可慕愈於金 精金之繁多兮 其甘愈於蜜 蜂房之滴瀝兮 11爾僕因之受警 守此可得大賚兮 12人之過失 孰能自知 我之誤犯 尚其赦宥兮 13祈禁爾僕故犯乎罪 免其轄予 我則端正 不蹈重愆兮 14耶和華歟 爾爲我磐石 我救者 願我口中之言 心中之念 蒙爾悅納兮

第20篇 1當患難時 願耶和華俞允爾 雅各上帝之名高舉爾 2由聖所輔助爾 自郇山堅固爾 3念爾素祭 納爾燔祭 4酬爾志願 成爾籌畫兮 5我儕因上帝之援而奏凱 奉上帝之名而建旗 願耶和華成爾所祈兮 6今我乃知 耶和華拯其受膏者 必自聖天允其所祈 援以右手兮 7有人恃車 有人恃馬 我則稱道耶和華之名兮 8彼俯伏而仆 我則興起而立兮 9願耶和華拯救 我呼籲時 願王俞允兮

第21篇 1耶和華歟 王因爾力而歡欣 緣爾拯救而樂甚兮 2其心所願 爾已賜之 其口所祈 爾未靳之 3爾以美福迎之 以精金之冕冠之兮 4向爾求生 則錫以壽 綿長不絕兮 5緣爾拯救 其榮乃大 尊嚴加於其身兮 6使獲厚福 迄於永久 歡樂於爾前兮 7王所恃者 耶和華兮 蒙至上者之仁慈 不至動搖兮 8爾手將索爾敵 爾之右手 索憾爾者兮 9爾恚忿時 使之如火爐 耶和華震怒而吞之 火必滅之兮 10爾必滅其子孫於地上 絕其苗裔於人間兮 11彼擬害爾 圖謀而不能成兮 12爾曳弦以射其面 使之却退兮 13耶和華歟 願爾施力而高舉 我則謳歌 以頌爾能兮

第22篇 ○大衞之詩使伶長歌之調用朝鹿○1我上帝 我上帝 何遺棄予 遠離而不輔助 不聽我之呻吟兮 2我上帝歟 我晝籲爾 不蒙俞允 我夜籲爾 不獲綏安兮 3惟爾爲聖 以以色列之頌讚爲座兮 4我之列祖 惟爾是恃 彼倚賴爾 爾救援之兮 5彼呼籲爾 而蒙救援 彼倚賴爾 不至

愧恥兮ˇ6惟我乃蚓而非人ˇ爲人凌辱ˇ爲民藐視兮ˇ7凡見我者ˇ咸加戲笑ˇ鼓脣搖首兮ˇ8曰ˇ可託之於耶和華ˇ俾其拯救ˇ彼旣悅之ˇ任其救援兮ˇ9惟爾出我於胎ˇ在我母懷ˇ使我賴爾兮ˇ10予旣誕育ˇ託身於爾ˇ自母生我ˇ爾爲我上帝兮ˇ11祈勿遠我ˇ患難迫近ˇ助我無人兮ˇ12多有牡牛環我ˇ巴珊健牛圍我兮ˇ13向我張口ˇ如咆哮吞噬之獅兮ˇ14我見傾如水ˇ骨節盡脫ˇ中心如蠟ˇ銷鎔於內兮ˇ15精力旣枯ˇ有如破瓦ˇ舌貼於齗ˇ爾置我於死地之塵兮ˇ16犬類圍我ˇ惡黨環我ˇ刺我手足兮ˇ17我骨可數ˇ衆目眈眈視我兮ˇ18分我外衣ˇ鬮我衷服兮ˇ19耶和華歟ˇ勿遠離我ˇ我之救濟ˇ速來援助兮ˇ20拯我魂於刀ˇ救我命於犬類之勢兮ˇ21爾已允我脫於兕角ˇ祈拯我出於獅口兮ˇ22我將宣爾名於昆弟ˇ頌爾於會中兮ˇ23寅畏耶和華者ˇ當讚揚之ˇ雅各之嗣ˇ當尊榮之ˇ以色列之裔ˇ當敬畏之ˇ24困者之ˇ彼未嘗輕視厭惡ˇ未嘗掩面不顧兮ˇ其人呼籲ˇ乃垂聽兮ˇ25我於大會之中ˇ所頌讚者ˇ乃由於爾ˇ在畏爾者前ˇ必償我願兮ˇ26謙卑者必得食而飽ˇ尋求耶和華者ˇ必頌揚之ˇ願爾心其永活兮ˇ27地之四極ˇ將念耶和華而歸之ˇ列邦諸族ˇ拜於其前兮ˇ28國祚屬於耶和華ˇ彼爲列邦之主兮ˇ29地上之豐肥者ˇ必飮食而敬拜兮ˇ將歸塵土ˇ莫保其生者ˇ必俯伏於其前兮ˇ30若子若孫ˇ必奉事之ˇ主之經營ˇ必傳後世兮ˇ31必來稱述其義ˇ以其所行ˇ宣示後生之民兮ˇ

第23篇○大衞之詩○1耶和華爲我牧ˇ我不匱乏兮ˇ2使我臥於草場ˇ導我至憩息之水濱兮ˇ3甦我之魂ˇ爲己名導我於義路兮ˇ4我雖經陰翳之谷ˇ不虞遭害ˇ因爾相偕ˇ爾杖爾竿ˇ用以慰我兮ˇ5爾於敵前ˇ爲我設筵ˇ以膏沐我首ˇ我杯盈溢兮ˇ6恩寵慈愛ˇ必隨我於畢生ˇ我永居耶和華之室兮ˇ

第24篇○大衞之詩○1大地與充其間者ˇ世界暨居其上者ˇ悉屬耶和華兮ˇ2蓋彼建之於海中ˇ奠之於淵際兮ˇ3孰能陟耶和華之山ˇ孰能立於其聖

所兮 4必也手潔心清 存心不向虛誕 設誓不懷詭詐者兮 5彼將由耶和
소혜 필야수결심청 존심부향허탄 설서부회궤사자혜 피장유야화

華受福 由救之之上帝獲義兮 6是乃尋耶和華之族 求見雅各上帝之面
화수복 유구지지상제획의혜 시내심야화화지족 구견아각상제지면

者兮 ○7諸門歟 爾其高啟 永古之戶歟 爾其高啟 尊榮之王將入兮 8
자혜 제문여 이기고계 영고지호여 이기고계 존영지왕장입혜

尊榮之王爲誰 乃有能有力之耶和華 善戰之耶和華兮 9諸門歟 爾其
존영지왕위수 내유능유력지야화화 선전지야화화혜 제문여 이기

高啟 永古之戶歟 爾其高啟 尊榮之王將入兮 10尊榮之王爲誰 乃萬
고계 영고지호여 이기고계 존영지왕장입혜 존영지왕위수 내만

軍之耶和華 彼爲尊榮之王兮
군지야화화 피위존영지왕혜

第25篇○大衞之詞○1耶和華歟 我心嚮爾 2我上帝歟 我素賴爾 勿使
제 편 대위지사 야화화여 아심향이 아상제여 아소뢰이 물사

我蒙羞 勿使我敵奏凱兮 3企望爾者不懷慚 無端行詐者 必抱愧兮 4
아몽수 물사아적주개혜 기망이자부회참 무단행사자 필포괴혜

耶和華歟 示我以爾道 訓我以爾徑兮 5以爾眞理導我誨我 爾爲救我
야화화여 시아이이도 훈아이이경혜 이이진리도아회아 이위구아

之上帝 我終日企望爾兮 6耶和華歟 爾之矜憫慈惠 自古長存 求爾記
지상제 아종일기망이혜 야화화여 이지긍민자혜 자고장존 구이기

憶兮 7耶和華歟 我幼年之愆尤 故犯之罪過 祈勿記憶 依爾仁慈 循
억혜 야화화여 아유년지건우 고범지죄과 기물기억 의이인자 순

爾恩惠 而垂念兮 8耶和華乃善乃正 故以道示罪人兮 9謙卑之人 必
이은혜 이수념혜 야화화내선내정 고이도시죄인혜 겸비지인 필

導之以義 誨之以道兮 10於守約遵法者 耶和華所行 皆仁慈誠實兮
도지이의 회지이도혜 어수약준법자 야화화소행 개인자성실혜

11耶和華歟 我罪重大 因爾名而赦宥兮 12寅畏耶和華者誰乎 於其所
야화화여 아죄중대 인이명이사유혜 인외야화화자수호 어기소

選之途 必蒙訓示兮 13居心綏安 子孫得土兮 14耶和華與畏己名者相
선지도 필몽훈시혜 거심수안 자손득토혜 야화화여외기명자상

親 必示以其約兮 15我目恆望耶和華 必脫我足於網羅兮 16予煢獨困
친 필시이기약혜 아목긍망야화화 필탈아족어망라혜 여경독곤

苦 求爾轉向我 而施矜恤兮 17我心多憂 求爾拯我於急難兮 18垂顧
고 구이전향아 이시긍휼혜 아심다우 구이증아어급난혜 수고

我苦勞 赦宥我罪戾兮 19鑒我仇敵 以其衆多 痛心銜憾兮 20祈保我
아고로 사유아죄려혜 감아구적 이기중다 통심함감혜 기보아

命 而施救援 我惟託庇於爾 勿使我懷慚兮 21願以純良正直衞我 以
명 이시구원 아유탁비어이 물사아회참혜 원이순량정직위아 이

我望爾兮 22上帝歟 救贖以色列 出其諸難兮
아망이혜 상제여 구속이색렬 출기제난혜

第26篇○大衞之詞○1耶和華歟 我行純正 爲我折中兮 我賴耶和華
제 편 대위지사 야화화여 아행순정 위아절중혜 아뢰야화화

不至動搖兮 2耶和華歟 察我驗我 鍛鍊我心懷兮 3我目覩爾慈惠 遵
부지동요혜 야화화여 찰아험아 단련아심회혜 아목도이자혜 준

行爾眞理兮 4未與虛妄者同坐 不與詐偽者同羣兮 5惡黨是惡 不與惡
행이진리혜 미여허망자동좌 부여사위자동군혜 악당시악 부여악

人同坐兮 6耶和華歟 我將盥手 以表無辜 環於爾壇兮 7揚聲稱謝 述
인동좌혜 야화화여 아장관수 이표무고 환어이단혜 양성칭사 술

爾奇妙之行兮 8耶和華歟 我愛爾居室 及顯榮之幃幕兮 9勿去我魂
이기묘지행혜 야화화여 아애이거실 급현영지유막혜 물거아혼

同於罪人ˇ勿移我命ˇ等於兇人兮ˇ10其手持惡ˇ右手盈賄兮ˇ11若我ˇ
동어죄인 물이아명 등어흉인혜 기수지악 우수영회혜 약아

所行純正ˇ求爾贖我憫我兮ˇ12我立足於坦途ˇ將於諸會ˇ頌美耶和華兮ˇ
소행순정 구이속아민아혜 아립족어탄도 장어제회 송미야화화혜

ˇ第27篇○大衞之詞○1耶和華爲我光ˇ我之拯救ˇ吾其誰懼兮ˇ耶和華ˇ
제편 대위지사 야화화위아광 아지증구 오기수구혜 야화화

爲我生命之保障ˇ吾其誰慴兮ˇ2惟彼惡人ˇ我仇我敵ˇ進攻欲食我肉ˇ咸
위아생명지보장 오기수첩혜 유피악인 아구아적 진공욕식아육 함

躓而顚兮ˇ3軍旅雖對我列營ˇ我心不怯兮ˇ戰端興起ˇ迫及我躬ˇ我仍安
지이전혜 군려수대아렬영 아심부겁혜 전단흥기 박급아궁 아잉안

貼兮ˇ4我曾求耶和華一事ˇ今仍祈之ˇ畢生居耶和華室ˇ瞻其榮美ˇ思維
첩혜 아증구야화화일사 금잉기지 필생거야화화실 첨기영미 사유

其殿兮ˇ5我遘難時ˇ彼必暗衞我於帷中ˇ匿我於幕之隱處ˇ舉我於磐石
기전혜 아구난시 피필암위아어유중 닉아어막지은처 거아어반석

之上兮ˇ6今我昂首ˇ高於環我之敵兮ˇ在主幕中ˇ獻歡欣之祭ˇ我必謳歌
지상혜 금아앙수 고어환아지적혜 재주막중 헌환흔지제 아필구가

ˇ頌讚耶和華兮ˇ○8爾云余面是尋ˇ我心對曰ˇ耶和華歟ˇ我必爾面是尋
송찬야화화혜 이운여면시심 아심대왈 야화화여 아필이면시심

兮ˇ9勿向我掩面ˇ勿怒逐爾僕ˇ救我之上帝歟ˇ爾素助我ˇ願勿棄我遺我
혜 물향아엄면 물노축이복 구아지상제여 이소조아 원물기아유아

兮ˇ10父母遺我ˇ耶和華則納我兮ˇ11耶和華歟ˇ示我以爾道ˇ因我敵故
혜 부모유아 야화화칙납아혜 야화화여 시아이이도 인아적고

ˇ導我於坦途兮ˇ12妄證之人ˇ與出言兇暴者ˇ起而攻我ˇ勿付我於仇讐
도아어탄도혜 망증지인 여출언흉폭자 기이공아 물부아어구수

以遂其願兮ˇ13我在生命之境ˇ得見耶和華之恩ˇ若不信此ˇ我則喪膽兮
이수기원혜 아재생명지경 득견야화화지은 약부신차 아칙상담혜

14爾其企望耶和華ˇ壯乃志ˇ強乃心ˇ以企望耶和華兮ˇ
이기기망야화화 장내지 강내심 이기망야화화혜

第28篇○大衞之詞○1耶和華歟ˇ我呼籲爾ˇ我磐石歟ˇ勿若罔聞ˇ倘爾
제편 대위지사 야화화여 아호유이 아반석여 물약망문 당이

緘默ˇ我則等於就墓之人兮ˇ2我向爾至聖所ˇ舉手呼籲ˇ尚其垂聽我懇
함묵 아칙등어취묘지인혜 아향이지성소 거수호유 상기수청아간

求兮ˇ3勿曳我同於惡人ˇ等於匪類ˇ彼於其鄰ˇ言甘心險兮ˇ4願爾按其
구혜 물예아동어악인 등어비류 피어기린 언감심험혜 원이안기

所爲ˇ與其惡行而罰之ˇ依其手所作ˇ及所應受者而報之兮ˇ5耶和華所
소위 여기악행이벌지 의기수소작 급소응수자이보지혜 야화화소

爲ˇ其手所作ˇ彼不介意ˇ故必毀之ˇ不復建立兮ˇ○6耶和華聽我懇求
위 기수소작 피부개의 고필훼지 부복건립혜 야화화청아간구

宜頌讚兮ˇ7耶和華爲我力ˇ爲我盾ˇ我心賴之ˇ而得輔助ˇ我心樂甚ˇ謳
의송찬혜 야화화위아력 위아순 아심뢰지 이득보조 아심악심 구

歌頌讚兮ˇ8耶和華爲其民之力ˇ爲受膏者拯救之保障兮ˇ9尚其施援爾
가송찬혜 야화화위기민지력 위수고자증구지보장혜 상기시원이

民ˇ錫嘏爾業ˇ牧之扶之ˇ歷世弗替兮ˇ
민 석하이업 목지부지 력세불체혜

第29篇○大衞之詩○1上帝衆子歟ˇ以榮與力ˇ歸於耶和華兮ˇ2以其名
제편 대위지시 상제중자여 이영여력 귀어야화화혜 이기명

應得之榮ˇ歸於耶和華ˇ衣聖美之服ˇ而敬拜之兮ˇ3耶和華之聲ˇ在於水
응득지영 귀어야화화 의성미지복 이경배지혜 야화화지성 재어수

上ˇ尊榮之上帝耶和華ˇ起雷於大水之上兮ˇ4耶和華之聲有力ˇ其聲有
상 존영지상제야화화 기뢰어대수지상혜 야화화지성유력 기성유

威兮丶5其聲摧折香柏丶耶和華毀利巴嫩之香柏兮丶6彼使山躍如犢丶利巴嫩與西連丶躍如野牛之犢兮丶7耶和華之聲丶分裂火焰兮丶8其聲震動曠野丶耶和華震動加低斯之曠野兮丶9其聲使麀鹿墮胎丶林木剝落丶凡在殿中者丶無不道榮兮丶○10當洪水時丶耶和華居於位丶耶和華永居王位兮丶11耶和華必錫其民以能力丶耶和華必祝其民以平康兮丶

第30篇○大衞之詞在聖殿告成時歌之○1耶和華歟丶我必尊崇爾丶爾救拔我丶不使我敵誇耀兮丶2耶和華我上帝歟丶我曾籲爾丶爾則醫我兮丶3耶和華歟丶爾出我魂於陰府丶使我生存丶免入墳墓兮丶4耶和華之聖民歟丶爾其歌頌耶和華丶稱揚其聖名兮丶5其怒在俄頃丶其恩在畢生丶哭泣寄於夜丶歡欣來於晨兮丶6若我在利達時丶自謂永不動搖兮丶7耶和華歟丶昔爾施恩丶使我立於固山丶及爾掩面丶我則煩擾兮丶8耶和華歟丶我呼籲爾丶向耶和華懇求兮丶9流我之血丶使我就墓丶何益之有丶塵土安能頌爾丶安能宣爾誠實兮丶10耶和華歟丶垂聽而矜憫我丶耶和華歟丶其爲我助兮丶11爾乃以我哀哭丶變爲舞蹈丶脫我痲衣丶被以喜樂兮丶12俾我靈歌頌爾丶而不緘默丶耶和華我上帝歟丶我將稱謝爾丶永世靡暨兮丶

第31篇丶1耶和華歟丶我託庇於爾丶使我永不蒙羞丶以爾義拯我兮丶2側耳於我丶速援乎我丶爲我堅固之磐丶拯救之砦兮丶3爾爲我巖石丶爲我保障丶祈緣爾名丶引我導我兮丶4脫我於人暗設之網丶爾乃爲我保障兮丶5耶和華誠實之上帝歟丶我託魂於爾手丶爾已贖我兮丶6凡務虛無者丶爲我所惡丶我惟耶和華是賴兮丶7我將因爾慈惠丶喜樂歡欣丶以爾鑒我困苦丶知我艱難兮丶8爾未錮我於敵手丶乃使我足立於廣域兮丶9耶和華歟丶我遭患難丶求爾矜憫丶因我憂苦丶我目就衰丶害及我心我身兮丶10愁苦盡我畢生丶悲歎消我歲月丶因我罪愆丶力癉骨枯兮丶11我緣諸敵爲辱丶對鄰里而尤甚丶友朋懼我丶路人見我而避兮丶12我被遺忘丶如已死絕憶之人丶如破壞之器兮丶13我聞衆謗丶隨在驚嚇丶彼相商以攻我丶設謀以奪我命兮丶14耶和華歟

ˇ我惟恃爾ˇ謂爾爲我上帝兮ˇ15我之遭際ˇ咸在爾手ˇ援我於敵ˇ及迫我
아 유 시 이 위 이 위 아 상 제 혜 아 지 조 제 함 재 이 수 원 아 어 적 급 박 아

者兮ˇ16以爾容光燭爾僕ˇ以爾慈惠拯我兮ˇ17耶和華歟ˇ我曾籲爾ˇ勿
자 혜 이 이 용 광 촉 이 복 이 이 자 혜 증 아 혜 야 화 화 여 아 증 유 이 물

使我蒙羞ˇ惟使惡人蒙羞ˇ俾在陰府緘默兮ˇ18言誑之輩ˇ驕慢狂妄毀義
사 아 몽 수 유 사 악 인 몽 수 비 재 음 부 함 묵 혜 언 광 지 배 교 만 광 망 훼 의

人者ˇ使其啞口兮ˇ19凡敬畏爾ˇ託庇於爾者ˇ爾於人前爲備恩寵ˇ何其
인 자 사 기 아 구 혜 범 경 외 이 탁 비 어 이 자 이 어 인 전 위 비 은 총 하 기

宏大兮ˇ20爾深藏之於避所ˇ俾脫世人之計ˇ暗保之於帷中ˇ使免口舌之
굉 대 혜 이 심 장 지 어 피 소 비 탈 세 인 지 계 암 보 지 어 유 중 사 면 구 설 지

爭兮ˇ21耶和華宜頌美ˇ在於堅城ˇ彰其殊恩兮ˇ22我驚惶時ˇ以爲見絶
쟁 혜 야 화 화 의 송 미 재 어 견 성 창 기 수 은 혜 아 경 황 시 이 위 견 절

於爾前ˇ我呼籲時ˇ爾仍聽我祈求兮ˇ23耶和華之聖民歟ˇ宜敬愛之ˇ信
어 이 전 아 호 유 시 이 잉 청 아 기 구 혜 야 화 화 지 성 민 여 의 경 애 지 신

實者ˇ耶和華保守之ˇ驕泰者ˇ則重報之兮ˇ24凡企望耶和華者ˇ當壯乃
실 자 야 화 화 보 수 지 교 태 자 칙 중 보 지 혜 범 기 망 야 화 화 자 당 장 내

志ˇ強乃心兮ˇ
지 강 내 심 혜

第32篇ˇ1其過得宥ˇ其罪得掩ˇ斯人其有福兮ˇ2其心無詐ˇ耶和華不以
제 편 기 과 득 유 기 죄 득 엄 사 인 기 유 복 혜 기 심 무 사 야 화 화 부 이

爲有罪ˇ斯人其有福兮ˇ3我緘默時ˇ終日欷歔ˇ我骨衰殘兮ˇ4爾手朝夕
위 유 죄 사 인 기 유 복 혜 아 함 묵 시 종 일 희 허 아 골 쇠 잔 혜 이 수 조 석

壓我ˇ精液消耗ˇ有如夏日暵其乾兮ˇ5我陳己罪ˇ不匿己惡ˇ謂向耶和華
압 아 정 액 소 모 유 여 하 일 한 기 건 혜 아 진 기 죄 부 닉 기 악 위 향 야 화 화

認過犯ˇ爾則赦我罪惡兮ˇ6因此敬虔之士ˇ宜乘可尋之際禱爾ˇ大水氾
인 과 범 이 칙 사 아 죄 악 혜 인 차 경 건 지 사 의 승 가 심 지 제 도 이 대 수 범

濫ˇ必不相及兮ˇ7爾爲我避所ˇ脫我於難ˇ環以拯救之歌兮ˇ○8我將訓
람 필 부 상 급 혜 이 위 아 피 소 탈 아 어 난 환 이 증 구 지 가 혜 아 장 훈

爾ˇ示爾當由之路ˇ我目注爾ˇ而勸戒兮ˇ9勿效騾馬之無知ˇ必以羈勒之
이 시 이 당 유 지 로 아 목 주 이 이 권 계 혜 물 효 라 마 지 무 지 필 이 기 륵 지

彎制之ˇ否則不馴兮ˇ10惡人多遭憂苦ˇ惟恃耶和華者ˇ慈惠周匝兮ˇ11
만 제 지 부 칙 부 순 혜 악 인 다 조 우 고 유 시 야 화 화 자 자 혜 주 잡 혜

爾義人當緣耶和華ˇ歡欣悅懌ˇ心正者因樂而呼兮ˇ
이 의 인 당 연 야 화 화 환 흔 열 역 심 정 자 인 악 이 호 혜

第33篇ˇ1爾義人歟ˇ當緣耶和華而悅懌ˇ正直者之頌讚ˇ乃合宜兮ˇ2當
제 편 이 의 인 여 당 연 야 화 화 이 열 역 정 직 자 지 송 찬 내 합 의 혜 당

鼓琴稱謝耶和華ˇ以十絃瑟歌頌之兮ˇ3謳新歌以頌之ˇ鼓琴精巧ˇ其聲
고 금 칭 사 야 화 화 이 십 현 슬 가 송 지 혜 구 신 가 이 송 지 고 금 정 교 기 성

清越兮ˇ4蓋耶和華之言正直ˇ行皆信實兮ˇ5耶和華以公義爲樂ˇ慈惠遍
청 월 혜 개 야 화 화 지 언 정 직 행 개 신 실 혜 야 화 화 이 공 의 위 악 자 혜 편

滿於大地兮ˇ6諸天藉耶和華言而造ˇ萬象由其噓氣而成兮ˇ7彼匯海水
만 어 대 지 혜 제 천 자 야 화 화 언 이 조 만 상 유 기 허 기 이 성 혜 피 회 해 수

如疊ˇ貯淵泉於庫兮ˇ8全地當寅畏耶和華ˇ億兆敬懼之兮ˇ9因彼言之斯
여 루 저 연 천 어 고 혜 전 지 당 인 외 야 화 화 억 조 경 구 지 혜 인 피 언 지 사

有ˇ命之斯立兮ˇ10耶和華敗列邦之謀ˇ廢諸民之志兮ˇ11惟耶和華之謀
유 명 지 사 립 혜 야 화 화 패 렬 방 지 모 폐 제 민 지 지 혜 유 야 화 화 지 모

永立ˇ其志歷世弗替兮ˇ12以耶和華爲上帝者ˇ其國福矣ˇ被彼選爲己業
영 립 기 지 력 세 불 체 혜 이 야 화 화 위 상 제 자 기 국 복 의 피 피 선 위 기 업

ˇ斯民福矣ˇ13耶和華自天鑒觀ˇ盡覩世人兮ˇ14自其居所而觀ˇ徧覽地
사 민 복 의 야 화 화 자 천 감 관 진 도 세 인 혜 자 기 거 소 이 관 편 람 지

上居民兮ˇ15彼造衆心ˇ鑒察其行兮ˇ16未有君王ˇ因兵多而得救ˇ未有
상 거민 혜　　피 조 중심　　감찰 기 행혜　　미유군왕　인병다이득구　미유

勇士ˇ因力大而獲拯兮ˇ17賴馬獲援ˇ乃屬徒然ˇ其力雖大ˇ不能救人兮ˇ
용사　인력대이획증혜　　뢰마획원　내속도연　기력수대　부능구인혜

18敬畏耶和華ˇ企望其慈惠者ˇ彼垂顧之兮ˇ19救其魂於死亡ˇ保其生於
경외야화화　기망기자혜자　피수고지혜　　구기혼어사망　보기생어

饑饉兮ˇ20我魂企望耶和華ˇ彼爲我助我盾兮ˇ21我心於彼而樂ˇ素賴其
기근혜　　아혼기망야화화　피위아조아순혜　　아심어피이악　소뢰기

聖名兮ˇ22耶和華歟ˇ願施慈惠ˇ以副我望兮ˇ
성명혜　　야화화여　원시자혜　이부아망혜

第34篇ˇ○大衞在亞比米勒前佯狂見驅而去乃作此詞○1我恆頌耶和華ˇ
제편　　대위재아비미륵전양광견구이거내작차사　　아긍송야화화

讚美之言ˇ常在我口兮ˇ2我心因耶和華而誇ˇ謙遜之人ˇ聞之則喜兮ˇ3
찬미지언　상재아구혜　　아심인야화화이과　겸손지인　문지칙희혜

爾其偕我稱耶和華爲大ˇ共尊其名兮ˇ4我求耶和華ˇ蒙其俞允ˇ拯我脫
이기해아칭야화화위대　공존기명혜　　아구야화화　몽기유윤　증아탈

諸恐懼兮ˇ5瞻望之者ˇ其容有光ˇ永不赧顏兮ˇ6貧人呼籲ˇ耶和華垂聽ˇ
제공구혜　　첨망지자　기용유광　영부난안혜　　빈인호유　야화화수청

援於諸難兮ˇ7耶和華之使者列營ˇ以環寅畏之人ˇ而拯救之兮ˇ8爾其試
원어제난혜　　야화화지사자렬영　이환인외지인　이증구지혜　　이기시

之ˇ則知耶和華乃善ˇ託庇於彼者ˇ其有福兮ˇ9諸聖民歟ˇ宜寅畏耶和華
지　칙지야화화내선　탁비어피자　기유복혜　　제성민여　의인외야화화

ˇ寅畏之者ˇ不至匱乏兮ˇ10維彼稚獅ˇ匱食而飢ˇ尋求耶和華者ˇ福祉罔
인외지자　부지궤핍혜　　유피치사　궤식이기　심구야화화자　복지망

缺兮ˇ11小子歟ˇ來聽之ˇ我以寅畏耶和華之道訓爾兮ˇ12孰好生命ˇ欲
결혜　　소자여　래청지　아이인외야화화지도훈이혜　　숙호생명　욕

享遐齡ˇ以納福祉ˇ13當捫爾舌ˇ勿出惡言ˇ宜緘爾口ˇ勿道詐語ˇ14去
향하령　이납복지　　당문이설　물출악언　의함이구　물도사어　　거

惡行善ˇ尋求和平ˇ而追隨之兮ˇ15耶和華目注義人ˇ耳聽其呼籲ˇ16以
악행선　심구화평　이추수지혜　　야화화목주의인　이청기호유　　이

怒容向行惡者ˇ絕其誌於世兮ˇ17義人呼籲ˇ耶和華垂聽ˇ援於諸難兮ˇ
노용향행악자　절기지어세혜　　의인호유　야화화수청　원어제난혜

18傷心者耶和華近之ˇ痛心者拯之兮ˇ19義者患難孔多ˇ耶和華悉拯之
상심자야화화근지　통심자증지혜　　의자환난공다　야화화실증지

20保衞其骨ˇ無一摧殘兮ˇ21行惡者必殺於惡ˇ憾義者必服厥罪ˇ22耶
보위기골　무일최잔혜　　행악자필살어악　감의자필복궐죄　　야

和華救贖其僕之魂ˇ託庇於彼者ˇ無有服罪兮ˇ
화화구속기복지혼　탁비어피자　무유복죄혜

第35篇ˇ1耶和華歟ˇ與我爭者ˇ爾與之爭ˇ與我戰者ˇ爾與之戰ˇ2持干
제편　야화화여　여아쟁자　이여지쟁　여아전자　이여지전　　지간

與盾ˇ立而助我ˇ3拔戟禦追我者ˇ謂我魂曰ˇ我爲爾之拯救兮ˇ4俾索取
여순　립이조아　발극어추아자　위아혼왈　아위이지증구혜　　비색취

我命者ˇ受辱蒙羞ˇ謀害我躬者ˇ卻退愧恥兮ˇ5使如風前之糠ˇ耶和華使
아명자　수욕몽수　모해아궁자　각퇴괴치혜　　사여풍전지강　야화화사

者驅逐之兮ˇ6其路幽暗而滑澾ˇ耶和華使者追襲之兮ˇ7以彼無端暗設
자구축지혜　　기로유암이활달　야화화사자추습지혜　　이피무단암설

其網ˇ掘阱欲害我魂兮ˇ8願災禍猝臨之ˇ自罹暗設之網ˇ自陷所掘之阱
기망　굴정욕해아혼혜　　원재화졸림지　자리암설지망　자함소굴지정

兮ˇ9我心必因耶和華而樂ˇ緣其拯救而喜兮ˇ10我形骸曰ˇ耶和華歟ˇ拯
혜　아심필인야화화이악　연기증구이희혜　　아형해왈　야화화여　증

貧者於強梁ˇ援窮乏於盜刼ˇ孰似爾兮ˇ11兇惡之證興起ˇ以所不知之事
빈자어강량 원궁핍어도겁 숙사이혜 흉악지증흥기 이소부지지사

詰我兮ˇ12以惡報善ˇ使我魂孤苦兮ˇ13若我ˇ於彼病時ˇ衣麻禁食ˇ刻
힐아혜 이악보선 사아혼고고혜 약아 어피병시 의마금식 각

苦己心ˇ然我所祈ˇ返於我衷兮ˇ14我之所行ˇ如喪友朋昆弟ˇ屈身悲哀
고기심 연아소기 반어아충혜 아지소행 여상우붕곤제 굴신비애

如哭母兮ˇ15惟我遭難ˇ彼衆歡聚ˇ下流之輩ˇ我不識者ˇ集而攻我ˇ裂之
여곡모혜 유아조난 피중환취 하류지배 아부식자 집이공아 렬지

不已兮ˇ16彼如筵間戲謔之妄人ˇ向我切齒兮ˇ17主歟ˇ旁觀不顧ˇ將至
부이혜 피여연간희학지망인 향아절치혜 주여 방관부고 장지

何時ˇ拯我魂於強暴ˇ救我命於壯獅兮ˇ18我則於大會中稱謝爾ˇ於多民
하시 증아혼어강폭 구아명어장사혜 아칙어대회중칭사이 어다민

中頌讚爾兮ˇ19勿容無理仇我者ˇ向我誇口ˇ無端憾我者ˇ向我眨目兮ˇ
중송찬이혜 물용무리구아자 향아과구 무단감아자 향아잡목혜

20彼不言和平ˇ安居地上者ˇ圖詭詞以害之兮ˇ21肆口謗我曰ˇ嘻嘻ˇ我
피부언화평 안거지상자 도궤사이해지혜 사구방아왈 희희 아

目見之兮ˇ22主耶和華歟ˇ爾旣見止ˇ勿緘默ˇ勿遠我兮ˇ23我上帝ˇ我
목견지혜 주야화화여 이기견지 물함묵 물원아혜 아상제 아

主歟ˇ奮然而興ˇ伸我寃ˇ判我獄兮ˇ24耶和華我上帝歟ˇ依爾義而判之ˇ
주여 분연이흥 신아원 판아옥혜 야화화아상제여 의이의이판지

勿使敵爲我而誇兮ˇ25勿容其心曰ˇ嘻ˇ適如我願ˇ勿容彼曰ˇ我已吞之
물사적위아이과혜 물용기심왈 희 적여아원 물용피왈 아이탄지

兮ˇ26幸我遘災者ˇ俾其懷慚抱愧ˇ向我誇大者ˇ俾其被辱蒙羞兮ˇ27樂
혜 행아구재자 비기회참포괴 향아과대자 비기피욕몽수혜 악

我義讞者ˇ願其歡呼欣喜ˇ悅其僕獲福之耶和華ˇ宜恆尊之爲大兮ˇ28我
아의얼자 원기환호흔희 열기복획복지야화화 의긍존지위대혜 아

舌必言爾義ˇ終日頌讚兮ˇ
설필언이의 종일송찬혜

第36篇○耶和華僕大衞之詞使伶長歌之○1惡人之罪ˇ謂其心曰ˇ目中無
제 편 야화화복대위지사사령장가지 악인지죄 위기심왈 목중무

懼上帝之由兮ˇ2因彼自欺ˇ以爲其惡不顯ˇ不見惡兮ˇ3厥口所言ˇ奸惡
구상제지유혜 인피자기 이위기악부현 부견악혜 궐구소언 간악

詭譎ˇ絕於智慧善行兮ˇ4在牀謀孽ˇ立於邪途ˇ不憎惡事兮ˇ○5耶和華
궤휼 절어지혜선행혜 재상모얼 립어사도 부증악사혜 야화화

歟ˇ爾之慈惠ˇ上及穹蒼ˇ爾之誠實ˇ高凌霄漢兮ˇ6爾之公義ˇ如上帝之
여 이지자혜 상급궁창 이지성실 고릉소한혜 이지공의 여상제지

山ˇ爾之判斷ˇ如深廣之淵ˇ耶和華歟ˇ人與禽獸ˇ爾咸護佑兮ˇ7上帝歟ˇ
산 이지판단 여심광지연 야화화여 인여금수 이함호우혜 상제여

爾之慈惠ˇ何其寶貴ˇ爾翼蔭下ˇ世人託庇兮ˇ8飽之以爾室之肥甘ˇ飲
이지자혜 하기보귀 이익음하 세인탁비혜 포지이이실지비감 음

於樂河兮ˇ9生命之源在爾ˇ於爾光中ˇ必蒙燭照兮ˇ10識爾者ˇ願仍施之
어악하혜 생명지원재이 어이광중 필몽촉조혜 식이자 원잉시지

以慈惠ˇ心正者ˇ錫之以公義兮ˇ11勿容驕人之足踐我ˇ惡人之手逐我兮
이자혜 심정자 석지이공의혜 물용교인지족천아 악인지수축아혜

ˇ12作惡者仆ˇ旣已顚蹶ˇ不能復振兮ˇ
작악자부 기이전궐 부능복진혜

第37篇○大衞之詞○1勿因作惡者生煩擾ˇ勿因爲非者懷妒嫉ˇ2彼如草
제 편 대위지사 물인작악자생번요 물인위비자회투질 피여초

芥ˇ速被芟除ˇ猶之青蔬ˇ不久萎敗兮ˇ3當賴耶和華而行善ˇ居於斯土
개 속피삼제 유지청소 부구위패혜 당뢰야화화이행선 거어사토

以其信實爲食兮ˇ4以耶和華爲悅ˇ爾心所欲ˇ彼必賜之兮ˇ5以爾行徑託
耶和華ˇ惟彼是賴ˇ則必成之兮ˇ6著爾之義ˇ如光發耀ˇ顯爾之公ˇ如日
方中兮ˇ7緘默於耶和華前ˇ忍以望之ˇ人之道途通達ˇ人之惡謀得成ˇ勿
爲之生煩擾兮ˇ8息怒蠲忿ˇ勿生煩擾ˇ以致作慝兮ˇ9蓋作惡者必被翦除
ˇ惟望耶和華者ˇ得承斯土兮ˇ10再延片時ˇ惡者歸於烏有ˇ察其居所ˇ已
杳然兮ˇ11惟謙卑者得承斯土ˇ因雍和之盛而樂兮ˇ12惡人謀害義人ˇ向
之切齒ˇ13主必哂之ˇ因見其日將至兮ˇ14惡者拔刃彎弓ˇ欲覆窮乏ˇ殺
正行之人兮ˇ15其刃必刺己心ˇ其弓見折兮ˇ16義人所有些微ˇ勝於惡人
之豐裕兮ˇ17惡者之臂必見折ˇ惟義者爲耶和華所扶兮ˇ18完人之時日ˇ
耶和華所知ˇ其業永存兮ˇ19遘難之時ˇ不至羞愧ˇ遭饑之日ˇ必得飽飫
兮ˇ20惡人必亡ˇ耶和華之敵ˇ如草場之華美ˇ必將消滅ˇ如煙之散兮ˇ
21惡者貸而弗償ˇ義者行仁ˇ而好施兮ˇ22耶和華所祝者ˇ必承斯土ˇ惟
其所詛者ˇ必被翦除兮ˇ23善人之步履ˇ爲耶和華所定ˇ其行徑ˇ爲耶和
華所悅兮ˇ24彼卽顛蹶ˇ不至不振ˇ耶和華扶之以手兮ˇ25我幼而老ˇ未
見義者被遺ˇ其裔丐食兮ˇ26義人終日行仁施貸ˇ其裔蒙福兮ˇ27去惡從
善ˇ則得久居兮ˇ28蓋耶和華惟義是悅ˇ不遺聖民ˇ使之永存ˇ惡者之裔
必被翦除兮ˇ29義人必承斯土ˇ恆久居處兮ˇ30義人口言智慧ˇ舌道公平
ˇ31上帝之律在於其心ˇ步履不滑跌兮ˇ32惡人窺伺義人ˇ意欲殺之兮ˇ
33耶和華不付於其手ˇ鞫時亦不罪之兮ˇ34當企望耶和華ˇ遵守其道ˇ彼
必擢爾ˇ俾承斯土ˇ惡人見絕ˇ爾必目覩兮ˇ35我見惡人勢盛ˇ張大如靑
葱之樹ˇ在其本土兮ˇ36或經其地ˇ彼已烏有ˇ我尋覓之ˇ不得見兮ˇ37
察完人ˇ觀正人ˇ慕和平者ˇ其終有福兮ˇ38干罪者流ˇ同歸滅沒ˇ惡人終
被翦除兮ˇ39義者之拯救ˇ由於耶和華ˇ在患難時ˇ彼爲其保障兮ˇ40耶
和華助之援之ˇ脫諸惡人ˇ因其託庇於彼ˇ乃拯救之兮ˇ
第38篇○大衞望主俯念而作此詩○1耶和華歟ˇ勿發忿以譴我ˇ勿震怒

以懲我、2蓋爾矢及我、爾手壓我兮、3因爾忿怒、我體無健、因我罪戾、我骨弗安、4我罪滅頂、如重任難勝兮、5因我愚昧、我創臭潰兮、6我傴僂而拳曲、終日悲哀兮、7我腰遍受灼炙、我體無健兮、8身疲創劇、中心弗安而呻吟兮、9主歟、我之願欲、悉陳於爾、我之欷歔、無隱於爾、10我心怦怦、我力疲憊、目光散失兮、11我遘惡疾、友朋遠離、親屬遙立兮、12索取我命者設網罟、謀害我躬者出惡言、終日籌思詭計兮、13我如聾者不聞聲、瘖者不啟口、14其耳無聞、其口無辯兮、15耶和華歟、我企望爾、我主上帝必應之兮、16我曰、恐彼為我而誇、我失足時、彼乃夸大兮、17我幾顛躓、憂苦常在我前兮、18我必述我愆尤、憂我罪戾兮、19我敵敏捷壯強、妄憾我者、實繁有徒兮、20以惡報善者、為我之敵、緣我惟善是從兮、21耶和華歟、勿棄我、我上帝歟、勿遠我、22主歟、我之拯救、其速助我兮、

第39篇○大衞之詩使伶長耶杜頓歌之○1我謂必謹我行、免舌干咎、惡人當前、必箝我口兮、2我緘默無言、善言亦不出口、我之憂痛、更迫切兮、3我則熱衷、默想時火乃熾、遂鼓舌而言曰、4耶和華歟、俾知我身之終、年壽幾何、致我自知荏弱兮、5爾使我之年歲、數掌可量、我之壽算、在於爾前、若無有兮、世人穩立時、亦皆虛空兮、6世人行動乃虛幻、擾攘乃徒勞、積蓄貨財、不知誰取兮、7主歟、我今奚俟、所望惟爾、8援我於愆尤、毋令我受愚人之辱兮、9我默然緘口、以我所遇、乃爾所為兮、10爾之責罰尚其免之、爾手搏擊、我則消滅兮、11爾因罪而譴人、使其菁華消滅、如蠹之蝕、世人實為虛空兮、12耶和華歟、俯聞我祈求、垂聽我呼籲、我既泣涕、爾勿緘默、我於爾前、為外人、為客旅、有如列祖兮、13求爾舍我於我長往之先、俾我復振兮、

第40篇○大衞之詩使伶長歌之○1我耐望耶和華、彼傾聽我呼籲兮、2援我於陷阱、出我於淤泥、立我足於磐石、穩我步履兮、3使我口謳新歌、頌

我上帝ˇ多人見之ˇ寅畏而恃耶和華兮ˇ4惟恃耶和華ˇ不從驕泰虛僞之
아상제 다인견지 인외이시야화화혜 유시야화화 부종교태허위지

輩ˇ斯人其有福兮ˇ5耶和華我上帝歟ˇ爾所作之妙工ˇ及向我之意念甚
배 사인기유복혜 야화화아상제여 이소작지묘공 급향아지의념심

多ˇ不能悉陳ˇ若欲稱述ˇ不可勝數兮ˇ6祭祀禮儀ˇ非爾所悅ˇ燔祭罪祭
다 부능실진 약욕칭술 부가승수혜 제사례의 비이소열 번제죄제

非爾所欲ˇ爾啟我耳兮ˇ7我則曰ˇ我來矣ˇ命我之言ˇ經卷載之兮ˇ8我上
비이소욕 이계아이혜 아칙왈 아래의 명아지언 경권재지혜 아상

帝歟ˇ爾旨我樂遵ˇ爾律在我心兮ˇ9我於大會中ˇ宣公義之嘉音ˇ必不緘
제여 이지아악준 이률재아심혜 아어대회중 선공의지가음 필부함

口ˇ爾耶和華所知兮ˇ10爾之公義ˇ我未匿之於心ˇ爾之信實拯教ˇ我已
구 이야화화소지혜 이지공의 아미닉지어심 이지신실증교 아이

宣之ˇ爾之慈惠誠實ˇ於大會中ˇ我未隱之兮ˇ11耶和華歟ˇ爾之矜恤ˇ勿
선지 이지자혜성실 어대회중 아미은지혜 야화화여 이지긍휼 물

靳於我ˇ爾之慈惠誠實ˇ恆祐我兮ˇ12災禍環我ˇ不可勝計ˇ罪戾迫我ˇ不
근어아 이지자혜성실 긍우아혜 재화환아 부가승계 죄려박아 부

能昂首ˇ其數多越於髮ˇ我心喪失兮ˇ13耶和華歟ˇ以救我爲悅ˇ耶和華
능앙수 기수다월어발 아심상실혜 야화화여 이구아위열 야화화

歟ˇ其助我維亟兮ˇ14索我命者ˇ願其同蒙羞恥ˇ幸我災者ˇ願其却退受
여 기조아유극혜 색아명자 원기동몽수치 행아재자 원기각퇴수

辱兮ˇ15向我曰嘻嘻者ˇ願其慚作而驚駭兮ˇ16惟爾是求者ˇ願其因爾歡
욕혜 향아왈희희자 원기참작이경해혜 유이시구자 원기인이환

欣喜樂ˇ悅爾拯救者ˇ宜恆稱耶和華爲大兮ˇ17我乃貧乏ˇ惟主眷顧ˇ我
흔희악 열이증구자 의긍칭야화화위대혜 아내빈핍 유주권고 아

上帝歟ˇ爾爲我輔助ˇ我拯救ˇ祈勿延緩兮ˇ
상제여 이위아보조 아증구 기물연완혜

第41篇○大衛之詩使伶長歌之○1眷顧貧乏者福矣ˇ遭難之日ˇ耶和華必
제사십일편 대위지시사사령장가지 권고빈핍자복의 조난지일 야화화필

援之兮ˇ2耶和華必佑之ˇ使之生存ˇ獲福於斯土ˇ勿付之於敵ˇ以遂其欲
원지혜 야화화필우지 사지생존 획복어사토 물부지어적 이수기욕

兮ˇ3彼委頓在牀ˇ耶和華必扶持之ˇ於疾病時ˇ治其臥榻兮ˇ4我曰ˇ耶和
혜 피위돈재상 야화화필부지지 어질병시 치기와탑혜 아왈 야화

華歟ˇ尚其憫我醫我ˇ我獲罪於爾兮ˇ5我敵以惡言瀆我曰ˇ彼何時死ˇ其
화여 상기민아의아 아획죄어이혜 아적이악언독아왈 피하시사 기

名泯滅兮ˇ6設彼來見ˇ言則虛妄ˇ心蓄奸惡ˇ出而道之兮ˇ7凡憾我者竊
명민멸혜 설피래견 언칙허망 심축간악 출이도지혜 범감아자절

議我ˇ謀害我兮ˇ8彼謂惡疾附於其身ˇ既已偃臥ˇ永不復起兮ˇ9我之密
의아 모해아혜 피위악질부어기신 기이언와 영부복기혜 아지밀

友ˇ我之所恃ˇ食我餅者ˇ畢踵敵我兮ˇ10耶和華歟ˇ尚其矜我ˇ使我興起
우 아지소시 식아병자 필종적아혜 야화화여 상기긍아 사아흥기

ˇ以報復之兮ˇ11敵不奏凱ˇ則知爾乃悅我兮ˇ12我行正直ˇ爾扶持我ˇ
이보복지혜 적부주개 칙지이내열아혜 아행정직 이부지아

立我於爾前ˇ迄於永久兮ˇ○13以色列之上帝耶和華ˇ當頌美之ˇ永世靡
립아어이전 흘어영구혜 이색렬지상제야화화 당송미지 영세미

暨ˇ誠所願兮ˇ誠所願兮ˇ
기 성소원혜 성소원혜

第42篇○可拉裔之訓詞使伶長歌之○1我上帝歟ˇ我心慕爾ˇ如麀之慕溪
제사십이편 가랍예지훈사사령장가지 아상제여 아심모이 여우지모계

水兮ˇ2我心渴想上帝ˇ卽維生之上帝ˇ何時詣上帝前ˇ而觀之兮ˇ3我晝
수혜 아심갈상상제 즉유생지상제 하시예상제전 이관지혜 아주

夜飲泣ˇ人恆詰我曰ˇ爾上帝安在兮ˇ4我昔與衆偕行ˇ以歡頌之聲ˇ引詣
上帝室ˇ而守節期ˇ今追憶之ˇ我心傷悲兮ˇ5我心何爲而抑鬱ˇ中懷何爲
而煩擾ˇ企望上帝ˇ彼和顏而施救ˇ我仍頌之兮ˇ○6我上帝歟ˇ我心抑鬱
於中ˇ故由約但地ˇ黑門嶺ˇ米薩山ˇ記憶爾兮ˇ7爾之瀑布發聲ˇ淵淵相
應ˇ爾之波濤ˇ淹沒我身兮ˇ8惟耶和華晝施慈惠ˇ夜則其歌在於我口ˇ而
禱賜我生命之上帝兮ˇ9我向上帝我磐石曰ˇ爾何爲忘我ˇ我何爲因敵之
虐ˇ而哀痛兮ˇ10我敵謗瀆ˇ如碎我骨ˇ恆謂我曰ˇ爾上帝安在兮ˇ11我
心何爲而抑鬱ˇ中懷何爲而煩擾ˇ企望上帝ˇ彼和顏而施救ˇ爲我上帝
我仍頌之兮ˇ

第43篇ˇ1上帝歟ˇ尚其爲我折中ˇ辨屈於不虔之國ˇ援我於詭譎不義之
人兮ˇ2爲我力之上帝ˇ爾何爲棄我ˇ我何爲因敵之虐ˇ而哀痛兮ˇ3發爾
光輝誠實ˇ用以導我ˇ攜我至爾聖山ˇ入爾帷幕兮ˇ4我則至上帝之壇ˇ詣
我極樂之上帝ˇ上帝我上帝歟ˇ我必以琴頌爾兮ˇ5我心何爲而抑鬱ˇ中
懷何爲而煩擾ˇ企望上帝ˇ彼和顏而施救ˇ爲我上帝ˇ我仍頌之兮ˇ

第44篇○可拉裔之訓詞使伶長歌之○1上帝歟ˇ爾在古昔所行之事ˇ我耳
聞之ˇ列祖曾述之兮ˇ2以爾手逐列邦ˇ栽培我祖ˇ苦待異族ˇ使我列祖繁
衍兮ˇ3其得斯土ˇ非恃己刃ˇ其得拯救ˇ非賴己臂ˇ乃賴爾之右手與臂ˇ
乃爾容光ˇ以爾悅之兮ˇ4我上帝歟ˇ爾爲我王ˇ其命雅各獲勝兮ˇ5敵我
者ˇ我藉爾手傾覆之ˇ起而攻我者ˇ我藉爾名踐踏之ˇ6我弓非所恃ˇ我刃
不我救兮ˇ7惟爾拯我於敵ˇ使憾我者慚怍兮ˇ8我於上帝終日而誇ˇ必頌
其名ˇ永久不已兮ˇ○9今爾棄我ˇ使我貽羞ˇ不與我軍偕出兮ˇ10使我背
敵而返ˇ憾我者逞其刦奪兮ˇ11使我如備食之羊ˇ散於列邦兮ˇ12鬻爾民
無所得ˇ其値不增爾財兮ˇ13使我爲辱於鄰國ˇ四周之人譏刺姍笑兮ˇ14
爲異邦之話柄ˇ衆民搖首兮ˇ15終日凌辱在我前ˇ羞慚蔽我面ˇ16乃因侮
慢與詬詈者之聲ˇ仇敵及報復者之勢兮ˇ17凡此已臨我身ˇ而我未嘗忘

爾ˇ亦未爽爾約兮ˇ18我心未退ˇ步履未離爾途兮ˇ19爾於野犬之處ˇ壓
我維甚ˇ蔽以陰翳兮ˇ20我儕若忘上帝之名ˇ或向他神舉手ˇ21上帝知人
心之隱微ˇ豈不鑒察乎ˇ22我以爾故ˇ終日見殺ˇ視如將宰之羊兮ˇ23主
歟其寤ˇ何爲寢睡ˇ尚其興起ˇ勿我永棄兮ˇ24爾奚掩面ˇ忘我所受之苦
與虐兮ˇ25我魂伏於塵ˇ我身貼於地兮ˇ26尚其起而助我ˇ以爾慈惠贖我
兮ˇ

第45篇○可拉裔之訓詞明其愛慕使伶長歌之調用百合花○1我心湧美詞
ˇ我舌如捷筆ˇ述我爲王所作兮ˇ2爾之美好ˇ逾於世人ˇ口銜慈惠ˇ故上
帝錫嘏爾ˇ永世靡暨兮ˇ3有能者歟ˇ佩劍於腰ˇ被爾尊榮威嚴兮ˇ4爲誠
實謙遜公義ˇ赫然乘車前往ˇ無不獲勝ˇ爾之右手ˇ必示爾可畏之事兮ˇ5
爾矢銛利ˇ穿王敵之心ˇ衆民仆於爾下兮ˇ6上帝歟ˇ爾位永世靡暨ˇ爾之
國柄ˇ乃正直之柄兮ˇ7爾好義惡惡ˇ故上帝爾之上帝ˇ以喜樂之膏膏爾ˇ
越於爾侶兮ˇ8爾衣薰以藥沒ˇ沈香肉桂ˇ絲絃之樂器ˇ出自象牙之宮ˇ以
娛爾兮ˇ9爾貴人之中ˇ有列王之女ˇ王后飾以俄斐之金ˇ立於爾右兮ˇ10
女子歟ˇ聽之思之ˇ傾耳聆之ˇ爾之鄕民ˇ爾之父家ˇ勿爲繫念兮ˇ11王則
慕爾之美ˇ彼爲爾主ˇ當敬拜之兮ˇ12推羅之女ˇ必饋爾禮ˇ民間富者ˇ必
求爾恩兮ˇ13王女在宮ˇ備極榮美ˇ被服金繡兮ˇ14衣以錦繡ˇ引至王前
ˇ同伴之幼女ˇ亦相攜詣爾兮ˇ15若而人者ˇ欣喜懽忭ˇ導入王宮兮ˇ16
爾之子孫ˇ繼厥列祖ˇ爾必立爲全地之君兮ˇ17我使爾名歷代記憶ˇ衆民
將稱謝爾ˇ永久不已兮ˇ

第46篇○可拉裔之詞使伶長歌之調用女子音○1上帝爲我避所ˇ爲我能
力ˇ在患難中ˇ大顯輔助兮ˇ2故雖大地變遷ˇ山嶽震動ˇ移於海心ˇ3波濤
洶渤洶湧ˇ水漲山搖ˇ我無所懼兮ˇ4有河支流ˇ以悅上帝之邑ˇ即至上者
帷幕之聖所兮ˇ5上帝居其中ˇ其邑不動搖ˇ迨及黎明ˇ上帝必扶助兮ˇ6
異族喧囂ˇ列邦震動ˇ上帝發聲ˇ大地銷鎔兮ˇ7萬軍之耶和華偕我ˇ雅各

之上帝 爲我高臺兮 ○8來觀耶和華所行 地上荒蕪 乃其所爲兮 9彼

戢干戈 爰及地極 折弓斷戟 火焚戰車兮 10爾其休息 知我爲上帝 我

將被尊於異邦 見崇於大地兮 11萬軍之耶和華偕我 雅各之上帝 爲我

高臺兮

第47篇○可拉裔之詩使伶長歌之○1萬民皆宜鼓掌 以獲勝之聲 歡呼上

帝兮 2耶和華至高 有威可畏 乃全地之大君兮 3服衆民於我下 服列

邦於我足下兮 4爲我擇業 卽雅各之榮 雅各乃其所悅兮 5上帝上升

呼聲隨之 耶和華上升 角聲作兮 6宜歌頌 歌頌上帝兮 宜歌頌 歌頌

我王兮 7上帝爲全地之王 當賦明哲之詞 以歌頌兮 8上帝居其聖位

治理萬邦兮 9列邦顯者咸集 欲爲亞伯拉罕上帝之民 斯世之盾 咸屬

上帝 彼乃至尊兮

第48篇○可拉裔之詩○1大哉耶和華 當大得頌讚 於我上帝之邑 在彼

聖山兮 2大君之邑 在郇山之北 崔巍壯麗 乃全地之樂兮 3上帝在其

宮室 自顯爲高臺兮 4列王糾合 相偕經此 5見之駭異驚惶 而疾遁兮

6戰慄持之 痛苦如臨產之婦兮 7爾以東風 毀他施之舟兮 8萬軍耶和

華之城 我上帝之邑 我昔所聞 今已見之 上帝必堅立之 迄於永久兮

○9上帝歟 我儕在爾殿中 念爾慈惠兮 10上帝歟 爾受頌美 稱爾名譽

延及地極 公義盈爾右手兮 11因爾義鞫 郇山宜欣喜 猶大之女 其歡

樂兮 12其遍歷郇山 而環繞之 數其戍樓兮 13觀其城郭 察其宮室

傳於後世兮 14此上帝永爲我上帝 作我先導 直至於死兮

第49篇○可拉裔之詩使伶長歌之○1萬民其聽之 普世居民 其傾耳兮

2尊卑貧富之人 偕聽之兮 3我口惟智慧是言 我心以明哲爲念 4必傾

耳聽喻言 鼓琴解祕語兮 5患難之日 邪惡追迫我踵 我何懼兮 6恃其

貨財 誇其富足者 7莫能贖其昆弟 爲付贖金於上帝 89俾其永存不朽

蓋其生命 贖價甚重 永久無成兮 10彼必見智者死 愚者蠢者偕亡 其

財遺於他人兮ˇ11其心以爲家室恆存ˇ第宅留至萬代ˇ遂以己名名其地
재유어타인혜　　기심이위가실긍존　　제댁류지만대　　수이기명명기지

兮ˇ12人居尊位ˇ不能久長ˇ猶死亡之畜兮ˇ13斯乃愚人之道ˇ而後人猶
혜　　인거존위　　부능구장　　유사망지축혜　　사내우인지도　　이후인유

趨其言兮ˇ14彼如羣羊ˇ定其歸於陰府ˇ死亡爲其牧者ˇ迨及黎明ˇ正人
추기언혜　　피여군양　　정기귀어음부　　사망위기목자　　태급려명　　정인

治之ˇ彼之美麗ˇ銷於陰府ˇ無地以存兮ˇ15惟上帝必納我ˇ贖我魂於陰
치지　　피지미려　　소어음부　　무지이존혜　　유상제필납아　　속아혼어음

府之權兮ˇ○16人殖貨財ˇ門庭炫赫ˇ爾毋懼兮ˇ17因其臨沒ˇ毫無所攜
부지권혜　　인식화재　　문정현혁　　이무구혜　　인기림몰　　호무소휴

ˇ彼之尊榮ˇ不隨之往兮ˇ18彼生存時ˇ自慶其福ˇ爾若利己ˇ人則慶之兮
피지존영　　부수지왕혜　　피생존시　　자경기복　　이약리기　　인칙경지혜

ˇ19然彼歸其歷代之祖ˇ永不見光兮ˇ20人居尊位ˇ而不通達ˇ猶死亡之
연피귀기력대지조　　영부견광혜　　인거존위　　이부통달　　유사망지

畜兮ˇ
축혜

第50篇○亞薩之詩○1大能之上帝耶和華ˇ有言詔天下ˇ自日出之鄉ˇ迄
제　편　아살지시　대능지상제야화화　유언조천하　자일출지향　흘

日入之處兮ˇ2郇乃盡美ˇ上帝自此發其光輝兮ˇ3我之上帝蒞臨ˇ必不緘
일입지처혜　　순내진미　　상제자차발기광휘혜　　아지상제리림　　필부함

默ˇ有火燬於其前ˇ烈風雷雨環之兮ˇ4彼欲鞫其民ˇ乃詔上天下地兮ˇ5
묵　　유화훼어기전　　렬풍뢰우환지혜　　피욕국기민　　내조상천하지혜

集聖民於我前ˇ卽以獻祭ˇ與我立約之人兮ˇ6諸天必宣上帝公義ˇ因其
집성민어아전　　즉이헌제　　여아립약지인혜　　제천필선상제공의　　인기

自爲士師兮ˇ○7我民歟ˇ爾其聽之ˇ我則宣言ˇ以色列歟ˇ我將戒爾ˇ我
자위사사혜　　아민여　　이기청지　　아칙선언　　이색렬여　　아장계이　　아

乃上帝ˇ爾之上帝兮ˇ8我不因爾祭品而加責ˇ爾之燔祭ˇ恆在我前兮ˇ9
내상제　　이지상제혜　　아부인이제품이가책　　이지번제　　긍재아전혜

不取牡牛於爾家ˇ不取山羊於爾牢兮ˇ10叢林百獸ˇ千山羣畜ˇ悉屬我兮
부취모우어이가　　부취산양어이뢰혜　　총림백수　　천산군축　　실속아혜

ˇ11山嶽之禽ˇ皆我所知ˇ原野之獸ˇ爲我所有兮ˇ12我若飢ˇ不告爾ˇ世
산악지금　　개아소지　　원야지수　　위아소유혜　　아약기　　부고이　　세

界與充其中者ˇ咸屬我兮ˇ13我豈食牡牛之肉ˇ飲山羊之血乎ˇ14其以感
계여충기중자　　함속아혜　　아기식모우지육　　음산양지혈호　　기이감

謝爲祭ˇ獻於上帝ˇ向至高者償爾願兮ˇ15患難之日ˇ爾當籲我ˇ我必援
사위제　　헌어상제　　향지고자상이원혜　　환난지일　　이당유아　　아필원

爾ˇ爾亦榮我兮ˇ○16上帝語惡人曰ˇ爾奚稱道我律ˇ口言我約ˇ17實則
이　　이역영아혜　　상제어악인왈　　이해칭도아률　　구언아약　　실칙

厭我訓誨ˇ委我言於後兮ˇ18見盜者則樂附之ˇ淫者則與共兮ˇ19爾口惡
염아훈회　　위아언어후혜　　견도자칙악부지　　음자칙여공혜　　이구악

言是騁ˇ爾舌詭詐是造兮ˇ20坐則謗爾昆弟ˇ讒爾同胞兮ˇ21此爾所行
언시빙　　이설궤사시조혜　　좌칙방이곤제　　참이동포혜　　차이소행

而我緘默ˇ遂意我與爾同ˇ其實我必責爾ˇ列斯事於爾前兮ˇ22爾曹忘上
이아함묵　　수의아여이동　　기실아필책이　　렬사사어이전혜　　이조망상

帝者ˇ當思及此ˇ免我磔爾ˇ無人救援兮ˇ23以感謝爲祭者ˇ卽尊榮我ˇ遵
제자　　당사급차　　면아책이　　무인구원혜　　이감사위제자　　즉존영아　　준

正道者ˇ我必示以上帝之拯救兮ˇ
정도자　　아필시이상제지증구혜

第51篇○大衞與拔示巴偕寢先知拿單責之大衞作此詩使伶長歌之○1上
제　편　대위여발시파해침선지나단책지대위작차시사령장가지　　상

- 145 -

帝歟ˇ依爾恩惠憫我躬ˇ循爾鴻慈塗我過兮ˇ2洗盡我愆尤ˇ潔除我罪戾
제여 의이은혜민아궁 순이홍자도아과혜 세진아건우 결제아죄려

兮ˇ3蓋我自知己過ˇ我罪恆在目前兮ˇ4我惟獲罪於爾ˇ行爾所惡ˇ致爾
혜 개아자지기과 아죄긍재목전혜 아유획죄어이 행이소악 치이

出詞顯公義ˇ行鞫顯清正兮ˇ5我生於愆尤ˇ在母姙中ˇ卽負罪兮ˇ6中懷
출사현공의 행국현청정혜 아생어건우 재모임중 즉부죄혜 중회

誠實ˇ爲爾所悅ˇ必使我衷通達智慧兮ˇ7爾其以牛膝草潔我ˇ我則潔兮
성실 위이소열 필사아충통달지혜혜 이기이우슬초결아 아칙결혜

滌我ˇ我則白於雪兮ˇ8令我得聞喜樂之聲ˇ俾爾所折之骨踴躍兮ˇ9掩面
척아 아칙백어설혜 령아득문희악지성 비이소절지골용약혜 엄면

勿視我罪ˇ塗我諸愆兮ˇ10上帝歟ˇ爲我造清潔之心ˇ復正直之神於我衷
물시아죄 도아제건혜 상제여 위아조청결지심 복정직지신어아충

兮ˇ11勿屏我於爾前ˇ勿收回爾聖神兮ˇ12復我拯救之樂ˇ以悅懌之神扶
혜 물병아어이전 물수회이성신혜 복아증구지악 이열역지신부

我兮ˇ13我則以爾道訓有過者ˇ罪人必歸於爾兮ˇ14上帝拯我之上帝歟
아혜 아칙이이도훈유과자 죄인필귀어이혜 상제증아지상제여

宥我流血之罪ˇ我口大聲歌頌爾公義兮ˇ15主歟ˇ其啟我脣ˇ我口稱揚爾
유아류혈지죄 아구대성가송이공의혜 주여 기계아순 아구칭양이

聲譽兮ˇ16爾不喜祭品ˇ否則我必獻之ˇ燔祭非爾所悅兮ˇ17所以祭上帝
성예혜 이부희제품 부칙아필헌지 번제비이소열혜 소이제상제

者ˇ乃憂傷之神ˇ憂傷痛悔之心ˇ爾不蔑視兮ˇ○18依爾美意ˇ優待郇邑
자 내우상지신 우상통회지심 이부멸시혜 의이미의 우대순읍

建耶路撒冷之城兮ˇ19斯時也ˇ義祭燔祭ˇ及全牲之燔祭ˇ爾必悅之ˇ人
건야로살랭지성혜 사시야 의제번제 급전생지번제 이필열지 인

必獻牡牛於爾壇兮ˇ
필헌모우어이단혜

第52篇○大衞詣亞希米勒之家以東人多益以告掃羅大衞作此訓詞使伶
제 편 대위예아희미륵지가이동인다익이고소라대위작차훈사사령

長歌之○1強暴者歟ˇ何爲以惡自詡ˇ上帝之慈惠永存兮ˇ2爾舌運用邪
장가지 강폭자여 하위이악자후 상제지자혜영존혜 이설운용사

惡ˇ如銛利之薙刀ˇ詭譎是行兮ˇ3爾好惡逾於善ˇ好誑逾於義兮ˇ4詭詐
악 여섬리지치도 궤휼시행혜 이호악유어선 호광유어의혜 궤사

之舌ˇ毀滅之言是好兮ˇ5上帝必傾覆爾ˇ永不復起ˇ除爾於幕中ˇ拔爾於
지설 훼멸지언시호혜 상제필경복이 영부복기 제이어막중 발이어

生人之地兮ˇ6義人見之而懼ˇ且將哂之ˇ7曰ˇ試觀斯人ˇ不以上帝爲力ˇ
생인지지혜 의인견지이구 차장신지 왈 시관사인 부이상제위력

惟恃多財ˇ以惡自固兮ˇ8若我ˇ在上帝室中ˇ如青橄欖樹ˇ賴上帝之慈惠
유시다재 이악자고혜 약아 재상제실중 여청감람수 뢰상제지자혜

ˇ永久不已兮ˇ9爾既行此ˇ我必永久頌讚ˇ在爾聖民前ˇ仰望爾名ˇ以其
영구부이혜 이기행차 아필영구송찬 재이성민전 앙망이명 이기

爲美兮ˇ
위미혜

第53篇○大衞之訓詞使伶長鼓琴歌之調用麻哈拉○1愚人心中謂無上帝
제 편 대위지훈사사령장고금가지조용마합랍 우인심중위무상제

ˇ彼皆敗壞ˇ行可憎之邪惡ˇ無一行善兮ˇ2上帝自天俯視世人ˇ欲察有無
피개패괴 행가증지사악 무일행선혜 상제자천부시세인 욕찰유무

明哲是具ˇ上帝是尋兮ˇ3乃皆却退ˇ同變爲汚ˇ無行善者ˇ並無其一兮ˇ4
명철시구 상제시심혜 내개각퇴 동변위오 무행선자 병무기일혜

作惡者猶無知乎ˇ吞噬我民如食餅ˇ不籲上帝兮ˇ5於無可畏之境ˇ悚然
작악자유무지호 탄서아민여식병 부유상제혜 어무가외지경 송연

大懼ˇ建營攻爾者ˇ上帝散其骨ˇ上帝記識ˇ爾則使之蒙羞兮ˇ6惟願以色列之拯救ˇ自郇而出ˇ上帝返其民之俘囚ˇ雅各必歡樂ˇ以色列必欣喜兮ˇ

第54篇○大衞匿於西弗西弗人以告掃羅大衞作此訓詞使伶長鼓琴歌之○1上帝歟ˇ以爾名救我躬ˇ以爾力伸我寃兮ˇ2上帝歟ˇ聞我所祈ˇ側耳聽我口中之言兮ˇ3外人起而攻我ˇ強暴者索我命ˇ目無上帝兮ˇ4上帝爲我助者ˇ主扶我命兮ˇ5我敵之惡ˇ彼必報之ˇ祈以誠實滅之兮ˇ6耶和華歟ˇ我以樂獻之祭奉爾ˇ稱頌爾名ˇ以其爲美兮ˇ7彼救我於諸難ˇ我敵遭報ˇ我目得覩兮ˇ

第55篇○大衞之訓詞使伶長鼓琴歌之○1上帝歟ˇ傾聽我祈禱ˇ勿自隱匿ˇ不聽我懇求兮ˇ2尚其顧恤我ˇ俞允我ˇ我悲悼而不安ˇ嘅其歎兮ˇ3蓋仇敵恐嚇ˇ惡人暴虐ˇ加我以罪ˇ迫我以怒兮ˇ4我心痛甚ˇ死亡之懼臨我兮ˇ5恐怖戰慄及我ˇ悚惶沒我兮ˇ6我則曰ˇ惟願有翼如鳩ˇ飛去而得安居兮ˇ7我必遠遊ˇ棲於曠野ˇ8速詣避所ˇ脫於烈風暴雨兮ˇ9主歟ˇ我在邑中ˇ見有強暴紛爭ˇ尚其施行翦滅ˇ變亂其舌兮ˇ10彼在城上ˇ晝夜遶行ˇ中有罪孽邪慝兮ˇ11奸惡在於其中ˇ暴虐詭譎ˇ不離其衢兮ˇ12非敵我者詬我ˇ若然ˇ尚可容忍ˇ非憾我者驕我ˇ若然ˇ則必退避兮ˇ13乃爾也ˇ我之同儔ˇ我之伴侶ˇ我之密友兮ˇ14素昔和衷共議ˇ偕衆行於上帝室兮ˇ15奸惡在其室ˇ在其衷ˇ願死亡倏臨之ˇ生墮陰府兮ˇ16若我ˇ必呼籲上帝ˇ耶和華則救我兮ˇ17晨昏卓午ˇ悲哀歎息ˇ彼必聽我聲兮ˇ18我敵雖衆ˇ彼贖我命ˇ脫於戰鬭ˇ俾得平康ˇ敵不近我兮ˇ19處常不畏上帝者ˇ亙古而有之上帝ˇ必聞而報之兮ˇ20彼伸厥手ˇ攻其和好之人ˇ背其盟約兮ˇ21其口滑如酥ˇ心乃爲戰ˇ其言柔於膏ˇ實則露刃兮ˇ22所負之任ˇ當付諸耶和華ˇ彼必扶持ˇ永不令義人動搖兮ˇ23維彼惡人ˇ爾上帝必使之墜於陷阱ˇ嗜殺與行詐者ˇ生存不及半世ˇ我則惟爾是恃兮ˇ

第56篇○大衞在迦特爲非利士人所執作此詞使伶長歌之調用遠方無聲

鵠○1上帝歟ˇ尚其憫我ˇ人欲噬我ˇ終日攻我虐我兮ˇ2我敵終日欲噬我
합　　상제여　상기민아　인욕서아　종일공아학아혜　아적종일욕서아

ˇ傲然攻我者眾多兮ˇ3我恐懼時ˇ惟爾是恃ˇ4我恃上帝ˇ而頌其言ˇ我恃
오연공아자중다혜　아공구시　유이시시　아시상제　이송기언　아시

上帝ˇ而不恐懼ˇ血氣之人ˇ其奈我何兮ˇ5彼終日反我言ˇ對我所思ˇ皆
상제　이부공구　혈기지인　기내아하혜　피종일반아언　대아소사　개

屬邪惡兮ˇ6集而潛伏ˇ察我行蹤ˇ伺隙以害我命兮ˇ7恃惡豈能免罰ˇ上
속사악혜　집이잠복　찰아행종　사극이해아명혜　시악기능면벌　상

帝歟ˇ尚其發怒ˇ傾覆斯族兮ˇ8我屢流離ˇ爾盡數之ˇ祈以我淚貯於爾囊
제여　상기발노　경복사족혜　아루류리　이진수지　기이아루저어이낭

ˇ非悉錄於爾冊乎ˇ9我呼籲時ˇ敵必却退ˇ上帝佑我ˇ我所知兮ˇ10我恃
비실록어이책호　아호유시　적필각퇴　상제우아　아소지혜　아시

上帝ˇ而頌其言ˇ我恃耶和華ˇ而頌其言兮ˇ11我恃上帝ˇ而不恐懼ˇ世人
상제　이송기언　아시야화화　이송기언혜　아시상제　이부공구　세인

其奈我何兮ˇ12上帝歟ˇ我負所許之願ˇ必獻酬恩之祭於爾兮ˇ13蓋爾拯
기내아하혜　상제여　아부소허지원　필헌수은지제어이혜　개이증

我魂於死亡ˇ豈不佑我足ˇ不至顚蹶ˇ俾我行於生命光中ˇ在上帝前兮ˇ
아혼어사망　기부우아족　부지전궐　비아행어생명광중　재상제전혜

第57篇○大衞避掃羅匿身於穴作此詞使伶長歌之調用勿毀壞○
제　편　대위피소라닉신어혈작차사사령장가지조용물훼괴

1上帝歟ˇ尚其憫我ˇ尚其憫我ˇ我心託庇於爾ˇ在爾翼之蔭下ˇ待斯災禍
상제여　상기민아　상기민아　아심탁비어이　재이익지음하　대사재화

之逝兮ˇ2我將呼籲至上上帝ˇ為我成事之上帝兮ˇ3欲噬我者詬詈我時ˇ
지서혜　아장호유지상상제　위아성사지상제혜　욕서아자후리아시

彼必自天施援ˇ上帝必發其慈惠誠實兮ˇ4我處獅中ˇ與火性之世人共臥
피필자천시원　상제필발기자혜성실혜　아처사중　여화성지세인공와

ˇ其齒為戈矢ˇ其舌為利刃兮ˇ5上帝歟ˇ願爾崇高越於諸天ˇ尊榮越於全
기치위과시　기설위리인혜　상제여　원이숭고월어제천　존영월어전

地兮ˇ○6彼眾設網ˇ窒我步履ˇ我心抑鬱ˇ彼掘阱於我前ˇ自陷其中兮ˇ7
지혜　피중설망　질아보리　아심억울　피굴정어아전　자함기중혜

上帝歟ˇ我心堅定ˇ我心堅定ˇ我必謳歌ˇ我必頌讚兮ˇ8我靈其起ˇ琴瑟
상제여　아심견정　아심견정　아필구가　아필송찬혜　아령기기　금슬

其興ˇ我企望黎明兮ˇ9主歟ˇ我必於諸民中稱謝爾ˇ於列邦中歌頌爾ˇ10
기흥　아기망려명혜　주여　아필어제민중칭사이　어렬방중가송이

爾之慈惠峻極於天ˇ誠實及於霄漢兮ˇ11上帝歟ˇ願爾崇高越於諸天ˇ尊
이지자혜준극어천　성실급어소한혜　상제여　원이숭고월어제천　존

榮越於全地兮ˇ
영월어전지혜

第58篇○大衞之詞使伶長歌之調用勿毀壞○1世人歟ˇ爾緘口豈公義ˇ鞫
제　편　대위지사사령장가지조용물훼괴　세인여　이함구기공의　국

人豈正直乎ˇ2非也ˇ爾心造惡ˇ且於地上ˇ衡施強暴兮ˇ3惡人出胎ˇ即遠
인기정직호　비야　이심조악　차어지상　형시강폭혜　악인출태　즉원

於善ˇ有生以來ˇ趨歧言誑兮ˇ4其毒如蛇ˇ如塞耳之聾虺ˇ5術士雖施靈
어선　유생이래　추기언광혜　기독여사　여새이지롱훼　술사수시령

呪ˇ亦罔聞兮ˇ6上帝歟ˇ折其口中之齒ˇ耶和華歟ˇ折稚獅之巨齒兮ˇ7願
주　역망문혜　상제여　절기구중지치　야화화여　절치사지거치혜　원

彼消融ˇ如水急流ˇ如射擬準ˇ而折其矢兮ˇ8如蝸消滅而逝ˇ如婦不及期
피소융　여수급류　여사의준　이절기시혜　여와소멸이서　여부불급기

而產者ˇ未覩日光兮ˇ9荊棘為薪ˇ其釜未熱ˇ青者ˇ焦者ˇ俱為旋風吹去
이산자　미도일광혜　형극위신　기부미열　청자　초자　구위선풍취거

兮~10義人見其慘報則喜~必濯足於惡人之血兮~11人則曰~義人果得賞
혜   의인견기참보칙희   필탁족어악인지혈혜   인칙왈 의인과득상
賚~誠有上帝行鞫於世兮~
뢰 성유상제행국어세혜

第59篇○掃羅遣人偵大衞欲殺之大衞作此詞使伶長歌之調用勿毀壞○1
제 편 소라견인정대위욕살지대위작차사사령장가지조용물훼괴

我上帝歟~援我於仇敵~置我於崇高~脫諸起而攻我者兮~2拯我於作孽
아상제여 원아어구적 치아어숭고 탈제기이공아자혜   증아어작얼
者~救我於嗜殺者兮~3彼眾潛伏~欲害我命~強者集而敵我~耶和華歟~
자 구아어기살자혜   피중잠복 욕해아명 강자집이적아 야화화여
非因我過~非因我罪兮~4我雖無過~彼乃疾趨而備攻~尚其興起~鑒察而
비인아과 비인아죄혜   아수무과 피내질추이비공 상기흥기 감찰이
輔助兮~5萬軍之主耶和華~以色列之上帝歟~起罰萬邦~勿憫作孽之惡
보조혜   만군지주야화화 이색렬지상제여 기벌만방 물민작얼지악
人兮~6彼暮而歸~叫嘷如犬~環城而走兮~7彼口嘵嘵~脣裏藏刀~自謂誰
인혜   피모이귀 규호여견 환성이주혜   피구효효 순리장도 자위수
聞之兮~8耶和華歟~爾將哂之~嗤笑萬邦~9我力歟~我必企望爾~上帝爲
문지혜   야화화여 이장신지 치소만방   아력여 아필기망이 상제위
我高臺兮~10我上帝以慈惠迎我~潛伏以害我者~上帝使我見其遭報兮~
아고대혜   아상제이자혜영아 잠복이해아자 상제사아견기조보혜
11勿殺戮之~免我民遺忘之~我主我盾歟~以爾之力~使彼流離傾覆兮~
물살륙지 면아민유망지 아주아순여 이이지력 사피류리경복혜
12因其口之罪~脣之辭~及其呪詛誑誕~任其爲驕慢所縛兮~13以怒滅之
인기구지죄 순지사 급기주저광탄 임기위교만소박혜   이노멸지
~滅之務盡~俾知上帝主治雅各~爰及地極兮~14任彼暮歸~叫嘷如犬~環
멸지무진 비지상제주치아각 원급지극혜   임피모귀 규호여견 환
城而走~15流離求食~若不得飽~終夜而待兮~16惟我謳歌爾能力~侵晨
성이주 류리구식 약부득포 종야이대혜   유아구가이능력 침신
高唱爾慈惠~蓋爾爲我高臺~在急難時~爲我避所兮~17我力歟~我將歌
고창이자혜 개이위아고대 재급난시 위아피소혜   아력여 아장가
頌爾~上帝爲我高臺~矜憫我之上帝兮~
송이 상제위아고대 긍민아지상제혜

第60篇○大衞與亞蘭拿哈連亞蘭瑣巴戰約押返於鹽谷擊以東人一萬二
제 편 대위여아란나합련아란쇄파전약압반어염곡격이동인일만이
千大衞作此訓詞使伶長歌之調用百合花之證○1上帝歟~爾棄我儕~而破
천대위작차훈사사령장가지조용백합화지증   상제여 이기아제 이파
敗之~加以忿怒~尚其復興我儕兮~2爾使地震~而破裂之~因其顚動~祈
패지 가이분노 상기복흥아제혜   이사지진 이파렬지 인기전동 기
治其缺兮~3爾使爾民遇難~以致眩之酒飲我兮~4敬畏爾者~賜之以旗~
치기결혜   이사이민우난 이치현지주음아혜   경외이자 사지이기
使爲眞理揚起兮~○5求爾俞允我~拯以右手~俾爾所愛者得釋兮~6上帝
사위진리양기혜   구이유윤아 증이우수 비이소애자득석혜   상제
以其聖而言曰~我必歡欣~分割示劍~勘丈疏割谷兮~7基列屬我~瑪拿西
이기성이언왈 아필환흔 분할시검 감장소할곡혜   기렬속아 마나서
亦屬我~以法蓮爲我首鎧~猶大爲我杖兮~8摩押爲我浴盤~將於以東而
역속아 이법련위아수개 유대위아장혜   마압위아욕반 장어이동이
投我屨~非利士歟~因我而歡呼兮~○9誰導我入堅城~誰引我至以東兮~
투아구 비리사여 인아이환호혜   수도아입견성 수인아지이동혜
10上帝歟~爾非棄我乎~上帝歟~爾不與我軍偕出兮~11求爾助我攻敵~
상제여 이비기아호 상제여 이부여아군해출혜   구이조아공적

人之輔助˘乃徒然兮˘12我恃上帝˘毅然而行˘彼乃踐踏我敵兮˘
인지보조 내도연혜 아시상제 의연이행 피내천답아적혜

第61篇○大衛之詞使伶長鼓琴歌之○1上帝歟˘垂聽我呼籲˘注意我祈禱
제 편 대위지사사령장고금가지 상제여 수청아호유 주의아기도

兮˘2我心頹敗時˘必自地極呼籲爾˘尚其導我˘至高於我之磐石兮˘3爾
혜 아심퇴패시 필자지극호유이 상기도아 지고어아지반석혜 이

素爲我避所˘爲我堅臺˘以免於敵兮˘4我將永居爾幕˘託庇於爾翼下˘在
소위아피소 위아견대 이면어적혜 아장영거이막 탁비어이익하 재

其密處兮˘5上帝歟˘我所許之願˘爾曾垂聽˘敬爾名者˘賜之以業兮˘6爾
기밀처혜 상제여 아소허지원 이증수청 경이명자 사지이업혜 이

必延王之壽˘其年歷至多世兮˘7彼永居上帝前˘祈以慈惠誠實˘保佑之
필연왕지수 기년력지다세혜 피영거상제전 기이자혜성실 보우지

兮˘8我則永頌爾名˘日償我願兮˘
혜 아칙영송이명 일상아원혜

第62篇○大衛之詩仿耶杜頓使伶長歌之○1我心默俟上帝˘我之拯救˘自
제 편 대위지시방야두돈사령장가지 아심묵사상제 아지증구 자

彼而施兮˘2惟彼爲我磐石˘爲我拯救˘我之高臺˘我不至於大震兮˘3爾
피이시혜 유피위아반석 위아증구 아지고대 아부지어대진혜 이

衆攻人而擊之˘如排攲斜之牆˘將傾之壁˘伊於胡底兮˘4彼衆協謀˘欲自
중공인이격지 여배기사지장 장경지벽 이어호저혜 피중협모 욕자

其位推而下之˘誑言是喜˘口祝心詛兮˘5我心歟˘默俟上帝˘我望在彼兮
기위추이하지 광언시희 구축심저혜 아심여 묵사상제 아망재피혜

˘6惟彼爲我磐石˘爲我拯救˘我之高臺˘我不至於動搖兮˘7我之拯救尊
유피위아반석 위아증구 아지고대 아부지어동요혜 아지증구존

榮˘盡在上帝˘我能力之磐石˘我之避所˘亦在上帝兮˘8惟爾衆民˘宜時
영 진재상제 아능력지반석 아지피소 역재상제혜 유이중민 의시

恃之˘傾心其前˘上帝乃我儕之避所兮˘9斯世之人˘卑者虛無˘尊者妄誕
시지 경심기전 상제내아제지피소혜 사세지인 비자허무 존자망탄

˘置之於衡則起˘皆輕於氣兮˘10勿惟暴虐是恃˘勿因刧奪而驕˘貨財增
치지어형칙기 개경어기혜 물유폭학시시 물인겁탈이교 화재증

益˘勿繫念兮˘11上帝一再言之˘我已聞之˘能力屬於上帝兮˘12主歟˘
익 물계념혜 상제일재언지 아이문지 능력속어상제혜 주여

慈惠亦屬爾˘爾依人所行而報之兮˘
자혜역속이 이의인소행이보지혜

第63篇○大衛居猶大野所作之詩○1上帝歟˘爾爲我上帝˘我懇切尋爾˘
제 편 대위거유대야소작지시 상제여 이위아상제 아간절심이

在旱乾困人˘無水之地˘我心渴想爾˘我身切慕爾兮˘2似曾瞻爾於聖所˘
재한건곤인 무수지지 아심갈상이 아신절모이혜 사증첨이어성소

欲見爾能與榮兮˘3爾之慈惠˘逾於生命˘我口必讚爾兮˘4我畢生頌美爾
욕견이능여영혜 이지자혜 유어생명 아구필찬이혜 아필생송미이

˘奉爾名而舉手兮˘5我魂必飽˘如饜以髓與肥˘我以喜樂之口讚爾兮˘6
봉이명이거수혜 아혼필포 여염이수여비 아이희악지구찬이혜

我在牀憶爾˘中夜思爾兮˘7爾素爲我助˘於爾翼之蔭下˘我必歡欣兮˘8
아재상억이 중야사이혜 이소위아조 어이익지음하 아필환흔혜

我心追隨爾後˘爾右手扶我兮˘9惟索滅我命者˘必適地下兮˘10必付於
아심추수이후 이우수부아혜 유색멸아명자 필적지하혜 필부어

刃˘爲野犬所食兮˘11惟王因上帝而喜˘指之而誓者必誇詡˘言誑者之口
인 위야견소식혜 유왕인상제이희 지지이서자필과후 언광자지구

必見塞兮˘
필견새혜

第64篇○大衞之詩使伶長歌之○1上帝歟ˇ聽我悲歎之聲ˇ保我生命ˇ免懼仇敵兮ˇ2其藏匿我ˇ脱於行惡者之陰謀ˇ作孽者之喧擾兮ˇ3彼衆礪舌如刀ˇ以苦語爲矢ˇ而擬準兮ˇ4欲暗射完人ˇ遽發而無懼兮ˇ5謀惡相勉ˇ暗議設網ˇ謂誰見之兮ˇ6圖維奸惡ˇ自謂我成妙策兮ˇ所存心意ˇ乃甚深兮ˇ7上帝將射之ˇ猝受箭傷兮ˇ8彼必顚蹶ˇ其舌卽其敵ˇ見者必搖首兮ˇ9衆皆驚懼ˇ述上帝之經營ˇ明晰思其作爲兮ˇ10義人必因耶和華而喜ˇ託庇於彼ˇ凡心正者ˇ必誇詡兮ˇ

第65篇○大衞之詩使伶長歌之○1上帝歟ˇ人在郇企望頌讚爾ˇ乃其所宜ˇ所許之願ˇ必償之兮ˇ2爾垂聽祈禱ˇ凡有血氣者ˇ必詣爾兮ˇ3罪戾勝我ˇ至我愆尤ˇ爾必宥之兮ˇ4爾所遴選ˇ俾進居爾院者ˇ其人福矣ˇ我因爾室聖殿之美ˇ而自慊兮ˇ5拯我之上帝歟ˇ爾秉義施威應我ˇ爲地極遠海之人所恃兮ˇ6以力自束ˇ以能奠山兮ˇ7靜諸海之洶湧ˇ平波濤之澎渤ˇ息衆民之喧譁兮ˇ8居地極者ˇ畏爾異蹟ˇ爾使日出日入之區ˇ靡不歡欣兮ˇ9眷顧下土ˇ而灌漑之ˇ廣加滋潤ˇ上帝之川ˇ充盈以水ˇ爾旣備地ˇ給人以糧兮ˇ10深潤其阡陌ˇ平治其土壤ˇ柔之以甘霖ˇ錫嘏其所產兮ˇ11冠年以恩澤ˇ爾所經之路ˇ滴瀝以恩膏兮ˇ12滴瀝於野間草場ˇ岡陵束以歡樂兮ˇ13草場被以羣羊ˇ諸谷盈以禾稼ˇ皆歡呼而謳歌兮ˇ

第66篇○此詩使伶長歌之○1全地其向上帝歡呼ˇ2歌頌其名之榮ˇ歸榮以讚之兮ˇ3對上帝云ˇ爾之作爲ˇ何其可畏ˇ因爾大能ˇ仇敵服於爾兮ˇ4全地必敬拜爾ˇ歌頌爾ˇ歌頌爾名兮ˇ○5來觀上帝之經營ˇ其於世人所爲ˇ乃可懼兮ˇ6變海爲陸ˇ俾衆徒步涉河ˇ我儕因彼而喜兮ˇ7以能永掌其權ˇ目鑒萬邦ˇ悖逆者勿自高兮ˇ8諸民其稱讚我上帝ˇ俾頌聲遠聞兮ˇ9彼使我命得存ˇ不任我足顚蹶兮ˇ10上帝歟ˇ爾曾試我ˇ鍊我如鍊銀兮ˇ11引我罹網ˇ置重負於我身兮ˇ12使人乘車而過我首ˇ我經水火ˇ爾終導我ˇ入豐富之區兮ˇ13我將奉燔祭詣爾室ˇ在爾前償我願ˇ14卽於急難時

ˇ我脣所發ˇ我口所言兮ˇ15我將獻爾以肥牲之燔祭ˇ與牡羊之馨香ˇ牡
　　아순소발　　아구소언혜　　　아장헌이이비생지번제　　여모양지형향　모

牛偕山羊而獻兮ˇ○16凡寅畏上帝者ˇ其來聽之ˇ彼爲我魂所行ˇ我必述
우해산양이헌혜　　범인외상제자　기래청지　피위아혼소행　아필술

之兮ˇ17我曾以口呼籲之ˇ以舌尊崇之ˇ18我心若注於罪ˇ主必不聽兮ˇ
지혜　아증이구호유지　이설존숭지　아심약주어죄　주필부청혜

19惟上帝實聽之ˇ聞我祈禱之聲兮ˇ20上帝宜頌美兮ˇ未卻我祈禱ˇ未靳
유상제실청지　문아기도지성혜　상제의송미혜　미각아기도　미근

其慈惠兮ˇ
기자혜혜

第67篇○此詩使伶長鼓琴歌之○1祈上帝矜憫我ˇ錫嘏我ˇ以容光燭我兮
제　편　차시사령장고금가지　기상제긍민아　석하아　이용광촉아혜

ˇ2使爾道途ˇ見知於寰宇ˇ使爾拯救ˇ見知於萬民兮ˇ3上帝歟ˇ願列邦稱
사이도도　견지어환우　사이증구　견지어만민혜　상제여　원렬방칭

讚爾ˇ萬民稱讚爾兮ˇ4願萬國喜樂而歡呼ˇ因爾秉公以鞫諸民ˇ引導世
찬이　만민칭찬이혜　원만국희악이환호　인이병공이국제민　인도세

上萬國兮ˇ5上帝歟ˇ願列邦稱讚爾ˇ萬民稱讚爾兮ˇ6地出其產ˇ上帝我
상만국혜　상제여　원렬방칭찬이　만민칭찬이혜　지출기산　상제아

之上帝ˇ必錫嘏於我兮ˇ7上帝必錫嘏我ˇ地之四極ˇ必寅畏之兮ˇ
지상제　필석하어아혜　상제필석하아　지지사극　필인외지혜

第68篇○大衞之詩使伶長歌之○1願上帝興起ˇ使敵潰散ˇ憾之者遁於其
제　편　대위지시사령장가지　원상제흥기　사적궤산　감지자둔어기

前兮ˇ2使之被逐ˇ如烟之散ˇ使惡人滅於上帝前ˇ如蠟之鎔於火兮ˇ3義
전혜　사지피축　여연지산　사악인멸어상제전　여랍지용어화혜　의

人尙其欣喜ˇ踴躍於上帝前ˇ忻然而樂兮ˇ4宜向上帝謳歌ˇ歌頌其名ˇ爲
인상기흔희　용약어상제전　흔연이악혜　의향상제구가　가송기명　위

駕車行於野者ˇ平治大道ˇ厥名耶和華ˇ當踴躍於其前兮ˇ5上帝在其聖
가차행어야자　평치대도　궐명야화화　당용약어기전혜　상제재기성

所ˇ爲孤兒之父ˇ嫠婦之士師兮ˇ6上帝使孤獨者有家ˇ出幽囚者ˇ俾得亨
소　위고아지부　리부지사사혜　상제사고독자유가　출유수자　비득형

通ˇ惟悖逆者處於燥土兮ˇ○7上帝歟ˇ昔爾行於民前ˇ經歷曠野ˇ8維時
통　유패역자처어조토혜　상제여　석이행어민전　경력광야　유시

地顫天漏於上帝前ˇ西乃搖撼ˇ於以色列之上帝前兮ˇ9上帝歟ˇ爾沛霖
지전천루어상제전　서내요감　어이색렬지상제전혜　상제여　이패림

雨ˇ爾業困乏ˇ俾其堅固兮ˇ10爾之會衆居於其中ˇ上帝歟ˇ爾爲貧者備
우　이업곤핍　비기견고혜　이지회중거어기중　상제여　이위빈자비

其恩澤兮ˇ11主發命令ˇ傳報嘉音之女甚衆兮ˇ12統軍諸王ˇ遁矣ˇ遁矣
기은택혜　주발명령　전보가음지녀심중혜　통군제왕　둔의　둔의

ˇ居家之婦ˇ得分所掠之物兮ˇ13爾曹臥於羊牢ˇ有若班鳩ˇ其羽鍍銀ˇ其
거가지부　득분소략지물혜　이조와어양뢰　유약반구　기우도은　기

翎鍍金兮ˇ14大能者於此逐散諸王ˇ則如撒們之飄雪兮ˇ15巴珊山乃上
령도금혜　대능자어차축산제왕　칙여살문지표설혜　파산산내상

帝之山ˇ巴珊山乃峻峯之山兮ˇ16高山歟ˇ爾何睥睨上帝願居之山ˇ耶和
제지산　파산산내준봉지산혜　고산여　이하비예상제원거지산　야화

華將永居之兮ˇ17上帝之車ˇ累萬盈千ˇ主在其中ˇ如在西乃聖所兮ˇ18
화장영거지혜　상제지차　루만영천　주재기중　여재서내성소혜

爾已升高ˇ攜厥俘虜ˇ受供品於人間ˇ悖逆者亦供之ˇ欲耶和華上帝居於
이이승고　휴궐부로　수공품어인간　패역자역공지　욕야화화상제거어

其中兮ˇ○19主救我之上帝ˇ日日荷我重負ˇ當頌美之兮ˇ20上帝乃屢救
기중혜　주구아지상제　일일하아중부　당송미지혜　상제내루구

我之上帝∨得免死亡∨在於主耶和華兮∨21上帝必擊破敵首∨恆干罪者之髮顚兮∨22主云∨我必使敵歸自巴珊∨返自深海兮∨23俾爾碎之∨足浸其血∨爾犬得食其肉兮∨24上帝歟∨我上帝我王入聖所∨爾之步履∨衆人目覩兮∨25謳歌者行於前∨作樂者隨於後∨在於播鼗童女之間兮∨26以色列之源所出者∨當在諸會中∨頌主上帝兮∨27在彼∨小便雅憫爲其首領∨有猶大之牧伯∨及其羣衆∨西布倫之牧伯∨拿弗他利之牧伯兮∨○28上帝歟∨其施爾力∨爲我成事之上帝歟∨其著爾能兮∨29爲在耶路撒冷之殿∨列王必獻禮於爾兮∨30其叱葦中之獸∨牡牛之羣∨民衆之犢∨踐其銀於足下∨驅散好鬪之民兮∨31牧伯將自埃及而來∨古實速向上帝舉手兮∨32地上諸國∨其向上帝謳歌∨歌頌乎主∨33卽駕行太古天上之天者∨彼發厥聲∨其聲甚巨兮∨34歸能力於上帝∨其威嚴在以色列之上∨其能力極於雲霄兮∨35上帝歟∨爾自聖所∨顯爲可畏∨以色列之上帝∨以能與力賜於其民∨上帝宜頌讚兮∨

第69篇○大衞之詞使伶長歌之調用百合花○1上帝歟∨尚其救我∨諸水迫我兮∨2我陷淤泥∨立足無地∨我入深水∨洪濤淹沒兮∨3我呼籲而疲倦∨我喉乾燥∨企望我上帝∨目爲之瞶兮∨4無端憾我者∨多於我首之髮∨無理仇我∨欲滅我者∨強而有力∨我未嘗奪諸人∨必須償之兮∨5上帝歟∨我之愚昧∨爲爾所知∨我之罪愆∨未隱於爾兮∨6萬軍之主耶和華歟∨勿使企望爾者∨因我而蒙羞∨以色列之上帝歟∨勿使尋求爾者∨因我而受辱∨7我爲爾受詬詈∨羞慚蔽我面兮∨8我於昆弟爲外人∨我於同胞爲異族兮∨9爲爾室之熱衷灼我∨斥爾者之詬詈歸我兮∨10我流涕禁食∨以苦己心∨反爲我辱兮∨11以麻爲衣∨則爲人之話柄兮∨12坐於邑門者品評我∨酒徒以我爲歌兮∨13耶和華歟∨於見納時∨我祈禱爾∨上帝歟∨依爾慈惠之盛∨拯救之誠∨俞允我兮∨14拯我於淤泥∨勿使陷溺∨援我於憾我者∨出我於深水兮∨15勿容大水沒我∨深淵滅我∨阱口封於我上兮∨16耶和華歟∨爾之慈惠佳

美ˇ尚其俞允我ˇ依爾鴻慈ˇ轉而顧我兮ˇ17勿向爾僕掩面ˇ我在難中ˇ速
미　상기유윤아　의이이홍자　전이고아혜　　　물향이복엄면　아재난중　속

允我兮ˇ18近我而救之ˇ因我敵而贖我兮ˇ19我受詬詈ˇ羞恥凌辱ˇ爾悉
윤아혜　근아이구지　인아적이속아혜　아수후리　수치릉욕　이실

知之ˇ我敵咸在爾前兮ˇ20詬詈傷我心ˇ憂鬱滿我懷ˇ望得矜恤ˇ而無其
지지　아적함재이전혜　후리상아심　우울만아회　망득긍휼　이무기

人ˇ望人慰藉ˇ未見其一兮ˇ21彼乃食我以膽ˇ渴時飲我以醯兮ˇ23其目
인　망인위자　미견기일혜　피내식아이담　갈시음아이혜혜　기목

昏眊不見ˇ其腰戰慄不已兮ˇ24爾以恚忿傾之ˇ以烈怒迫之兮ˇ25願其住
혼모부견　기요전률부이혜　이이에분경지　이렬노박지혜　원기주

址荒寂ˇ幕無居人兮ˇ26蓋彼迫爾所擊者ˇ道爾所傷者之苦兮ˇ27願爾以
지황적　막무거인혜　개피박이소격자　도이소상자지고혜　원이이

罪加於其罪ˇ勿容與於爾義兮ˇ28願彼塗於生命冊ˇ不與義人同錄兮ˇ29
죄가어기죄　물용여어이의혜　원피도어생명책　부여의인동록혜

我困苦憂傷ˇ上帝歟ˇ願爾拯救ˇ置我於高處兮ˇ31此耶和華所悅ˇ愈於
아곤고우상　상제여　원이증구　치아어고처혜　차야화화소열　유어

獻牛ˇ蹄角兼備之牡牛兮ˇ32謙遜者見之則喜ˇ爾求上帝者ˇ其蘇乃心兮
헌우　제각겸비지모우혜　겸손자견지칙희　이구상제자　기소내심혜

ˇ33耶和華俯聽貧者ˇ不蔑視其俘囚兮ˇ34願天地頌美之ˇ海與其中動物
야화화부청빈자　부멸시기부수혜　원천지송미지　해여기중동물

ˇ咸讚揚之兮ˇ35蓋上帝必救郇ˇ建猶大邑ˇ民居其間ˇ以之爲業兮ˇ36
함찬양지혜　개상제필구구순　건유대읍　민거기간　이지위업혜

其僕之裔嗣之ˇ愛其名者ˇ居於其中兮ˇ
기복지예사지　애기명자　거어기중혜

第70篇○大衞望主俯念而作此詞使伶長歌之○1上帝歟ˇ尚其援我ˇ耶和
제　편　대위망주부념이작차사사령장가지　　상제여　상기원아　야화

華歟ˇ速助我兮ˇ2願索我命者ˇ抱愧蒙羞ˇ幸我災者ˇ却退受辱兮ˇ3向我
화여　속조아혜　원색아명자　포괴몽수　행아재자　각퇴수욕혜　향아

嘻嘻者ˇ因羞愧而却退兮ˇ4凡求爾者ˇ因爾欣喜歡忭ˇ凡悅爾拯救者ˇ恆
희희자　인수괴이각퇴혜　범구이자　인이흔희환변　범열이증구자　긍

言宜尊上帝爲大兮ˇ5我乃貧乏ˇ上帝歟ˇ其速涖臨ˇ爾爲我輔助ˇ我救者
언의존상제위대혜　아내빈핍　상제여　기속리림　이위아보조　아구자

ˇ耶和華歟ˇ祈勿延緩兮ˇ
야화화여　기물연완혜

第71篇ˇ1耶和華歟ˇ我託庇於爾ˇ俾我永不羞愧兮ˇ2依爾之義ˇ釋我援
제　편　야화화여　아탁비어이　비아영부수괴혜　의이지의　석아원

我ˇ側耳垂聽ˇ而救我兮ˇ3爲我所居之磐石ˇ我可恆詣之ˇ爾曾發令救我
아　측이수청　이구아혜　위아소거지반석　아가긍예지　이증발령구아

兮ˇ蓋爾爲我巉巖ˇ爲我保障兮ˇ4我上帝歟ˇ援我於惡人之手ˇ脫不義及
혜　개이위아참암　위아보장혜　아상제여　원아어악인지수　탈부의급

強暴者之手兮ˇ5主耶和華歟ˇ爾爲我望ˇ我自幼沖ˇ惟爾是恃兮ˇ6我自
강폭자지수혜　주야화화여　이위아망　아자유충　유이시시혜　아자

出胎ˇ爲爾所扶ˇ離乎母腹ˇ蒙爾恩寵ˇ我恆頌爾兮ˇ7爾爲我堅固之避所
출태　위이소부　리호모복　몽이은총　아긍송이혜　이위아견고지피소

ˇ視我爲異者衆兮ˇ8頌讚爾ˇ尊榮爾ˇ終日盈我口兮ˇ9我年老時勿我棄
시아위이자중혜　송찬이　존영이　종일영아구혜　아년로시물아기

我力衰時勿我離兮ˇ10蓋敵論我ˇ伺索我命者同謀兮ˇ11曰ˇ上帝棄之
아력쇠시물아리혜　개적론아　사색아명자동모혜　왈　상제기지

其追捕之ˇ無人救援兮ˇ12上帝歟ˇ勿遠我ˇ我上帝歟ˇ速助我兮ˇ13抵
기추포지　무인구원혜　상제여　물원아　아상제여　속조아혜　저

敵我命者ˇ願其抱愧被滅ˇ謀害我躬者ˇ願其受辱蒙羞ˇ14我則企望恆切
ˇ讚美日多兮ˇ15爾公義ˇ爾拯救ˇ不可勝數ˇ我口終日述之兮ˇ16我以
主耶和華大能之作爲而來ˇ祇道爾義兮ˇ17上帝歟ˇ自幼訓我ˇ我素宣爾
奇行兮ˇ18上帝歟ˇ我老年皓首時ˇ勿遺棄我ˇ俟我宣爾力於後世ˇ述爾
能於來者兮ˇ19上帝歟ˇ爾義崇高ˇ行大事之上帝歟ˇ誰似爾兮ˇ20昔爾
使我屢遭大難ˇ今必甦我ˇ援我於地之深處兮ˇ21尚其使我昌熾ˇ轉而慰
我兮ˇ22我上帝歟ˇ我必以瑟讚美爾ˇ讚美爾之誠實ˇ以色列之聖者歟ˇ
我必以琴歌頌爾兮ˇ23歌頌爾時ˇ我口歡呼ˇ我魂爾所贖者ˇ亦懽忭兮ˇ
24我舌終日必述爾義ˇ謀害我者ˇ受辱蒙羞兮ˇ

第72篇○所羅門之詞○1上帝歟ˇ以爾讞才賜王ˇ以爾公義賜王子兮ˇ2
彼必判爾民以義ˇ判爾貧民以公兮ˇ3山嶽岡陵ˇ必因公義ˇ使民得安兮ˇ
4彼必爲貧民伸寃ˇ拯窮乏之子ˇ摧強暴之徒兮ˇ5日月猶存ˇ人必畏爾ˇ
迄於萬世兮ˇ6彼之蒞臨ˇ如雨降於已芟之草ˇ甘霖潤澤土壤兮ˇ7其時義
者必興ˇ平康之盛ˇ如月之恆兮ˇ8其權所及ˇ自此海至彼海ˇ自大河至地
極兮ˇ9居於野者必跽其前ˇ其敵舐土兮ˇ10他施曁島嶼之王納貢ˇ示巴
及西巴之王饋禮兮ˇ11諸王跪拜ˇ列國奉事兮ˇ12窮乏者呼籲ˇ彼必救之
ˇ困苦者無助ˇ彼必援之兮ˇ13矜恤窮苦之輩ˇ拯救貧人之命兮ˇ14必贖
其命ˇ脫於欺凌強暴ˇ視其血爲寶兮ˇ15彼必生存ˇ人將奉以示巴之金ˇ
恆爲祈禱ˇ終日頌美兮ˇ16山巔平壤ˇ禾稼繁盛ˇ穀實搖曳ˇ若利巴嫩之
樹ˇ邑人暢茂ˇ如地上之草兮ˇ17其名永存ˇ其名必昌ˇ如日悠久ˇ人必因
之受祜ˇ萬國稱其有福兮ˇ○18耶和華上帝ˇ以色列之上帝ˇ獨行奇事ˇ
當頌美兮ˇ19願其榮名永受頌揚ˇ榮光遍滿全地ˇ誠所願兮ˇ誠所願兮ˇ
○20耶西子大衞之祈禱已畢ˇ

第73篇○亞薩之詩○1以色列中ˇ心純潔者ˇ上帝誠待之以恩兮ˇ2惟我
幾失足ˇ步履幾滑跌兮ˇ3我見惡人利達ˇ因嫉狂傲之人兮ˇ4彼死時無痛

苦ˇ身力強健兮ˇ5不似世人受艱苦ˇ不似他人遘災難兮ˇ6故驕肆如鏈懸
고 신력강건혜 부사세인수간고 부사타인구재난혜 고교사여련현

其項ˇ暴戾如服蔽其體兮ˇ7彼體胖而目突ˇ所得逾於心所望兮ˇ8姍笑乎
기항 폭려여복폐기체혜 피체반이목돌 소득유어심소망혜 산소호

人ˇ以惡意發暴語ˇ吐屬高狂兮ˇ9口談上天ˇ舌遊全地ˇ10斯民因而歸之
인 이악의발폭어 토속고광혜 구담상천 설유전지 사민인이귀지

ˇ滿杯之水吸盡兮ˇ11彼曰ˇ上帝焉得知ˇ至高者豈有識乎ˇ12惡人如此
만배지수흡진혜 피왈 상제언득지 지고자기유식호 악인여차

ˇ恆享綏安ˇ遂增貨財兮ˇ13我潔己心ˇ盥手以表無辜ˇ乃徒然兮ˇ14蓋
긍향수안 수증화재혜 아결기심 관수이표무고 내도연혜 개

我終日遭難ˇ每晨受責兮ˇ15我若自謂必爲是言ˇ乃行詐於爾衆子兮ˇ16
아종일조난 매신수책혜 아약자위필위시언 내행사어이중자혜

我思此事ˇ而欲悉之ˇ視爲極苦兮ˇ17俟入上帝聖所ˇ揣其終極兮ˇ18爾
아사차사 이욕실지 시위극고혜 사입상제성소 췌기종극혜 이

實置之於險地ˇ委之於沉淪兮ˇ19猝然荒寂ˇ因威烈而滅沒兮ˇ20主歟
실치지어험지 위지어침륜혜 졸연황적 인위렬이멸몰혜 주여

爾興起時ˇ蔑視其形相ˇ如人醒時之視夢幻兮ˇ21我靈不安ˇ我心被刺兮
이흥기시 멸시기형상 여인성시지시몽환혜 아령부안 아심피자혜

ˇ22我愚蠢無知ˇ在爾前同於獸兮ˇ23然我恆與爾偕ˇ爾執我右手兮ˇ24
아우준무지 재이전동어수혜 연아긍여이해 이집아우수혜

爾必以訓迪我ˇ後則以榮接我兮ˇ25爾外ˇ在天誰爲我有ˇ在地我無所慕
이필이훈적아 후칙이영접아혜 이외 재천수위아유 재지아무소모

兮ˇ26我身心俱憊ˇ惟上帝爲我心力ˇ爲我永業兮ˇ27遠爾者必死亡ˇ狥
혜 아신심구비 유상제위아심력 위아영업혜 원이자필사망 순

欲逆爾者ˇ爾殄滅之兮ˇ28惟我近上帝而獲益ˇ以主耶和華爲避所ˇ俾我
욕역이자 이진멸지혜 유아근상제이획익 이주야화화위피소 비아

述其作爲兮ˇ
술기작위혜

第74篇1上帝歟ˇ奚永棄我ˇ奚向爾草場之羊ˇ發爾烈怒乎ˇ2昔爾所得之
제 편 상제여 해영기아 해향이초장지양 발이렬노호 석이소득지

會衆ˇ所贖爲業之族ˇ及爾所居之郇山ˇ祈垂念之兮ˇ3尚其舉步ˇ往視歷
회중 소속위업지족 급이소거지순산 기수념지혜 상기거보 왕시력

久之荒墟ˇ敵在聖室所行之諸惡兮ˇ4敵在會中咆哮ˇ樹其旗爲標識兮ˇ5
구지황허 적재성실소행지제악혜 적재회중포효 수기기위표식혜

勢如舉斧ˇ以伐叢林兮ˇ6聖室雕工ˇ今毀以斧錘兮ˇ7火焚聖室ˇ玷爾寄
세여거부 이벌총림혜 성실조공 금훼이부추혜 화분성실 점이기

名之所ˇ傾之於地兮ˇ8意謂滅之務盡ˇ境內上帝會所ˇ乃咸焚之兮ˇ9我
명지소 경지어지혜 의위멸지무진 경내상제회소 내함분지혜 아

之標識不得見ˇ先知不復有ˇ歷時幾何ˇ我中無人知之兮ˇ10上帝歟ˇ敵
지표식부득견 선지부복유 력시기하 아중무인지지혜 상제여 적

人詆毀ˇ將至何時ˇ仇人褻瀆爾名ˇ豈至永久乎ˇ11奚撤爾手ˇ卽爾右手
인저훼 장지하시 구인설독이명 기지영구호 해철이수 즉이우수

其出之於懷ˇ以行毀滅兮ˇ○12自古上帝爲我王ˇ行拯救於大地兮ˇ13昔
기출지어회 이행훼멸혜 자고상제위아왕 행증구어대지혜 석

爾以力判海ˇ破龍首於水中兮ˇ14碎鱷魚之首ˇ以食野處之族兮ˇ15裂磐
이이력판해 파룡수어수중혜 쇄악어지수 이식야처지족혜 렬반

出泉與溪ˇ涸長流之川兮ˇ16晝屬爾ˇ夜亦屬爾ˇ日月星爾所備兮ˇ17地
출천여계 학장류지천혜 주속이 야역속이 일월성이소비혜 지

之界爾所立ˇ夏與冬爾所定兮ˇ18耶和華歟ˇ敵人詆毀ˇ愚民褻瀆爾名
지계이소립 하여동이소정혜 야화화여 적인저훼 우민설독이명

尚其念之兮ˇ19爾之鳲鳩ˇ勿付其命於野獸ˇ爾之貧民ˇ勿忘其生於永久兮ˇ20祈顧爾約ˇ蓋斯土幽暗之處ˇ充以強暴兮ˇ21受虐者ˇ勿使之含羞而退ˇ貧乏者ˇ俾其頌讚爾名兮ˇ22上帝歟ˇ尚其興起ˇ爲己剖白ˇ愚人終日詆毀ˇ尚其念之兮ˇ23勿忘敵人之聲ˇ攻爾者之喧譁ˇ恆達於上兮ˇ

第75篇○亞薩之詩使伶長歌之調用勿毀壞○1上帝歟ˇ我稱謝爾ˇ爾名相近ˇ我稱謝爾ˇ人述爾之奇行兮ˇ○2其期旣屆ˇ我必秉公行鞫兮ˇ3地與居民潰亂ˇ其柱乃我所立兮ˇ4我謂傲慢者曰ˇ勿傲慢ˇ謂奸惡者曰ˇ勿昂角ˇ5勿高舉爾角ˇ勿強項而言兮ˇ6扶助之來ˇ非自東ˇ非自西ˇ非自曠野兮ˇ7惟上帝爲士師ˇ降此而升彼兮ˇ8耶和華之手執爵ˇ充以雜質ˇ其酒浮沫ˇ傾之而出ˇ地上惡人飲之ˇ必盡其渣滓兮ˇ9我恆宣其奇行ˇ歌頌雅各之上帝兮ˇ10惡者之角ˇ我必折之ˇ義者之角ˇ必高舉兮ˇ

第76篇○亞薩之詩使伶長鼓琴歌之○1上帝見知於猶大ˇ其名爲大於以色列兮ˇ2其帷幕在撒冷ˇ其居所在郇兮ˇ3於此折弓矢ˇ毀盾劍與戰具兮ˇ4爾自獵獸之山而返ˇ顯厥威榮兮ˇ5心強者被刼而永臥ˇ有能者無所措手兮ˇ6雅各之上帝歟ˇ爾加斥責ˇ乘車馬者ˇ使之長眠兮ˇ7惟爾可畏ˇ爾怒奮發ˇ誰能立於爾前兮ˇ8爾自天宣讞ˇ大地悚懼ˇ而靜默兮ˇ9上帝起而行鞫ˇ以救地上謙卑之人兮ˇ10世人忿怒ˇ誠使爾得頌美ˇ彼之餘怒ˇ爾則禁之兮ˇ11爾其許願ˇ向爾上帝耶和華償之ˇ四周之人ˇ詣可畏者而獻禮兮ˇ12彼將挫折牧伯之氣ˇ對於世之諸王ˇ顯其可畏兮ˇ

第77篇○亞薩之詩仿耶杜頓使伶長歌之○1我呼籲上帝ˇ向上帝發聲ˇ彼必垂聽兮ˇ2我遭難之日尋求主ˇ夜間舉手不輟ˇ我心不受慰兮ˇ3我憶上帝而煩擾ˇ默然思維ˇ神卽喪失兮ˇ4爾使我目不交睫ˇ煩擾而不能言兮ˇ5我追思昔日ˇ上古之年ˇ6回憶夜間歌詞ˇ中心思維ˇ以神詳察兮ˇ7主豈永棄ˇ不復施恩乎ˇ8其慈惠豈永息ˇ其應許豈永廢乎ˇ9上帝豈忘施恩澤ˇ因怒絕其慈仁乎ˇ10我曰ˇ此乃我之懦弱ˇ至上者伸右手之年ˇ我宜念

之兮ˇ11我必述耶和華所行ˇ念其古時異蹟兮ˇ12思維其經營ˇ默揣其作
지혜　아필술야화화소행　념기고시이적혜　사유기경영　묵췌기작

爲兮ˇ13上帝歟ˇ爾之所行ˇ惟聖是務ˇ孰爲大神ˇ如上帝兮ˇ14爾乃行
위혜　상제여　이지소행　유성시무　숙위대신　여상제혜　이내행

奇事之上帝ˇ顯爾能於萬民兮ˇ15以臂救贖爾民ˇ雅各約瑟之裔兮ˇ16上
기사지상제　현이능어만민혜　이비구속이민　아각약슬지예혜　상

帝歟ˇ諸水見爾ˇ見而驚惶ˇ深淵亦戰慄兮ˇ17雲傾水ˇ天發聲ˇ爾矢四馳
제여　제수견이　견이경황　심연역전률혜　운경수　천발성　이시사치

兮ˇ18雷聲發於狂飇ˇ電照寰宇ˇ大地顚動兮ˇ19爾路在海ˇ爾徑在淵
혜　뢰성발어광표　전조환우　대지전동혜　이로재해　이경재연

蹤跡莫能知之兮ˇ20爾曾假手摩西亞倫ˇ導爾民如羣羊兮ˇ
종적막능지지혜　이증가수마서아륜　도이민여군양혜

第78篇○亞薩之訓詞○1我民歟ˇ諦聽我訓ˇ傾聽我口之言兮ˇ2我將啟
아살지훈사　아민여　체청아훈　경청아구지언혜　아장계

口設譬ˇ宣古祕語兮ˇ3乃我所聞所知ˇ我列祖所傳示兮ˇ4我不隱於其子
구설비　선고비어혜　내아소문소지　아렬조소전시혜　아부은어기자

孫ˇ必以耶和華之聲譽ˇ能力奇行ˇ宣於後世兮ˇ5彼定律於雅各ˇ立法於
손　필이야화화지성예　능력기행　선어후세혜　피정률어아각　립법어

以色列ˇ命我列祖示於子孫兮ˇ6俾後生子孫知之ˇ亦傳諸其裔兮ˇ7使其
이색렬　명아렬조시어자손혜　비후생자손지지　역전제기예혜　사기

仰望上帝ˇ無忘其作爲ˇ恪守其誡命兮ˇ8勿效厥祖ˇ斯代頑梗悖逆ˇ其心
앙망상제　무망기작위　각수기계명혜　물효궐조　사대완경패역　기심

不正ˇ其神不堅於上帝兮ˇ9以法蓮裔持械執弓ˇ臨戰卻退兮ˇ10不守上
부정　기신부견어상제혜　이법련예지계집궁　림전각퇴혜　부수상

帝約ˇ不從其律ˇ11忘其作爲ˇ及所示之奇行兮ˇ12昔在埃及地ˇ瑣安田
제약　부종기률　망기작위　급소시지기행혜　석재애급지　쇄안전

ˇ行異蹟於列祖前兮ˇ13判海使過ˇ立水如堆兮ˇ14晝則引之以雲ˇ夜則
행이적어렬조전혜　판해사과　립수여퇴혜　주칙인지이운　야칙

導之以火光兮ˇ15裂磐於野ˇ飲之而足ˇ如出淵泉兮ˇ16使磐出溪ˇ水流
도지이화광혜　렬반어야　음지이족　여출연천혜　사반출계　수류

若川兮ˇ17民猶干罪ˇ逆至上者於野兮ˇ18心試上帝ˇ隨己之欲而求食兮
약천혜　민유간죄　역지상자어야혜　심시상제　수기지욕이구식혜

ˇ19妄議上帝曰ˇ上帝豈能備筵於野乎ˇ20彼曾擊磐ˇ使水湧出ˇ其川漲
망의상제왈　상제기능비연어야호　피증격반　사수용출　기천창

溢ˇ亦能賜食ˇ爲其民備肉乎ˇ21耶和華聞之而怒ˇ忿熾於雅各ˇ怒騰於
일　역능사식　위기민비육호　야화화문지이노　분치어아각　노등어

以色列兮ˇ22以其不信上帝ˇ不賴其拯救兮ˇ23然猶命彼上蒼ˇ闢厥天門
이색렬혜　이기부신상제　부뢰기증구혜　연유명피상창　벽궐천문

兮ˇ24雨瑪那以食之ˇ錫以天糧兮ˇ25人食能者之食ˇ上帝賜糧ˇ使之果
혜　우마나이식지　석이천량혜　인식능자지식　상제사량　사지과

腹兮ˇ26出東風於天空ˇ引南風以能力兮ˇ27雨肉如塵土ˇ飛鳥如海沙兮
복혜　출동풍어천공　인남풍이능력혜　우육여진토　비조여해사혜

ˇ28墮其營中ˇ環其居所ˇ29眾食且飽ˇ遂其欲兮ˇ30其欲未厭ˇ食猶在
타기영중　환기거소　중식차포　수기욕혜　기욕미염　식유재

口ˇ31上帝怒騰ˇ戮其肥者ˇ擊以色列之少壯ˇ而仆之兮ˇ32民猶干罪ˇ
구　상제노등　륙기비자　격이색렬지소장　이부지혜　민유간죄

不信其奇行兮ˇ33故使其度日虛空ˇ歷年驚恐兮ˇ34行戮之時ˇ彼則詢之
부신기기행혜　고사기도일허공　력년경공혜　행륙지시　피칙순지

ˇ轉而切求上帝兮ˇ35追憶上帝爲其磐石ˇ至上上帝爲其救者兮ˇ36惟以
전이절구상제혜　추억상제위기반석　지상상제위기구자혜　유이

口詬之ˇ以舌訕之ˇ38上帝乃慈ˇ赦宥其罪ˇ不加殄滅ˇ屢回其怒ˇ不盡洩
其忿兮ˇ39念其秖屬血氣ˇ去而不返之風兮ˇ40彼在曠野悖逆之ˇ在荒原
憂戚之ˇ何其屢乎ˇ41復試上帝ˇ激觸以色列之聖者兮ˇ42不憶其援手ˇ
不念其贖之於敵之日ˇ43及在埃及地之神蹟ˇ瑣安田之奇事兮ˇ44變其
溪河爲血ˇ使不可飲兮ˇ45遣羣蠅嘬之ˇ青蛙毀之ˇ46以其物產付於蚱蜢
ˇ以其勞而種者付於蝗蟲ˇ47以雹毀其葡萄ˇ以霜毀其桑林ˇ48付其牲畜
於冰雹ˇ付其羣畜於電火兮ˇ49加以烈怒忿懥ˇ憤恨患難ˇ爲降災之羣使
兮ˇ50爲怒治途ˇ不惜其魂ˇ免於死亡ˇ付其命於疫癘兮ˇ51誅諸長子於
埃及ˇ戮其首生於含幕兮ˇ52引出其民如羊ˇ導之於野ˇ如羣羊兮ˇ53引
之綏安ˇ無所畏懼ˇ維彼敵人ˇ海淹之兮ˇ54攜民詣聖境ˇ至其右手所得
之山地兮ˇ55驅逐異邦於其前ˇ量地予之以爲業ˇ俾以色列支派ˇ居於其
幕兮ˇ56惟彼猶試至上上帝ˇ而悖逆之ˇ不守其法兮ˇ57轉而背之ˇ行詐
如其列祖ˇ變其趨向ˇ如偏反之弓兮ˇ58以崇邱激其怒ˇ雕像攖其憤兮ˇ
59上帝聞之而怒ˇ深惡以色列ˇ60至離示羅之帷ˇ人間所張之幕兮ˇ61
使其力被刦ˇ付其榮於敵兮ˇ62付其民於刃ˇ而怒其業兮ˇ63丁男爲火所
焚ˇ處女不聞喜歌兮ˇ64祭司仆於刃ˇ其嫠不號哭兮ˇ65時主如人由寢而
寤ˇ勇士飲酒而呼兮ˇ66擊退其敵ˇ使之蒙羞不已兮ˇ67屛却約瑟之幕
不選以法蓮支派ˇ68乃選猶大支派ˇ所愛之郇山兮ˇ69建其聖室ˇ如崇高
之天ˇ如永奠之地兮ˇ70簡其僕大衞ˇ出之於羊牢ˇ71離哺乳之牝羊ˇ使
爲其民雅各之牧ˇ其業以色列之牧兮ˇ72於是以其心之正直牧之ˇ以其
手之巧妙導之兮ˇ

第79篇1上帝歟ˇ外邦侵爾基業ˇ汚爾聖殿ˇ使耶路撒冷荒墟兮ˇ2以爾僕
之尸ˇ飼天空之鳥ˇ以聖民之肉ˇ飼地上之獸兮ˇ3耶路撒冷四周ˇ血流如
水ˇ瘞埋無人兮ˇ4我於鄰國爲辱ˇ四周之人譏笑兮ˇ5耶和華歟ˇ何時而
止ˇ爾豈永怒ˇ憤嫉如火之焚乎ˇ6願傾爾怒於不識爾之邦ˇ不籲爾名之

國兮 7彼吞雅各 毀其居所兮 8勿念我祖之罪以罪我 我已底於至微
국혜 피탄아각 훼기거소혜 물념아조지죄이죄아 아이저어지미

速以慈惠迎我兮 9拯我之上帝歟 因爾名之榮助我 以爾名之故救我
속이자혜영아혜 증아지상제여 인이명지영조아 이이명지고구아

而贖我罪兮 10奚容異邦云 其上帝安在 敵流爾僕之血 尚其報之 使
이속아죄혜 해용이방운 기상제안재 적류이복지혈 상기보지 사

異邦知之 爲我目覩兮 11願俘囚之太息 達於爾前 以爾大能之臂 保
이방지지 위아목도혜 원부수지태식 달어이전 이이대능지비 보

存瀕死之人兮 12主歟 以鄰邦斥爾之詆毀 七倍反諸其身兮 13若然
존빈사지인혜 주여 이린방척이지저훼 칠배반제기신혜 약연

則爾之民 卽爾草場之羊 必永久稱謝焉 揚爾聲譽 歷世弗替兮
칙이지민 즉이초장지양 필영구칭사언 양이성예 력세불체혜

第80篇○亞薩之詩使伶長歌之調用百合花之證○1引約瑟如羣羊 以色
제편 아살지시사령장가지조용백합화지증 인약슬여군양 이색

列之牧者歟 尚其傾聽 坐基路伯上者 著其輝光兮 2在以法蓮便雅憫
렬지목자여 상기경청 좌기로백상자 저기휘광혜 재이법련편아민

瑪拿西前 其奮爾力 來救我兮 3上帝歟 使我回轉 顯爾容光 我則獲
마나서전 기분이력 래구아혜 상제여 사아회전 현이용광 아칙획

救兮 ○4萬軍之上帝耶和華歟 怒視爾民之祈 將至何時乎 5爾以淚爲
구혜 만군지상제야화화여 노시이민지기 장지하시호 이이루위

糧而食之 以巨量之淚飮之兮 6使鄰邦爲我而爭 我敵相笑兮 7萬軍之
량이식지 이거량지루음지혜 사린방위아이쟁 아적상소혜 만군지

上帝歟 使我回轉 顯爾容光 我則獲救兮 ○8昔爾攜葡萄出埃及 逐異
상제여 사아회전 현이용광 아칙획구혜 석이휴포도출애급 축이

邦而植之 9爲之四周備地 蟠根甚深 蔓延遍地兮 10其影蔽山 其枝如
방이식지 위지사주비지 반근심심 만연편지혜 기영폐산 기지여

上帝之香柏兮 11枝延及海 條至大河兮 12爾何毀其垣 任路人摘之
상제지향백혜 지연급해 조지대하혜 이하훼기원 임로인적지

13林豕毀之 野獸齧之兮 14萬軍之上帝歟 求爾回轉 自天垂鑒 眷顧
림체훼지 야수설지혜 만군지상제여 구이회전 자천수감 권고

此樹兮 15保爾右手所植之株 爲己所固之枝兮 16今則被焚見伐 因爾
차수혜 보이우수소식지주 위기소고지지혜 금칙피분견벌 인이

怒容之責 至於滅亡兮 17爾之右手所成全 爲己所固之人子 願爾扶之
노용지책 지어멸망혜 이지우수소성전 위기소고지인자 원이부지

以手兮 19萬軍之上帝耶和華歟 使我回轉 顯爾容光 我則獲救兮
이수혜 만군지상제야화화여 사아회전 현이용광 아칙획구혜

第81篇○亞薩之詞使伶長用迦特樂器歌之○1上帝爲我之力 其大聲謳
제편 아살지사사령장용가특악기가지 상제위아지력 기대성구

歌之 向雅各之上帝 發其歡聲兮 2謳歌播鼗 執琴與瑟 3朔望節期 尚
가지 향아각지상제 발기환성혜 구가파도 집금여슬 삭망절기 상

其吹角兮 4此乃以色列之例 雅各上帝之法兮 5彼出擊埃及時 於約瑟
기취각혜 차내이색렬지례 아각상제지법혜 피출격애급시 어약슬

中 立此爲證 是日我聞所不識者之言兮 6曰 我脫其肩之擔 釋其手之
중 립차위증 시일아문소부식자지언혜 왈 아탈기견지담 석기수지

筐兮 8我民歟 爾其聽之 我則戒爾 以色列歟 深願爾聽我兮 9爾中不
광혜 아민여 이기청지 아칙계이 이색렬여 심원이청아혜 이중부

可有他神 外族之神 勿崇拜兮 10我乃耶和華 爾之上帝 攜爾出埃及
가유타신 외족지신 물숭배혜 아내야화화 이지상제 휴이출애급

爾張厥口 我卽充之兮 11惟我民不聽我聲 以色列不納我兮 12我則任
이장궐구 아즉충지혜 유아민부청아성 이색렬부납아혜 아칙임

其剛愎厥心ˇ依己所謀而行兮ˇ13深願我民聽我ˇ以色列遵行我道兮ˇ14
기강팍궐심 의기소모이행혜 심원아민청아 이색렬준행아도혜

我則速制其仇ˇ反手以攻其敵兮ˇ15憾耶和華者必屈服ˇ我民其永存兮ˇ
아칙속제기구 반수이공기적혜 감야화화자필굴복 아민기영존혜

16必以嘉麥食之ˇ以磐石所出之蜜饜之兮ˇ
필이가맥식지 이반석소출지밀염지혜

第82篇○亞薩之詩○1上帝立於上帝會中ˇ行鞫於諸神兮ˇ2曰ˇ爾曹聽
제 편 아살지시 상제립어상제회중 행국어제신혜 왈 이조청

訟不公ˇ偏袒惡人ˇ將至何時乎ˇ3當爲孤貧伸寃ˇ爲艱苦困乏者行義兮ˇ
송부공 편단악인 장지하시호 당위고빈신원 위간고곤핍자행의혜

4救援貧乏ˇ脫於惡人之手兮ˇ5惟彼不知不識ˇ行於幽暗ˇ地基動搖兮ˇ6
구원빈핍 탈어악인지수혜 유피부지부식 행어유암 지기동요혜

我曾謂爾爲神ˇ咸爲至上者之子ˇ7然爾必死ˇ等於世人ˇ顚仆同於他伯
아증위이위신 함위지상자지자 연이필사 등어세인 전부동어타백

兮ˇ8上帝歟ˇ尙其興起ˇ行鞫於世ˇ以爾必得萬邦爲業兮ˇ
혜 상제여 상기흥기 행국어세 이이필득만방위업혜

第83篇○亞薩之詩○1上帝歟ˇ勿靜默ˇ上帝歟ˇ勿緘口ˇ勿寂然兮ˇ2爾
제 편 아살지시 상제여 물정묵 상제여 물함구 물적연혜 이

敵喧譁ˇ憾爾者昂首兮ˇ3彼詭謀以攻爾民ˇ協議敵爾所藏者兮ˇ4曰ˇ其
적훤화 감이자앙수혜 피궤모이공이민 협의적이소장자혜 왈 기

來絕之ˇ不復爲國ˇ使以色列之名ˇ不復見憶兮ˇ5彼和衷共議ˇ結盟以抵
래절지 부복위국 사이색렬지명 부복견억혜 피화충공의 결맹이저

爾兮ˇ6卽以東以實瑪利之幕ˇ摩押夏甲之人ˇ7曁迦巴勒ˇ亞捫ˇ亞瑪力ˇ
이혜 즉이동이실마리지막 마압하갑지인 기가파륵 아문 아마력

非利士ˇ爰及推羅居民兮ˇ8亞述與之連和ˇ爲羅得裔之臂兮ˇ9爾其懲之
비리사 원급추라거민혜 아술여지련화 위라득예지비혜 이기징지

ˇ如待米甸ˇ如在基順河ˇ待西西拉與耶賓兮ˇ10皆亡於隱多珥ˇ爲地上
여대미전 여재기순하 대서서랍여야빈혜 개망어은다이 위지상

糞土兮ˇ11使其顯者ˇ如俄立西伊伯ˇ使其牧伯ˇ如西巴撒慕拿兮ˇ12彼
분토혜 사기현자 여아립서이백 사기목백 여서파살모나혜 피

云ˇ其取上帝之牧場ˇ以爲己業兮ˇ13我上帝歟ˇ使之如飛旋之塵埃ˇ如
운 기취상제지목장 이위기업혜 아상제여 사지여비선지진애 여

風飄之草芥兮ˇ14如焚林之火ˇ如燎山之焰ˇ15追之以烈風ˇ驚之以雷雨
풍표지초개혜 여분림지화 여료산지염 추지이렬풍 경지이뢰우

兮ˇ16耶和華歟ˇ使之羞慚滿面ˇ致尋爾名兮ˇ17願其永久愧恥驚惶ˇ慚
혜 야화화여 사지수참만면 치심이명혜 원기영구괴치경황 참

怍滅亡兮ˇ18俾知爾名耶和華者ˇ在於寰宇ˇ獨爲至高兮ˇ
작멸망혜 비지이명야화화자 재어환우 독위지고혜

第84篇○可拉裔之詩使伶長用迦特樂器歌之○1萬軍之耶和華歟ˇ爾之
제 편 가랍예지시사령장용가특악기가지 만군지야화화여 이지

帷幕ˇ何其可愛兮ˇ2我靈慕耶和華院宇ˇ至於疲憊ˇ我之心身ˇ呼籲維生
유막 하기가애혜 아령모야화화원우 지어피비 아지심신 호유유생

之上帝兮ˇ3萬軍之耶和華ˇ我王我上帝歟ˇ雀得其室ˇ燕得伏雛之巢ˇ在
지상제혜 만군지야화화 아왕아상제여 작득기실 연득복추지소 재

爾壇側兮ˇ4居爾室者福矣ˇ必讚爾不已兮ˇ5得力於爾ˇ心嚮郇之大道ˇ
이단측혜 거이실자복의 필찬이부이혜 득력어이 심향순지대도

斯人其有福兮ˇ6彼經流涕谷ˇ變爲有泉之處ˇ秋雨被以福祉兮ˇ7彼衆行
사인기유복혜 피경류체곡 변위유천지처 추우피이복지혜 피중행

邁ˇ其力遞增ˇ各覲上帝於郇兮ˇ8萬軍之上帝耶和華歟ˇ垂聽我祈禱ˇ雅
매 기력체증 각근상제어순혜 만군지상제야화화여 수청아기도 아

各之上帝歟ˇ傾耳以聽兮ˇ9上帝我盾歟ˇ尚其垂鑒ˇ顧爾受膏者之面兮ˇ
각지상제여 경이이청혜 상제아순여 상기수감 고이수고자지면혜

10居爾院宇一日ˇ愈於平居千日ˇ寧在我上帝室爲閽ˇ勝於居惡人之幕
거이원우일일 유어평거천일 녕재아상제실위혼 승어거악인지막

兮ˇ11蓋耶和華上帝爲日爲盾ˇ耶和華錫恩錫榮ˇ於正行者ˇ不靳嘉物兮
혜 개야화화상제위일위순 야화화석은석영 어정행자 부근가물혜

ˇ12萬軍之耶和華歟ˇ恃爾之人ˇ其有福兮ˇ
만군지야화화여 시이지인 기유복혜

第85篇○可拉裔之詩使伶長歌之○1耶和華歟ˇ爾已施恩於爾地ˇ反雅
제 편 가랍예지시사령장가지 야화화여 이이시은어이지 반아

各之俘囚兮ˇ2宥爾民之愆ˇ蔽其諸罪兮ˇ3鞱爾之忿ˇ轉爾烈怒兮ˇ4拯我
각지부수혜 유이민지건 폐기제죄혜 견이지분 전이렬노혜 증아

之上帝歟ˇ使我回轉ˇ息怒於我兮ˇ5怒我豈永久ˇ延忿至萬世乎ˇ6不復
지상제여 사아회전 식노어아혜 노아기영구 연분지만세호 부복

甦我ˇ俾爾民因爾而歡樂乎ˇ7耶和華歟ˇ以爾慈惠示我ˇ以爾拯救賜我
소아 비이민인이이환악호 야화화여 이이자혜시아 이이증구사아

兮ˇ8上帝耶和華所諭ˇ我願聽之ˇ必言和平於民ˇ卽其聖民ˇ惟彼勿復妄
혜 상제야화화소유 아원청지 필언화평어민 즉기성민 유피물복망

爲兮ˇ9主之拯救ˇ邇於敬畏之者ˇ致其榮光ˇ著於我境兮ˇ10慈惠與誠實
위혜 주지증구 이어경외지자 치기영광 저어아경혜 자혜여성실

相遇ˇ公義與和平相親ˇ11誠實由地而萌ˇ公義自天而鑒ˇ12耶和華必錫
상우 공의여화평상친 성실유지이맹 공의자천이감 야화화필석

嘏ˇ我之土壤ˇ必出其產兮ˇ13公義爲其先導ˇ俾其足跡ˇ爲當行之路兮ˇ
하 아지토양 필출기산혜 공의위기선도 비기족적 위당행지로혜

第86篇○大衞之禱詞○1耶和華歟ˇ我乃貧乏ˇ尚其傾聽俞允我兮ˇ2我
제 편 대위지도사 야화화여 아내빈핍 상기경청유윤아혜 아

乃敬虔ˇ尚其保存我命ˇ我上帝歟ˇ拯救恃爾之僕兮ˇ3主歟ˇ我終日呼籲
내경건 상기보존아명 아상제여 증구시이지복혜 주여 아종일호유

爾ˇ其矜憫我兮ˇ4我仰望爾ˇ其使爾僕之心歡悅兮ˇ5蓋主乃善ˇ樂行赦
이 기긍민아혜 아앙망이 기사이복지심환열혜 개주내선 악행사

宥ˇ呼籲爾者ˇ盛施以慈惠兮ˇ6耶和華歟ˇ傾聽我祈禱ˇ垂聽我懇求之聲
유 호유이자 성시이자혜혜 야화화여 경청아기도 수청아간구지성

兮ˇ7我遭難之日呼籲爾ˇ爾必俞允我兮ˇ8主歟ˇ諸神之中ˇ無似爾者ˇ爾
혜 아조난지일호유이 이필유윤아혜 주여 제신지중 무사이자 이

之作爲ˇ無可比擬兮ˇ9主歟ˇ爾所造之萬邦ˇ必來拜於爾前ˇ尊榮爾名兮
지작위 무가비의혜 주여 이소조지만방 필래배어이전 존영이명혜

ˇ10蓋爾爲大ˇ且行奇事ˇ惟爾爲上帝兮ˇ11耶和華歟ˇ示我以爾道ˇ我
개이위대 차행기사 유이위상제혜 야화화여 시아이이도 아

必遵行爾眞理ˇ俾我一心ˇ敬畏爾名兮ˇ12主我之上帝歟ˇ我必一心讚爾
필준행이진리 비아일심 경외이명혜 주아지상제여 아필일심찬이

ˇ永尊爾名兮ˇ13爾施鴻慈於我ˇ拯救我魂ˇ免入最深之陰府兮ˇ14上帝
영존이명혜 이시홍자어아 증구아혼 면입최심지음부혜 상제

歟ˇ驕傲之輩ˇ起而攻我ˇ强暴之黨ˇ索我之命ˇ目中無爾兮ˇ15主歟ˇ爾
여 교오지배 기이공아 강폭지당 색아지명 목중무이혜 주여 이

爲慈仁之上帝ˇ遲於發怒ˇ廣有慈惠誠實兮ˇ16尚其顧而憫我ˇ賜僕以力
위자인지상제 지어발노 광유자혜성실혜 상기고이민아 사복이력

ˇ救援爾婢之子兮ˇ17示我休徵ˇ俾憾我者視之而愧ˇ以爾耶和華助我慰
구원이비지자혜 시아휴징 비감아자시지이괴 이이야화화조아위

我兮ˇ
아혜

第87篇○可拉裔之詩○1維其基址、在於聖山、2耶和華喜愛郇門、逾於雅各諸室兮、3上帝之邑歟、有榮之事、指爾而言兮、4我必言及拉哈伯巴比倫、在識我者之中、非利士推羅古實、各有其人生於郇兮、5論郇必曰、此也彼也、生於其中、至高者必親堅斯邑兮、6耶和華錄萬民時、核其數曰、斯人生於彼兮、7歌者舞者、僉曰我之泉源、咸在於爾兮、

第88篇○可拉裔之詩即以斯拉人希幔之訓詞使伶長歌之調用瑪哈拉○1拯我之上帝耶和華歟、我於爾前、晝夜呼籲兮、2願我祈禱、達於爾前、尚其側耳、聽我呼籲兮、3我心充以患難、我命近於陰府、4列於就墓者中、若無助之人兮、5被擲於死者中、如見殺者臥於墓、爾不復垂念、絕於爾手兮、6爾置我於至深之坑、幽暗之處、深邃之域兮、7爾怒重壓我、爾以波濤困苦我兮、8使我相識疎遠、爲其所憎、我被禁錮、不得出兮、9因遭患難、我目昏眊、耶和華歟、我日籲爾、向爾舉手兮、10爾豈於死者顯奇行、幽魂詎起而讚爾乎、11爾之慈惠豈宣於幕中、爾之信實、豈傳於死域乎、12爾之奇行、豈見知於幽暗之所、爾之公義、豈見知於遺忘之地乎、13耶和華歟、我呼籲爾、侵晨祈禱、必達爾前兮、14耶和華歟、奚爲棄我、何掩面不我顧兮、15我自幼遭難而瀕死、遘爾威烈而迷亂兮、16爾之忿怒覆沒我、威烈滅絕我、17猶之波濤、終日環我、協同困我兮、18爾使我之良朋密友遠我、相譏隱匿於暗兮、

第89篇○以斯拉人以探之訓詞○1我必永歌耶和華之慈惠、以口傳爾信實、至於萬世兮、2我曾云慈惠必永立、爾之信實、建於諸天兮、○3我與所簡之人立約、對於我僕大衛宣誓兮、4必立爾裔於永久、堅爾位至萬世兮、5耶和華歟、諸天讚爾奇行、聖者會中、頌爾信實兮、6在於穹蒼、孰比耶和華、上帝子中、孰如耶和華乎、7彼在聖者會中爲神、極爲可畏、較環之者、尤爲可懼兮、8萬軍之上帝耶和華歟、孰爲有能、如爾耶和華、爾之信實、在於四周兮、9爾制海狂、波濤澎湃、爾平之兮、10爾擊破拉哈伯

等於被戮之人ˇ以爾臂力潰爾敵兮ˇ11諸天屬爾ˇ地亦爾有ˇ世與充其中
者ˇ爲爾所立兮ˇ12南北爲爾所創ˇ他泊黑門ˇ因爾名而歡欣兮ˇ13爾臂
有能ˇ爾手有力ˇ爾之右手高舉兮ˇ14爾位之基ˇ惟公與義ˇ慈惠誠實ˇ行
於爾前兮ˇ15耶和華歟ˇ得聞歡呼之聲ˇ行於爾容光者ˇ斯民其有福兮ˇ
16彼爲爾名ˇ終日喜樂ˇ在於爾義ˇ得高舉兮ˇ17爾爲其力之榮ˇ緣爾之
恩ˇ我角高舉兮ˇ18我儕之盾ˇ屬耶和華ˇ我儕之王ˇ屬以色列之聖者兮ˇ
○19爾見異象ˇ諭爾聖民曰ˇ我以助力ˇ畀有能者ˇ高舉一人ˇ自民所簡
兮ˇ20尋獲我僕大衞ˇ膏以聖膏兮ˇ21我手恆與之偕ˇ我臂必增其力ˇ22
仇敵不得勒索之ˇ惡黨不得困苦之兮ˇ23我必擊仆其敵ˇ撻憾之者兮ˇ24
我之信實慈惠ˇ必與之偕ˇ藉我之名ˇ其角高舉兮ˇ25我使其手及於海
右手至於河兮ˇ26彼必呼我曰ˇ爾爲我父ˇ我之上帝ˇ我拯救之磐石兮ˇ
27我必立之爲冢子ˇ地上至高之王兮ˇ28爲之永存我慈惠ˇ堅定我盟約
兮ˇ29我必永延其裔ˇ俾其位如天悠久兮ˇ30如其子孫違棄我法度ˇ不遵
我律例ˇ31玷辱我典章ˇ不守我誡命ˇ32我必以杖責其愆尤ˇ以鞭懲其罪
戾兮ˇ33然我之慈惠ˇ不盡追回ˇ我之信實ˇ不忍廢棄ˇ34不爽我約ˇ不
易我口所出兮ˇ35我指己聖而誓ˇ一次而已ˇ必不欺誑大衞兮ˇ36其裔永
存ˇ其位在於我前ˇ如日之久ˇ37如月之恆ˇ如上天之確證兮ˇ○38惟爾
怒爾受膏者ˇ屏而棄之兮ˇ39厭惡爾僕之約ˇ褻其冕於地兮ˇ40拆其藩籬
ˇ毀其保障ˇ41路人皆攘奪之ˇ爲鄰邦之辱兮ˇ42爾舉其敵之右手ˇ使其
諸仇歡欣兮ˇ43卻其兵刃ˇ臨陳不使之卓立兮ˇ44息其光輝ˇ傾其國位於
地兮ˇ45促其幼日ˇ被以羞恥兮ˇ46耶和華歟ˇ歷時何久ˇ豈將永隱乎ˇ
爾怒如火之焚ˇ何其久乎ˇ47願爾垂念ˇ我之時日ˇ何其短促ˇ爾造世人ˇ
使之何其虛幻兮ˇ48何人生而不死ˇ自拯其魂ˇ脫於陰府之勢乎ˇ49主歟
ˇ爾之慈惠ˇ昔依信實ˇ誓行於大衞者ˇ今安在哉ˇ50主歟ˇ念爾諸僕之辱
ˇ念我所懷ˇ多民加我之辱兮ˇ51耶和華歟ˇ爾敵所加之辱ˇ卽辱爾受膏

者之行蹤兮ˇ○52當頌美耶和華ˇ迄於永久ˇ誠所願兮ˇ誠所願兮ˇ
자지행종혜　당송미야화화　흘어영구　성소원혜　성소원혜

第90篇○上帝僕摩西之禱詞○1主歟ˇ爾爲我居所ˇ歷世不易兮ˇ2山岡
제　편　상제복마서지도사　주여　이위아거소　력세부역혜　산강

尚未生出ˇ寰區尚未造成ˇ自亙古迄永久ˇ爾爲上帝兮ˇ爾使人歸於土ˇ
상미생출　환구상미조성　자선고흘영구　이위상제혜　이사인귀어토

曰爾世人其旋返兮ˇ4自爾視之ˇ千年如已逝之昨日ˇ同於夜之一更兮ˇ5
왈이세인기선반혜　자이시지　천년여이서지작일　동어야지일경혜

爾衝人若大水ˇ彼如寢寐ˇ如朝生之草兮ˇ6晨則萌芽滋長ˇ夕則芟刈枯
이충인약대수　피여침매　여조생지초혜　신칙맹아자장　석칙삼예고

槁兮ˇ7我儕因爾怒而消亡ˇ緣爾忿而驚惶兮ˇ8我之罪愆ˇ爾陳之於目前
고혜　아제인이노이소망　연이분이경황혜　아지죄건　이진지어목전

ˇ我之隱惡ˇ爾顯之於容光兮ˇ9我之時日ˇ度於爾怒ˇ畢我歲月ˇ如歎息
아지은악　이현지어용광혜　아지시일　도어이노　필아세월　여탄식

之發兮ˇ10我之年數ˇ乃爲七旬ˇ如其強健ˇ可至八旬ˇ然其所誇ˇ祇爲憂
지발혜　아지년수　내위칠순　여기강건　가지팔순　연기소과　기위우

苦ˇ其逝迅速ˇ我去如飛兮ˇ11孰識爾怒之勢ˇ孰依畏爾之道ˇ而知爾忿
고　기서신속　아거여비혜　숙식이노지세　숙의외이지도　이지이분

乎ˇ12求爾教我計己之日ˇ俾獲慧心兮ˇ13耶和華歟ˇ歷時何久ˇ尚其回
호　구이교아계기지일　비획혜심혜　야화화여　력시하구　상기회

轉ˇ悔心於爾僕兮ˇ14使我侵晨飫爾慈惠ˇ致我畢生歡欣喜樂兮ˇ15依爾
전　회심어이복혜　사아침신어이자혜　치아필생환흔희악혜　의이

苦我之日ˇ遘難之年ˇ俾我喜樂兮ˇ16顯爾作爲於爾僕ˇ著爾榮光於其裔
고아지일　구난지년　비아희악혜　현이작위어이복　저이영광어기예

兮ˇ17願我主上帝之恩臨我ˇ尚其堅立我手所作ˇ我手所作ˇ堅立之兮ˇ
혜　원아주상제지은림아　상기견립아수소작　아수소작　견립지혜

第91篇ˇ1居於至高者之密所ˇ必恆在全能者之蔭下兮ˇ2我論耶和華云ˇ
제　편　거어지고자지밀소　필긍재전능자지음하혜　아론야화화운

彼爲我避所ˇ我保障ˇ我所恃之上帝兮ˇ3彼必拯爾ˇ脫於捕鳥之網ˇ疫癘
피위아피소　아보장　아소시지상제혜　피필증이　탈어포조지망　역려

之毒兮ˇ4必覆爾以其羽ˇ爾託庇其翼下ˇ彼之誠實ˇ乃盾乃干兮ˇ5夜之
지독혜　필복이이기우　이탁비기익하　피지성실　내순내간혜　야지

驚駭ˇ晝之飛矢ˇ6暗中流行之疫癘ˇ午間勦滅之災患ˇ爾皆不懼兮ˇ7仆
경해　주지비시　암중류행지역려　오간초멸지재환　이개부구혜　부

於爾側者千ˇ仆於爾右者萬ˇ災不及爾兮ˇ8惟得目覩ˇ而觀惡人受報兮ˇ
어이측자천　부어이우자만　재부급이혜　유득목도　이관악인수보혜

9爾以耶和華爲避所ˇ以至高者爲居所ˇ10災禍不臨爾身ˇ疫癘不近爾幕
이이야화화위피소　이지고자위거소　재화부림이신　역려부근이막

兮ˇ11彼必爲爾命其使ˇ佑爾於諸途兮ˇ12扶爾以手ˇ免爾足觸石兮ˇ13
혜　피필위이명기사　우이어제도혜　부이이수　면이족촉석혜

爾必踏獅與虺ˇ踐稚獅與蛇兮ˇ14上帝曰ˇ因其愛予ˇ我必救援之ˇ彼知
이필답사여훼　천치사여사혜　상제왈　인기애여　아필구원지　피지

我名ˇ我必高舉之兮ˇ15彼籲予ˇ我必允之ˇ彼遭難ˇ我必偕之ˇ救援而尊
아명　아필고거지혜　피유여　아필윤지　피조난　아필해지　구원이존

榮之兮ˇ16必以遐齡愜之ˇ以我拯救示之兮ˇ
영지혜　필이하령협지　이아증구시지혜

第92篇ˇ1稱謝耶和華ˇ歌頌至高者之名ˇ斯爲美兮ˇ2朝宣爾之慈惠ˇ夕
제　편　칭사야화화　가송지고자지명　사위미혜　조선이지자혜　석

彰爾之信實ˇ3用十絃之樂器與瑟ˇ以琴清肅之聲和之兮ˇ4耶和華歟ˇ爾
창이지신실　용십현지악기여슬　이금청숙지성화지혜　야화화여　이

以所爲ˇ使我悅懌ˇ我因爾手所作ˇ而歡呼兮ˇ5耶和華歟ˇ爾經營何其大
이소위 사아열역 아인이수소작 이환호혜 야화화여 이경영하기대

ˇ爾意慕深兮ˇ6愚蠢者弗知ˇ蒙昧者不明乎此兮ˇ7惡人發生如草ˇ作慝
이의기심혜 우준자불지 몽매자부명호차혜 악인발생여초 작특

者興盛ˇ無非使之恆亡兮ˇ8耶和華歟ˇ惟爾崇高ˇ永世靡暨兮ˇ9耶和華
자흥성 무비사지긍망혜 야화화여 유이숭고 영세미기혜 야화화

歟ˇ爾敵將亡ˇ惡黨必散兮ˇ10惟爾使我昂角如兕ˇ我乃新膏所膏兮ˇ11
여 이적장망 악당필산혜 유이사아앙각여시 아내신고소고혜

我敵遭報ˇ我得目覩ˇ攻我之惡黨受罰ˇ我已耳聞兮ˇ12義人必暢茂如椶
아적조보 아득목도 공아지악당수벌 아이이문혜 의인필창무여종

樹ˇ生長如利巴嫩之香柏兮ˇ13植於耶和華室ˇ盛於我上帝院兮ˇ14暮年
수 생장여리파눈지향백혜 식어야화화실 성어아상제원혜 모년

猶結其實ˇ汁滿而色靑兮ˇ15以彰耶和華之正直ˇ彼乃我之磐石ˇ無有不
유결기실 즙만이색청혜 이창야화화지정직 피내아지반석 무유부

義兮ˇ
의혜

第93篇ˇ1耶和華秉權ˇ自被威嚴ˇ耶和華以力爲衣ˇ以力自束ˇ世界堅立
제 편 야화화병권 자피위엄 야화화이력위의 이력자속 세계견립

ˇ永不動搖兮ˇ2爾位互古堅立ˇ爾自太古而有兮ˇ3耶和華歟ˇ波濤洶湧ˇ
영부동요혜 이위선고견립 이자태고이유혜 야화화여 파도흉용

波濤澎渤ˇ波濤澎湃ˇ4耶和華有能ˇ巍巍在上ˇ越於大水之澎渤ˇ滄海之
파도붕발 파도평배 야화화유능 외외재상 월어대수지붕발 창해지

激浪兮ˇ5耶和華歟ˇ爾法至實ˇ爾室宜其爲聖ˇ迄於永久兮ˇ
격랑혜 야화화여 이법지실 이실의기위성 흘어영구혜

第94篇ˇ1耶和華歟ˇ爾乃報復之上帝ˇ報復之上帝歟ˇ尚其顯著兮ˇ2鞫
제 편 야화화여 이내보복지상제 보복지상제여 상기현저혜 국

世者歟ˇ尚其興起ˇ使驕者受應得之報兮ˇ3耶和華歟ˇ惡人歡呼ˇ將至何
세자여 상기흥기 사교자수응득지보혜 야화화여 악인환호 장지하

時ˇ伊於胡底兮ˇ4彼乃喋喋ˇ出言傲慢ˇ作惡者皆自誇兮ˇ5耶和華歟ˇ彼
시 이어호저혜 피내첩첩 출언오만 작악자개자과혜 야화화여 피

壓制爾民ˇ困苦爾業ˇ6殺嫠婦ˇ戮覉旅ˇ屠孤兒ˇ7乃曰耶和華不及見ˇ雅
압제이민 곤고이업 살리부 륙려려 도고아 내왈야화화부급견 아

各之上帝不介意兮ˇ8愚蠢之民ˇ爾其思之ˇ蒙昧之輩ˇ何時爲智乎ˇ9造
각지상제부개의혜 우준지민 이기사지 몽매지배 하시위지호 조

耳者豈無聞ˇ製目者豈無見乎ˇ10教誨列邦者ˇ豈不懲責ˇ以智訓人者ˇ
이자기무문 제목자기무견호 교회렬방자 기부징책 이지훈인자

豈無知識乎ˇ11人之意念爲虛ˇ耶和華知之兮ˇ12耶和華歟ˇ爾所懲責ˇ
기무지식호 인지의념위허 야화화지지혜 야화화여 이소징책

訓以律者ˇ其有福兮ˇ13脫之於患難ˇ錫之以綏安ˇ迨爲惡人掘阱兮ˇ14
훈이률자 기유복혜 탈지어환난 석지이수안 태위악인굴정혜

耶和華不棄其民ˇ不遺其業兮ˇ15行鞫必歸公義ˇ心正者遵循之兮ˇ16行
야화화부기기민 부유기업혜 행국필귀공의 심정자준순지혜 행

惡者ˇ孰爲我起而攻之ˇ作慝者ˇ孰爲我立而敵之ˇ17微耶和華助我ˇ我
악자 숙위아기이공지 작특자 숙위아립이적지 미야화화조아 아

則速歸幽寂兮ˇ18耶和華歟ˇ我曰我足滑跌時ˇ爾之慈惠扶我兮ˇ19我懷
칙속귀유적혜 야화화여 아왈아족활질시 이지자혜부아혜 아회

多慮ˇ爾之慰藉娛我兮ˇ20奸惡在位ˇ藉律作慝ˇ豈能與爾交通乎ˇ21彼
다려 이지위자오아혜 간악재위 자률작특 기능여이교통호 피

乃集攻義人ˇ定無辜之罪兮ˇ22惟耶和華爲我高臺ˇ我上帝爲我託庇之
내집공의인 정무고지죄혜 유야화화위아고대 아상제위아탁비지

磐石兮ˇ23乃以其罪加之ˇ必因其惡絕之ˇ耶和華我上帝ˇ必絕之兮ˇ
반석혜　내이기죄가지　필인기악절지　야화화아상제　필절지혜

第95篇ˇ1其來歌頌耶和華ˇ向救我之磐石歡呼兮ˇ2以稱謝詣其前ˇ以詩
제편　기래가송야화화　향구아지반석환호혜　이칭사예기전　이시

歌向之歡呼兮ˇ3蓋耶和華爲大神ˇ爲大君ˇ超越諸神兮ˇ4地之隱處在其
가향지환호혜　개야화화위대신　위대군　초월제신혜　지지은처재기

手ˇ山之高處亦屬之ˇ5滄海爲其所有ˇ乃其所造ˇ陸地其手所甄陶兮ˇ6
수　산지고처역속지　창해위기소유　내기소조　륙지기수소견도혜

其來鞠躬而拜ˇ跪於造我之耶和華前兮ˇ7彼乃我上帝ˇ我儕爲其所牧之
기래국궁이배　궤어조아지야화화전혜　피내아상제　아제위기소목지

民ˇ手下之羊ˇ願爾今聽其言兮ˇ8勿剛愎乃心ˇ如在米利巴ˇ在曠野瑪撒
민　수하지양　원이금청기언혜　물강퍅내심　여재미리파　재광야마살

之日兮ˇ9維時ˇ爾祖見我所爲ˇ猶探我試我兮ˇ10歷年四十ˇ我厭此代曰
지일혜　유시　이조견아소위　유탐아시아혜　력년사십　아염차대왈

ˇ斯民心迷ˇ未識我途兮ˇ11故我怒而誓曰ˇ彼必不得入我安息兮ˇ
사민심미　미식아도혜　고아노이서왈　피필부득입아안식혜

第96篇ˇ1爾其向耶和華唱新歌ˇ全地歌頌耶和華兮ˇ2謳歌耶和華ˇ頌讚
제편　이기향야화화창신가　전지가송야화화혜　구가야화화　송찬

其名ˇ日宣其拯救兮ˇ3述其尊榮於列邦ˇ道其奇行於萬民兮ˇ4蓋耶和華
기명　일선기증구혜　술기존영어렬방　도기기행어만민혜　개야화화

爲大ˇ宜宏讚美ˇ超越諸神ˇ宜切敬畏兮ˇ5列邦之神ˇ盡屬虛無ˇ惟耶和
위대　의굉찬미　초월제신　의절경외혜　렬방지신　진속허무　유야화

華創造諸天兮ˇ6尊榮威嚴ˇ在於其前ˇ能力光華ˇ顯於聖所兮ˇ7萬民諸
화창조제천혜　존영위엄　재어기전　능력광화　현어성소혜　만민제

族歟ˇ當以尊榮能力歸於耶和華ˇ咸歸於耶和華兮ˇ8以耶和華名應得之
족여　당이존영능력귀어야화화　함귀어야화화혜　이야화화명응득지

榮歸之ˇ奉禮入其院宇兮ˇ9當衣聖服ˇ崇拜耶和華ˇ全地戰慄於其前兮ˇ
영귀지　봉례입기원우혜　당의성복　숭배야화화　전지전률어기전혜

10宣告列邦曰ˇ耶和華秉權ˇ世界堅立ˇ不至動搖ˇ彼必秉公ˇ以鞫萬民
선고렬방왈　야화화병권　세계견립　부지동요　피필병공　이국만민

兮ˇ11諸天其歡ˇ大地其喜ˇ海及充其中者ˇ悉揚厥聲兮ˇ12田與其中所
혜　제천기환　대지기희　해급충기중자　실양궐성혜　전여기중소

有ˇ尚其歡欣ˇ林間諸木ˇ則歡呼於耶和華前兮ˇ13蓋彼將臨ˇ行鞫於地ˇ
유　상기환흔　림간제목　칙환호어야화화전혜　개피장림　행국어지

以公義鞫斯世ˇ以誠實鞫萬民兮ˇ
이공의국사세　이성실국만민혜

第97篇ˇ1耶和華秉權ˇ大地其懽忻ˇ羣島其喜樂兮ˇ2密雲黑暗環之ˇ仁
제편　야화화병권　대지기환흔　군도기희악혜　밀운흑암환지　인

義公平ˇ爲其位之基兮ˇ3火燎其前ˇ焚四周之敵兮ˇ4其電照耀世界ˇ大
의공평　위기위지기혜　화료기전　분사주지적혜　기전조요세계　대

地見之而顫兮ˇ5山嶽如蠟銷鎔ˇ因其見耶和華ˇ全地之主兮ˇ6諸天宣其
지견지이전혜　산악여랍소용　인기견야화화　전지지주혜　제천선기

義ˇ諸民見其榮兮ˇ7凡奉雕像ˇ以虛無自誇者ˇ願其蒙羞ˇ爾諸神歟ˇ敬
의　제민견기영혜　범봉조상　이허무자과자　원기몽수　이제신여　경

拜上帝兮ˇ8耶和華歟ˇ郇民聞爾行鞫而喜ˇ猶大之女ˇ因之而樂兮ˇ9耶
배상제혜　야화화여　순민문이행국이희　유대지녀　인지이악혜　야

和華歟ˇ爾乃至高ˇ超乎全地ˇ爾被尊崇ˇ越於諸神兮ˇ10愛耶和華者歟ˇ
화화여　이내지고　초호전지　이피존숭　월어제신혜　애야화화자여

爾其惡惡ˇ彼保聖民之命ˇ拯之於惡人手兮ˇ11光輝爲行義者而佈ˇ喜樂
이기악악　피보성민지명　증지어악인수혜　광휘위행의자이포　희악

爲心正者所獲ˇ12爾義人歟ˇ緣耶和華而喜ˇ爲其聖名而稱謝兮ˇ
위심정자소획　　이의인여　연야화화이희　위기성명이칭사혜

第98篇ˇ1爾其向耶和華唱新歌ˇ以其行奇事ˇ彼之右手聖臂施救兮ˇ2耶
제　편　이기향야화화창신가　이기행기사　피지우수성비시구혜　야

和華顯其拯救ˇ彰其公義於列邦兮ˇ3對以色列家之慈惠信實ˇ彼記憶之
화화현기증구　창기공의어렬방혜　대이색렬가지자혜신실　피기억지

ˇ地之四極ˇ咸見我上帝之拯救兮ˇ4全地其向耶和華歡呼ˇ發聲歌詠ˇ而
지지사극　함견아상제지증구혜　전지기향야화화환호　발성가영　이

頌讚之兮ˇ5鼓琴歌頌耶和華ˇ以琴與和諧之聲兮ˇ6和以角笳之聲ˇ歡呼
송찬지혜　고금가송야화화　이금여화해지성혜　화이각가지성　환호

於大君耶和華前兮ˇ7海及充其中者ˇ世與居其間者ˇ悉揚厥聲兮ˇ8波濤
어대군야화화전혜　해급충기중자　세여거기간자　실양궐성혜　파도

鼓掌ˇ山嶽應之ˇ歡呼於耶和華前兮ˇ9蓋彼將臨ˇ行鞫於地ˇ以公義鞫斯
고장　산악응지　환호어야화화전혜　개피장림　행국어지　이공의국사

世ˇ以中正鞫萬民兮ˇ
세　이중정국만민혜

第99篇ˇ1耶和華秉權ˇ萬民其戰慄ˇ彼居基路伯上ˇ大地其震動兮ˇ2耶
제　편　야화화병권　만민기전률　피거기로백상　대지기진동혜　야

和華在郇爲大ˇ超越萬民兮ˇ3其名大而可畏ˇ宜頌讚之ˇ彼乃爲聖兮ˇ○
화화재순위대　초월만민혜　기명대이가외　의송찬지　피내위성혜

4王有能力ˇ而好公平ˇ建立中正ˇ在雅各家秉公行義兮ˇ5尊崇我上帝耶
왕유능력　이호공평　건립중정　재아각가병공행의혜　존숭아상제야

和華ˇ於其足几前敬拜之ˇ彼乃爲聖兮ˇ○6其祭司中ˇ有摩西亞倫ˇ呼籲
화화　어기족궤전경배지　피내위성혜　기제사중　유마서아륜　호유

其名者中ˇ有撒母耳ˇ彼衆呼籲耶和華ˇ蒙其俞允兮ˇ7在雲柱中諭之ˇ彼
기명자중　유살모이　피중호유야화화　몽기유윤혜　재운주중유지　피

衆守其法度ˇ遵其所賜之典章兮ˇ8耶和華我上帝歟ˇ爾俞允之ˇ爲其行
중수기법도　준기소사지전장혜　야화화아상제여　이유윤지　위기행

赦之上帝ˇ然猶報其所行兮ˇ9尊崇我上帝耶和華ˇ敬拜於其聖山ˇ蓋我
사지상제　연유보기소행혜　존숭아상제야화화　경배어기성산　개아

上帝耶和華爲聖兮ˇ
상제야화화위성혜

第100篇○稱謝之詩○1全地其向耶和華歡呼ˇ2欣喜而奉耶和華ˇ謳歌
제　편　칭사지시　전지기향야화화환호　흔희이봉야화화　구가

而詣其前兮ˇ3當知耶和華爲上帝ˇ彼乃造我ˇ我亦屬之ˇ我爲其民ˇ爲其
이예기전혜　당지야화화위상제　피내조아　아역속지　아위기민　위기

牧場之羊兮ˇ4以稱謝入其門ˇ以讚美入其院ˇ感謝其恩ˇ頌美其名兮ˇ5
목장지양혜　이칭사입기문　이찬미입기원　감사기은　송미기명혜

蓋耶和華乃善ˇ其慈惠永存ˇ其信實萬世不易兮ˇ
개야화화내선　기자혜영존　기신실만세부역혜

第101篇○大衞之詩○1我必謳歌慈惠公義ˇ耶和華歟ˇ我歌頌爾兮ˇ2我
제　편　대위지시　아필구가자혜공의　야화화여　아가송이혜　아

致志於純全之道ˇ爾何時臨蒞我ˇ必以純全之心ˇ行於家庭兮ˇ3卑陋之
치지어순전지도　이하시림리아　필이순전지심　행어가정혜　비루지

事ˇ我不寓目ˇ偏僻之行ˇ我所深惡ˇ不沾我躬兮ˇ4邪曲之心ˇ我必遠之ˇ
사　아부우목　편벽지행　아소심악　부첨아궁혜　사곡지심　아필원지

奸惡之事ˇ我不識之兮ˇ5潛毀其鄰者ˇ我必絶之ˇ目高心傲者ˇ我不容之
간악지사　아부식지혜　잠훼기린자　아필절지　목고심오자　아부용지

兮ˇ6境內忠誠之民ˇ我目顧之ˇ令其與我偕居ˇ行純全之道者ˇ必服事我
혜　경내충성지민　아목고지　령기여아해거　행순전지도자　필복사아

兮ˇ7行詐者不得居於我室ˇ言誑者不得立於我前ˇ8境內惡人ˇ我每晨必
혜 　행사자부득거어아실 　언광자부득립어아전 　경내악인 　아매신필

殄之ˇ作慝之輩ˇ必絕於耶和華之邑兮ˇ
진지 　작특지배 　필절어야화화지읍혜

第102篇○困苦之人於耶和華前陳情祈禱之詞○1耶和華歟ˇ聽我祈禱ˇ
제　편 　곤고지인어야화화전진정기도지사 　야화화여 　청아기도

使我呼籲達於爾前兮ˇ2我遭難之日ˇ勿向我掩面ˇ我呼籲之時ˇ其向我
사아호유달어이전혜 　아조난지일 　물향아엄면 　아호유지시 　기향아

側耳ˇ速允我兮ˇ3我之時日ˇ如烟之消ˇ我之骸骨ˇ如炬之焚兮ˇ4我心被
측이 　속윤아혜 　아지시일 　여연지소 　아지해골 　여거지분혜 　아심피

傷ˇ如草枯槁ˇ以至忘餐兮ˇ5發聲呻吟ˇ膚革貼骨兮ˇ6我如曠野之鵜鶘ˇ
상 　여초고고 　이지망찬혜 　발성신음 　부혁첩골혜 　아여광야지제호

荒墟之鴟鴞兮ˇ7醒而不寐ˇ如屋頂之孤雀兮ˇ8我敵終日詆我ˇ狂待我者
황허지치효혜 　성이불매 　여옥정지고작혜 　아적종일저아 　광대아자

ˇ指我而詛兮ˇ9我食灰如餅ˇ和淚而飲兮ˇ10因爾忿恚震怒ˇ取我而擲之
지아이저혜 　아식회여병 　화루이음혜 　인이분에진노 　취아이척지

兮ˇ11我日如晷延長ˇ我躬如草枯槁兮ˇ○12耶和華歟ˇ惟爾永存ˇ爾誌
혜 　아일여귀연장 　아궁여초고고혜 　야화화여 　유이영존 　이지

歷世弗替兮ˇ13爾將興起、矜憫郇邑ˇ今屆撫恤之時ˇ定期已至兮ˇ14爾
력세불체혜 　이장흥기 　긍민순읍 　금계무휼지시 　정기이지혜 　이

僕悅其石ˇ而惜其土兮ˇ15列邦必敬畏耶和華名ˇ地上諸王ˇ敬畏爾榮兮
복열기석 　이석기토혜 　렬방필경외야화화명 　지상제왕 　경외이영혜

ˇ16蓋耶和華建築郇邑ˇ見於其榮兮ˇ17垂念貧者之禱ˇ不輕視其祈兮ˇ
개야화화건축순읍 　견어기영혜 　수념빈자지도 　부경시기기혜

18此言必爲後人錄之ˇ將來受造之民ˇ必頌讚耶和華兮ˇ19蓋耶和華自
차언필위후인록지 　장래수조지민 　필송찬야화화혜 　개야화화자

聖所高處垂鑒ˇ自天俯視下土兮ˇ20聽俘囚之欷歔ˇ釋瀕死之人兮ˇ21俾
성소고처수감 　자천부시하토혜 　청부수지희허 　석빈사지인혜 　비

人宣耶和華名於郇ˇ播其聲譽於耶路撒冷ˇ22在萬民諸國會集ˇ崇事耶
인선야화화명어순 　파기성예어야로살랭 　재만민제국회집 　숭사야

和華之時兮ˇ23彼於中道ˇ敗我精力ˇ促我時日兮ˇ24我曰ˇ我上帝歟
화화지시혜 　피어중도 　패아정력 　촉아시일혜 　아왈 　아상제여

爾年歷萬世ˇ勿使我中年而逝兮ˇ25上古爾奠地基ˇ諸天爾手所造兮ˇ26
이년력만세 　물사아중년이서혜 　상고이전지기 　제천이수소조혜

斯必滅沒ˇ惟爾恆存ˇ此皆如衣漸舊ˇ爾將易之如服ˇ則俱改變兮ˇ27惟
사필멸몰 　유이긍존 　차개여의점구 　이장역지여복 　칙구개변혜 　유

爾不易ˇ爾年無盡兮ˇ28爾僕之子必恆存ˇ其裔堅立於爾前兮ˇ
이부역 　이년무진혜 　이복지자필긍존 　기예견립어이전혜

第103篇○大衛之詞○1我心當頌美耶和華ˇ我衷所有ˇ頌其聖名兮ˇ2我
제　편 　대위지사 　아심당송미야화화 　아충소유 　송기성명혜 　아

心當頌美耶和華ˇ勿忘其恩澤兮ˇ3彼宥爾諸愆ˇ醫爾諸疾兮ˇ4贖爾命於
심당송미야화화 　물망기은택혜 　피유이제건 　의이제질혜 　속이명어

死亡ˇ冠爾以仁愛慈惠兮ˇ5錫以嘉物ˇ饜爾所欲ˇ俾爾反少如鷹兮ˇ6耶
사망 　관이이인애자혜혜 　석이가물 　염이소욕 　비이반소여응혜 　야

和華行義事ˇ爲受虐者伸冤兮ˇ7以其經營示摩西ˇ以其作爲示以色列人
화화행의사 　위수학자신원혜 　이기경영시마서 　이기작위시이색렬인

兮ˇ8耶和華乃仁慈矜憫ˇ遲於發怒ˇ富有慈惠兮ˇ9不恆置辯ˇ不永懷怒
혜 　야화화내인자긍민 　지어발노 　부유자혜혜 　부긍치변 　부영회노

兮ˇ10未依我罪相待ˇ未循我愆施報兮ˇ11在於敬畏之者ˇ慈惠之大ˇ如
혜 　미의아죄상대 　미순아건시보혜 　재어경외지자 　자혜지대 　여

天之高於地兮ˇ12去我罪愆ˇ如東之遠於西兮ˇ13敬畏之者ˇ耶和華矜憫
之ˇ如父之恤其子兮ˇ14蓋知我之體質ˇ念我爲塵土兮ˇ15維彼世人ˇ其
日如草ˇ其生如野花兮ˇ16一經風過ˇ卽歸烏有ˇ其地不復識之兮ˇ17~
18惟敬畏耶和華ˇ守其約ˇ憶其律ˇ而遵行者ˇ耶和華之慈惠加之ˇ其義
施於子孫ˇ自亙古至永久兮ˇ19耶和華之位立於天ˇ其權統萬有兮ˇ20具
有能力ˇ成其旨ˇ聽其命之諸使歟ˇ其頌美耶和華ˇ21爲其役ˇ行其旨之
諸軍歟ˇ其頌美耶和華ˇ22凡其所造ˇ在其所轄之區ˇ其頌美耶和華ˇ我
心頌美耶和華兮ˇ

第104篇1我心當頌美耶和華ˇ我上帝耶和華歟ˇ爾爲至大ˇ衣以尊榮威
嚴兮ˇ2被光華如衣ˇ布穹蒼如幬兮ˇ3安樓閣之棟於水中ˇ以雲爲輿ˇ馭
風之翼而行兮ˇ4以風爲使ˇ以火爲役兮ˇ5奠地之基ˇ永不動搖兮ˇ6以淵
覆之ˇ有若衣服ˇ水高於山兮ˇ7爾叱咤發ˇ水卽奔逃ˇ爾雷聲作ˇ水卽迅
逝兮ˇ8山乃出ˇ谷乃陷ˇ水歸爾所定之區兮ˇ9爾立厥界ˇ俾不踰越ˇ不復
返而覆地兮ˇ10使泉湧於陵谷ˇ流於山間兮ˇ11飲田原之獸ˇ解野驢之渴
兮ˇ12飛鳥棲於水濱ˇ鳴於樹枝兮ˇ13彼自其閣ˇ灌漑山岡ˇ緣其功效
大地饒足兮ˇ14生草萊以飼六畜ˇ備菜蔬以供人需ˇ俾穀產於地兮ˇ15又
備酒醴以悅人心ˇ膏油以澤人面ˇ糗糧以固人志兮ˇ16耶和華之林木ˇ所
植利巴嫩之香柏ˇ足沾雨澤兮ˇ17鳥構巢其中ˇ鶴以松爲室兮ˇ18野羊處
於高山ˇ沙番藏於巖石兮ˇ19彼立月以定時ˇ日知其入兮ˇ20造暗爲夜ˇ
林間百獸潛出兮ˇ21稚獅咆哮以攫物ˇ向上帝求食兮ˇ22日出獸藏ˇ偃臥
於穴兮ˇ23人出而作ˇ勤勞至暮兮ˇ24耶和華歟ˇ爾之造作何其多ˇ皆以
智慧而成ˇ寰宇充爾財物兮ˇ25海大且廣ˇ動物無數ˇ小大咸有兮ˇ26其
中舟楫往來ˇ鱷魚游泳ˇ爲爾所造兮ˇ27斯皆望爾ˇ依時食之ˇ28爾予之
ˇ彼取之ˇ爾旣張手ˇ彼飫嘉物兮ˇ29爾旣掩面ˇ彼則驚惶ˇ爾斷其氣ˇ彼
卽死亡ˇ歸於塵土兮ˇ30爾遣爾神ˇ彼乃受造ˇ爾使地面更新兮ˇ31願耶

和華之榮永存ˇ願耶和華悅其所造兮ˇ32彼視地ˇ地則顫動ˇ彼捫山ˇ山
則發煙兮ˇ33我畢生謳歌耶和華ˇ我生存之日ˇ歌頌我上帝兮ˇ34我之思
念ˇ願彼以爲甘美ˇ我因耶和華而樂兮ˇ35願罪人滅於地上ˇ願惡人歸於
烏有ˇ我心當頌美耶和華ˇ爾曹其讚揚耶和華兮ˇ

第105篇1其稱謝耶和華ˇ呼籲其名ˇ以其作爲普告萬民兮ˇ2謳歌之ˇ頌
美之ˇ道其奇行兮ˇ3以其聖名爲榮ˇ凡求耶和華者ˇ心宜歡悅兮ˇ4求耶
和華ˇ與其能力ˇ恆尋其面兮ˇ56其僕亞伯拉罕之裔ˇ所選雅各子孫歟ˇ
念其所行奇事異蹟ˇ及其口之讞兮ˇ7彼乃耶和華ˇ我之上帝ˇ行鞫於全
地兮ˇ8永念其約ˇ所諭之言ˇ千代不忘ˇ9卽與亞伯拉罕所立之約ˇ對以
撒所發之誓ˇ10且於雅各爲定例ˇ於以色列爲永約兮ˇ11曰ˇ我必錫爾以
迦南地ˇ爲爾所得之業兮ˇ12當時人寡ˇ其數無幾ˇ旅於斯土兮ˇ13由此
族游於彼族ˇ自此國至於彼國ˇ14上帝不容人虐遇之ˇ因之譴責列王兮ˇ
15曰ˇ我受膏者ˇ勿犯之ˇ我之先知ˇ勿傷之ˇ16令饑饉臨於斯土ˇ盡絕
所恃之糧兮ˇ17遣人爲其先導ˇ約瑟被鬻爲奴兮ˇ18其足傷於柱ˇ其身入
於鐵兮ˇ19耶和華以其言試之ˇ迨其應驗兮ˇ20治民之王ˇ遣人釋之ˇ俾
其自由兮ˇ21立爲冢宰ˇ治其所有兮ˇ22隨意約束羣臣ˇ以智訓迪耆老兮
ˇ23以色列遂至埃及ˇ雅各旅於含地24上帝繁衍其民ˇ使強於敵兮ˇ25
然轉敵人之心ˇ俾憾其民ˇ詭待其僕兮ˇ26爰遣其僕摩西ˇ與所選之亞倫
ˇ27顯神蹟於敵中ˇ著異能於含地兮ˇ28召彼晦冥ˇ使地幽暗ˇ未違其言
兮ˇ29變水爲血ˇ殄其鱗族兮ˇ30青蛙羣集其地ˇ入於王之宮室兮ˇ31發
言而蠅羣集ˇ蚋遍四境兮ˇ32雨雹爲雨ˇ降火於地兮ˇ33擊其葡萄ˇ與無
花果ˇ毀傷境內林木兮ˇ34發言而蝗至止ˇ蚱蜢無數兮ˇ35食盡田蔬ˇ嚙
徧土産兮ˇ36擊其國中長子ˇ壯時所首生兮ˇ37導民而出ˇ攜金與銀ˇ其
支派中ˇ無一荏弱之人兮ˇ38埃及恐懼ˇ見其出而悅懌兮ˇ39上帝布雲爲
蓋ˇ夜燭以火兮ˇ40應其所求ˇ使鶉至止ˇ飽以天糧兮ˇ41闢磐石而水湧

╲流入旱地若河兮╲42蓋憶其聖言╲及其僕亞伯拉罕兮╲43導民欣然而出
류입한지약하혜　개억기성언　급기복아백랍한혜　도민흔연이출
╲選民謳歌而出兮╲44賜以列邦之地╲異族勞而備者╲承之爲業兮╲45欲
선민구가이출혜　사이렬방지지　이족로이비자　승지위업혜　욕
彼遵其律╲守其法╲爾其頌美耶和華兮╲
피준기률　수기법　이기송미야화화혜

第106篇╲1爾其頌美耶和華╲稱謝耶和華╲以其爲善╲慈惠永存兮╲2孰克
제　편　이기송미야화화　칭사야화화　이기위선　자혜영존혜　숙극
述耶和華之能事╲播其聲譽乎╲3凡秉公正╲與常行公義者╲其有福兮╲4
술야화화지능사　파기성예호　범병공정　여상행공의자　기유복혜
耶和華歟╲以爾待民之恩惠念我╲以爾拯救顧我兮╲5俾我見爾選民之昌
야화화여　이이대민지은혜념아　이이증구고아혜　비아견이선민지창
╲致樂爾民之樂╲與爾業共其榮兮╲○6我與列祖同干罪戾╲行邪作惡兮╲
치악이민지악　여이업공기영혜　아여렬조동간죄려　행사작악혜
7我列祖在埃及╲不明爾異蹟╲不憶爾厚惠╲乃於紅海悖逆兮╲8然彼緣其
아렬조재애급　부명이이적　부억이후혜　내어홍해패역혜　연피연기
名而救之╲彰厥大能兮╲9爰叱紅海╲其海乃涸╲導之涉深╲如履原野兮╲
명이구지　창궐대능혜　원질홍해　기해내학　도지섭심　여리원야혜
10援之於憾者之手╲贖之於敵人之手兮╲11水淹其敵╲靡有孑遺兮╲12
원지어감자지수　속지어적인지수혜　수엄기적　미유혈유혜
民信其言╲而歌頌之兮╲13遽爾忘其作爲╲不俟其旨兮╲14在曠野縱其欲
민신기언　이가송지혜　거이망기작위　부사기지혜　재광야종기욕
╲在荒原試上帝兮╲15遂以所求賜之╲惟使其神衰弱兮╲16民在營中╲娼
재황원시상제혜　수이소구사지　유사기신쇠약혜　민재영중　모
嫉摩西╲及耶和華之聖者亞倫兮╲17地則坼裂╲吞大坍╲掩亞比蘭黨兮╲
질마서　급야화화지성자아륜혜　지칙탁렬　탄대담　엄아비란당혜
18火爇其黨╲焰焚惡人兮╲19民在何烈製犢╲崇拜鑄像兮╲20如是以彼
화설기당　염분악인혜　민재하렬제독　숭배주상혜　여시이피
之榮╲易爲齧芻之牛像兮╲21忘其救者上帝╲行大事於埃及╲22施異蹟於
지영　역위교추지우상혜　망기구자상제　행대사어애급　시이적어
含地╲行可畏之事於紅海兮╲23是以上帝有言╲必翦滅之╲惟所選之摩西
함지　행가외지사어홍해혜　시이상제유언　필전멸지　유소선지마서
╲當其衝╲立其前╲挽回其怒╲免行翦滅兮╲24民亦蔑視美地╲不信其言
당기충　립기전　만회기노　면행전멸혜　민역멸시미지　부신기언
25在幕中出怨言╲弗聽耶和華命兮╲26彼遂舉手而誓曰╲必仆之於野
재막중출원언　불청야화화명혜　피수거수이서왈　필부지어야
27踣其裔於列國╲散之於各地兮╲28民亦契於巴力毘珥╲食祭死物之品
북기예어렬국　산지어각지혜　민역계어파력비이　식제사물지품
兮╲29如是而行╲致激厥怒╲疫癘流行其中兮╲30時非尼哈起而行罰╲瘟
혜　여시이행　치격궐노　역려류행기중혜　시비니합기이행벌　온
災以息兮╲31此爲其義╲歷世靡曁兮╲32民在米利巴水╲復干厥怒╲累及
재이식혜　차위기의　력세미기혜　민재미리파수　복간궐노　루급
摩西兮╲33因民悖逆其神╲彼則口出躁言兮╲34民亦不遵耶和華命╲滅絕
마서혜　인민패역기신　피칙구출조언혜　민역부준야화화명　멸절
異邦╲35乃與諸族雜處╲習其行爲兮╲36事其偶像╲爲己網羅兮╲37獻其
이방　내여제족잡처　습기행위혜　사기우상　위기망라혜　헌기
子女╲以祭鬼神兮╲38流無辜之血╲卽其子女之血╲以祭迦南偶像╲其地
자녀　이제귀신혜　류무고지혈　즉기자녀지혈　이제가남우상　기지
爲血所汙兮╲39緣其所行自汙╲所爲徇欲兮╲40於是耶和華忿怒其民╲厭
위혈소오혜　연기소행자오　소위순욕혜　어시야화화분노기민　염

惡己業兮ˇ41付於異邦之手ˇ憾之者制之兮ˇ42厥敵虐之ˇ俾服其手下兮
악 기 업 혜　　　부 어 이 방 지 수　감 지 자 제 지 혜　　궐 적 학 지　비 복 기 수 하 혜

ˇ43上帝屢援之ˇ惟彼謀逆ˇ因其罪戾ˇ至於卑微兮ˇ44然猶聽其呼籲
　　상 제 루 원 지　유 피 모 역　인 기 죄 려　지 어 비 미 혜　　연 유 청 기 호 유

恤其患難兮ˇ45爲之記憶其約ˇ依其厚惠ˇ而回厥意兮ˇ46使於虜之者
휼 기 환 난 혜　　위 지 기 억 기 약　의 기 후 혜　이 회 궐 의 혜　　사 어 로 지 자

得蒙矜恤兮ˇ○47耶和華我上帝歟ˇ尚其救我ˇ自列邦集我ˇ俾稱揚爾聖
득 몽 긍 휼 혜　　야 화 화 아 상 제 여　상 기 구 아　자 렬 방 집 아　비 칭 양 이 성

名ˇ誇耀爾聲譽兮ˇ48以色列之上帝耶和華ˇ當頌美之ˇ自亙古迄永久ˇ
명　과 요 이 성 예 혜　　이 색 렬 지 상 제 야 화 화　당 송 미 지　자 선 고 흘 영 구

衆民宜曰ˇ誠所願也ˇ爾其頌美耶和華兮ˇ
중 민 의 왈　성 소 원 야　이 기 송 미 야 화 화 혜

第107篇 ˇ1當稱謝耶和華ˇ以其爲善ˇ慈惠永存兮ˇ2耶和華所贖之民ˇ贖
제　편　　당 칭 사 야 화 화　이 기 위 선　자 혜 영 존 혜　　야 화 화 소 속 지 민　속

自敵手者ˇ當言此兮ˇ3自列邦集之ˇ自東自西ˇ自南自北兮ˇ○4彼流離
자 적 수 자　당 언 차 혜　　자 렬 방 집 지　자 동 자 서　자 남 자 북 혜　　피 류 리

於曠野ˇ在荒原之途ˇ未見可居之邑兮ˇ5載饑載渴ˇ其心昏憒兮ˇ6患難
어 광 야　재 황 원 지 도　미 견 가 거 지 읍 혜　　재 기 재 갈　기 심 혼 궤 혜　　환 난

之時ˇ呼籲耶和華、遂援之於困苦兮ˇ7導之行於直道ˇ使往可居之邑兮
지 시　호 유 야 화 화　수 원 지 어 곤 고 혜　　도 지 행 어 직 도　사 왕 가 거 지 읍 혜

ˇ8願人稱謝耶和華ˇ因其有慈惠ˇ及爲世人行奇事兮ˇ9仰慕之心ˇ使之
　　원 인 칭 사 야 화 화　인 기 유 자 혜　급 위 세 인 행 기 사 혜　　앙 모 지 심　사 지

饜足ˇ飢餒之心ˇ飫以嘉物兮ˇ○10居幽暗死蔭者ˇ拘以困苦ˇ縶以鐵索
염 족　기 뇌 지 심　어 이 가 물 혜　　거 유 암 사 음 자　구 이 곤 고　집 이 철 색

兮ˇ11因其違上帝之言ˇ蔑至上者之旨兮ˇ12故以勞苦抑其心ˇ彼乃顚躓
혜　　인 기 위 상 제 지 언　멸 지 상 자 지 지 혜　　고 이 로 고 억 기 심　피 내 전 지

ˇ輔助無人兮ˇ13患難之時ˇ呼籲耶和華ˇ遂援之於困苦兮ˇ14導出幽暗
　　보 조 무 인 혜　　환 난 지 시　호 유 야 화 화　수 원 지 어 곤 고 혜　　도 출 유 암

死蔭ˇ斷其縶維兮ˇ15願人稱謝耶和華ˇ因其有慈惠ˇ及爲世人行奇事兮
사 음　단 기 집 유 혜　　원 인 칭 사 야 화 화　인 기 유 자 혜　급 위 세 인 행 기 사 혜

ˇ16毀其銅門ˇ斷其鐵楗兮ˇ○17愚人因其愆尤罪戾ˇ罹於禍患兮ˇ18其
　　훼 기 동 문　단 기 철 건 혜　　우 인 인 기 건 우 죄 려　리 어 화 환 혜　　기

心厭諸食物ˇ近於死門兮ˇ19患難之時ˇ呼籲耶和華ˇ遂援之於困苦兮ˇ
심 염 제 식 물　근 어 사 문 혜　　환 난 지 시　호 유 야 화 화　수 원 지 어 곤 고 혜

20出言醫之ˇ援之於死亡兮ˇ21願人稱謝耶和華ˇ因其有慈惠ˇ及爲世人
출 언 의 지　원 지 어 사 망 혜　　원 인 칭 사 야 화 화　인 기 유 자 혜　급 위 세 인

行奇事兮ˇ22獻稱謝以爲祭ˇ謳歌宣其作爲兮ˇ○23乘舟航海ˇ營業於巨
행 기 사 혜　　헌 칭 사 이 위 제　구 가 선 기 작 위 혜　　승 주 항 해　영 업 어 거

浸者ˇ24得見耶和華之作爲ˇ及其奇事ˇ在於深淵兮ˇ25發命令ˇ起狂風
침 자　득 견 야 화 화 지 작 위　급 기 기 사　재 어 심 연 혜　　발 명 령　기 광 풍

ˇ波浪翻騰兮ˇ26其人上至穹蒼ˇ下至深淵ˇ因其遭禍ˇ厥心消融兮ˇ27
　　파 랑 번 등 혜　　기 인 상 지 궁 창　하 지 심 연　인 기 조 화　궐 심 소 융 혜

搖曳不定ˇ蹩躠有若醉人ˇ計窮智盡兮ˇ28患難之時、呼籲耶和華ˇ遂援
요 예 부 정　별 설 유 약 취 인　계 궁 지 진 혜　　환 난 지 시　호 유 야 화 화　수 원

之於困苦兮ˇ29息其狂風ˇ平其波浪兮ˇ30人因寧靖而喜ˇ引至欲往之泊
지 어 곤 고 혜　　식 기 광 풍　평 기 파 랑 혜　　인 인 녕 정 이 희　인 지 욕 왕 지 박

所兮ˇ31願人稱謝耶和華ˇ因其有慈惠ˇ及爲世人行奇事兮ˇ32在民衆會
소 혜　　원 인 칭 사 야 화 화　인 기 유 자 혜　급 위 세 인 행 기 사 혜　　재 민 중 회

中尊崇之ˇ在長老聚所頌美之兮ˇ○33彼變江河爲曠野ˇ源泉爲燥土ˇ34
중 존 숭 지　재 장 로 취 소 송 미 지 혜　　피 변 강 하 위 광 야　원 천 위 조 토

沃壤爲鹵地ˇ皆因居民之罪兮ˇ35彼變曠野爲水澤ˇ旱地爲源泉兮ˇ36使
飢者處之ˇ建可居之邑兮ˇ37耕種田畝ˇ栽植葡萄ˇ獲其所產兮ˇ38錫以
福祉ˇ俾其繁衍ˇ不容牲畜鮮少兮ˇ39厥後復遭暴虐ˇ患難憂苦ˇ民乃減
少ˇ而卑抑兮ˇ40彼加凌辱於君王ˇ使其流離於野ˇ無路可循兮ˇ41惟脫
貧人於患難ˇ置之高處ˇ俾有家屬成羣兮ˇ42正人見之欣喜ˇ惡者口塞兮
ˇ43智者注意斯事ˇ思念耶和華之慈惠兮ˇ

第108篇ˇ1上帝歟ˇ我心堅定ˇ必以我靈謳歌頌美兮ˇ2琴瑟其興ˇ我企望
黎明兮ˇ3耶和華歟ˇ我必於諸民中稱謝爾ˇ於列邦中歌頌爾ˇ4爾之慈惠
峻極於天ˇ誠實及於霄漢兮ˇ5上帝歟ˇ願爾崇高越於諸天ˇ尊榮越於全
地兮ˇ6求爾俞允我ˇ拯以右手ˇ俾爾所愛者得釋兮ˇ7上帝以其聖而言曰
ˇ我必歡欣ˇ分割示劍ˇ勘丈疎割谷兮ˇ8基列屬我ˇ瑪拿西亦屬我ˇ以法
蓮爲我首鎧ˇ猶大爲我杖兮ˇ9摩押爲我浴盤ˇ將於以東而投我屨ˇ我因
非利士而歡呼兮ˇ10誰導我入堅城ˇ誰引我至以東兮ˇ11上帝歟ˇ爾非棄
我乎ˇ上帝歟ˇ爾不與我軍偕出兮ˇ12求爾助我攻敵ˇ人之輔助ˇ乃徒然
兮ˇ13我恃上帝毅然而行ˇ彼乃踐踏我敵兮ˇ

第109篇○大衞之詩使伶長歌之○1我所頌美之上帝歟ˇ勿緘默兮ˇ2惡
人與詭詐者ˇ啟口攻我ˇ以欺誑之舌語我兮ˇ3以憾恨之言環我ˇ無端攻
我兮ˇ4我惟祈禱是務ˇ彼爲我敵ˇ以報我愛兮ˇ5以惡報我善ˇ以惡報我
愛兮ˇ6願爾委一惡人制之ˇ置一仇敵立其右兮ˇ7彼受鞫時ˇ願其負罪而
出ˇ彼之祈禱ˇ反爲咎戾兮ˇ8願其時日無幾ˇ其職爲他人所得兮ˇ9其子
爲孤ˇ其妻爲嫠ˇ10子女流離爲丐ˇ覓食他方ˇ遠其荒涼之家兮ˇ11願盤
剝者取其所有ˇ彼勤勞所得ˇ外人奪之兮ˇ12願無人恩待之ˇ無人矜恤其
孤兮ˇ13願其裔被絕ˇ其名塗於後世兮ˇ14其祖之罪ˇ願耶和華憶之ˇ其
母之惡ˇ願不見塗兮ˇ15願其罪惡ˇ恆在耶和華前ˇ致絕其誌於世兮ˇ16
因其不以施恩爲念ˇ乃迫窮乏與憂傷者ˇ欲致之死兮ˇ17惟好呪詛ˇ而詛

臨之ˇ不喜祝福ˇ而福遠之兮ˇ18彼以呪詛爲衣ˇ呪詛如水入其臟ˇ如油
_{림지} 부희축복 이복원지혜 피이주저위의 주저여수입기장 여유

入其骨兮ˇ19願呪詛爲其蔽體之服ˇ常束之紳兮ˇ20凡我仇敵ˇ及詆我者
입기골혜 원주저위기폐체지복 상속지신혜 범아구적 급저아자

ˇ耶和華以此報之兮ˇ21主耶和華歟ˇ因爾名故ˇ善待我ˇ緣爾慈惠之美ˇ
야화화이차보지혜 주야화화여 인이명고 선대아 연이자혜지미

拯救我兮ˇ22我乃貧乏ˇ中心傷痛兮ˇ23我之逝也ˇ如日影沈西ˇ如蝗蟲
증구아혜 아내빈핍 중심상통혜 아지서야 여일영침서 여황충

飄蕩兮ˇ24我因禁食ˇ膝弱體瘦兮ˇ25爲衆凌辱ˇ見我而搖首兮ˇ26我上
표탕혜 아인금식 슬약체수혜 위중릉욕 견아이요수혜 아상

帝耶和華歟ˇ尚其助我ˇ依爾慈惠ˇ拯救我兮ˇ27使人咸知此出爾手ˇ乃
제야화화여 상기조아 의이자혜 증구아혜 사인함지차출이수 내

爾耶和華所行兮ˇ28任其呪詛ˇ惟爾祝福ˇ彼興起時ˇ必蒙羞恥ˇ爾僕欣
이야화화소행혜 임기주저 유이축복 피흥기시 필몽수치 이복흔

喜兮ˇ29願敵被辱ˇ願其抱愧ˇ如衣以袍兮ˇ30我必以口深謝耶和華ˇ在
희혜 원적피욕 원기포괴 여의이포혜 아필이구심사야화화 재

衆中頌美之兮ˇ31蓋彼必立貧人之右ˇ救其脫於行鞫之人兮ˇ
중중송미지혜 개피필립빈인지우 구기탈어행국지인혜

第110篇ˇ1耶和華謂我主云ˇ爾坐我右ˇ俟我以爾敵ˇ爲爾足几兮ˇ2耶和
제편 야화화위아주운 이좌아우 사아이이적 위이족궤혜 야화

華必使爾力之杖ˇ伸出於郇ˇ曰ˇ爾其操權於敵兮ˇ3爾行軍時ˇ爾民必衣
화필사이력지장 신출어순 왈 이기조권어적혜 이행군시 이민필의

聖服ˇ樂心自獻ˇ爾之丁壯ˇ光耀如朝露兮ˇ4耶和華既誓ˇ必不回意ˇ爾
성복 악심자헌 이지정장 광요여조로혜 야화화기서 필부회의 이

依麥基洗德之班ˇ永爲祭司兮ˇ5主在爾右發怒時ˇ必擊破列王兮ˇ6行鞫
의맥기세덕지반 영위제사혜 주재이우발노시 필격파렬왕혜 행국

於列邦ˇ使尸滿戰場ˇ擊破多國之首兮ˇ7飲於道旁之溪ˇ因而昂首兮ˇ
어렬방 사시만전장 격파다국지수혜 음어도방지계 인이앙수혜

第111篇ˇ1爾其頌美耶和華ˇ我於正人之議場ˇ衆人之公會ˇ一心稱謝耶
제편 이기송미야화화 아어정인지의장 중인지공회 일심칭사야

和華兮ˇ2大哉ˇ耶和華之作爲ˇ凡樂之者所究察兮ˇ3彼之經營ˇ乃榮與
화혜 대재 야화화지작위 범악지자소구찰혜 피지경영 내영여

威ˇ其義永存兮ˇ4所行奇異ˇ俾人憶之ˇ耶和華乃仁慈矜憫兮ˇ5賜糧於
위 기의영존혜 소행기이 비인억지 야화화내인자긍민혜 사량어

畏之者ˇ永念其約兮ˇ6以作爲之能力示其民ˇ以列邦賜之爲業兮ˇ7其手
외지자 영념기약혜 이작위지능력시기민 이렬방사지위업혜 기수

所爲ˇ誠實公義ˇ其律確定兮ˇ8永久堅立ˇ成於誠實正直兮ˇ9施救贖於
소위 성실공의 기률확정혜 영구견립 성어성실정직혜 시구속어

其民ˇ永立厥約ˇ其名聖而可畏兮ˇ10寅畏耶和華ˇ爲智慧之肇始ˇ守其
기민 영립궐약 기명성이가외혜 인외야화화 위지혜지조시 수기

誡命者爲明哲ˇ耶和華之聲譽永存兮ˇ
계명자위명철 야화화지성예영존혜

第112篇ˇ1爾其頌美耶和華ˇ寅畏耶和華ˇ深悅其誡命者ˇ其有福兮ˇ2其
제편 이기송미야화화 인외야화화 심열기계명자 기유복혜 기

裔必強盛於地上ˇ正人之後代ˇ必蒙福兮ˇ3其家富有貨財ˇ其義永存兮ˇ
예필강성어지상 정인지후대 필몽복혜 기가부유화재 기의영존혜

4正人在幽暗中ˇ光輝爲之顯著ˇ其人慈悲ˇ矜憫公義兮ˇ5施恩而貸金者
정인재유암중 광휘위지현저 기인자비 긍민공의혜 시은이대금자

ˇ必獲益ˇ在受鞫時ˇ必得直兮ˇ6永不動搖ˇ義人恆被記憶兮ˇ7凶耗不驚
필획익 재수국시 필득직혜 영부동요 의인긍피기억혜 악모부경

ˇ心志堅定ˇ惟耶和華是恃兮ˇ8其心穩固ˇ無所畏葸ˇ迨見其敵遭報兮ˇ9
심지견정　유야화화시시혜　기심온고　무소외사　태견기적조보혜

彼散財ˇ彼濟貧ˇ其義永存ˇ其角以榮高舉兮ˇ10惡者見之而恚恨ˇ切齒
피산재　피제빈　기의영존　기각이영고거혜　　악자견지이에한　절치

而消亡ˇ惡黨所欲ˇ必歸烏有兮ˇ
이소망　악당소욕　필귀오유혜

第113篇ˇ1爾其頌美耶和華ˇ耶和華僕頌美之ˇ頌美耶和華名兮ˇ2耶和
제　편　이기송미야화화　야화화복송미지　송미미야화화명혜　야화

華之名宜稱頌ˇ自今迄於永久兮ˇ3自日出之所ˇ至日入之區ˇ宜頌美耶
화지명의칭송　자금흘어영구혜　자일출지소　지일입지구　의송미야

和華名兮ˇ4耶和華超乎萬民ˇ其榮高於諸天兮ˇ5我上帝耶和華居位崇
화화명혜　야화화초호만민　기영고어제천혜　아상제야화화거위숭

高ˇ誰似之兮ˇ6乃自謙卑ˇ俯察天地兮ˇ7舉貧窮於塵埃ˇ擢匱乏於糞壤ˇ
고　수사지혜　내자겸비　부찰천지혜　거빈궁어진애　탁궤핍어분양

8列諸牧伯ˇ卽其民之牧伯兮ˇ9使不姙之婦治家ˇ爲多子之母ˇ安居歡樂
렬제목백　즉기민지목백혜　사부임지부치가　위다자지모　안거환악

ˇ爾其頌美耶和華兮ˇ
이기송미야화화혜

第114篇ˇ1以色列出埃及ˇ雅各家離異言之民ˇ2維時ˇ猶大爲耶和華聖
제　편　이색렬출애급　아각가리이언지민　유시　유대위야화화성

所ˇ以色列爲其邦畿兮ˇ3海見之而逃遁ˇ約但返流兮ˇ4山嶽踴躍如牡羊
소　이색렬위기방기혜　해견지이도둔　약단반류혜　산악용약여모양

ˇ岡陵踴躍如羔羊兮ˇ5海歟ˇ爾何爲而逃遁ˇ約但歟ˇ爾何爲而返流ˇ6山
강릉용약여고양혜　해여　이하위이도둔　약단여　이하위이반류　산

嶽歟ˇ爾何爲踴躍如牡羊ˇ岡陵歟ˇ爾何爲踴躍如羔羊ˇ7爾大地歟ˇ其顚
악여　이하위용약여모양　강릉여　이하위용약여고양　이대지여　기전

動於主前ˇ雅各之上帝前兮ˇ8彼變磐石爲池沼ˇ堅石爲源泉兮ˇ
동어주전　아각지상제전혜　피변반석위지소　견석위원천혜

第115篇ˇ1耶和華歟ˇ因爾慈惠誠實ˇ榮不歸我ˇ不歸於我ˇ乃歸爾名兮ˇ
제　편　야화화여　인이자혜성실　영부귀아　부귀어아　내귀이명혜

2列邦奚曰ˇ彼之上帝安在兮ˇ3我之上帝在天ˇ隨其所欲而行兮ˇ4異邦
렬방해왈　피지상제안재혜　아지상제재천　수기소욕이행혜　이방

偶像ˇ乃銀乃金ˇ人手所造ˇ5有口不言ˇ有目不見ˇ6有耳不聞ˇ有鼻不嗅
우상　내은내금　인수소조　유구부언　유목부견　유이부문　유비부후

ˇ7有手不挈ˇ有足不行ˇ喉不出言兮ˇ8造之者ˇ賴之者ˇ必似之兮ˇ9以
유수부설　유족부행　후부출언혜　조지자　뢰지자　필사지혜　이

色列歟ˇ爾其恃耶和華ˇ彼爲其助其盾兮ˇ10亞倫家歟ˇ爾其恃耶和華ˇ
색렬여　이기시야화화　피위기조기순혜　아륜가여　이기시야화화

彼爲其助其盾兮ˇ11寅畏耶和華者歟ˇ爾其恃耶和華ˇ彼爲其助其盾兮ˇ
피위기조기순혜　인외야화화자여　이기시야화화　피위기조기순혜

12耶和華垂念我ˇ必錫以嘏ˇ錫嘏於以色列家ˇ錫嘏於亞倫家兮ˇ13錫嘏
야화화수념아　필석이하　석하어이색렬가　석하어아륜가혜　석하

於寅畏耶和華者ˇ無論大小兮ˇ14願耶和華使爾日益繁衍ˇ爰及子孫兮ˇ
어인외야화화자　무론대소혜　원야화화사이일익번연　원급자손혜

15造天地之耶和華ˇ錫嘏於爾兮ˇ16諸天爲耶和華所有ˇ地則賜予世人
조천지지야화화　석하어이혜　제천위야화화소유　지칙사여세인

兮ˇ17死人及下入幽寂者ˇ不頌美耶和華兮ˇ18惟我必稱頌耶和華ˇ自今
혜　사인급하입유적자　부송미야화화혜　유아필칭송야화화　자금

迄於永久ˇ爾其頌美耶和華兮ˇ
흘어영구　이기송미야화화혜

第116篇

1我愛耶和華 以其聽我聲 聞我懇求兮 2彼既向我側耳 我畢生呼籲之兮 3死亡之繩索繞我 陰府之痛苦迫我 我遭難遇苦兮 4我則呼籲耶和華名曰 耶和華歟 求爾救援我魂兮 5耶和華仁且義 我上帝矜憫爲懷兮 6庸庸者流 耶和華佑之 我乃卑微 彼拯我兮 7我心歟 爾其復安 耶和華厚待爾兮 8爾救我命 免於死亡 目不流涕 足不顚躓兮 9我在生人之地 必行於耶和華前兮 10我因信而言此 我遭大難兮 11我驚惶時 則曰人盡妄誕兮 12耶和華錫我諸恩 何以報之兮 13必舉拯救之杯 稱揚耶和華名兮 14償我願於耶和華 在衆民前兮 15聖民之亡 乃耶和華所珍視兮 16耶和華歟 我誠爲爾僕 我爲爾僕 爾婢之子 爾已釋我縛兮 17必以稱謝爲祭獻爾 稱揚耶和華名兮 18～19償我願於耶和華在衆民前 在耶和華室院 在耶路撒冷邑中兮 爾其頌美耶和華兮

第117篇

1爾諸國歟 其頌美耶和華 爾諸民歟 其稱揚之 2蓋施我之慈惠廣大 耶和華之誠實永存 爾其頌美耶和華兮

第118篇

1爾其稱謝耶和華 以其爲善 慈惠永存兮 2願以色列曰 其慈惠永存 3亞倫家曰 其慈惠永存 4寅畏耶和華者曰 其慈惠永存兮 5我在難中 呼籲耶和華 耶和華俞允我 導入寬廣之區兮 6耶和華偕我 我無所懼 人其奈我何兮 7耶和華偕我 在助我者之中 憾我者遭報 我必目覩兮 8託庇於耶和華 愈於恃世人 9託庇於耶和華 愈於恃牧伯兮 10萬民環我 我賴耶和華名 必殄滅之 11彼衆環我困我 我賴耶和華名 必殄滅之兮 12環我如蜂 其熄也 如荊棘之火 我賴耶和華名 必殄滅之兮 13敵力搠我 欲顚仆我 惟耶和華助我兮 14耶和華爲我力我歌 成爲我之拯救兮 15義人幕中 有歡呼拯救之聲 耶和華之右手 奮然有爲兮 16耶和華之右手高舉 耶和華之右手 奮然有爲兮 17我必不死 仍得生存 宣揚耶和華之作爲兮 18耶和華懲我以嚴 惟未致我於死兮

19其爲我闢義門ˇ我將入而稱謝耶和華兮ˇ20是乃耶和華之門ˇ義人將入之兮ˇ21我必稱謝爾ˇ因爾兪允我ˇ成爲我之拯救兮ˇ22工師所棄之石ˇ成爲屋隅首石ˇ23此耶和華所爲ˇ我目奇之兮ˇ24斯乃耶和華所定之日ˇ我必歡欣喜樂兮ˇ25耶和華歟ˇ求爾今施拯救ˇ耶和華歟ˇ求爾使我亨通兮ˇ26奉耶和華名而來者ˇ宜頌美之ˇ我在耶和華室中ˇ爲爾祝嘏兮ˇ27耶和華爲上帝ˇ錫我輝光ˇ當以繩繫犧牲ˇ至於壇角兮ˇ28爾爲我上帝ˇ我必稱謝爾ˇ爾爲我上帝ˇ我必尊崇爾兮ˇ29爾其稱謝耶和華ˇ以其爲善ˇ慈惠永存兮ˇ

第119篇ˇ1行爲完備ˇ循耶和華之律者ˇ其有福兮ˇ2守其法度ˇ一心求之者ˇ其有福兮ˇ3不行非義ˇ遵行其道兮ˇ4爾以訓詞諭我ˇ俾我謹守兮ˇ5願我趨向堅定ˇ守爾典章兮ˇ6我重爾諸誡ˇ必不羞愧兮ˇ7學爾義鞫ˇ必以正心稱謝爾兮ˇ8我將守爾典章ˇ勿我永棄兮ˇ○9少者何以潔其品行ˇ惟依爾言自愼兮ˇ10我一心求爾ˇ勿容我違爾誡命兮ˇ11我以爾言藏於心ˇ免獲罪於爾兮ˇ12耶和華歟ˇ爾宜頌美ˇ以爾典章訓我兮ˇ13爾口所諭之律例ˇ我口述之兮ˇ14我悅爾法之道ˇ如悅多財兮ˇ15我必默思爾訓詞ˇ重視爾道途兮ˇ16以爾典章爲樂ˇ不忘爾言兮ˇ○17尚其厚待爾僕ˇ使我生存ˇ我乃遵守爾言兮ˇ18啟我之目ˇ俾見爾律之妙兮ˇ19我在世爲羈旅ˇ爾之誡命ˇ勿隱於我兮ˇ20我恆慕爾律例ˇ至於心碎兮ˇ21驕泰者ˇ爾譴責之ˇ彼違爾誡命ˇ乃可詛兮ˇ22我守爾法度ˇ尚其去我毀辱兮ˇ23牧伯坐而訕我ˇ爾僕思爾典章兮ˇ24爾之法度ˇ爲我所悅ˇ乃我謀士兮ˇ○25我魂附近塵土ˇ其依爾言甦我兮ˇ26我陳我行ˇ蒙爾兪允ˇ其誨我以爾典章兮ˇ27使我明悉爾訓之道ˇ我則思爾奇妙兮ˇ28我心因困苦而消融ˇ其依爾言固我兮ˇ29使我遠於詭道ˇ施恩錫以爾律兮ˇ30我擇忠信之道ˇ陳爾律例於前兮ˇ31耶和華歟ˇ我體爾法度ˇ勿使我愧恥兮ˇ32爾拓我心ˇ我則趨爾誡之道兮ˇ○33耶和華歟ˇ示我以爾典章之道ˇ我必終

守之兮ˇ34畀我明哲ˇ我則守爾律ˇ一心遵之兮ˇ35使行爾誡之道ˇ因我
수지혜　　비아명철　아칙수이률　일심준지혜　　사행이계지도　인아

樂此兮ˇ36其轉我心ˇ向爾法度ˇ不向非義之財兮ˇ37其轉我目ˇ不視虛
악차혜　기전아심　향이법도　부향비의지재혜　　기전아목　부시허

妄ˇ甦我於爾道兮ˇ38所許寅畏爾者之言ˇ祈堅定於爾僕兮ˇ39去我所懼
망　소아어이도혜　소허인외이자지언　기견정어이복혜　　거아소구

之恥辱ˇ爾之律例維善兮ˇ40我慕爾訓詞ˇ甦我於爾義兮ˇ○41耶和華歟
지치욕　이지률례유선혜　아모이훈사　소아어이의혜　　야화화여

ˇ爾之慈惠ˇ爾之拯救ˇ依爾言加諸我兮ˇ42我則有詞答辱我者ˇ蓋我恃
이지자혜　이지증구　의이언가제아혜　아칙유사답욕아자　개아시

爾言兮ˇ43我仰爾律例ˇ勿自我口ˇ盡奪眞理之言兮ˇ44我則遵守爾律ˇ
이언혜　아앙이률례　물자아구　진탈진리지언혜　아칙준수이률

永世弗替兮ˇ45行於寬廣之區ˇ因我究爾訓詞兮ˇ46在列王前ˇ言爾法度
영세불체혜　행어관광지구　인아구이훈사혜　재렬왕전　언이법도

ˇ不至蒙羞兮ˇ47我必樂爾誡命ˇ素爲我所愛兮ˇ48我舉手於爾誡命ˇ素
부지몽수혜　아필악이계명　소위아소애혜　아거수어이계명　소

爲我所愛ˇ思維爾典章兮ˇ○49其念所諭爾僕之言ˇ俾我有望兮ˇ50爾言
위아소애　사유이전장혜　　기념소유이복지언　비아유망혜　　이언

甦我我在難中ˇ因此得慰兮ˇ51驕者譏我維甚ˇ我猶未離爾律兮ˇ52耶和
소아아재난중　인차득위혜　교자기아유심　아유미리이률혜　야화

華歟ˇ爾古昔之律例ˇ我記憶之ˇ而自慰兮ˇ53因惡人違爾律ˇ我則發怒
화여　이고석지률례　아기억지　이자위혜　인악인위이률　아칙발노

甚烈兮ˇ54我寓旅舍ˇ以爾典章ˇ爲我詩歌兮ˇ55耶和華歟ˇ我於夜間憶
심렬혜　아우려사　이이전장　위아시가혜　야화화여　아어야간억

爾名ˇ守爾律兮ˇ56我之得此ˇ因守爾訓詞兮ˇ○57耶和華爲我業ˇ我曰
이명　수이률혜　아지득차　인수이훈사혜　　야화화위아업　아왈

必守爾言兮ˇ58我一心求爾恩ˇ其依爾言憫我兮ˇ59我思所行之道ˇ移足
필수이언혜　아일심구이은　기의이언민아혜　아사소행지도　이족

於爾法度兮ˇ60守爾誡命ˇ速而弗緩兮ˇ61惡人之索繞我ˇ惟我未忘爾律
어이법도혜　수이계명　속이불완혜　악인지색요아　유아미망이률

兮ˇ62緣爾公義之律例ˇ我必中夜而起ˇ稱謝爾兮ˇ63守爾訓詞ˇ寅畏爾
혜　연이공의지률례　아필중야이기　칭사이혜　수이훈사　인외이

者ˇ我與之爲侶兮ˇ64耶和華歟ˇ爾之慈惠ˇ遍於大地ˇ以爾典章訓我兮ˇ
자　아여지위려혜　야화화여　이지자혜　편어대지　이이전장훈아혜

○65耶和華歟ˇ爾素善待爾僕ˇ如爾所言ˇ66其以明哲知識訓我ˇ因我信
야화화여　이소선대이복　여이소언　기이명철지식훈아　인아신

爾誡命兮67我未受苦之先ˇ曾入歧路ˇ今守爾言兮ˇ68爾乃善ˇ所行亦善
이계명혜　아미수고지선　증입기로　금수이언혜　이내선　소행역선

ˇ以爾典章訓我兮ˇ69驕者造誑言以攻我ˇ而我一心守爾訓詞兮ˇ70彼心
이이전장훈아혜　교자조광언이공아　이아일심수이훈사혜　피심

鈍如蒙脂ˇ惟我悅爾律兮ˇ71我之受難ˇ乃爲我益ˇ使我學爾典章兮ˇ72
둔여몽지　유아열이률혜　아지수난　내위아익　사아학이전장혜

爾口所諭之律ˇ在我愈於金銀千萬兮ˇ○73爾手締造我ˇ建立我ˇ其以明
이구소유지률　재아유어금은천만혜　　이수체조아　건립아　기이명

哲賜我ˇ俾我學爾誡命兮ˇ74寅畏爾者ˇ見我而喜ˇ以我仰望爾言兮ˇ75
철사아　비아학이계명혜　인외이자　견아이희　이아앙망이언혜

耶和華歟ˇ我知爾讞乃義ˇ爾之苦我ˇ由於信實兮ˇ76求爾以爾慈惠慰我
야화화여　아지이얼내의　이지고아　유어신실혜　구이이이자혜위아

ˇ依諭爾僕之言兮ˇ77願爾恩寵臨我ˇ俾我生存ˇ爾律爲我所悅兮ˇ78願
의유이복지언혜　원이은총림아　비아생존　이률위아소열혜　원

驕人蒙羞ˇ以其無端傾我ˇ惟我思爾訓詞兮ˇ79願寅畏爾者歸我ˇ彼則知
爾法度兮ˇ80願我盡心於爾典章ˇ使我不至愧怍兮ˇ○81我心望爾拯救ˇ
而致疲憊ˇ我仍仰望爾言兮ˇ82因望爾言ˇ我目昏眊ˇ乃曰ˇ爾何時慰我
兮ˇ83我如煙中之革囊ˇ我則不忘兮ˇ84爾僕之日幾何ˇ迫我之人ˇ爾何
時鞫之兮ˇ85驕者不從爾律ˇ爲我掘阱兮ˇ86爾之誡命ˇ咸屬眞實ˇ彼無
端迫我ˇ尚其助我兮ˇ87彼幾滅我於世ˇ而我未違爾訓詞兮ˇ88依爾慈惠
甦我ˇ我則守爾口諭之法度兮ˇ○89耶和華歟ˇ爾言堅立於天ˇ永世弗替
兮ˇ90爾之信實ˇ歷世不易ˇ爾奠大地ˇ地乃恆存兮ˇ91依爾律例ˇ迄今
猶存ˇ萬物咸爲爾僕兮ˇ92我若不悅爾律ˇ必早亡於患難兮ˇ93爾以訓詞
甦我ˇ故我永不忘之兮ˇ94我屬乎爾ˇ尚其拯予ˇ我素究爾訓詞兮ˇ95惡
人窺伺、欲滅絶我ˇ惟我思爾法度兮ˇ96我觀萬事ˇ皆有其限ˇ惟爾誡命
甚廣兮ˇ○97我愛爾律何其切ˇ竟日思之兮ˇ98爾之誡命ˇ長久偕我ˇ使
我智於敵兮ˇ99我之明哲ˇ越於諸師ˇ以我思爾法度兮ˇ100我所通達ˇ
越於耆老ˇ以我守爾訓詞兮ˇ101我禁我足ˇ遠諸邪途ˇ以守爾言兮ˇ102
我蒙爾訓ˇ未違爾律例兮ˇ103爾言之味何其甘ˇ入於我口ˇ較勝於蜜兮ˇ
104我藉爾訓詞ˇ而得明哲ˇ惡諸邪途兮ˇ○105爾言爲我足前之燈ˇ途
間之光兮ˇ106爾公義之律例ˇ我曾立誓爲證ˇ必守之兮ˇ107耶和華歟ˇ
我苦殊深ˇ其依爾言甦我兮ˇ108耶和華歟ˇ我口所樂獻之頌詞ˇ求爾納
之ˇ以爾律例訓我兮ˇ109我命恆處危境ˇ我猶不忘爾律兮ˇ110惡人爲
我設網ˇ惟我未違爾訓詞兮ˇ111我以爾法度爲永業ˇ蓋爲我心所悅兮ˇ
112我專心從爾典章ˇ至於終極兮ˇ○113貳心者ˇ我惡之ˇ惟愛爾律兮ˇ
114爾爲我避所ˇ我干盾ˇ我仰望爾言兮ˇ115作惡者流ˇ爾其遠我ˇ俾守
我上帝之誡命兮ˇ116其依爾言扶我ˇ俾我生存ˇ勿令我失望ˇ而蒙羞兮ˇ
117爾其扶我ˇ我則安定ˇ恆重爾典章兮ˇ118凡違爾典章者ˇ爾蔑棄之
因其詭詐徒然兮ˇ119世上惡人ˇ爾去之如渣滓ˇ故我愛爾法度兮ˇ120

我身因畏爾而戰慄ˇ爾之行鞫ˇ我亦懼之兮ˇ○121我素行正直公義ˇ勿
아 신 인 외 이 이 전 률　이 지 행 국　아 역 구 지 혜　　　　아 소 행 정 직 공 의　물

遺我於強暴兮ˇ122其保爾僕ˇ俾得佳境ˇ勿任驕人虐我兮ˇ123望爾拯
유 아 어 강 폭 혜　　　기 보 이 복　비 득 가 경　물 임 교 인 학 아 혜　　망 이 증

救ˇ及公義之言ˇ我目昏眊兮ˇ124依爾慈惠待爾僕ˇ以爾典章訓我兮ˇ
구　급 공 의 지 언　아 목 혼 모 혜　　의 이 자 혜 대 이 복　이 이 전 장 훈 아 혜

125我爲爾僕ˇ賜我明哲ˇ俾知爾法度兮ˇ126耶和華興起之時已屆ˇ因
아 위 이 복　사 아 명 철　비 지 이 법 도 혜　　야 화 화 흥 기 지 시 이 계　인

人廢爾律兮ˇ127我愛爾誡命愈於金ˇ愈於精金兮ˇ128凡爾訓詞ˇ我視
인 폐 이 률 혜　　아 애 이 계 명 유 어 금　유 어 정 김 혜　　범 이 훈 사　아 시

爲善ˇ惡諸邪途兮ˇ○129爾之法度奇妙ˇ我心遵守兮ˇ130爾言旣闡ˇ光
위 선　악 제 사 도 혜　　이 지 법 도 기 묘　아 심 준 수 혜　　이 언 기 천　광

輝斯著ˇ使庸人明哲兮ˇ131我口孔張而喘ˇ因慕爾誡命兮ˇ132其轉而
휘 사 저　사 용 인 명 철 혜　　아 구 공 장 이 천　인 모 이 계 명 혜　　기 전 이

憫我ˇ如素待愛爾名者兮ˇ133固我步履於爾言ˇ勿任罪惡制我兮ˇ134
민 아　여 소 대 애 이 명 자 혜　　고 아 보 리 어 이 언　물 임 죄 악 제 아 혜

贖我脫人之虐ˇ我則守爾訓詞兮ˇ135使爾容光燭爾僕ˇ以爾典章訓我兮
속 아 탈 인 지 학　아 칙 수 이 훈 사 혜　　사 이 용 광 촉 이 복　이 이 전 장 훈 아 혜

ˇ136我目出涕若川流ˇ因人不守爾律兮ˇ○137耶和華歟ˇ爾乃公義ˇ爾
　아 목 출 체 약 천 류　인 인 부 수 이 률 혜　　야 화 화 여　이 내 공 의　이

讞亦正直兮ˇ138爾之法度ˇ定於公義ˇ及不易之信實兮ˇ139我之熱衷
얼 역 정 직 혜　　이 지 법 도　정 어 공 의　급 부 역 지 신 실 혜　　아 지 열 충

鑠我ˇ緣我敵忘爾言兮ˇ140爾言至精ˇ爾僕愛之兮ˇ141我乃卑微ˇ而被
삭 아　연 아 적 망 이 언 혜　　이 언 지 정　이 복 애 지 혜　　아 내 비 미　이 피

蔑視ˇ不忘爾訓詞兮ˇ142爾義爲永義ˇ爾律乃眞實兮ˇ143患難慘怛及
멸 시　부 망 이 훈 사 혜　　이 의 위 영 의　이 률 내 진 실 혜　　환 난 참 달 급

我ˇ惟爾誡命ˇ爲我所悅兮ˇ144爾之法度ˇ永爲公義ˇ畀予明哲ˇ我則生
아　유 이 계 명　위 아 소 열 혜　　이 지 법 도　영 위 공 의　비 여 명 철　아 칙 생

存兮ˇ○145耶和華歟ˇ我一心呼籲爾ˇ尚其俞允ˇ我必守爾典章兮ˇ146
존 혜　　야 화 화 여　아 일 심 호 유 이　상 기 유 윤　아 필 수 이 전 장 혜

我呼籲爾ˇ尚其救予ˇ我則守爾法度兮ˇ147黎明未屆ˇ我乃呼籲ˇ企望爾
아 호 유 이　상 기 구 여　아 칙 수 이 법 도 혜　　려 명 미 계　아 내 호 유　기 망 이

言兮ˇ148夜更未深ˇ我目炯然ˇ以思爾言兮ˇ149耶和華歟ˇ依爾慈惠
언 혜　　야 경 미 심　아 목 형 연　이 사 이 언 혜　　야 화 화 여　의 이 자 혜

垂聽我聲ˇ依爾律例甦我兮ˇ150謀惡迫我者近我ˇ彼遠爾律兮151耶和
수 청 아 성　의 이 률 례 소 아 혜　　모 악 박 아 자 근 아　피 원 이 률 혜　　야 화

華歟ˇ爾乃近我ˇ爾之誡命ˇ皆眞實兮ˇ152ˇ我究爾法度ˇ夙知爲爾所立
화 여　이 내 근 아　이 지 계 명　개 진 실 혜　　아 구 이 법 도　숙 지 위 이 소 립

ˇ以迄永久兮ˇ○153其念我苦ˇ而施救援ˇ以我不忘爾律兮ˇ154伸我寃
이 흘 영 구 혜　　기 념 아 고　이 시 구 원　이 아 부 망 이 률 혜　　신 아 원

而贖我ˇ依爾言甦我兮ˇ155拯救遠乎惡人ˇ以其不究爾典章兮ˇ156耶
이 속 아　의 이 언 소 아 혜　　증 구 원 호 악 인　이 기 부 구 이 전 장 혜　　야

和華歟ˇ爾之恩寵廣大ˇ依爾律例甦我兮ˇ157迫我仇我者衆ˇ惟我未違
화 화 여　이 지 은 총 광 대　의 이 률 례 소 아 혜　　박 아 구 아 자 중　유 아 미 위

爾法度兮ˇ158奸詐之輩ˇ我見而惡之ˇ以其不守爾言兮ˇ159我愛爾訓
이 법 도 혜　　간 사 지 배　아 견 이 악 지　이 기 부 수 이 언 혜　　아 애 이 훈

詞ˇ爾其念之ˇ耶和華歟ˇ依爾慈惠甦我兮ˇ160爾道之綱乃誠ˇ爾公義之
사　이 기 념 지　야 화 화 여　의 이 자 혜 소 아 혜　　이 도 지 강 내 성　이 공 의 지

律例永存兮ˇ○161牧伯無故迫我ˇ惟我心畏爾言兮ˇ162我悅爾言ˇ如
률 례 영 존 혜　　목 백 무 고 박 아　유 아 심 외 이 언 혜　　아 열 이 언　여

大獲虜物兮ˇ163誆言我憾惡之ˇ惟愛爾律兮ˇ164因爾公義之律例ˇ我
頌美爾ˇ日凡七次兮ˇ165愛爾律者ˇ大獲平康ˇ無由顚躓兮ˇ166耶和華
歟ˇ我企望爾拯救ˇ遵行爾誡命兮ˇ167我心守爾法度ˇ愛之甚篤兮ˇ168
我守爾訓詞法度ˇ所行皆在爾前兮ˇ○169耶和華歟ˇ願我呼籲達於爾前
ˇ依爾之言ˇ畀我明哲兮ˇ170願我懇求達於爾前ˇ依爾之言拯我兮ˇ171
願我口頌美ˇ因爾以典章訓我兮ˇ172願我舌謳歌爾言ˇ因爾誡命ˇ咸爲
公義兮ˇ173願爾著手助我因我擇爾訓詞兮ˇ174耶和華歟ˇ我慕爾拯救
ˇ爾律爲我所悅兮ˇ175願我生存ˇ則頌美爾ˇ願爾律例扶助我兮ˇ176我
如亡羊ˇ行於歧路ˇ其尋爾僕ˇ因我不忘爾誡命兮ˇ

第120篇ˇ1我在難中ˇ呼籲耶和華ˇ蒙其俞允兮ˇ2耶和華歟ˇ尙其援我ˇ
脫於誆口詭舌兮ˇ3詭舌歟ˇ當何以予之ˇ何以加之ˇ4卽以武士之利矢ˇ
羅騰之爇炭兮ˇ5我旅於米設ˇ寓於基達之幕ˇ其有禍兮ˇ6憾和平者ˇ我
與之偕居已久兮ˇ7我所願乃和平ˇ惟我言之ˇ彼欲戰鬪兮ˇ

第121篇○上行之歌○1我舉目向山ˇ我之扶助ˇ何自而來ˇ2我之扶助ˇ
來自造天地之耶和華兮ˇ3彼不任爾失足ˇ護佑爾者不寐兮ˇ4護佑以色
列者ˇ不寐不眠兮ˇ5護佑爾者乃耶和華ˇ耶和華爲蔭於爾右兮ˇ6白晝日
不爾傷ˇ昏夜月不爾害兮ˇ7耶和華護佑爾ˇ俾免諸災ˇ護佑爾命兮ˇ8爾
出爾入ˇ耶和華護佑之ˇ自今迄於永久兮ˇ

第122篇ˇ1或謂我曰ˇ我儕其詣耶和華室ˇ我則歡欣兮ˇ2耶路撒冷歟ˇ我
足立於爾門兮ˇ3耶路撒冷之建ˇ如綿亙之城兮ˇ4諸支派ˇ耶和華之支派
往彼ˇ乃以色列之定例ˇ欲稱頌耶和華名兮ˇ5在彼設鞫位ˇ卽大衞室之
位兮ˇ6其爲耶路撒冷求平康ˇ凡愛之者ˇ必亨通兮ˇ7願爾城中平康ˇ願
爾宮內亨通兮ˇ8因我昆弟儔侶故ˇ我曰願平康在爾中ˇ9因我上帝耶和
華室故ˇ我求爾益兮ˇ

第123篇○上行之歌○1居於諸天者歟ˇ我向爾舉目兮ˇ2如僕之目ˇ望主

人之手ˇ如婢之目ˇ望主母之手ˇ我目亦望我上帝耶和華ˇ待其矜憫兮ˇ3
耶和華歟ˇ矜憫我ˇ我被藐視特甚兮ˇ4我儕極受安逸者之譏誚ˇ驕泰者
之蔑視兮ˇ

第124篇○上行之歌大衛所作○1以色列當曰ˇ非耶和華偕我ˇ2非耶和
華與我共在ˇ人起而攻我ˇ3奮怒於我ˇ則生吞我兮ˇ4波濤衝我ˇ溪流淹
我ˇ5狂瀾沒我兮ˇ6當頌美耶和華ˇ彼不付我於敵ˇ爲其牙間物兮ˇ7我儕
如鳥ˇ脫於獵人之網ˇ網裂而我得免兮ˇ8我之扶助ˇ在耶和華之名ˇ彼造
天地兮ˇ

第125篇○上行之歌○1恃耶和華者ˇ有若郇山ˇ永立不動兮ˇ2山嶽環衞
耶路撒冷ˇ耶和華亦如是環衞其民ˇ自今迄於永久兮ˇ3惡人之杖ˇ不及
義人之業ˇ免義人伸手作惡兮ˇ4耶和華歟ˇ善待爲善之人ˇ正心之輩兮ˇ
5彼偏行曲徑者ˇ耶和華必曳之ˇ使與惡黨同出ˇ願平康歸於以色列兮ˇ

第126篇○上行之歌○1耶和華返郇之俘囚時ˇ我儕如夢兮ˇ2口充喜笑ˇ
舌滿歡呼ˇ列邦人曰ˇ耶和華爲之行大事兮ˇ3耶和華爲我行大事ˇ我則
歡欣兮ˇ4耶和華歟ˇ返我俘囚ˇ如南方之溪流兮ˇ5泣而播者ˇ必喜而穫
兮ˇ6攜種流涕而出者ˇ必挾禾束ˇ欣然而歸兮ˇ

第127篇○上行之歌所羅門所作○1非耶和華建屋宇ˇ則匠人之經營徒然
ˇ非耶和華衞城邑ˇ則守者之儆醒徒然ˇ2爾曹夙興晏寢ˇ勞苦謀食ˇ俱係
徒然ˇ上帝所愛者ˇ偃息之時ˇ錫以綏安兮ˇ3子女爲耶和華所賜ˇ産育爲
其賞賚兮ˇ4壯時之子ˇ如武士手中之矢兮ˇ5滿其箙者ˇ其有福矣ˇ於邑
門語敵時ˇ不至愧恥兮ˇ

第128篇○上行之歌○1凡寅畏耶和華ˇ行其道者ˇ其有福兮ˇ2必食爾手
勤勞所得ˇ獲福而亨通兮ˇ3妻處內室如結實之葡萄ˇ子繞几席ˇ如叢生
之橄欖兮ˇ4寅畏耶和華者ˇ必蒙斯福兮ˇ5願耶和華由郇錫嘏於爾ˇ願爾
畢生ˇ目覩耶路撒冷之福兮ˇ6願爾得見爾孫、願平康歸於以色列兮ˇ

第129篇○上行之歌○1以色列當曰ˇ自我幼年ˇ人屢苦我兮ˇ2自我幼年ˇ人屢苦我ˇ惟未勝我兮ˇ3耕者耕於我背ˇ而長其隴兮ˇ4耶和華乃義ˇ斷惡人之索兮ˇ5凡憾郇者ˇ願其蒙羞却退ˇ6如屋巔之草ˇ未長而枯兮ˇ7收穫者不盈其握ˇ束禾者不滿其懷ˇ8經過之人ˇ不曰願耶和華錫嘏於爾ˇ我奉耶和華名祝爾兮ˇ

第130篇○上行之歌○1耶和華歟ˇ我自深淵呼籲爾兮ˇ2主歟ˇ其聽我聲ˇ傾耳聽我懇求之聲兮ˇ3主耶和華歟ˇ爾若注意罪愆ˇ孰能卓立兮ˇ4惟爾施行赦宥ˇ致見寅畏兮ˇ5我待耶和華ˇ我心待之ˇ我企望其言兮ˇ6我心待主ˇ切於守夜者之待旦ˇ誠切於守夜者之待旦兮ˇ7以色列歟ˇ企望耶和華ˇ以其具有慈惠ˇ富有救恩兮ˇ8必贖以色列ˇ脫於諸罪兮ˇ

第131篇○上行之歌大衞所作○1耶和華歟ˇ我心不驕ˇ我目不高ˇ重大之事ˇ奇妙莫測ˇ我不務之兮ˇ2我使我心恬靜ˇ如斷乳之子偕其母ˇ我心誠如斷乳之子兮ˇ3以色列歟ˇ企望耶和華ˇ自今迄於永久兮ˇ

第132篇○上行之歌○1耶和華歟ˇ大衞之難ˇ尚其記憶兮ˇ2彼如何發誓於耶和華ˇ許願於雅各之能者ˇ3曰ˇ我必不入我幕ˇ不登我牀ˇ4不任我目寢睡ˇ合睫而眠兮ˇ5俟我爲耶和華尋獲居所ˇ爲雅各之能者ˇ尋獲帷幕兮ˇ6我聞約匱在以法他ˇ遇之於林野兮ˇ7我儕入其帷幕ˇ拜於足几之下兮ˇ8耶和華歟ˇ尚其興起ˇ與爾力之約匱ˇ同入安居之所兮ˇ9願爾之祭司衣義ˇ爾之聖民歡呼兮ˇ10緣爾僕大衞故ˇ勿使爾受膏者轉面兮ˇ11耶和華以誠誓於大衞ˇ必不反覆ˇ曰我必使爾所生者ˇ居爾位兮ˇ12爾子若守我約ˇ與我所訓之法ˇ厥子亦必永居其位ˇ13蓋耶和華簡郇ˇ欲以爲居所兮ˇ14曰ˇ此我永久安居之所ˇ我必處此ˇ以其爲我所悅兮ˇ15我必錫嘏其糧ˇ以食飫其貧民兮ˇ16必以拯救被其祭司ˇ聖民大聲歡呼兮ˇ17必爲大衞生角ˇ爲我受膏者備燈兮ˇ18必使其敵蒙羞ˇ彼之冠冕ˇ光輝發越兮ˇ

第133篇○上行之歌大衛所作○1昆弟翕合同居ˇ何其美善兮ˇ2譬彼寶膏ˇ沐亞倫首ˇ流於其鬚ˇ延及衣襜兮ˇ3如黑門之露ˇ降於郇之諸山ˇ在彼耶和華錫嘏ˇ賜以永生兮ˇ

第134篇○上行之歌○1耶和華之諸僕ˇ夜間侍立其室者ˇ其稱頌耶和華兮ˇ2向聖所舉手ˇ稱頌耶和華兮ˇ3願耶和華由郇錫嘏於爾ˇ彼造天地兮ˇ

第135篇ˇ1爾其頌美耶和華ˇ頌美耶和華名ˇ耶和華之僕歟ˇ其頌美之ˇ2侍立耶和華室ˇ在我上帝室院者ˇ頌美之兮ˇ3其頌美耶和華ˇ耶和華乃善ˇ歌頌其名ˇ斯爲美兮ˇ4耶和華爲己簡雅各ˇ選以色列爲己業兮ˇ5我知耶和華爲大ˇ我主超乎諸神兮ˇ6在於上天下地ˇ滄海深淵ˇ耶和華所悅者ˇ咸爲之兮ˇ7使霧起於地極ˇ造電隨雨ˇ出風於其庫兮ˇ8戮埃及之首生ˇ或人或畜兮ˇ9行神蹟奇事於埃及ˇ加於法老ˇ及厥臣僕兮ˇ10擊多國ˇ戮強王ˇ11亞摩利王西宏ˇ巴珊王噩ˇ及迦南諸國兮ˇ12以其地爲業ˇ賜其民以色列兮ˇ13耶和華歟ˇ爾名悠久ˇ耶和華歟ˇ爾誌歷世弗替兮ˇ14耶和華必爲其民伸寃ˇ爲其僕回意兮ˇ○15異邦偶像ˇ乃銀乃金ˇ人手所造ˇ16有口不言ˇ有目不見ˇ17有耳不聞ˇ有口無氣ˇ18造之者ˇ賴之者ˇ必似之兮ˇ19以色列家歟ˇ稱頌耶和華ˇ亞倫家歟ˇ稱頌耶和華ˇ20利未家歟ˇ稱頌耶和華ˇ寅畏耶和華者歟ˇ稱頌耶和華ˇ21居耶路撒冷之耶和華ˇ當由郇稱頌之ˇ爾其頌美耶和華兮ˇ

第136篇ˇ1爾其稱謝耶和華ˇ以其爲善ˇ慈惠永存兮ˇ2稱謝諸神之神ˇ以其慈惠永存兮ˇ3稱謝諸主之主ˇ以其慈惠永存兮ˇ4獨行大奇事ˇ以其慈惠永存兮ˇ5以明哲造穹蒼ˇ以其慈惠永存兮ˇ6鋪大地於水上ˇ以其慈惠永存兮ˇ7締造巨光ˇ以其慈惠永存兮ˇ8日以理晝ˇ以其慈惠永存兮ˇ9月星理夜ˇ以其慈惠永存兮ˇ10擊埃及之長子ˇ以其慈惠永存兮ˇ11導以色列出其間ˇ以其慈惠永存兮ˇ12施能手與奮臂ˇ以其慈惠永存兮ˇ13分裂紅海ˇ以其慈惠永存兮ˇ14導以色列經行其中ˇ以其慈惠永存兮ˇ15覆

法老與其軍於紅海ˇ以其慈惠永存兮ˇ16導其民歷曠野ˇ以其慈惠永存兮ˇ17擊殺強王ˇ以其慈惠永存兮ˇ18戮著名之王ˇ以其慈惠永存兮ˇ19戮亞摩利王西宏ˇ以其慈惠永存兮ˇ20戮巴珊王噩ˇ以其慈惠永存兮ˇ21以其地爲業ˇ以其慈惠永存兮ˇ22賜其僕以色列爲業ˇ以其慈惠永存兮ˇ23念我卑賤之況ˇ以其慈惠永存兮ˇ24援我於敵ˇ以其慈惠永存兮ˇ25賜糧於凡有血氣者ˇ以其慈惠永存兮ˇ26其稱謝天上上帝ˇ以其慈惠永存兮ˇ

第137篇 ˇ1在巴比倫河濱ˇ我儕追念郇邑ˇ坐而哭泣兮ˇ2其間有柳ˇ懸琴其上兮ˇ3虜我者令我歌ˇ刲我者命我樂ˇ曰爲我謳郇歌兮ˇ4我在異邦ˇ奚謳耶和華之歌兮ˇ5耶路撒冷歟ˇ我若忘爾ˇ願我右手ˇ失其技巧兮ˇ6如不憶爾ˇ不悅耶路撒冷ˇ越於所最樂者ˇ願我舌黏於顎兮ˇ7耶和華歟ˇ耶路撒冷遭難時ˇ以東族曰ˇ毀之毀之ˇ至於基址ˇ尚其念之兮ˇ8將亡之巴比倫女歟ˇ以爾之待我者待爾ˇ斯人其有福兮ˇ9擲爾孩提於石ˇ斯人其有福兮ˇ

第138篇 ˇ1我一心稱謝爾ˇ歌頌爾於諸神之前兮ˇ2望爾聖殿崇拜ˇ爲爾慈惠誠實ˇ稱揚爾名ˇ因宏爾言ˇ越於曩昔所示兮ˇ3我呼籲時ˇ爾卽俞允ˇ爾鼓勵我ˇ俾我心有力兮ˇ4耶和華歟ˇ地上諸王ˇ得聞爾口之言ˇ必稱謝爾兮ˇ5謳歌耶和華之作爲ˇ以耶和華之尊榮赫奕兮ˇ6耶和華雖崇高猶顧卑微、惟彼驕人ˇ則遙知之兮ˇ7我雖行於患難ˇ爾必甦我ˇ伸手以禦我敵之怒ˇ爾之右手ˇ必援我兮ˇ8關於我者ˇ耶和華必成之ˇ耶和華歟ˇ爾之慈惠永存ˇ爾手所造者ˇ勿離棄之兮ˇ

第139篇 ○大衞之詩使伶長歌之○1耶和華歟ˇ爾鑒察我ˇ洞悉我兮ˇ2我坐我起ˇ爾皆知之ˇ遙悉我之意念兮ˇ3我行我臥ˇ爾察之詳ˇ我之作爲ˇ爾知之稔兮ˇ4耶和華歟ˇ我舌有言ˇ爾無不知兮ˇ5爾環我於前後ˇ按手於我躬兮ˇ6維此知識ˇ其妙我不能測ˇ其高我不能及兮ˇ7我何所往ˇ以

避爾神ˇ我何所逃ˇ以避爾面兮ˇ8若上升於高天ˇ爾在於彼ˇ若下榻於陰
피이신 아하소도 이피이면혜 약상승어고천 이재어피 약하탑어음

府ˇ爾在於斯兮ˇ9若奮清晨之翼ˇ居於海極ˇ10爾手必導我ˇ爾右手必扶
부 이재어사혜 약분청신지익 거어해극 이수필도아 이우수필부

我兮ˇ11若謂幽暗必蔽我ˇ環我之光ˇ變爲昏夜ˇ12然在於爾ˇ幽暗不能
아혜 약위유암필폐아 환아지광 변위혼야 연재어이 유암불능

隱藏ˇ昏夜昭明如晝ˇ暗同於光兮ˇ13我之臟腑ˇ爾所締造ˇ我在母胎ˇ爾
은장 혼야소명여주 암동어광혜 아지장부 이소체조 아재모태 이

所組織兮ˇ14我必稱謝爾ˇ因我受造奧妙可駭ˇ爾之經綸奇異ˇ我心深知
소조직혜 아필칭사이 인아수조오묘가해 이지경륜기이 아심심지

兮ˇ15我受造於暗中ˇ被精製於地之深處ˇ我之形骸ˇ無隱於爾兮ˇ16我
혜 아수조어암중 피정제어지지심처 아지형해 무은어이혜 아

質未成ˇ爾目見之ˇ爲我所定之日ˇ尚無其一ˇ已盡錄於爾冊兮ˇ17上帝
질미성 이목견지 위아소정지일 상무기일 이진록어이책혜 상제

歟ˇ爾對我之意念何其寶ˇ厥數何其多ˇ18若核其數ˇ多於海沙ˇ我醒寤
여 이대아지의념하기보 궐수하기다 약핵기수 다어해사 아성오

時ˇ仍與爾偕兮ˇ19上帝歟ˇ爾必戮惡人ˇ嗜殺者歟ˇ其遠我兮ˇ20彼以
시 잉여이해혜 상제여 이필륙악인 기살자여 기원아혜 피이

惡言攻爾ˇ爾敵妄稱爾名兮ˇ21耶和華歟ˇ惡爾者ˇ我詎不惡之ˇ敵爾者
악언공이 이적망칭이명혜 야화화여 악이자 아거부악지 적이자

我詎不憎之乎ˇ22我惡之甚ˇ彼爲我敵兮ˇ23上帝歟ˇ鑒我而知我心ˇ試
아거부증지호 아악지심 피위아적혜 상제여 감아이지아심 시

我而知我意ˇ24觀察我衷ˇ有無惡行ˇ導我於永生之途兮ˇ
아이지아의 관찰아충 유무악행 도아어영생지도혜

第140篇○大衞之詩使伶長歌之○1耶和華歟ˇ援我於惡人ˇ護我於強暴
제 편 대위지시사령장가지 야화화여 원아어악인 호아어강폭

兮ˇ2彼心謀惡ˇ恆搆戰兮ˇ3利舌如蛇ˇ脣藏蝮毒兮ˇ4耶和華歟ˇ脫我於
혜 피심모악 긍구전혜 리설여사 순장복독혜 야화화여 탈아어

惡人之手ˇ護我於強暴ˇ彼定厥志ˇ躓我步履兮ˇ5維彼驕人ˇ爲我置機檻
악인지수 호아어강폭 피정궐지 지아보리혜 유피교인 위아치기함

ˇ張絆索ˇ施網道旁ˇ爲我設攫兮ˇ○6我謂耶和華曰ˇ爾乃我上帝ˇ耶和
장반색 시망도방 위아설획혜 아위야화화왈 이내아상제 야화

華歟ˇ傾耳聽我懇求之聲兮ˇ7主耶和華ˇ我拯救之力歟ˇ在昔戰鬪之日ˇ
화여 경이청아간구지성혜 주야화화 아증구지력여 재석전두지일

爾蔽我首兮ˇ8耶和華歟ˇ勿遂惡人之欲ˇ勿成其謀ˇ免其自高兮ˇ9昂首
이폐아수혜 야화화여 물수악인지욕 물성기모 면기자고혜 앙수

而圍我者ˇ願其口之奸惡ˇ反乎己身兮ˇ
이위아자 원기구지간악 반호기신혜

10願爇炭墮其上ˇ願其投於火燄ˇ陷於深坑ˇ不復興起兮ˇ11讒謗者ˇ不
원설탄타기상 원기투어화염 함어심갱 부복흥기혜 참방자 부

得堅立於世ˇ強暴者ˇ災禍必獵取之ˇ傾覆其人兮ˇ12我知耶和華必爲困
득견립어세 강폭자 재화필렵취지 경복기인혜 아지야화화필위곤

苦者折中ˇ爲窮乏者辨屈兮ˇ13義人必稱頌爾名ˇ正人必居處爾前兮ˇ
고자절중 위궁핍자변굴혜 의인필칭송이명 정인필거처이전혜

第141篇○大衞之詩○1耶和華歟ˇ我呼籲爾ˇ其速臨我ˇ我呼籲時ˇ傾耳
제 편 대위지시 야화화여 아호유이 기속림아 아호유시 경이

以聽我聲兮ˇ2願我祈禱ˇ陳於爾前ˇ有若馨香ˇ願我舉手ˇ等於夕祭兮ˇ3
이청아성혜 원아기도 진어이전 유약형향 원아거수 등어석제혜

耶和華歟ˇ其守我口ˇ而監我脣兮ˇ4勿使我心向惡ˇ偕同惡黨作慝ˇ勿使
야화화여 기수아구 이감아순혜 물사아심향악 해동악당작특 물사

我食其珍羞兮丶5惟任義人擊我丶我以爲慈丶任其責我丶如膏膏首丶勿容我
아식기진수혜 유임의인격아 아이위자 임기책아 여고고수 물용아

首卻之丶而我仍以祈禱丶禦惡人之邪僻兮丶6迨其士師擲於巖下丶人則必
수각지 이아잉이기도 어악인지사벽혜 태기사사척어암하 인칙필

聽我言丶以之爲甘兮丶7我之骸骨丶散於墓側丶若人耕田丶所起之塊兮丶8主
청아언 이지위감혜 아지해골 산어묘측 약인경전 소기지괴혜 주

耶和華歟丶我目望爾丶我身託庇於爾丶勿傾我命兮丶9俾脫爲我所設之網丶
야화화여 아목망이 아신탁비어이 물경아명혜 비탈위아소설지망

惡人所置之擭兮丶10願惡人自罹其網丶我則得脫兮丶
악인소치지획혜 원악인자리기망 아칙득탈혜

第142篇○大衞居於巖穴所作之禱詞○1我揚聲呼籲耶和華丶揚聲懇求耶
제 편 대위거어암혈소작지도사 아양성호유야화화 양성간구야

和華兮丶2我於其前丶傾吐我苦情丶陳述我患難兮丶3我神昏憒之時丶爾知
화화혜 아어기전 경토아고정 진술아환난혜 아신혼궤지시 이지

我徑丶敵在我行之途丶暗爲設網兮丶4試觀我右丶無人識我丶無處避難丶無
아경 적재아행지도 암위설망혜 시관아우 무인식아 무처피난 무

人顧我兮丶5耶和華歟丶我呼籲爾丶謂爾爲我避所丶在生人之地丶爾爲我業
인고아혜 야화화여 아호유이 위이위아피소 재생인지지 이위아업

兮丶6我底於至微丶其聽我呼籲丶拯我於迫我者丶以其強於我兮丶7導我出
혜 아저어지미 기청아호유 증아어박아자 이기강어아혜 도아출

囹圄丶俾我稱頌爾名丶爾將厚待我丶義人環我兮丶
령어 비아칭송이명 이장후대아 의인환아혜

第143篇○大衞之詩○1耶和華歟丶聽我祈禱丶傾耳聽我懇求丶以信義俞
제 편 대위지시 야화화여 청아기도 경이청아간구 이신의유

允我兮丶2勿行鞫於爾僕丶依爾視之丶在世無一義人兮丶3仇敵迫我丶傾我
윤아혜 물행국어이복 의이시지 재세무일의인혜 구적박아 경아

於地丶俾我處於幽暗丶如久死之人兮丶4我神昏憒丶我心悽慘兮丶5我追憶
어지 비아처어유암 여구사지인혜 아신혼궤 아심처참혜 아추억

昔日丶思爾經綸、默念爾手所爲兮丶6向爾舉手丶中心望爾丶如槁壤之望
석일 사이경륜 묵념이수소위혜 향이거수 중심망이 여고양지망

雨兮丶7耶和華歟丶其速允我丶我神疲憊丶勿向我掩面丶免我同於就墓之人
우혜 야화화여 기속윤아 아신피비 물향아엄면 면아동어취묘지인

兮丶8我惟爾是恃丶俾於清晨得聞慈言丶我心仰爾丶示我當行之路兮丶9耶
혜 아유이시시 비어청신득문자언 아심앙이 시아당행지로혜 야

和華歟丶援我於敵丶我逃匿於爾兮丶10爾爲我上帝丶尚其訓我以行爾志丶
화화여 원아어적 아도닉어이혜 이위아상제 상기훈아이행이지

爾神乃善丶祈導我於安平之地兮丶11耶和華歟丶緣爾名而甦我丶以爾義出
이신내선 기도아어안평지지혜 야화화여 연이명이소아 이이의출

我於難兮丶12我爲爾僕丶其依爾慈絕我敵丶苦我者悉滅之兮丶
아어난혜 아위이복 기의이자절아적 고아자실멸지혜

第144篇○大衞之詞○1耶和華我磐石丶宜頌美之丶彼訓我手以戰丶教我
제 편 대위지사 야화화아반석 의송미지 피훈아수이전 교아

指以鬬兮丶2爲我慈惠丶我保障丶我高臺丶我救者丶我干盾丶我所託庇丶使我
지이두혜 위아자혜 아보장 아고대 아구자 아간순 아소탁비 사아

民服於我兮丶3耶和華歟丶世人爲誰丶爾乃念之丶人子爲誰丶爾乃顧之丶4世
민복어아혜 야화화여 세인위수 이내념지 인자위수 이내고지 세

人如氣息丶其日如影迅逝兮丶5耶和華歟丶爾其垂諸天而臨格丶捫山嶽而
인여기식 기일여영신서혜 야화화여 이기수제천이림격 문산악이

煙騰兮丶6閃電以潰敵丶發矢以亂之兮丶7自上伸手以拯我丶援我於巨浸丶
연등혜 섬전이궤적 발시이란지혜 자상신수이증아 원아어거침

及外族之手兮ˇ8彼口言誑ˇ右手爲僞兮ˇ9上帝歟ˇ我謳新歌ˇ以十絃琴
급외족지수혜　피구언광　우수위위혜　상제여　아구신가　이십현금

歌頌爾兮ˇ10爾乃拯救諸王ˇ援僕大衞ˇ脫於兇刃兮ˇ11爾其援我ˇ脫於
가송이혜　이내증구제왕　원복대위　탈어흉인혜　이기원아　탈어

外族之手ˇ彼口言誑ˇ右手爲僞兮ˇ○12日後我之少男ˇ如長成之樹ˇ我
외족지수　피구언광　우수위위혜　일후아지소남　여장성지수　아

之女子ˇ如屋偶之石ˇ依宮殿之式而雕鏤兮ˇ13我倉豐盈ˇ可發百穀ˇ我
지녀자　여옥우지석　의궁전지식이조루혜　아창풍영　가발백곡　아

羊在野ˇ孳息萬千ˇ14我牛負重ˇ敵不來侵ˇ我不出禦、街衢無號呼兮ˇ
양재야　자식만천　아우부중　적부래침　아부출어　가구무호호혜

15民際斯況ˇ其有福矣ˇ以耶和華爲上帝ˇ斯民其有福兮ˇ
민제사황　기유복의　이야화화위상제　사민기유복혜

第145篇○大衞頌美之詞○1我王上帝歟ˇ我必尊崇爾ˇ永久稱頌爾名兮
제　편　대위송미지사　아왕상제여　아필존숭이　영구칭송이명혜

ˇ2日稱頌爾ˇ頌美爾名ˇ迄於永久兮ˇ3耶和華爲大ˇ深堪頌美ˇ其大莫測
일칭송이　송미이명　흘어영구혜　야화화위대　심감송미　기대막측

兮ˇ4世世相繼ˇ頌讚爾經綸ˇ宣揚爾能事兮ˇ5爾威嚴之尊榮ˇ奇異之作
혜　세세상계　송찬이경륜　선양이능사혜　이위엄지존영　기이지작

爲、我思維之兮ˇ6人必述爾可畏之能事ˇ我必宣爾之尊大兮ˇ7人必揚
위　아사유지혜　인필술이가외지능사　아필선이지존대혜　인필양

爾鴻慈之誌ˇ歌爾公義兮ˇ8耶和華乃仁慈矜憫ˇ遲於發怒ˇ富有慈惠兮
이홍자지지　가이공의혜　야화화내인자긍민　지어발노　부유자혜혜

9耶和華善待萬有ˇ恩寵及於所造兮ˇ10耶和華歟ˇ爾所經營ˇ必稱謝
야화화선대만유　은총급어소조혜　야화화여　이소경영　필칭사

爾、爾之聖民ˇ咸稱頌爾兮ˇ11必道爾國之榮ˇ言爾之能兮ˇ12俾人知爾
이　이지성민　함칭송이혜　필도이국지영　언이지능혜　비인지이

能事ˇ與爾國之威榮兮ˇ13爾國永存ˇ爾權萬世弗替兮ˇ14顛仆者ˇ耶和
능사　여이국지위영혜　이국영존　이권만세불체혜　전부자　야화

華扶之ˇ屈抑者起之兮ˇ15衆目惟爾是望ˇ隨時爾給以食兮ˇ16爾展厥手
화부지　굴억자기지혜　중목유이시망　수시이급이식혜　이전궐수

ˇ以饜羣生之欲兮ˇ17耶和華所爲皆義ˇ所行皆仁兮ˇ18凡呼籲耶和華ˇ
이염군생지욕혜　야화화소위개의　소행개인혜　범호유야화화

以誠呼籲之者ˇ彼則近之兮ˇ19寅畏之者ˇ必成其願ˇ聽其呼籲ˇ而救之
이성호유지자　피칙근지혜　인외지자　필성기원　청기호유　이구지

兮ˇ20凡愛耶和華者ˇ必保佑之ˇ惟彼惡人ˇ則滅絕之兮ˇ21我口必頌美
혜　범애야화화자　필보우지　유피악인　칙멸절지혜　아구필송미

耶和華ˇ願凡有血氣者ˇ稱頌其聖名ˇ永世靡已兮ˇ
야화화　원범유혈기자　칭송기성명　영세미이혜

第146篇ˇ1爾其頌美耶和華ˇ我心頌美耶和華兮ˇ2我畢生頌美耶和華ˇ
제　편　이기송미야화화　아심송미야화화혜　아필생송미야화화

我命尚在ˇ必歌頌我上帝兮ˇ3勿恃君王ˇ勿倚世人ˇ彼莫能助兮ˇ4其氣
아명상재　필가송아상제혜　물시군왕　물의세인　피막능조혜　기기

一絕ˇ歸於厥土ˇ所有圖謀ˇ卽日消亡兮ˇ5以雅各之上帝爲助ˇ以其上帝
일절　귀어궐토　소유도모　즉일소망혜　이아각지상제위조　이기상제

耶和華爲望ˇ斯人其有福兮ˇ6彼造天地海ˇ與其中所有ˇ保守誠實ˇ至於
야화화위망　사인기유복혜　피조천지해　여기중소유　보수성실　지어

永久兮ˇ7受虐者ˇ爲之伸寃ˇ飢餓者ˇ給之以食ˇ幽囚者ˇ耶和華釋之兮ˇ
영구혜　수학자　위지신원　기아자　급지이식　유수자　야화화석지혜

8矇瞶者ˇ耶和華明之ˇ屈抑者ˇ耶和華起之ˇ爲義者ˇ耶和華愛之兮ˇ9耶
몽귀자　야화화명지　굴억자　야화화기지　위의자　야화화애지혜　야

和華保賓旅ˇ扶孤寡ˇ顚倒惡人之途兮ˇ10耶和華永遠操權郇歟ˇ爾之上
帝操權ˇ迄於萬世ˇ爾其頌美耶和華兮ˇ

第147篇 1爾其頌美耶和華ˇ因歌頌我上帝ˇ爲善爲美ˇ頌美乃宜兮ˇ2耶
和華建耶路撒冷ˇ集以色列驅散之民兮ˇ3痛心者醫之ˇ而裹其創兮ˇ4核
厥星辰ˇ咸命以名兮ˇ5我主爲大ˇ能力最宏ˇ智慧無窮兮ˇ6謙卑者ˇ耶和
華扶之ˇ作惡者ˇ傾之於地兮ˇ7爾其謳歌ˇ稱謝耶和華鼓琴歌頌我上帝
兮ˇ8彼以雲蔽天ˇ爲地備雨ˇ使草滋長於山兮ˇ9賜食於獸ˇ及啼噪之鴉
雛兮ˇ10不喜馬力ˇ不悅人股兮ˇ11惟寅畏耶和華ˇ仰望其慈惠者ˇ其所
悅兮ˇ12耶路撒冷ˇ頌美耶和華ˇ郇歟ˇ頌美爾上帝兮ˇ13蓋彼固爾門楗
ˇ錫嘏爾中子女兮ˇ14使爾境內平康ˇ飫爾以嘉麥兮ˇ15其命宣傳於地
其言頒行甚速兮ˇ16降雪如羊毛ˇ散霜如灰塵兮ˇ17擲雹如屑ˇ其寒孰能
堪兮ˇ18降諭令其消融ˇ使風吹之ˇ則水流蕩兮ˇ19以其道示雅各ˇ以其
典章律例ˇ示以色列兮ˇ20至於他邦ˇ未嘗如是待之ˇ彼之律例ˇ他邦未
之識ˇ爾其頌美耶和華兮ˇ

第148篇 1爾其頌美耶和華ˇ自天頌美耶和華ˇ於高處頌美之兮ˇ2其諸
使頌美之ˇ其諸軍頌美之ˇ3日月頌美之ˇ光輝之星頌美之ˇ4天上之天ˇ
天上之水ˇ咸頌美之ˇ5皆當頌美耶和華之名ˇ因其降諭ˇ咸被造兮ˇ6建
茲垂之永久ˇ定命莫能越兮ˇ7自地頌美耶和華ˇ卽如海獸深淵ˇ8火與雹
ˇ雪與霧ˇ遵其命之狂風ˇ9以及羣山諸陵ˇ結實之樹ˇ香柏之木ˇ10百獸
六畜ˇ昆蟲飛鳥ˇ11地上列王ˇ萬民牧伯ˇ世間士師ˇ12幼男少女ˇ耆老
孩提ˇ13皆當頌美耶和華之名ˇ以其名獨爲崇高ˇ其榮超於天地兮ˇ14彼
爲其民ˇ使角高擧ˇ俾其聖民ˇ卽其相親之以色列族ˇ以爲頌美ˇ爾其頌
美耶和華兮ˇ

第149篇 ˇ1爾其頌美耶和華ˇ向耶和華謳新歌ˇ在聖民會中ˇ歌頌之兮ˇ2
願以色列因造之者而喜ˇ郇民因其王而樂兮ˇ3願其舞蹈ˇ頌美厥名ˇ以

裴與琴歌頌之兮ˇ4耶和華喜悅其民ˇ謙卑者ˇ榮之以拯救兮ˇ5願聖民因
도 여 금 가 송 지 혜　야 화 화 희 열 기 민　겸 비 자　영 지 이 증 구 혜　　원 성 민 인

獲榮而懽忭ˇ在牀歡詠兮ˇ6願其口頌上帝之隆譽ˇ手執兩刃之刀兮ˇ7行
획 영 이 환 변　재 상 환 영 혜　　원 기 구 송 상 제 지 륭 예　수 집 량 인 지 도 혜　　행

報復於列邦ˇ施刑罰於衆民ˇ8縛其王以鏈ˇ繫顯者以鐵索兮ˇ9以成所錄
보 복 어 렬 방　시 형 벌 어 중 민　박 기 왕 이 련　계 현 자 이 철 색 혜　　이 성 소 록

之讞ˇ凡厥聖民ˇ咸有此榮ˇ爾其頌美耶和華兮ˇ
지 얼　범 궐 성 민　함 유 차 영　이 기 송 미 야 화 화 혜

第150篇ˇ1爾其頌美耶和華ˇ在上帝聖所頌美之ˇ在彰其能之穹蒼ˇ頌美
제 편　　이 기 송 미 야 화 화　재 상 제 성 소 송 미 지　재 창 기 능 지 궁 창　송 미

之兮ˇ2緣其能事ˇ而頌美之ˇ依其高大超絕ˇ而頌美之兮ˇ3當以角聲頌
지 혜　　연 기 능 사　이 송 미 지　의 기 고 대 초 절　이 송 미 지 혜　　당 이 각 성 송

美之ˇ以瑟與琴頌美之兮ˇ4播鼗舞蹈頌美之ˇ以絲與竹頌美之兮ˇ5以音
미 지　이 슬 여 금 송 미 지 혜　　파 도 무 도 송 미 지　이 사 여 죽 송 미 지 혜　　이 음

洪之鈸頌美之ˇ以聲高之鈸頌美之兮ˇ6凡有生氣者ˇ其頌美耶和華ˇ爾
홍 지 발 송 미 지　이 성 고 지 발 송 미 지 혜　　범 유 생 기 자　기 송 미 야 화 화　이

其頌美耶和華兮ˇ
기 송 미 야 화 화 혜

箴言

第1章 1 以色列王大衛子所羅門之箴言ˇ 2 使人知智與訓ˇ 辨悉哲言ˇ 3 受誨於處事之明智ˇ 及厥公義正直ˇ 4 使庸人得聰睿ˇ 少者得知識與精明ˇ 5 智者聞之增其學ˇ 達者聞之正其趨ˇ 6 令人通曉箴言ˇ 喻言ˇ 與智者之言ˇ 及其隱語ˇ ○7 寅畏耶和華ˇ 乃智慧之肇始ˇ 惟愚者蔑視智慧與訓迪ˇ 8 我子ˇ 當聽爾父之訓誨ˇ 毋棄爾母之法則ˇ 9 是為爾首之華冠ˇ 爾項之鏈索ˇ 10 我子ˇ 惡人誘爾ˇ 勿依從之ˇ 11 彼若曰ˇ 與我偕行ˇ 潛伏以流人血ˇ 無端隱伺無辜ˇ 12 生吞之如陰府ˇ 俾其壯健入墓ˇ 13 必獲珍寶ˇ 掠物盈室ˇ 14 爾我同分ˇ 公共一囊ˇ 15 我子ˇ 行路勿與之偕ˇ 禁足勿履其徑ˇ 16 其足趨而行惡ˇ 疾以流血ˇ 17 譬彼羽族ˇ 目覩網羅之設ˇ 猶不知戒ˇ 18 斯人乃潛伏以流己血ˇ 隱伺以害己生ˇ 19 凡嗜利者ˇ 其道如是ˇ 貪得之欲ˇ 必隕其命ˇ ○20 智慧大呼於街市ˇ 發聲於通衢ˇ 21 呼於會集之首區ˇ 揚言於邑門與城內ˇ 22 曰ˇ 樸拙者好樸拙ˇ 侮慢者樂侮慢ˇ 愚蠢者惡知識ˇ 將至何時乎ˇ 23 我加斥責ˇ 爾當回轉ˇ 我將以我神注爾ˇ 以我言示爾ˇ 24 我召爾ˇ 爾弗從ˇ 我伸手ˇ 莫之顧ˇ 25 我之規訓ˇ 爾蔑視之ˇ 我之斥責ˇ 爾弗受之ˇ 26 爾遭患難ˇ 我必哂之ˇ 爾受恐惶ˇ 我必嗤之ˇ 27 爾之恐惶ˇ 如狂風之來ˇ 爾之患難ˇ 如颶風之至ˇ 罹憂傷ˇ 遇窘苦ˇ 28 斯時呼籲我ˇ 我弗應ˇ 切尋我ˇ 而弗得ˇ 29 因其憎惡知識ˇ 不喜寅畏耶和華ˇ 30 不受我之規訓ˇ 輕忽我之斥責ˇ 31 故必依其所行ˇ 而食其果ˇ 循其所謀ˇ 而饜其欲ˇ 32 樸拙者戮於卻退ˇ 愚蠢者滅於安逸ˇ 33 惟聽我者ˇ 必宴然居處ˇ 得享寧靜ˇ 不畏遭禍ˇ

第2章 ˇ1 我子ˇ 爾若聽受我言ˇ 默識我誡ˇ 2 傾耳以聆智慧ˇ 盡心以求通達ˇ 3 呼籲明哲ˇ 揚聲以求通達ˇ 4 尋之如銀ˇ 索之如寶ˇ 5 則必知寅畏耶和華ˇ 得識上帝ˇ 6 蓋耶和華錫予智慧ˇ 知識通明ˇ 出於其口ˇ 7 為正直者蓄

眞智ˇ爲行端者之盾干ˇ8守公平之道ˇ衛聖民之途ˇ9爾則達義理ˇ公平
진지 위행단자지순간 수공평지도 위성민지도 이칙달의리 공평

正直ˇ及諸善路ˇ10蓋智慧將入爾心ˇ知識將悅爾魂ˇ11精明必衛爾ˇ通
정직 급제선로 개지혜장입이심 지식장열이혼 정명필위이 통

達必保爾ˇ12援爾於惡者之道ˇ脫出詞乖謬之人ˇ13若輩離乎正路ˇ行於
달필보이 원이어악자지도 탈출사괴류지인 약배리호정로 행어

暗途14喜於作惡、悅惡者之乖戾ˇ15其途邪曲ˇ其徑偏僻ˇ16維彼智慧
암도 희어작악 열악자지괴려 기도사곡 기경편벽 유피지혜

ˇ必援爾於淫婦ˇ卽諂言之外婦ˇ17彼乃遺棄少時之偶ˇ忘其上帝之約ˇ
필원이어음부 즉첨언지외부 피내유기소시지우 망기상제지약

18其室陷於死域ˇ其途歸於幽魂ˇ19凡詣之者ˇ不復旋返ˇ不得生路ˇ20
기실함어사역 기도귀어유혼 범예지자 부복선반 부득생로

維彼智慧ˇ俾爾行善人之途ˇ守義人之徑ˇ21正人必居於大地ˇ完人恆存
유피지혜 비이행선인지도 수의인지경 정인필거어대지 완인긍존

於寰區ˇ22惟惡者被絕ˇ譎者見拔於其中ˇ
어환구 유악자피절 휼자견발어기중

第３章ˇ1我子ˇ勿忘我教ˇ恪守我誡ˇ2則必增爾年日ˇ加爾平康ˇ3勿容
제 장 아자 물망아교 각수아계 칙필증이년일 가이평강 물용

仁慈誠實去爾ˇ當繫之於頸項ˇ銘之於心版ˇ4則於上帝世人前ˇ蒙恩寵ˇ
인자성실거이 당계지어경항 명지어심판 칙어상제세인전 몽은총

得名譽ˇ5一心賴耶和華ˇ勿恃己之明哲ˇ6凡事認之ˇ彼必平直爾途ˇ7勿
득명예 일심뢰야화화 물시기지명철 범사인지 피필평직이도 물

自以爲智ˇ當寅畏耶和華ˇ而離乎惡ˇ8則療治爾身ˇ潤澤爾骨ˇ9以爾資
자이위지 당인외야화화 이리호악 칙료치이신 윤택이골 이이자

財ˇ及所產之初實ˇ尊榮耶和華ˇ10則爾倉豐盈ˇ酒醡之新釀流溢ˇ○11
재 급소산지초실 존영야화화 칙이창풍영 주자지신양류일

我子ˇ勿輕耶和華之懲罰ˇ勿厭其譴責ˇ12蓋耶和華責其所愛ˇ如父於其
아자 물경야화화지징벌 물염기견책 개야화화책기소애 여부어기

所悅之子ˇ13獲智慧ˇ得明哲者ˇ其人福矣ˇ14得之愈於得銀ˇ其利愈於
소열지자 획지혜 득명철자 기인복의 득지유어득은 기리유어

精金ˇ15貴於珍珠ˇ凡可慕者ˇ無足比擬ˇ16右持壽考ˇ左執富貴ˇ17其
정금 귀어진주 범가모자 무족비의 우지수고 좌집부귀 기

道安樂ˇ其徑平康ˇ18持之者以爲生命之樹ˇ守之者咸有福祉ˇ19耶和華
도안락 기경평강 지지자이위생명지수 수지자함유복지 야화화

以智慧奠地ˇ以明哲建天ˇ20以其知識俾深淵坼裂ˇ雲霄滴露ˇ○21我子
이지혜전지 이명철건천 이기지식비심연탁렬 운소적로 아자

ˇ持守眞智精明ˇ顧諟弗失ˇ22此爲爾魂之生ˇ爾項之飾ˇ23爾則安然行
지수진지정명 고시불실 차위이혼지생 이항지식 이칙안연행

路ˇ足不顚蹶ˇ24偃臥無懼ˇ酣然而睡ˇ25恐怖忽至爾勿懼ˇ惡人遭風爾
로 족부전궐 언와무구 감연이수 공포홀지이물구 악인조풍이

勿驚ˇ26蓋耶和華爲爾所恃ˇ必佑爾足ˇ免於罹陷ˇ27當善待者ˇ爾力能
물경 개야화화위이소시 필우이족 면어리함 당선대자 이력능

爲ˇ則勿謝卻ˇ28爾有其物ˇ勿語鄰曰ˇ且去ˇ明日復來ˇ我以予爾ˇ29爾
위 칙물사각 이유기물 물어린왈 차거 명일복래 아이여이 이

鄰附爾安居ˇ勿謀害之ˇ30人未加害於爾ˇ勿無端與之爭ˇ31勿嫉強暴ˇ
린부이안거 물모해지 인미가해어이 물무단여지쟁 물질강폭

勿擇其途ˇ32蓋乖戾者爲耶和華所惡ˇ正直者爲其所契ˇ33耶和華詛惡
물택기도 개괴려자위야화화소악 정직자위기소계 야화화저악

者之家ˇ錫嘏義者之室ˇ34加侮慢於侮慢者ˇ施恩寵於謙遜者ˇ35智者必
자지가 석하의자지실 가모만어모만자 시은총어겸손자 지자필

得其榮ˇ愚者之升爲辱ˇ
득 기 영　우 자 지 승 위 욕

第 4 章ˇ1諸子ˇ宜聽父訓ˇ務識明哲ˇ2我以善道錫爾ˇ勿棄我之法則ˇ3
제　장　　제 자　　의 청 부 훈　　무 식 명 철　　아 이 선 도 석 이　　물 기 아 지 법 칙

昔我在父前爲佳兒ˇ我母視我幼稚ˇ獨爲可愛ˇ4父誨我曰ˇ爾心其識我
석 아 재 부 전 위 가 아　아 모 시 아 유 치　　독 위 가 애　　부 회 아 왈　　이 심 기 식 아

言ˇ遵守我命ˇ則可得生ˇ5當得智慧ˇ宜獲明哲ˇ我口所言ˇ勿忘勿違ˇ6
언　준 수 아 명　　칙 가 득 생　　당 득 지 혜　　의 획 명 철　　아 구 소 언　　물 망 물 위

勿棄智慧ˇ彼將保爾ˇ當愛智慧ˇ彼將衞爾ˇ7智慧乃爲首務ˇ爾其得之ˇ
물 기 지 혜　　피 장 보 이　　당 애 지 혜　　피 장 위 이　　지 혜 내 위 수 무　　이 기 득 지

罄爾所有ˇ以易明哲ˇ8崇尚之ˇ則使爾升高ˇ懷抱之ˇ則使爾尊榮ˇ9彼將
경 이 소 유　　이 역 명 철　　숭 상 지　　칙 사 이 승 고　　회 포 지　　칙 사 이 존 영　　피 장

冠爾以華冠ˇ付爾以榮冕ˇ○10我子ˇ聽受我言ˇ則享遐齡ˇ11我曾示爾
관 이 이 화 관　　부 이 이 영 면　　아 자　　청 수 아 언　　칙 향 하 령　　아 증 시 이

以智慧之路ˇ導爾以正直之徑ˇ12爾行之ˇ步履不至蹎躓ˇ疾趨不至顚蹶
이 지 혜 지 로　　도 이 이 정 직 지 경　　이 행 지　　보 리 부 지 국 척　　질 추 부 지 전 궐

ˇ14惡人之途勿入ˇ妄人之路勿履ˇ15避之勿由ˇ遠之而去ˇ16蓋彼未行
악 인 지 도 물 입　　망 인 지 로 물 리　　피 지 물 유　　원 지 이 거　　개 피 미 행

惡則不眠ˇ未傾人則廢寢ˇ17食邪慝之餅ˇ飮强暴之酒ˇ18義者之道ˇ有
악 칙 부 면　　미 경 인 칙 폐 침　　식 사 특 지 병　　음 강 폭 지 주　　의 자 지 도　　유

若朝暉ˇ愈升愈明ˇ迨至中午ˇ19惡者之途ˇ有若幽暗ˇ遭遇顚躓ˇ不知何
약 조 휘　　유 승 유 명　　태 지 중 오　　악 자 지 도　　유 약 유 암　　조 우 전 지　　부 지 하

因ˇ○20我子ˇ注意我言ˇ傾聽我語ˇ21勿去之於日ˇ當存之於心ˇ22蓋
인　　아 자　　주 의 아 언　　경 청 아 어　　물 거 지 어 일　　당 존 지 어 심　　개

獲之者則得生命ˇ全體舒暢ˇ23謹守乃心ˇ是爲生命之源ˇ24絕邪僻於口
획 지 자 칙 득 생 명　　전 체 서 창　　근 수 내 심　　시 위 생 명 지 원　　절 사 벽 어 구

ˇ屛乖謬於脣ˇ25目當直視ˇ惟前是瞻ˇ26坦平爾步履ˇ穩固爾道途ˇ27
병 괴 류 어 순　　목 당 직 시　　유 전 시 첨　　탄 평 이 보 리　　온 고 이 도 도

勿偏左右ˇ移爾足遠於惡ˇ
물 편 좌 우　　이 이 족 원 어 악

第 5 章ˇ1我子ˇ注意我之智慧ˇ傾聽我之明哲ˇ2致爾謹守精明ˇ口存知
제　장　　아 자　　주 의 아 지 지 혜　　경 청 아 지 명 철　　치 이 근 수 정 명　　구 존 지

識ˇ3惟彼淫婦ˇ脣如滴蜜ˇ口滑於油ˇ4終則苦若茵蔯ˇ利如刀劍ˇ5其足
식　　유 피 음 부　　순 여 적 밀　　구 활 어 유　　종 칙 고 약 인 진　　리 여 도 검　　기 족

下及死域ˇ其步臨於陰府ˇ6生命坦途ˇ彼不之得ˇ其徑靡常ˇ彼不自知ˇ7
하 급 사 역　　기 보 림 어 음 부　　생 명 탄 도　　피 부 지 득　　기 경 미 상　　피 부 자 지

諸子宜聽ˇ勿違我口所言ˇ8爾行宜遠之ˇ勿近其室門ˇ9免爾尊榮畀他人
제 자 의 청　　물 위 아 구 소 언　　이 행 의 원 지　　물 근 기 실 문　　면 이 존 영 비 타 인

ˇ歲月供殘暴ˇ10資財充於外人ˇ辛勞歸於他家ˇ11終則形銷體敗ˇ難免
세 월 공 잔 폭　　자 재 충 어 외 인　　신 로 귀 어 타 가　　종 칙 형 소 체 패　　난 면

咨嗟ˇ12乃曰ˇ我何恨惡訓誨ˇ心輕斥責ˇ13不從師言ˇ不聽傅訓ˇ14於
자 차　　내 왈　　아 하 한 악 훈 회　　심 경 척 책　　부 종 사 언　　부 청 부 훈　　어

羣衆大會中ˇ幾干諸咎ˇ15當飮己池之水ˇ飮己井之活水ˇ16爾泉豈可外
군 중 대 회 중　　기 간 제 구　　당 음 기 지 지 수　　음 기 정 지 활 수　　이 천 기 가 외

溢ˇ爾溪豈可流入街衢ˇ17當獨爲己有ˇ不公諸外人ˇ18俾爾泉蒙福ˇ樂
일　　이 계 기 가 류 입 가 구　　당 독 위 기 유　　부 공 제 외 인　　비 이 천 몽 복　　악

爾少時之妻ˇ19視如馴鹿ˇ可悅之麀ˇ恆饜於其懷ˇ永戀乎其愛ˇ20我子
이 소 시 지 처　　시 여 순 록　　가 열 지 우　　긍 염 어 기 회　　영 련 호 기 애　　아 자

ˇ胡爲眷戀淫婦ˇ擁抱外婦ˇ21蓋人之途ˇ在耶和華目前ˇ其徑爲彼所治ˇ
호 위 권 련 음 부　　옹 포 외 부　　개 인 지 도　　재 야 화 화 목 전　　기 경 위 피 소 치

22惡者必爲己惡所拘ˇ己罪所縛ˇ23緣缺訓誨ˇ必致死亡ˇ因其愚甚ˇ必入歧途ˇ

第6章ˇ1我子ˇ爾若爲鄰作保ˇ爲人拊掌ˇ2則爲爾口所陷ˇ爾言所執ˇ3我子ˇ旣入鄰之掌握ˇ當行此以自救ˇ速往懇求其人ˇ4勿閉目而寢ˇ勿合睫而眠ˇ5尚其自救ˇ如麞脫獵ˇ如鳥脫捕ˇ○6怠惰者歟ˇ往視厥蟻ˇ察其所爲ˇ可得智慧ˇ7彼雖無帥ˇ無督無長ˇ8夏時備食ˇ穡時斂糧ˇ9怠惰者歟ˇ偃臥何其久ˇ寢睡何時興ˇ10再寢片時ˇ又睡片時ˇ叉手偃臥片時ˇ11則爾貧窮之來如盜賊ˇ匱乏之至如兵士ˇ○12言行乖謬ˇ乃無賴之惡徒ˇ13以目致意ˇ以足傳情ˇ以指指揮ˇ14中心乖戾ˇ恆謀邪惡ˇ播厥爭端ˇ15故其災害突至ˇ勿遭摧折ˇ無術補救ˇ16耶和華所惡者有六ˇ所憎者有七ˇ17卽目傲舌謊ˇ手流無辜之血ˇ18心圖惡謀ˇ足趨邪慝ˇ19發誑言而妄證ˇ於昆弟播爭端ˇ○20我子ˇ當守父命ˇ勿棄母教ˇ21恆結之於心ˇ繫之於項ˇ22行時則導爾ˇ臥時則衞爾ˇ寤時則語爾ˇ23蓋其誡爲燈ˇ其教爲光ˇ訓誨之譴責ˇ爲生命之路ˇ24保爾脫於惡婦ˇ免於外婦諂媚之舌ˇ25爾心勿戀其美色ˇ勿爲其眉睫所誘ˇ26人因妓女之故僅餘片餅ˇ淫婦獵取寶貴之命ˇ27懷抱炎火ˇ衣豈不焚ˇ28經行爇炭ˇ足豈不灼ˇ29暱鄰妻者亦如是ˇ凡捫之者ˇ不爲無罪ˇ30盜若因餓ˇ竊物充飢ˇ人不之鄙ˇ31倘其被獲ˇ必償七倍ˇ罄厥家貲ˇ32淫人妻者ˇ乃乏知識ˇ凡行此者ˇ必喪己命ˇ33受傷受辱ˇ其恥莫能拭ˇ34蓋人因嫉生怒ˇ報復之日ˇ必不寬宥ˇ35不顧贖金ˇ雖多饋之ˇ猶不滿意ˇ

第7章ˇ1我子ˇ宜守我言ˇ衷藏我命ˇ2守我命而得生ˇ守我教如眸子ˇ3繫於指端ˇ銘於心版ˇ4謂智慧曰ˇ爾爲我姊妹ˇ稱明哲爲眷屬ˇ5保爾脫於淫婦ˇ遠諂言之外婦ˇ6昔我在室臨牖ˇ自櫺而觀ˇ7見樸拙少年中ˇ有一乏知識者ˇ8經行於衢ˇ近淫婦之巷隅ˇ而詣其室ˇ9或薄暮黃昏ˇ或中夜幽暗ˇ10有婦相迎ˇ妓妝心譎ˇ11喧呶不羈ˇ其足弗安於室ˇ12時而在

衢ˇ時而在市ˇ或潛伏於諸隅ˇ13乃摟少者ˇ與之接吻ˇ面無愧色ˇ14曰ˇ
구 시이재시 혹잠복어제우 내루소자 여지접문 면무괴색 왈

我今日償願ˇ有酬恩祭品ˇ15故出迎爾ˇ急欲晤面ˇ茲得相遇ˇ16我之牀
아금일상원 유수은제품 고출영이 급욕오면 자득상우 아지상

榻ˇ鋪以裀褥ˇ暨厥繡褥ˇ其綫出自埃及ˇ17已以沒藥ˇ沈香桂皮ˇ薰我牀
탑 포이인욕 기궐수주 기선출자애급 이이몰약 침향계피 훈아상

笫ˇ18其來ˇ爾我飽享愛情ˇ迄於詰朝ˇ以愛情相慰藉ˇ19男人去家ˇ行
자 기래 이아포향애정 흘어힐조 이애정상위자 남인거가 행

於遠道ˇ20手執銀囊ˇ望日方歸ˇ21婦頻以婉言誘之ˇ以諂言強之ˇ22乃
어원도 수집은낭 망일방귀 부빈이완언유지 이첨언강지 내

急從之ˇ如牛就屠、如愚者受懲於縲絏ˇ23至於矢刺其肝ˇ如鳥亟於投
급종지 여우취도 여우자수징어류설 지어시자기간 여조극어투

網ˇ不知性命攸關ˇ24諸子其聽我ˇ聆我口所言ˇ25爾心勿偏於其途ˇ勿
망 부지성명유관 제자기청아 령아구소언 이심물편어기도 물

迷於其徑ˇ26蓋彼所傷而仆者孔多ˇ所殺者甚衆ˇ27其家爲陰府之路ˇ下
미어기경 개피소상이부자공다 소살자심중 기가위음부지로 하

及死亡之室、
급사망지실

第8章 1智慧非呼召ˇ明哲非發聲乎ˇ2立於路旁之阜上ˇ四達之衢中ˇ
제 장 지혜비호소 명철비발성호 립어로방지부상 사달지구중

3在於邑門ˇ入邑之區ˇ月城之場ˇ大聲呼曰、4人歟ˇ我向爾曹呼召ˇ我
재어읍문 입읍지구 월성지장 대성호왈 인여 아향이조호소 아

向世人揚聲ˇ5爾曹庸人ˇ當知聽睿ˇ愚者心宜通明ˇ6我言殊善ˇ啟口皆
향세인양성 이조용인 당지청예 우자심의통명 아언수선 계구개

正ˇ爾其聽之ˇ7我口出眞誠ˇ我脣絕邪惡ˇ8我口所言皆義ˇ無邪曲ˇ無乖
정 이기청지 아구출진성 아순절사악 아구소언개의 무사곡 무괴

謬ˇ9通達者以爲明晰ˇ有識者以爲正直ˇ10寧受我訓ˇ不受白銀ˇ宜得知
류 통달자이위명석 유식자이위정직 녕수아훈 부수백은 의득지

識ˇ勝於精金ˇ11蓋智慧愈於珍珠ˇ凡可慕者ˇ無足比擬ˇ12維我智慧ˇ
식 승어정금 개지혜유어진주 범가모자 무족비의 유아지혜

以聰明爲居所ˇ考究知識精明ˇ13寅畏耶和華ˇ在於惡惡、驕慢狂妄ˇ惡
이총명위거소 고구지식정명 인외야화화 재어악악 교만광망 악

行謬口ˇ我皆惡之ˇ14我有良謀眞智ˇ我乃明哲ˇ我具能力ˇ15列王恃我
행류구 아개악지 아유량모진지 아내명철 아구능력 렬왕시아

秉鈞ˇ牧伯恃我宣義ˇ16侯伯顯貴ˇ世上士師ˇ恃我操權ˇ17愛我者ˇ我
병균 목백시아선의 후백현귀 세상사사 시아조권 애아자 아

亦愛之ˇ勤求我者ˇ則必得之ˇ18豐富尊榮與我偕ˇ恆産公義與我俱ˇ19
역애지 근구아자 칙필득지 풍부존영여아해 긍산공의여아구

我之果實ˇ愈於黃金精金ˇ我之出産、愈於佳銀ˇ20我行於公義之途履
아지과실 유어황금정금 아지출산 유어가은 아행어공의지도리

於公平之徑ˇ21使愛我者得厥貨財ˇ充其府庫ˇ○22耶和華造我ˇ在其經
어공평지경 사애아자득궐화재 충기부고 야화화조아 재기경

營之始ˇ古昔造化之先ˇ23自永古ˇ自元始ˇ於地未有之先ˇ我已被建ˇ
영지시 고석조화지선 자영고 자원시 어지미유지선 아이피건

24未有深淵ˇ未有湧泉ˇ我已生焉ˇ25山嶽未奠ˇ岡陵未有ˇ26大地田野
미유심연 미유용천 아이생언 산악미전 강릉미유 대지전야

ˇ世之土壤ˇ尚未締造ˇ我已在焉ˇ27上帝建立諸天ˇ使穹蒼環海面ˇ我已
세지토양 상미체조 아이재언 상제건립제천 사궁창환해면 아이

在焉ˇ28上堅霄漢ˇ下固淵泉ˇ29定海之界ˇ使水不違其命ˇ建立大地之
재언 상견소한 하고연천 정해지계 사수부위기명 건립대지지

基ˇ30斯時也ˇ我與之俱ˇ爲其工師ˇ日爲所悅ˇ恆懽忭於其前ˇ31且懽
忭於塵寰ˇ樂與世人相偕ˇ○32諸子聽我ˇ守我道者ˇ其有福矣ˇ33聽訓
勿違ˇ而得智慧ˇ34聽從我言ˇ日伺我門ˇ侍於門柱ˇ其有福矣ˇ35得我
者則得生ˇ並蒙耶和華之恩寵ˇ36失我者乃戕己命ˇ憾我者咸愛死亡ˇ

第9章ˇ1智慧建室ˇ鑿其七柱ˇ2宰畜調酒、肆筵設席ˇ3遣婢速客ˇ己
於邑之高處呼曰ˇ4誰爲庸人ˇ可轉而入此ˇ5謂無知者曰ˇ來食我餠ˇ飮
我所調之酒ˇ6維爾庸人ˇ離庸愚ˇ得生存ˇ行於明哲之路ˇ○7責侮慢者ˇ
自招詆毀ˇ斥邪惡者ˇ自取玷汚ˇ8勿責侮慢者ˇ恐其憾爾ˇ宜責智慧者ˇ
彼乃愛爾ˇ9訓迪智人ˇ其智必益ˇ教誨義人ˇ其學必進ˇ10寅畏耶和華ˇ
爲智慧之肇始ˇ識聖者爲明哲ˇ11蓋由於我ˇ加爾時日ˇ增爾年齡ˇ12若
爾有智ˇ爲己有之ˇ若爾侮慢ˇ一己承之ˇ○13愚婦喧呶ˇ庸愚無知ˇ14
在其室門之前ˇ坐於邑中高阜之座ˇ15路人徑行其道ˇ則呼之曰ˇ16誰爲
庸人ˇ可轉而入此ˇ17謂無知者曰ˇ竊取之水乃甘ˇ暗食之餠有味ˇ18惟
其人不知幽魂在此ˇ其客在陰府之深處ˇ

第10章ˇ1所羅門之箴言ˇ○智子令父喜樂ˇ愚子爲母憂戚ˇ2積財非義
ˇ無所裨益ˇ惟義拯人於死ˇ3耶和華不任義者受餒ˇ不使惡者遂欲ˇ4手
惰者致貧ˇ手勤者致富ˇ5夏時而斂者乃智子ˇ穡時而寢者乃辱子ˇ6福祉
臨於義者之首ˇ殘暴藏於惡者之口ˇ7義者之誌得頌ˇ惡者之名必朽ˇ8心
慧者必受命令ˇ口愚者必致傾覆ˇ9履正直者ˇ其行穩固ˇ從邪曲者ˇ必致
敗露ˇ10以目示意ˇ必生憂患ˇ口愚之輩ˇ必致傾覆ˇ11義者之口ˇ乃生
命之源ˇ惡者之口ˇ乃殘暴所藏ˇ12憾恨啟釁隙ˇ仁愛蓋罪愆ˇ13具明哲
者ˇ口有智慧ˇ乏知識者ˇ背受杖責ˇ14智人積存知識ˇ愚者之口ˇ臨於敗
亡ˇ15富人之貨財ˇ爲其堅城之衞ˇ貧者之窮乏ˇ乃其敗亡之由ˇ16義者
之勞力乃致生ˇ惡者之出產乃致罪ˇ17守訓誨者ˇ履於生路ˇ違斥責者ˇ
迷於歧途ˇ18匿怨者口言誑ˇ讒謗者爲愚人ˇ19多言難免咎戾ˇ緘口乃爲

明智~20義者之舌~有如佳銀~惡者之心~所値無幾~21義者之脣~以育

衆庶~愚者乏識~陷於死亡~22耶和華之錫嘏~令人富厚~不加憂傷~23

愚蠢者戲行邪惡~明哲者乃樂智慧~24惡者所懼必臨之~義者所欲必允

之~25狂風驟過~惡者烏有~惟彼義者~其基永存~26怠惰之流~於使之

者~如醯在齒~如煙在目~27寅畏耶和華~必益其壽命~惟彼惡者~必夭其

天年~28義人之望~必致喜樂~惡者之冀~必至敗亡~29耶和華之道~於

正直者爲保障~於作惡者爲毀滅~30義者永不遷移~惡者不得居於地上

31義者之口~乃生智慧~乖謬之舌~必被斷絕~32義者之脣~知所悅人~

惡者之口~惟出乖謬~

第11章~1詐僞之衡~爲耶和華所惡~公平之石~爲其所悅~2驕矜既至

恥辱亦至~惟謙卑者~智慧與俱~3正直者~其眞誠必導之~奸詐者~其乖

戾必敗之~4震怒之日~資財無益~惟義拯人於死~5完人之義~平直其途~

惡者因己惡而顚覆~6正直者~其義必救之~奸詐者~其惡必陷之~8義者

得脫於難~惡者從而代之~9不虔者以口舌害鄰里~惟義人因知識得救援

~10義者亨通~擧邑欣悅~惡者淪喪~歡聲沸騰~11維彼城邑~以正直者

之祝而振興~因邪惡者之口而傾覆~12蔑鄰者無知~通達者緘口~13佚遊

閑談者~發人陰私~中心誠慤者~隱人情事~14無智謀~民必仆~多議士

民乃安~15爲人作保~必遭挫折憎惡拊掌~乃獲安康~16淑女得尊榮~強

男得財貨~17仁慈者益己命~殘刻者害厥身~18作惡者~其値乃虛~播義

者~其賚有定~19恆於義者必得生~從乎惡者必致死~20其心乖戾者~爲

耶和華所惡~其行完全者~爲其所悅~21惡人雖則連手~不免受刑~義者

後裔蒙救~22女美而不精明~如金環貫豕鼻~23義者所欲~無非善良惡者

之望~終干震怒~24有博施而益增加~有過吝而致貧乏~25好施濟者~必

得豐腴~潤澤人者~必受潤澤~26閉糶者~民必詛之~糶穀者~福加其首~

27勤求善者~必獲恩寵~惟求惡者~惡必及之~28恃財者必至傾覆~行義

者茂如青葉ˇ29擾己家者ˇ所得惟風ˇ愚人爲慧心者之役ˇ30義者結果ˇ
有若生命之樹ˇ智者乃有得人之能ˇ31義者在世ˇ且受其報ˇ況惡人罪人
乎ˇ

第12章 1悅勸懲者ˇ乃悅知識ˇ惡斥責者ˇ是爲愚蠢ˇ2行善者ˇ耶和華
必錫以恩ˇ謀惡者ˇ必定其罪ˇ3人恃其惡ˇ不能堅立ˇ義者之根ˇ永不動
移ˇ4淑善之女ˇ爲夫首之冠冕ˇ啟羞之女ˇ如夫骨之腐朽ˇ5義人之思維
公平ˇ惡人之計謀詭詐ˇ6惡者所言ˇ無非潛伏流血ˇ正人之口ˇ必救其人
ˇ7惡人傾覆ˇ歸於烏有ˇ義者之家ˇ恆久存立ˇ8循人智慧而加揄揚ˇ惟心
乖者ˇ則受蔑視ˇ9居卑而有役ˇ愈於自大而乏食ˇ10義人恤其牲畜之命ˇ
惟惡者之仁慈ˇ無非殘忍ˇ11力其田者足食ˇ從虛浮者無知ˇ12惡人罔利
ˇ惡人欲得其網ˇ義者之根ˇ自結其實ˇ13惡者網於口過ˇ義者脫於患難ˇ
14人因口果而飽以福ˇ依手所爲而得其報ˇ15愚者視己之途爲正ˇ智者
惟人之訓是聽ˇ16愚者有怒卽見ˇ智者受辱隱忍ˇ17言誠者著公義ˇ僞證
者顯奸欺ˇ18浮躁之言ˇ如鋒刃之刺ˇ智者之舌ˇ有療疾之能ˇ19言誠必
永立ˇ言誑只須臾ˇ20謀惡者心存詭譎ˇ勸和者必得喜樂ˇ21義者不遘禍
ˇ惡者有餘殃ˇ22言誑之口ˇ爲耶和華所惡ˇ踐實之人ˇ爲其所悅ˇ23哲
人隱藏其智ˇ蠢者心播其愚ˇ24勤者手操其柄ˇ惰者必服厥役ˇ25人心懷
憂則抑鬱ˇ惟聞善言則歡娛ˇ26義者爲鄰先導ˇ惡者所行ˇ使之迷途ˇ27
惰者不燔所獵ˇ勤者所寶維勤ˇ28義路有生命ˇ其途無死亡ˇ

第13章ˇ1智慧之子ˇ受父勸懲ˇ侮慢之人ˇ不聽譴責ˇ2人因口果享福
祉ˇ心懷奸詐遭殘暴ˇ3守口者保生ˇ侈口者見滅ˇ4惰者欲而弗得ˇ勤者
必致豐腴ˇ5義者誑言是疾ˇ惡者遺臭蒙羞ˇ6行正直者保於義ˇ干罪戾者
敗於惡ˇ7有自富而實室虛ˇ有自貧而實豐裕ˇ8人之資財ˇ可贖生命ˇ貧
者不受恐嚇ˇ9義人之光輝煌ˇ惡者之燈熄滅ˇ10驕泰惟起爭端ˇ受勸乃
有智慧ˇ11妄得之財必耗ˇ勤勞所積必增ˇ12所望遲滯ˇ致中心懷憂ˇ所

欲既成ˇ乃生命之樹ˇ13輕道義者ˇ自取敗亡ˇ畏誡命者ˇ必得賞賚ˇ14
욕기성 내생명지수 경도의자 자취패망 외계명자 필득상뢰

智者之教ˇ乃生命之源ˇ使人脫死亡之網ˇ15睿智授人恩澤ˇ奸人之路崎
지자지교 내생명지원 사인탈사망지망 예지수인은택 간인지로기

嶇ˇ16哲人以智制事ˇ蠢者自呈其愚ˇ17惡使陷人於禍ˇ信使令人舒暢ˇ
구 철인이지제사 준자자정기우 악사함인어화 신사령인서창

18棄絶勸懲者受貧辱ˇ順承斥責者得尊榮ˇ19所欲得遂ˇ中心覺甘ˇ違離
기절권징자수빈욕 순승척책자득존영 소욕득수 중심각감 위리

惡事ˇ蠢人所惡ˇ20與智者偕行ˇ必成爲智ˇ與蠢人爲侶ˇ必受其傷ˇ21
악사 준인소악 여지자해행 필성위지 여준인위려 필수기상

災禍逐罪人ˇ義人獲善報ˇ22善人遺業於子孫ˇ罪人積財歸義者ˇ23貧而
재화축죄인 의인획선보 선인유업어자손 죄인적재귀의자 빈이

力困ˇ多得穀食ˇ亡於不義ˇ有其人ˇ24不杖其子者ˇ是爲惡之ˇ惟愛其子
력곤 다득곡식 망어불의 유기인 부장기자자 시위악지 유애기자

者ˇ乃時懲之ˇ25義者飽食ˇ惡者枵腹ˇ
자 내시징지 의자포식 악자효복

第 14 章ˇ1哲婦立家ˇ愚婦手毀之ˇ2行正直者寅畏耶和華ˇ行偏僻者蔑
제 장 철부립가 우부수훼지 행정직자인외야화화 행편벽자멸

視之ˇ3愚者之口ˇ具扑己驕之杖ˇ智者之言ˇ有保己身之能ˇ4家無牛ˇ則
시지 우자지구 구복기교지장 지자지언 유보기신지능 가무우 칙

槽淨ˇ物産饒ˇ賴牛力ˇ5實證者決不言誑ˇ妄證者吐其虛誕ˇ6侮慢者求
조정 물산요 뢰우력 실증자결부언광 망증자토기허탄 모만자구

智弗獲ˇ明哲者知識易得ˇ7愚人無智言ˇ往見則知之ˇ8哲人之智ˇ在識
지불획 명철자지식역득 우인무지언 왕견칙지지 철인지지 재식

己道ˇ蠢者之愚ˇ在其自欺ˇ9愚者戲干罪戾ˇ正人內寓和平ˇ10心之愁苦
기도 준자지우 재기자기 우자희간죄려 정인내우화평 심지수고

ˇ惟己獨知ˇ心之喜樂ˇ他人莫與ˇ11惡者之家必敗ˇ正人之幕必興ˇ12
유기독지 심지희악 타인막여 악자지가필패 정인지막필흥

有一道焉ˇ人以爲正ˇ終爲死亡之路ˇ13人於嬉笑而懷憂傷ˇ喜樂終歸抑
유일도언 인이위정 종위사망지로 인어희소이회우상 회악중귀억

鬱ˇ14中心背道者ˇ必飫其果實ˇ行善者由己而快足ˇ15拙者盡信人言ˇ
울 중심배도자 필어기과실 행선자유기이쾌족 졸자진신인언

哲人愼其步履ˇ16智者恐懼而遠惡ˇ蠢者驕矜以自恃ˇ17易怒者必妄爲ˇ
철인신기보리 지자공구이원악 준자교긍이자시 역노자필망위

謀惡者必見惡ˇ18拙者業於愚ˇ哲人冠以智ˇ19惡人跽於善者之前ˇ罪人
모악자필견악 졸자업어우 철인관이지 악인기어선자지전 죄인

伏於義者之門ˇ20窮乏者鄰亦惡之ˇ富厚者友朋衆多ˇ21蔑鄰者干罪ˇ恤
복어의자지문 궁핍자린역악지 부후자우붕중다 멸린자간죄 휼

貧者有福ˇ22謀惡者ˇ豈非入於歧路ˇ謀善者ˇ仁慈誠實加之ˇ23凡百勤
빈자유복 모악자 기비입어기로 모선자 인자성실가지 범백근

勞皆獲利ˇ脣舌多言惟致貧ˇ24智者之才爲其冕ˇ蠢者之愚終爲愚ˇ25實
로개획리 순설다언유치빈 지자지재위기면 준자지우종위우 실

證者救人命ˇ誑言者行詭詐ˇ26寅畏耶和華者ˇ其望維堅ˇ後裔必得避所
증자구인명 광언자행궤사 인외야화화자 기망유견 후예필득피소

ˇ27寅畏耶和華ˇ乃生命之源ˇ使人脫於死亡之網ˇ28民庶則王榮ˇ民寡
인외야화화 내생명지원 사인탈어사망지망 민서칙왕영 민과

則君敗ˇ29遲於發怒者ˇ大有明哲ˇ性躁者適呈愚蒙ˇ30心性和平ˇ爲身
칙군패 지어발노자 대유명철 성조자적정우몽 심성화평 위신

之生命ˇ衷懷嫉妒ˇ爲骨之腐朽ˇ31虐貧窮ˇ乃侮造之之主ˇ恤貧乏ˇ乃尊
지생명 충회질투 위골지부후 학빈궁 내모조지지주 휼빈핍 내존

崇之ˇ32惡人遇難而見仆ˇ義者臨死而有託ˇ33達人之智寓於心ˇ蠢者所
숭지 악인우난이견부 의자림사이유탁 달인지지우어심 준자소

懷形於外ˇ34公義興國ˇ罪惡辱民ˇ35用智之臣蒙王恩ˇ貽羞之僕遭王怒
회형어외 공의흥국 죄악욕민 용지지신몽왕은 이수지복조왕노

第 15 章 1溫和之應對息忿ˇ暴厲之言詞激怒ˇ2智者之舌ˇ善宣知識
제 장 온화지응대식분 폭려지언사격노 지자지설 선선지식

蠢者之口ˇ乃吐愚頑ˇ3耶和華目視萬方ˇ鑒觀善惡ˇ4溫良之舌ˇ乃生命
준자지구 내토우완 야화화목시만방 감관선악 온량지설 내생명

之樹ˇ乖謬之詞ˇ乃摧折人心ˇ5輕視父訓者爲愚人ˇ順承斥責者得智慧
지수 괴류지사 내최절인심 경시부훈자위우인 순승척책자득지혜

6義者之家ˇ多藏貨財ˇ惡者所入ˇ內寓煩擾ˇ7智者之口ˇ播揚知識ˇ愚者
의자지가 다장화재 악자소입 내우번요 지자지구 파양지식 우자

之心ˇ出發不義ˇ8惡者之祭ˇ爲耶和華所惡ˇ正人之祈ˇ爲其所悅ˇ9惡者
지심 출발부의 악자지제 위야화화소악 정인지기 위기소열 악자

之道ˇ爲耶和華所惡ˇ從義之人ˇ爲其所愛ˇ10離道途者受重懲ˇ惡斥責
지도 위야화화소악 종의지인 위기소애 리도도자수중징 악척책

者致死亡ˇ11陰府死域ˇ耶和華且洞鑒之ˇ況世人之心乎ˇ12侮慢者不悅
자치사망 음부사역 야화화차동감지 황세인지심호 모만자불열

斥責ˇ不就智人ˇ13心樂則顏歡ˇ心憂則神敗ˇ14達人之心求知識ˇ蠢者
척책 부취지인 심악칙안환 심우칙신패 달인지심구지식 준자

之口嗜愚頑ˇ15遭困苦者ˇ日處逆境有歡心者ˇ恆飲珍饈ˇ16少有而寅畏
지구기우완 조곤고자 일처역경유환심자 긍어진수 소유이인외

耶和華ˇ愈於多財而煩擾ˇ17茹菜蔬而相愛ˇ愈於食太牢而相憾ˇ18暴怒
야화화 유어다재이번요 여채소이상애 유어식태뢰이상감 폭노

者啟爭端ˇ忍怒者息爭競ˇ19惰者之途ˇ如環棘籬ˇ正人之路ˇ成爲達道ˇ
자계쟁단 인노자식쟁경 타자지도 여환극리 정인지로 성위달도

20智子悅父、蠢人輕母ˇ21無知者以愚爲樂ˇ明哲者直道而行ˇ22無同
지자열부 준인경모 무지자이우위악 명철자직도이행 무동

謀ˇ計不就ˇ多議士ˇ則必成ˇ23應對得當ˇ自覺歡欣ˇ言語適時ˇ何其嘉
모 계부취 다의사 칙필성 응대득당 자각환흔 언어적시 하기가

美ˇ24智者由生命之道而上達ˇ致遠在下之陰府ˇ25耶和華傾驕人之家ˇ
미 지자유생명지도이상달 치원재하지음부 야화화경교인지가

立嫠婦之界ˇ26惡謀爲耶和華所惡ˇ良言純潔可愛ˇ27貪貨財者擾己家ˇ
립리부지계 악모위야화화소악 량언순결가애 탐화재자요기가

惡賄賂者得生存ˇ28義者應對ˇ心先思維ˇ惡者之口ˇ直吐邪慝ˇ29耶和
악회뢰자득생존 의자응대 심선사유 악자지구 직토사특 야화

華遠惡人ˇ惟聽義者之祈ˇ30目光悅人心ˇ嘉音健骸骨ˇ31聽致生之斥責
화원악인 유청의자지기 목광열인심 가음건해골 청치생지척책

ˇ必與智者偕居ˇ32棄勸懲者ˇ乃輕己魂ˇ聽斥責者ˇ必得知識ˇ33寅畏
필여지자해거 기권징자 내경기혼 청척책자 필득지식 인외

耶和華ˇ卽智慧之訓ˇ謙遜乃尊榮之先導ˇ
야화화 즉지혜지훈 겸손내존영지선도

第 16 章 1心之圖謀在人ˇ言之功效ˇ由於耶和華ˇ2人之所行ˇ自視爲
제 장 심지도모재인 언지공효 유어야화화 인지소행 자시위

潔ˇ惟耶和華權衡其心ˇ3凡爾所爲ˇ託於耶和華ˇ則所謀必成ˇ4耶和華
결 유야화화권형기심 범이소위 탁어야화화 칙소모필성 야화화

所造者ˇ俱適其用ˇ其造惡人ˇ爲使屆期受難ˇ5心驕者耶和華所惡ˇ雖則
소조자 구적기용 기조악인 위사계기수난 심교자야화화소악 수칙

連手ˇ不免受刑ˇ6仁慈誠實ˇ可以贖罪ˇ人之遠惡ˇ在寅畏耶和華ˇ7人之
련수 부면수형 인자성실 가이속죄 인지원악 재인외야화화 인지

所行ᵛ若耶和華悅之ᵛ則使其敵與之和ᵛ8行義而少有ᵛ愈於不義而多財ᵛ
9人心謀其道途ᵛ惟耶和華指示其步履ᵛ10神言寓於王口ᵛ聽訟則無謬言
ᵛ11公平之衡ᵛ屬耶和華ᵛ囊中之石ᵛ皆其所製ᵛ12惡行爲王所憎ᵛ國位
以義而立ᵛ13公義之詞ᵛ爲王所悅ᵛ正言之人ᵛ爲其所愛ᵛ14王怒如致死
之使ᵛ惟智者必息之ᵛ15王顏光霽ᵛ乃爲生命ᵛ其恩有若春雨之雲ᵛ16得
智慧愈於得金ᵛ獲明哲愈於獲銀ᵛ17正人之途遠乎惡ᵛ守道之人保其生ᵛ
18倨傲爲淪亡之先導ᵛ心驕乃隕越之前因ᵛ19中心謙卑ᵛ與貧者同處ᵛ勝
於與驕人分贓ᵛ20守道者獲益ᵛ恃耶和華者有福ᵛ21心慧者謂之通明ᵛ
甘言增人學問ᵛ22明哲乃生命之源ᵛ蒙昧卽愚人之罰ᵛ23智者之心訓其
口ᵛ增其脣之才ᵛ24良言如蜂房ᵛ甘於心ᵛ暢於骨ᵛ25有一道焉ᵛ人以爲
正ᵛ終爲死亡之路ᵛ26勞力者ᵛ其欲助之ᵛ其口迫之ᵛ27匪徒圖謀毒害ᵛ
口如烈火ᵛ28乖戾者播爭端ᵛ讒毀者間密友ᵛ29強暴之人ᵛ誘惑鄰里ᵛ引
入不善之途ᵛ30合眸者圖乖僻ᵛ閉脣者成邪惡ᵛ31皓首爲榮冕ᵛ行善道則
獲之ᵛ32忍怒者愈於勇士ᵛ制心者愈於克城ᵛ33籤置膝上ᵛ定事在耶和華
ᵛ第 17 章ᵛ1有糒少許而相安ᵛ愈於盛饌盈室而相競ᵛ2用智之奴ᵛ必治
貽羞之子ᵛ與其昆弟同分遺業ᵛ3鼎以鍊銀ᵛ爐以鍊金ᵛ惟耶和華鍛鍊人
心ᵛ4作惡者ᵛ喜聽奸邪之口ᵛ言誑者ᵛ傾聽毒害之舌ᵛ5戲笑貧窮ᵛ乃侮造
之之主ᵛ幸災樂禍ᵛ不免受刑ᵛ6子孫爲耆老之冕ᵛ祖父爲子孫之榮ᵛ7嘉
言不宜於愚者ᵛ誑舌不宜於君王ᵛ8行賄者自視其物爲寶玉ᵛ無往不利ᵛ9
蓋人徇尤ᵛ乃求和愛ᵛ數言其事ᵛ則間良朋ᵛ10責通達者以一言ᵛ深入其
心ᵛ甚於撻愚蠢者以百杖ᵛ11惡人務叛ᵛ必有酷吏ᵛ奉遣擊之ᵛ12寧遇失
子之熊ᵛ勿遇愚人適行其妄ᵛ13以惡報善者ᵛ災害不離其家ᵛ14釁端之起
ᵛ如水潰決ᵛ宜先弭之ᵛ以免爭鬪ᵛ15義惡人ᵛ罪義人ᵛ皆耶和華所惡ᵛ16
蠢者既無知ᵛ何爲執金以市智ᵛ17友朋之愛在有恆ᵛ兄弟之生爲急難ᵛ18
在鄰里前拊掌作保ᵛ其人乃爲無知ᵛ19好爭競者喜罪過ᵛ高門閭者求敗

亡ˇ20心邪僻者無利益ˇ舌乖謬者陷災殃ˇ21生愚蠢子必懷憂ˇ爲愚人父
無所樂ˇ22心樂爲良藥ˇ神傷致骨枯ˇ23惡者受人懷中之賄ˇ以反義讞ˇ
24達者用智於其前ˇ蠢人游目於地極ˇ25蠢子爲父之憂ˇ爲母之苦ˇ26
罰行義之人ˇ扑秉公之牧ˇ俱爲不善ˇ27寡言者有知識ˇ沈靜者乃通人ˇ
28愚者緘默亦爲智ˇ閉口亦爲哲ˇ

第 18 章ˇ1異於衆者ˇ獨求己欲ˇ妄敵眞智ˇ2蠢者不欲明哲ˇ惟願彰其
心意ˇ3惡人旣至ˇ輕慢亦至ˇ恥辱隨於詬詈ˇ4哲人之語如淵水ˇ智慧之
源如流溪ˇ5瞻徇惡人之情ˇ枉斷義人之獄ˇ俱爲不善ˇ6蠢者之脣啟爭端
ˇ其口招扑責ˇ7蠢者之口致敗亡ˇ其脣陷己命ˇ8讒毀者ˇ言如甘旨ˇ入人
甚深ˇ9操作懈怠者ˇ與奢侈者爲昆弟ˇ10耶和華之名乃堅臺ˇ義者趨之
得安穩ˇ11富人之財ˇ爲其堅城ˇ視若高垣ˇ12隕越爲心驕之繼ˇ謙遜在
尊榮之先ˇ13未聽而先應ˇ乃愚乃辱ˇ14有恙心能忍之ˇ神傷孰能堪之ˇ
15哲人之心得知識ˇ智者之耳求知識ˇ16禮物爲人先導ˇ引之以謁顯貴ˇ
17先赴愬者ˇ其理似直ˇ鄰里繼至ˇ則得其情ˇ18掣籤息爭競ˇ爲強者解
紛ˇ19兄弟結怨而媾和ˇ難於破堅城ˇ其相爭也ˇ如保障之門楗ˇ20人因
所言而得果報ˇ口之所出ˇ身必承之ˇ21生死之權在舌ˇ好用之者ˇ必食
其果ˇ22人得妻室ˇ卽爲獲福ˇ且蒙耶和華之恩ˇ23貧者懇切以求ˇ富者
廙詞以應ˇ24濫交多友ˇ必致敗亡ˇ有友一人ˇ親於昆弟ˇ

第 19 章ˇ1貧而行正ˇ愈於愚而乖謬ˇ2心有欲而無知ˇ乃爲不善ˇ足疾
趨者ˇ難免失路ˇ3人因愚而敗其途ˇ其心遂怨耶和華ˇ4富厚則友朋增ˇ
貧窮則故舊絕ˇ5妄證者不免刑ˇ言誑者難逭罪ˇ6好施濟ˇ則求之者多ˇ
好饋還ˇ則友之者衆ˇ7貧乏者昆弟惡之ˇ況彼友朋ˇ豈不遠之ˇ追而與語
ˇ其人已渺ˇ8得智慧者愛己生ˇ守明哲者獲福祉ˇ9妄證者不免刑ˇ言誑
者必淪喪ˇ10蠢者逸樂非所宜ˇ況奴隸制君長乎ˇ11人而精明ˇ遲於發怒
ˇ赦宥愆尤ˇ爲其榮耀ˇ12王怒如獅之咆哮ˇ王恩如露之潤草ˇ13蠢子爲

其父之災ˇ悍婦乃恆滴之水ˇ14第宅貨財ˇ爲祖父所遺ˇ賢妻爲耶和華所
기 부 지 재　한 부 내 긍 적 지 수　제 댁 화 재　위 조 부 소 유　현 처 위 야 화 화 소

賜ˇ15懈怠致酣眠ˇ惰者受飢餓ˇ16守誡者保生ˇ輕道者必死ˇ17恤貧者
사　해 태 치 감 면　타 자 수 기 아　수 계 자 보 생　경 도 자 필 사　휼 빈 자

乃貸於耶和華ˇ必如其善行而償之ˇ18子既有望ˇ宜加懲責ˇ勿任其敗亡
내 대 어 야 화 화　필 여 기 선 행 이 상 지　자 기 유 망　의 가 징 책　물 임 기 패 망

ˇ19暴怒者必遭刑ˇ爾若救之ˇ必再救之ˇ20爾其聽規訓ˇ受懲責ˇ終則
폭 노 자 필 조 형　이 약 구 지　필 재 구 지　이 기 청 규 훈　수 징 책　종 칙

爲智ˇ21人心多謀ˇ惟耶和華之志必成ˇ22人之可慕ˇ在其仁慈ˇ貧窮愈
위 지　인 심 다 모　유 야 화 화 지 지 필 성　인 지 가 모　재 기 인 자　빈 궁 유

於欺誑ˇ23寅畏耶和華ˇ致得生命因而恆足ˇ災不及身ˇ24惰者染指於盂
어 기 광　인 외 야 화 화　치 득 생 명 인 이 긍 족　재 부 급 신　타 자 염 지 어 우

ˇ不反於口ˇ25扑責侮慢者ˇ則拙人增識ˇ斥責通達者ˇ則智慧愈明ˇ26
부 반 어 구　복 책 모 만 자　칙 졸 인 증 식　척 책 통 달 자　칙 지 혜 유 명

迫其父ˇ逐其母ˇ乃貽羞招辱之子ˇ27我子ˇ聽訓而棄哲言ˇ爾勿爲此ˇ
박 기 부　축 기 모　내 이 수 초 욕 지 자　아 자　청 훈 이 기 철 언　이 물 위 차

28匪徒作證ˇ戲笑公義ˇ惡人吞食邪慝ˇ29刑罰爲侮慢之徒而設ˇ鞭扑爲
비 도 작 증　희 소 공 의　악 인 탄 식 사 특　형 벌 위 모 만 지 도 이 설　편 복 위

蠢人之背而具ˇ
준 인 지 배 이 구

第 20 章ˇ1清酒生侮慢ˇ醇醪致喧譁ˇ因之而搖曳者ˇ是爲不智ˇ2王威
제 　 장　청 주 생 모 만　순 료 치 훤 화　인 지 이 요 예 자　시 위 부 지　왕 위

如獅吼ˇ攖其怒者戕厥生ˇ3遠爭爲人之榮ˇ愚人乃務啟釁ˇ4惰者冬時不
여 사 후　영 기 노 자 장 궐 생　원 쟁 위 인 지 영　우 인 내 무 계 흔　타 자 동 시 부

事耕耘ˇ穡時乞而弗得ˇ5心藏謀畧ˇ有若淵水ˇ惟達者汲之ˇ6自述其仁
사 경 운　색 시 걸 이 불 득　심 장 모 략　유 약 연 수　유 달 자 급 지　자 술 기 인

者眾ˇ忠信之人ˇ誰得遇之ˇ7義者行正ˇ子孫蒙福ˇ8王升鞫位ˇ瞠目而視
자 중　충 신 지 인　수 득 우 지　의 자 행 정　자 손 몽 복　왕 승 국 위　당 목 이 시

ˇ諸惡消散ˇ9郭能自謂已清我心ˇ我潔無罪ˇ10權量不一其制ˇ皆耶和華
제 악 소 산　곽 능 자 위 이 청 아 심　아 결 무 죄　권 량 부 일 기 제　개 야 화 화

所惡ˇ11孩童所爲ˇ或清或正ˇ因之而顯ˇ12能聞之耳ˇ能見之目ˇ俱耶
소 악　해 동 소 위　혹 청 혹 정　인 지 이 현　능 문 지 이　능 견 지 목　구 야

和華所造ˇ13勿貪寢ˇ免致匱乏ˇ當啟目ˇ則得飽飫ˇ14購物之人ˇ每日
화 화 소 조　물 탐 침　면 치 궤 핍　당 계 목　칙 득 포 어　구 물 지 인　매 일

惡惡ˇ既去則誇美之ˇ15黃金既有ˇ珍珠亦多ˇ惟哲言爲珍寶ˇ16爲外人
악 악　기 거 칙 과 미 지　황 금 기 유　진 주 역 다　유 철 언 위 진 보　위 외 인

作保者ˇ可取其衣ˇ爲異族作保者ˇ可質其身ˇ17欺人得餅ˇ自覺其甘ˇ終
작 보 자　가 취 기 의　위 이 족 작 보 자　가 질 기 신　기 인 득 병　자 각 기 감　종

則沙充厥口ˇ18定策每因集議ˇ決戰宜有智謀ˇ19佚遊閑談者ˇ發人陰私
칙 사 충 궐 구　정 책 매 인 집 의　결 전 의 유 지 모　일 유 한 담 자　발 인 음 사

ˇ孔張厥口者ˇ勿與交際ˇ20詛父母者ˇ其燈必滅ˇ幽暗甚深ˇ21始而驟
공 장 궐 구 자　물 여 교 제　저 부 모 자　기 등 필 멸　유 암 심 심　시 이 취

富ˇ終不爲福ˇ22勿言我必復仇ˇ惟仰望耶和華ˇ彼必救爾ˇ23異制之石
부　종 부 위 복　물 언 아 필 복 구　유 앙 망 야 화 화　피 필 구 이　이 제 지 석

ˇ耶和華所惡ˇ詐僞之衡ˇ乃爲不善ˇ24人之步履ˇ耶和華所定ˇ焉能自識
야 화 화 소 악　사 위 지 형　내 위 부 선　인 지 보 리　야 화 화 소 정　언 능 자 식

其道ˇ25遽謂斯物爲聖ˇ許願而後察之ˇ乃自陷於網羅ˇ26智慧之王簸散
기 도　거 위 사 물 위 성　허 원 이 후 찰 지　내 자 함 어 망 라　지 혜 지 왕 파 산

惡人ˇ以輪碾之ˇ27人之靈爲耶和華之燈ˇ燭照隱衷ˇ28仁慈誠實保王身
악 인　이 륜 년 지　인 지 령 위 야 화 화 지 등　촉 조 은 충　인 자 성 실 보 왕 신

ˇ其位亦因仁慈而堅立ˇ29能力爲少者之榮ˇ皓首爲老人之美ˇ30鞭傷可
去罪惡、扑責入人甚深ˇ

第21章ˇ1王之心志ˇ在耶和華掌握ˇ如溝洫之水ˇ隨意運轉之ˇ2人之
所行ˇ自視爲正ˇ惟耶和華權衡人心ˇ3行義秉公ˇ耶和華所悅納ˇ愈於獻
祭ˇ4目高心傲ˇ惡人昌熾ˇ俱爲罪戾ˇ5勤者之思維ˇ足致豐裕ˇ急躁者
乃急貧窮ˇ6以詭詞得財ˇ如追浮氣ˇ適以取死ˇ7惡者不行義ˇ其暴戾必
覆之ˇ8負罪者之路邪曲ˇ清潔者之行正直ˇ9寧處屋頂之隅ˇ勿與悍婦共
居廣廈ˇ10惡者幸人之災ˇ鄰里罔沾其惠ˇ11侮慢者受刑ˇ則拙人爲睿
智慧者受訓ˇ則知識愈增ˇ12惡人之家ˇ義者度之ˇ知其必覆而亡ˇ13貧
者呼籲ˇ塞耳弗聞ˇ則己呼籲ˇ亦莫之聽ˇ14暗中投贈ˇ氣憤胥平ˇ饋遺入
懷ˇ烈怒以息ˇ15秉公而行ˇ於義人爲喜樂ˇ於惡人爲敗壞ˇ16迷失通達
之途ˇ必居幽魂之會ˇ17好宴樂者ˇ必爲窮乏ˇ好酒膏者ˇ不致富饒ˇ18
惡者爲義者之贖ˇ奸者爲正者之代ˇ19寧處曠野ˇ不與好爭煩懣之婦偕
居ˇ20智者之家ˇ藏寶與膏ˇ蠢者吞噬所有ˇ21追求仁義者ˇ則得生命ˇ
公義尊榮ˇ22智者登勇士之城ˇ敗其所恃之勢ˇ23守口舌者ˇ保生免害ˇ
24驕矜者名曰侮慢ˇ惟恃狂傲而妄行ˇ25惰者手不操作ˇ爲其願欲所殺ˇ
26有人終日貪求ˇ義者施舍不吝ˇ27惡者之祭爲可憎ˇ況以惡意獻之乎ˇ
28妄證者必敗ˇ據所聞而證之者ˇ其言恆存ˇ29惡者厚其顏ˇ正人定其行
ˇ30智慧明哲謀畧ˇ無有能敵耶和華者ˇ31備馬待戰ˇ惟獲勝在於耶和華
ˇ第22章ˇ1寧求令聞ˇ愈於多財ˇ寧得恩寵ˇ愈於金銀ˇ2貧富錯處ˇ悉
爲耶和華所造ˇ3精明者見害而隱避ˇ樸拙者前往而遭災ˇ4謙遜及寅畏
耶和華之報ˇ卽富有尊榮與壽考ˇ5乖戾者之途中ˇ具有荊棘羅網ˇ保其
生者必遠之ˇ6以當行之道訓童穉ˇ至老必不離之ˇ7富者握貧人之權ˇ貸
者爲債主之僕ˇ8播惡者必斂禍ˇ其怒之勢必敗ˇ9善其目者ˇ以食食貧ˇ
必獲福祉ˇ10逐侮慢者ˇ則釁端泯焉ˇ爭鬥與凌辱息焉ˇ11好清心者ˇ因

其嘉言ˇ王與之友ˇ12耶和華祐智者ˇ敗譎者之言ˇ13惰者云ˇ外有獅ˇ
기가언 왕여지우 야화화우지자 패휼자지언 타자운 외유사

行於途ˇ必見殺ˇ14淫婦之口乃深阱ˇ耶和華所惡者ˇ必陷其中ˇ15孩童
행어도 필견살 음부지구내심정 야화화소악자 필함기중 해동

之心ˇ包藏愚昧ˇ懲之以杖ˇ則除去之ˇ16虐貧利己ˇ饋遺富人ˇ俱必匱乏
지심 포장우매 징지이장 칙제거지 학빈리기 궤유부인 구필궤핍

ˇ○17傾耳以聽智者之言ˇ專心於我知識ˇ18存之於衷ˇ銜之於口ˇ斯爲
경이이청지자지언 전심어아지식 존지어충 함지어구 사위

美ˇ19我今日示爾ˇ俾爾仰賴耶和華ˇ20謀畧知識ˇ我豈未錄以遺爾乎
미 아금일시이 비이앙뢰야화화 모략지식 아기미록이유이호

21使爾確知眞理ˇ能以眞言復遣爾者ˇ○22人既貧窮ˇ勿加侵奪ˇ坐於邑
사이확지진리 능이진언복견이자 인기빈궁 물가침탈 좌어읍

門ˇ勿欺困苦ˇ23蓋耶和華必伸其寃ˇ凡奪之者ˇ必奪其命ˇ24易怒者ˇ
문 물기곤고 개야화화필신기원 범탈지자 필탈기명 역노자

勿與交際ˇ暴躁者ˇ勿與相偕ˇ25恐習其行ˇ自陷網羅ˇ26勿爲人拊掌ˇ
물여교제 폭조자 물여상해 공습기행 자함망라 물위인부장

勿爲債作保ˇ27胡爲使人因爾無償ˇ奪爾臥榻ˇ28昔時田界ˇ先祖所定ˇ
물위채작보 호위사인인이무상 탈이와탑 석시전계 선조소정

不可遷移ˇ29爾不見人勤厥事乎ˇ彼必立於王前ˇ不侍庸人之側ˇ
부가천이 이부견인근궐사호 피필립어왕전 부시용인지측

第 23 章ˇ1與官長同筵ˇ當注意在爾前者爲誰ˇ2爾若饕餐ˇ宜置刃於爾
제 여관장동연 당주의재이전자위수 이약도찬 의치인어이

喉ˇ3勿貪其珍饈ˇ乃屬欺誑ˇ4勿苦求富饒ˇ勿自恃己智ˇ5豈可注目虛無
후 물탐기진수 내속기광 물고구부요 물자시기지 기가주목허무

ˇ蓋貨財誠生羽翼ˇ如鷹飛戾天ˇ6勿食眈眈者之餠ˇ勿貪其珍饈ˇ7其心
개화재성생우익 여응비려천 물식탐탐자지병 물탐기진수 기심

若何ˇ爲人亦若何ˇ雖曰式食式飲ˇ而心不在爾ˇ8則爾所食少許ˇ必復哇
약하 위인역약하 수왈식식식음 이심부재이 칙이소식소허 필복왜

之ˇ所致美詞歸虛費矣ˇ9勿與蠢人語ˇ彼必蔑爾智言ˇ10昔時之田界勿
지 소치미사귀허비의 물여준인어 피필멸이지언 석시지전계물

徙ˇ孤兒之田畝勿侵ˇ11蓋其贖者有能力ˇ必對爾而伸其寃ˇ12留心於訓
사 고아지전무물침 개기속자유능력 필대이이신기원 류심어훈

誨ˇ側耳於智言ˇ13童穉勿缺懲責ˇ以杖扑之ˇ不至死亡ˇ14當扑之以杖
회 측이어지언 동치물결징책 이장복지 부지사망 당복지이장

ˇ以救其魂ˇ不入陰府ˇ15我子ˇ爾心若慧ˇ我心則喜ˇ16爾口言正ˇ我衷
이구기혼 부입음부 아자 이심약혜 아심칙희 이구언정 아충

則悅ˇ17爾心勿妒罪人ˇ惟終日寅畏耶和華ˇ18必有果報ˇ不絕爾望ˇ19
칙열 이심물투죄인 유종일인외야화화 필유과보 부절이망

我子聽之ˇ而爲智人ˇ導爾心於正路ˇ20耽酒嗜炙之人ˇ勿與同處ˇ21沉
아자청지 이위지인 도이심어정로 탐주기자지인 물여동처 침

湎饕餐者ˇ必致貧窮ˇ好寢使人衣敝ˇ22當聽生爾之父ˇ勿輕年邁之母
면도철자 필치빈궁 호침사인의폐 당청생이지부 물경년매지모

23宜購眞理ˇ智慧訓誨明哲ˇ而勿鬻之ˇ24義人之父ˇ必甚喜樂ˇ生子而
의구진리 지혜훈회명철 이물죽지 의인지부 필심희악 생자이

智ˇ因之歡欣ˇ25當使爾父歡欣ˇ生爾之母喜樂ˇ26我子ˇ歸心於我ˇ注
지 인지환흔 당사이부환흔 생이지모희악 아자 귀심어아 주

目我道ˇ27妓女乃深坑ˇ外婦爲狹阱ˇ28伏藏如盜ˇ增奸邪於人間ˇ29孰
목아도 기녀내심갱 외부위협정 복장여도 증간사어인간 숙

咨嗟ˇ孰歎息ˇ孰有爭ˇ孰有怨ˇ孰無故受傷ˇ孰二目紅赤乎ˇ30卽流連於
자차 숙탄식 숙유쟁 숙유원 숙무고수상 숙이목홍적호 즉류련어

酒ˇ尋求調和之酒者是也ˇ31勿視酒之紅色ˇ閃爍於杯ˇ下咽暢適ˇ32終
주 심구조화지주자시야 물시주지홍색 섬삭어배 하인창적 종

必如蛇之噬ˇ如虺之齧ˇ33以致爾目見怪異ˇ爾心發乖張ˇ34如寢於海中
필여사지서 여훼지설 이치이목견괴이 이심발괴장 여침어해중

ˇ如臥於桅頂ˇ35乃曰ˇ擊我而我無傷ˇ扑我而我不覺ˇ何時而醒ˇ仍復索
여와어외정 내왈 격아이아무상 복아이아부각 하시이성 잉복색

飲ˇ
음

第 24 章ˇ1勿妒惡者ˇ勿欲與偕ˇ2蓋彼心習強暴ˇ口言殘害ˇ3家室由智
제 장 물투악자 물욕여해 개피심습강폭 구언잔해 가실유지

慧建造ˇ因明哲堅立ˇ4其室充以貨財ˇ皆寶貴可悅ˇ由知識而致ˇ5哲人
혜건조 인명철견립 기실충이화재 개보귀가열 유지식이치 철인

有力ˇ智者增權ˇ6戰事起ˇ恃智謀ˇ議士多ˇ能獲勝ˇ7智慧極高ˇ蠢者莫
유력 지자증권 전사기 시지모 의사다 능획승 지혜극고 준자막

及ˇ故在邑門ˇ不啟其口ˇ8謀惡者ˇ必稱爲奸人ˇ9愚妄之念皆爲罪ˇ侮慢
급 고재읍문 부계기구 모악자 필칭위간인 우망지념개위죄 모만

之人衆所憎ˇ10臨難而委靡ˇ爾力乃微弱ˇ11被曳至死地者ˇ爾其援之ˇ
지인중소증 림난이위미 이력내미약 피예지사지자 이기원지

將見殺者ˇ勿弗救之ˇ12爾若曰ˇ此非我所知ˇ而權衡人心者ˇ豈不度之ˇ
장견살자 물불구지 이약왈 차비아소지 이권형인심자 기부도지

保佑爾命者ˇ豈不知之ˇ豈不依人所行而報之ˇ13我子ˇ爾當食蜜ˇ以其
보우이명자 기부지지 기부의인소행이보지 아자 이당식밀 이기

美也ˇ食蜂房之滴瀝ˇ其味甘也ˇ14爾心之於智慧ˇ亦當視爲若是ˇ如爾
미야 식봉방지적력 기미감야 이심지어지혜 역당시위약시 여이

得之ˇ必有賞賚ˇ不至絕望ˇ15惡人歟ˇ勿伏攻義人之家ˇ勿毀其憩所ˇ
득지 필유상뢰 부지절망 악인여 물복공의인지가 물훼기게소

16蓋義者七蹶而復興ˇ惡者遇禍而傾覆ˇ17爾敵顛仆勿欣喜ˇ傾覆勿心
개의자칠궐이복흥 악자우화이경복 이적전부물흔희 경복물심

歡ˇ18恐耶和華見之不悅ˇ而遷怒焉ˇ19勿緣爲非者而煩擾ˇ勿於作惡者
환 공야화화견지부열 이천노언 물연위비자이번요 물어작악자

生嫉妒ˇ20蓋爲非者不獲賞賚ˇ作惡者其燈必熄ˇ21我子ˇ宜敬畏耶和華
생질투 개위비자부획상뢰 작악자기등필식 아자 의경외야화화

與王ˇ好更張者ˇ勿與之交ˇ22其災害之起ˇ必突至ˇ其年壽之絕ˇ孰得知
여왕 호경장자 물여지교 기재해지기 필돌지 기년수지절 숙득지

ˇ○23列於左者ˇ亦係哲言ˇ聽訟徇情ˇ乃爲不善ˇ24謂惡者曰ˇ爾乃義
렬어좌자 역계철언 청송순정 내위부선 위악자왈 이내의

人ˇ必爲庶民所詛ˇ列邦所惡ˇ25斥責惡人ˇ必得喜樂ˇ厚福臨之ˇ26應
인 필위서민소저 렬방소악 척책악인 필득희락 후복림지 응

對適宜者ˇ如與人接吻ˇ27經營於外ˇ操作於田ˇ然後建室ˇ28勿無故作
대적의자 여여인접문 경영어외 조작어전 연후건실 물무고작

證以陷鄰ˇ勿啟口以欺人ˇ29勿謂人若何待我ˇ我亦若何待人ˇ必如其所
증이함린 물계구이기인 물위인약하대아 아역약하대인 필여기소

行而報之ˇ30怠惰者之田ˇ無知者之葡萄園ˇ我過之焉ˇ31荊棘滿地ˇ蒺
행이보지 태타자지전 무지자지포도원 아과지언 형극만지 질

藜蔓延ˇ石垣傾圮ˇ32我見之而深思ˇ我觀之而得訓ˇ33再寢片時ˇ又睡
려만연 석원경비 아견지이심사 아관지이득훈 재침편시 우수

片時ˇ又手偃臥片時ˇ34則爾貧窮之來如盜賊ˇ匱乏之至如兵士ˇ
편시 우수언와편시 칙이빈궁지래여도적 궤핍지지여병사

第 25 章ˇ1此亦所羅門之箴言ˇ猶大王希西家之臣所錄者ˇ2祕密其事ˇ
제 장 차역소라문지잠언 유대왕희서가지신소록자 비밀기사

乃上帝之榮ˇ鑒察其事ˇ乃君王之榮ˇ3天高地厚ˇ王心莫測ˇ4去銀之滓ˇ
내 상제지영 감찰기사 내군왕지영 천고지후 왕심막측 거은지재

則鍛鍊者可以製器ˇ5去王前之惡人ˇ其位乃以義而立ˇ6勿自誇於王前ˇ
칙단련자가이제기 거왕전지악인 기위내이의이립 물자과어왕전

勿立於大人之位ˇ7寧有人曰ˇ請爾上升ˇ勿於所觀之君前ˇ令爾下退ˇ8
물립어대인지위 녕유인왈 청이상승 물어소근지군전 령이하퇴

勿遽出與人爭ˇ免致終受其辱ˇ罔知所措ˇ9與鄰爭訟ˇ當與其人辯之ˇ勿
물거출여인쟁 면치종수기욕 망지소조 여린쟁송 당여기인변지 물

洩人之祕事ˇ10恐聽者詈爾ˇ遺臭難脫ˇ11言語適宜ˇ如金果在於銀網ˇ
설인지비사 공청자리이 유취난탈 언어적의 여금과재어은망

12智者斥責ˇ於順受之耳ˇ如金製耳環ˇ與精金物飾ˇ13忠誠之使ˇ俾遣
지자척책 어순수지이 여금제이환 여정금물식 충성지사 비견

之者心神清爽ˇ如穡時雨雪之涼ˇ14妄詡饋遺ˇ如有風雲而無雨ˇ15恆忍
지자심신청상 여색시우설지량 망후궤유 여유풍운이무우 긍인

可以勸君ˇ柔舌能以折骨ˇ16爾得蜜乎ˇ當如量而食ˇ恐過飽而哇之ˇ17
가이권군 유설능이절골 이득밀호 당여량이식 공과포이왜지

爾足勿數入鄰家ˇ恐其厭爾惡爾ˇ18妄證以陷鄰者ˇ乃槌ˇ乃刃ˇ乃利矢ˇ
이족물수입린가 공기염이악이 망증이함린자 내퇴 내인 내리시

19遭難而恃不忠之人ˇ如特破折之齒ˇ錯節之足ˇ20向憂心者謳歌ˇ如寒
조난이시부충지인 여특파절지치 착절지족 향우심자구가 여한

時解衣ˇ鹼上傾醋ˇ21敵飢則食以餅ˇ渴則飲以水ˇ22是乃以爇炭積厥首
시해의 함상경초 적기칙식이병 갈칙음이수 시내이설탄적궐수

ˇ耶和華必賞賚爾ˇ23北風致陰雨ˇ讒古致怒容ˇ24寧處屋頂之隅ˇ勿與
야화화필상뢰이 북풍치음우 참고치노용 녕처옥정지우 물여

悍婦共居廣廈ˇ25嘉音來自遠方ˇ如冷水於渴者ˇ26義人爲惡人而卻退ˇ
한부공거광하 가음래자원방 여랭수어갈자 의인위악인이각퇴

如泉渾井濁ˇ27多食蜜乃非善ˇ自求榮乃可憎ˇ28人不制心ˇ如城毀而無
여천혼정탁 다식밀내비선 자구영내가증 인부제심 여성훼이무

垣ˇ
원

第 26 章ˇ1蠢者得榮非宜ˇ如夏時雨雪ˇ如穡時下雨ˇ2無故之詛ˇ如雀
제 장 준자득영비의 여하시우설 여색시하우 무고지저 여작

之翔、如燕之飛ˇ靡所棲止ˇ3鞭爲馬ˇ勒爲驢ˇ杖爲蠢人之背ˇ4應對蠢
지상 여연지비 미소서지 편위마 륵위려 장위준인지배 응대준

人ˇ勿循其蠢ˇ恐爾同乎其人ˇ5應對蠢人ˇ當循其蠢ˇ免彼自視爲智ˇ6以
인 물순기준 공이동호기인 응대준인 당순기준 면피자시위지 이

蠢者傳言ˇ乃自斷其足ˇ必受損傷ˇ7箴言在蠢者之口ˇ如跛者之足ˇ虛懸
준자전언 내자단기족 필수손상 잠언재준자지구 여파자지족 허현

而無用ˇ8尊榮加於愚者ˇ如以寶玉置於礫石ˇ9箴言在蠢者之口ˇ如荊棘
이무용 존영가어우자 여이보옥치어력석 잠언재준자지구 여형극

在醉人之手ˇ10以愚者與路人爲傭ˇ如射者發矢傷衆ˇ11蠢者復行其愚ˇ
재취인지수 이우자여로인위용 여사자발시상중 준자복행기우

如犬反食其所吐ˇ12爾見自視爲智者乎ˇ蠢者之望ˇ較彼猶大ˇ13惰者云
여견반식기소토 이견자시위지자호 준자지망 교피유대 타자운

ˇ途中有獅ˇ衢中有獅ˇ14惰者輾轉於牀ˇ如門在樞ˇ15惰者染指於盂ˇ
도중유사 구중유사 타자전전어상 여문재추 타자염지어우

反之於口ˇ猶以爲勞ˇ16惰者自視爲智ˇ愈於善應對者七人ˇ17行路而預
반지어구 유이위로 타자자시위지 유어선응대자칠인 행로이예

不干己之爭ˇ如執犬耳ˇ18癲者擲炬ˇ發矢行殺ˇ19人欺鄰里ˇ自謂戲玩
부간기지쟁 여집견이 전자척거 발시행살 인기린리 자위희완

者ˇ亦如之ˇ20絶薪則火滅ˇ無讒則爭息ˇ21好競者之搆爭ˇ如加炭於焰
자　역여지　　절신칙화멸　무참칙쟁식　　호경자지구쟁　여가탄어염

ˇ如加薪於火ˇ22讒毀者ˇ言如甘旨ˇ入人甚深ˇ23口溫而心惡ˇ猶以銀
여가신어화　참훼자　언여감지　입인심심　　구온이심악　유이은

滓包瓦器ˇ24懷憾之人ˇ口務文飾ˇ心藏詭譎ˇ25其言雖甘ˇ爾勿信之ˇ
재포와기　회감지인　구무문식　심장궤휼　　기언수감　이물신지

蓋其心藏可惡之端有七ˇ26其憾恨雖蓋以詭譎ˇ其邪慝必顯於會中ˇ27
개기심장가악지단유칠　기감한수개이궤휼　기사특필현어회중

掘阱者必自陷ˇ轉石者反自傷ˇ28舌謊者惡其所傷ˇ口諛者敗壞是行ˇ
굴정자필자함　전석자반자상　　설황자악기소상　구유자패괴시행

第 27 章ˇ1勿爲明日自誇ˇ以爾不知一日出何事也ˇ2任他人揄揚爾ˇ勿
제　장　물위명일자과　이이부지일일출하사야　임타인유양이　물

用己口ˇ由外人稱讚爾ˇ勿用己脣ˇ3石重沙沉ˇ愚人之怒ˇ殆有甚焉ˇ4怒
용기구　유외인칭찬이　물용기순　석중사침　우인지노　태유심언　노

乃殘忍ˇ忿爲狂瀾ˇ至於嫉妒ˇ郭能當之ˇ5明責愈於隱愛ˇ6友朋加傷ˇ乃
내잔인　분위광란　지어질투　곽능당지　명책유어은애　우붕가상　내

由忠信ˇ仇敵接吻ˇ則顯頻煩ˇ7人而飽飫ˇ蜂蜜亦厭ˇ人而飢餓ˇ茶苦亦
유충신　구적접문　칙현빈번　인이포어　봉밀역염　인이기아　도고역

甘ˇ8人離家而遠遊ˇ如鳥離巢而飛翔ˇ9膏與香悅人心ˇ至契之規勸ˇ其
감　인리가이원유　여조리소이비상　고여향열인심　지계지규권　기

甘亦如是ˇ10己友與父交ˇ不可遺棄ˇ遭難之時ˇ勿詣昆弟之室ˇ相近之
감역여시　기우여부교　부가유기　조난지시　물예곤제지실　상근지

鄰里ˇ勝於相遠之兄弟ˇ11我子ˇ當有明智ˇ以悅我心ˇ俾我可答訾我之
린리　승어상원지형제　아자　당유명지　이열아심　비아가답자아지

人ˇ12精明者見害而隱避ˇ樸拙者前往而遘災ˇ13爲外人作保者ˇ可取其
인　정명자견해이은피　박졸자전왕이구재　위외인작보자　가취기

衣ˇ爲外婦作保者ˇ可質其身ˇ14夙興而大聲祝其友ˇ人則以爲詛之ˇ15
의　위외부작보자　가질기신　숙흥이대성축기우　인칙이위저지

大雨之日ˇ水滴不已ˇ悍婦如之ˇ16禦之者乃禦風ˇ如以右手執油ˇ17友
대우지일　수적불이　한부여지　어지자내어풍　여이우수집유　우

朋相磨ˇ如以鐵礪鐵ˇ18守無花果樹者ˇ必食其實ˇ顧主人者ˇ必得其榮ˇ
붕상마　여이철려철　수무화과수자　필식기실　고주인자　필득기영

19人心相對ˇ如鑑於水ˇ其面維肖ˇ20陰府死域ˇ永無滿足ˇ世人之目ˇ
인심상대　여감어수　기면유초　음부사역　영무만족　세인지목

亦無滿足ˇ21鼎以鍊銀ˇ爐以鍊金ˇ稱讚以鍊人ˇ22愚人與穀ˇ以杵併搗
역무만족　정이련은　로이련금　칭찬이련인　우인여곡　이저병도

於臼ˇ亦不能去其愚ˇ○23爾當詳察羊羣ˇ留意牛羣ˇ24蓋貨財不永存ˇ
어구　역부능거기우　이당상찰양군　류의우군　개화재부영존

冠冕豈世襲乎ˇ25枯草旣芟ˇ嫩草復發ˇ山間菜蔬ˇ亦已收斂ˇ26羔羊之
관면기세습호　고초기삼　눈초복발　산간채소　역이수렴　고양지

毛ˇ以製爾衣ˇ山羊之値ˇ以購田畝ˇ27並得山羊之乳ˇ足供爾與眷屬所
모　이제이의　산양지치　이구전무　병득산양지유　족공이여권속소

食ˇ婢女所需ˇ
식　비녀소수

第 28 章ˇ1惡者無人追襲而逃ˇ義者猛勇若獅ˇ2國有罪惡ˇ則主迭更ˇ
제　장　악자무인추습이도　의자맹용약사　국유죄악　칙주질경

人有明哲ˇ則邦恆存ˇ3貧者虐貧ˇ如暴雨衝沒穀食ˇ4棄法者譽惡人ˇ守
인유명철　칙방긍존　빈자학빈　여폭우충몰곡식　기법자예악인　수

法者與之爭ˇ5惡人不明公義ˇ尋求耶和華者ˇ無所不明ˇ6貧而正行ˇ勝
법자여지쟁　악인부명공의　심구야화화자　무소부명　빈이정행　승

於富而乖戾ˇ7守法律者爲智子ˇ侶饕餮者辱其父ˇ8人取利以增財ˇ乃爲
어부이괴려　수법률자위지자　려도철자욕기부　인취리이증재　내위

恤貧者積蓄之ˇ9轉耳不聽法律者ˇ即其祈禱ˇ亦爲可憎ˇ10使正人誤入
휼빈자적축지　전이부청법률자　즉기기도　역위가증　사정인오입

惡途ˇ必自陷於阱ˇ惟彼完人ˇ必承福祉ˇ11富人自視爲智ˇ明哲之貧人
악도　필자함어정　유피완인　필승복지　부인자시위지　명철지빈인

洞悉之ˇ12義人得志ˇ羣衆誇耀ˇ惡人興起ˇ庶民隱匿ˇ13蓋己過者ˇ必
동실지　의인득지　군중과요　악인흥기　서민은닉　개기과자　필

不亨通ˇ自承而改之者ˇ必蒙矜恤ˇ14常存敬畏者乃有福ˇ剛愎厥心者必
부형통　자승이개지자　필몽긍휼　상존경외자내유복　강퍅궐심자필

遘禍ˇ15暴君制貧民ˇ如咆哮之獅ˇ覓食之熊ˇ16乏識之君ˇ多行暴厲ˇ
구화　폭군제빈민　여포효지사　멱식지웅　핍식지군　다행폭려

貪欲是疾ˇ必延年齡ˇ17負流血之罪者ˇ奔於陷阱ˇ人勿阻之ˇ18行正直
탐욕시질　필연년령　부류혈지죄자　분어함정　인물조지　행정직

者ˇ必蒙救援ˇ行邪曲者ˇ猝然傾覆ˇ19力其田者必足食ˇ從虛浮者必極
자　필몽구원　행사곡자　졸연경복　력기전자필족식　종허부자필극

貧ˇ20忠誠者ˇ其福充裕ˇ急欲獲財者ˇ不免受刑ˇ21瞻徇情面ˇ乃爲不
빈　충성자　기복충유　급욕획재자　부면수형　첨순정면　내위부

善ˇ爲片餠而枉法ˇ亦爲不善ˇ22眈眈者急於獲財ˇ不知窮乏之將至ˇ23
선　위편병이왕법　역위부선　탐탐자급어획재　부지궁핍지장지

斥責人者ˇ終得恩寵ˇ較口諛者尤多ˇ24竊父母之財ˇ自言無罪者ˇ乃與
척책인자　종득은총　교구유자우다　절부모지재　자언무죄자　내여

殘賊同流ˇ25心貪者啟爭端ˇ恃耶相華者得豐裕ˇ26師心自用者ˇ乃爲愚
잔적동류　심탐자계쟁단　시야상화자득풍유　사심자용자　내위우

蠢ˇ以智而行者ˇ必得救援ˇ27濟貧者不至匱乏ˇ佯爲不見者ˇ多招咒詛ˇ
준　이지이행자　필득구원　제빈자부지궤핍　양위부견자　다초주저

28惡者興起ˇ庶民隱匿ˇ惡者敗亡ˇ義人增多ˇ
악자흥기　서민은닉　악자패망　의인증다

第 29 章ˇ1屢受斥責ˇ仍復強項ˇ敗亡必速ˇ無術可治ˇ2義者秉權ˇ庶民
제　장　루수척책　잉복강항　패망필속　무술가치　의자병권　서민

欣喜ˇ惡人操柄ˇ億兆咨嗟ˇ3好智者悅父ˇ狎妓者傷財ˇ4王秉公義ˇ使國
흔회　악인조병　억조자차　호지자열부　압기자상재　왕병공의　사국

堅立ˇ索賄者傾覆之ˇ5諂諛鄰里ˇ乃投網羅ˇ以絆其足ˇ6惡人犯罪ˇ內伏
견립　색회자경복지　첨유린리　내투망라　이반기족　악인범죄　내복

網羅ˇ惟彼義人ˇ歡呼喜樂ˇ7貧者搆訟ˇ義者察之ˇ惡人乏識ˇ不達其義ˇ
망라　유피의인　환호희락　빈자구송　의자찰지　악인핍식　부달기의

8侮慢者鼓煽城邑ˇ智慧者止息忿怒ˇ9智愚相爭ˇ智者或怒或笑ˇ其爭不
모만자고선성읍　지혜자지식분노　지우상쟁　지자혹노혹소　기쟁부

息ˇ10嗜殺者憾完人ˇ索正人之命ˇ11愚者有怒盡吐之ˇ智者有怒抑制之
식　기살자감완인　색정인지명　우자유노진토지　지자유노억제지

ˇ12君長若聽誑言臣僕則盡奸邪ˇ13貧者暴者錯處ˇ其目皆爲耶和華所
군장약청광언신복칙진간사　빈자폭자착처　기목개위야화화소

燭照ˇ14王以誠鞫貧民ˇ其國位必永立ˇ15杖責兼施益子智ˇ放縱之子貽
촉조　왕이성국빈민　기국위필영립　장책겸시익자지　방종지자이

母羞ˇ16惡者增不法亦增ˇ義者得見其傾覆ˇ17懲責爾子ˇ致得綏安ˇ亦
모수　악자증부법역증　의자득견기경복　징책이자　치득수안　역

悅爾心ˇ18若無啟示ˇ則民放恣ˇ惟守律者有福ˇ19以言責僕無益ˇ彼雖
열이심　약무계시　칙민방자　유수률자유복　이언책복무익　피수

明晰ˇ亦弗聽從ˇ20爾見語言急躁者乎ˇ蠢者之望ˇ較彼猶大ˇ21人育奴
명석　역불청종　이견어언급조자호　준자지망　교피유대　인육노

僕自幼嬌之ˇ終則成爲其子ˇ22易怒者啟爭端ˇ暴怒者多干罪、23人高
傲必致卑下ˇ心謙遜必得尊榮ˇ24與盜爲侶ˇ乃惡己命、聞令發誓ˇ默然
無言ˇ25畏人必陷羅網ˇ惟恃耶和華者ˇ必得安居ˇ26求王恩者多ˇ定人
之讞ˇ由於耶和華ˇ27不公者爲義人所惡ˇ行正者爲惡人所疾ˇ

第 30 章ˇ1瑪撒人雅基子亞古珥之眞言ˇ傳於以鐵及烏甲曰ˇ2我蠢於衆
ˇ無世人之明哲ˇ3未學智慧ˇ未知唯一之聖者ˇ4誰升天又降ˇ誰聚風在
握ˇ誰包水在衣ˇ誰奠地之四極ˇ其人何名、其子何名ˇ爾知之乎ˇ○5上
帝之言皆純ˇ凡託庇於彼者ˇ必爲其盾ˇ6其言爾勿增益ˇ恐受斥責ˇ以顯
爾妄ˇ○7我所求者有二ˇ於我未死之先ˇ其勿辭焉ˇ8使虛僞欺誑遠我ˇ
貧與富皆勿畀我ˇ惟以所需之食食我ˇ9恐我飽飫ˇ而不識爾ˇ謂耶和華
爲誰ˇ或貧乏而行竊ˇ藝瀆我上帝之名ˇ○10勿對主謗僕ˇ恐彼詛爾ˇ爾
爲有罪ˇ11有人詛其父ˇ不祝其母ˇ12有人自視爲潔ˇ而實未滌其汚ˇ13
有人仰其目ˇ高其睫ˇ14有人牙如劍ˇ齒如刀ˇ欲盡噬世上之困苦者ˇ及
人間之窮乏者ˇ○15水蛭有二女ˇ每呼曰予予ˇ永無饜者有三ˇ謂不足者
有四ˇ16卽陰府之所ˇ不妊之胎ˇ滲水未足之地ˇ燃燒不止之火ˇ○17侮
慢其父ˇ藐視背逆其母者ˇ其目必爲谷鴉所啄ˇ鷹雛所噬ˇ○18奇妙之事
ˇ我所莫測者有三ˇ我所未知者有四ˇ19卽鷹飛於天ˇ蛇行於磐ˇ舟行於
海ˇ男女交合之道ˇ20淫婦之行亦然ˇ食畢拭口ˇ則曰我未行惡ˇ○21震
動寰宇者有三ˇ寰宇不能堪者有四ˇ22卽奴隸爲王ˇ愚者飽食ˇ23醜女適
人ˇ婢繼主母ˇ24在地有四物ˇ雖微而甚慧ˇ25卽蟻族無力ˇ夏時備食ˇ
26沙番弱物ˇ營窟於磐27蝗蟲無王ˇ分隊而出ˇ28守宮行以掌ˇ居處於
王宮ˇ○29行而有儀者有三ˇ動而有威者有四ˇ30卽獅爲百獸長ˇ無所迴
避ˇ31獵犬ˇ牡山羊ˇ無敵之王ˇ○32爾若自高而妄爲ˇ或懷惡念ˇ當以
手掩口ˇ33搖乳則成酪ˇ扭鼻則出血ˇ動怒則致爭ˇ

第 31 章ˇ1瑪撒王利慕伊勒之眞言ˇ其母所訓者ˇ2曰ˇ我子歟ˇ我胎所

産ˇ我許願而得之子歟ˇ我何言乎ˇ3勿耗精力於婦女ˇ勿費經營於害王
산 아허원이득지자여 아하언호 물모정력어부녀 물비경영어해왕

躬者ˇ4利慕伊勒歟ˇ王飲清酒ˇ牧伯問醇醪之所在ˇ皆非所宜ˇ5恐飲酒
궁자 리모이륵여 왕음청주 목백문순료지소재 개비소의 공음주

忘法ˇ枉斷困苦者之獄ˇ6當以醇醪飲瀕死者ˇ以清酒飲苦心者ˇ7縱彼飲
망법 왕단곤고자지옥 당이순료음빈사자 이청주음고심자 종피음

之ˇ使忘其貧ˇ不憶其苦ˇ8當爲喑啞者啟口ˇ爲孤獨者伸寃ˇ9啟口秉公
지 사망기빈 부억기고 당위암아자계구 위고독자신원 계구병공

判斷ˇ爲貧苦者辨屈ˇ○10孰得賢婦ˇ價愈珍珍ˇ11其夫恃之ˇ得利無匱
판단 위빈고자변굴 숙득현부 가유진진 기부시지 득리무궤

ˇ12終婦之身ˇ有益無損ˇ13求毧與枲ˇ樂於操作ˇ14譬彼商舟ˇ遠運食
종부지신 유익무손 구융여시 악어조작 비피상주 원운식

物ˇ15未明而起ˇ供食家人ˇ頒工婢女ˇ16度田畝而購之ˇ以手所獲ˇ植
물 미명이기 공식가인 반공비녀 도전무이구지 이수소획 식

葡萄園ˇ17以力束腰ˇ而健其臂ˇ18知貿易之獲利ˇ其燈終夜不熄ˇ19手
포도원 이력속요 이건기비 지무역지획리 기등종야불식 수

執績軸ˇ掌持紡具ˇ20舒手以濟貧ˇ舉手以振困ˇ21不慮家人遇雪ˇ因其
집적축 장지방구 서수이제빈 거수이진곤 부려가인우설 인기

皆衣紫衣ˇ22自製華毯ˇ服枲與絳ˇ23其夫與邑中長老ˇ同坐邑門ˇ爲衆
개의자의 자제화담 복시여강 기부여읍중장로 동좌읍문 위중

所識ˇ24彼製枲衣而鬻之ˇ售紳於商賈ˇ25勢力威儀爲其服ˇ念及將來則
소식 피제시의이죽지 수신어상가 세력위의위기복 념급장래칙

喜笑ˇ26智慧發於口ˇ慈訓達於舌ˇ27勤家政ˇ不素餐ˇ28其子起而祝之
희소 지혜발어구 자훈달어설 근가정 부소찬 기자기이축지

ˇ其夫讚之ˇ29曰ˇ賢女甚多ˇ惟爾爲冠ˇ30美姿屬僞ˇ豔色爲虛惟寅畏
기부찬지 왈 현녀심다 유이위관 미자속위 염색위허유인외

耶和華之婦ˇ必得稱揚ˇ31以其操作之果效歸之ˇ願其工作於邑門榮之ˇ
야화화지부 필득칭양 이기조작지과효귀지 원기공작어읍문영지